전체성과 무한

외재성에 대한 에세이

Totalité et infini. Essai sur l'extériorité

Translation from French language edition:
Totalité et infini
by E. Levinas

Copyright © 1988, Springer Netherlands
Springer Netherlands is a part of Springer Science+Business Media.
All Rights Reserved.
Korean Translation Copyright © 2018 by Greenbee Publishing Company.
Korean Translation edition published by arrangement with Springer Netherlands through
Milkwood Agency.

전체성과 무한

외재성에 대한 에세이

초판1쇄 펴냄 2018년 11월 30일
초판5쇄 펴냄 2024년 6월 10일

지은이 에마뉘엘 레비나스
옮긴이 김도형, 문성원, 손영창
펴낸이 유재건
펴낸곳 (주)그린비출판사
주소 서울시 마포구 와우산로 180, 4층
대표전화 02-702-2717 | **팩스** 02-703-0272
홈페이지 www.greenbee.co.kr
원고투고 및 문의 editor@greenbee.co.kr

편집 이진희, 구세주, 정미리, 민승환 | **디자인** 이은솔, 박예은
마케팅 육소연 | **물류유통** 류경희 | **경영관리** 이선희

이 책의 한국어판 저작권은 밀크우드 에이전시를 통한 저작권자와의 독점계약으로 (주)그린비출판사에 있습니다.
저작권법에 의하여 한국 내에서 보호를 받는 저작물이므로 무단전재와 무단복제를 금합니다.
책값은 뒤표지에 있습니다. 잘못 만들어진 책은 구입처에서 바꿔 드립니다.
ISBN 978-89-7682-455-4 94160   978-89-7682-405-9 (세트)

學問思辨行: 배우고 묻고 생각하고 판단하고 행동하고

독자의 학문사변행을 돕는 든든한 가이드 _그린비 출판그룹

그린비 철학, 예술, 고전, 인문교양 브랜드
엑스북스 책읽기, 글쓰기에 대한 거의 모든 것
곰세마리 책으로 크는 아이들, 온가족이 함께 읽는 책

레비나스 선집 3
Emmanuel Levinas

전체성과 무한
외재성에 대한 에세이

에마뉘엘 레비나스 지음

김도형·문성원·손영창 옮김

Totalité et infini. Essai sur l'extériorité

그린비

1 이 책은 Emmanuel Levinas, *Totalité et infini*, Den Haag: Martinus Nijhoff, 1974(초 판은 1961)를 완역한 것이다.

2 본문의 주석은 모두 각주이며, 이해를 돕기 위해 옮긴이가 추가한 각주에는 '—— 옮긴 이'로 해당 부분 뒤에 표시했다.

3 독자의 이해를 돕기 위해 옮긴이가 추가한 내용은 대괄호([ ])로 표시했다.

4 두 가지 이상으로 해석될 수 있는 단어에 대해서는 빗금(/)으로 표시했다.

5 원서에서 이탤릭체로 강조된 표현은 고딕체로 표시했다. 또 레비나스가 특정한 단어들 에서 대소문자를 달리하여 의미를 부여하거나 강조할 때가 있는데, 이것은 해당 부분에 방점을 찍어 표시했다.

6 본문에 인용된 저작 중, 참조한 국역본이 있는 경우에는 국역본의 쪽수를 병기했다. 대 개 국역본의 번역을 따랐지만 옮긴이가 약간 수정한 곳들도 있다. 그러나 이를 일일이 밝히지는 않았다.

7 단행본·정기간행물에는 겹낫표(『 』)를, 논문·단편·시 등에는 낫표(「 」)를 사용했다.

8 외국 인명이나 지명, 작품명은 2002년 국립국어원에서 펴낸 외래어표기법을 따랐다.

9 이 책의 번역과 관련한 수정 사항은 그린비출판사 블로그(https://greenbee.co.kr) '레 비나스 선집' 카테고리에서 확인 가능하다.

마르셀과
장 발에게

서문

우리는 도덕에 속기 쉽지 않을까? 그 여부를 아는 것이 매우 중요하다는 데는 누구나 쉽게 동의할 것이다.

밝음은, 곧 참인 것에 대한 정신의 열림은 전쟁의 영속적 가능성을 간취하는 데 있지 않을까? 전쟁 상태는 도덕을 중지시킨다. 전쟁 상태는 영구적 제도와 의무에서 그 영원성을 벗겨 내고, 그렇게 하여 임시적인 것을 통해 무조건적 명령을 파기해 버린다. 전쟁 상태는 우선 인간들의 행위에 그 그림자를 던진다. 전쟁은 도덕이 겪는 시련 가운데 가장 큰 것으로 자리 잡는 데 그치지 않는다. 전쟁은 도덕을 가소로운 것으로 만들어 버린다. 전쟁을 예측하고 모든 수단을 다해 승리하는 기술인 정치는 그렇게 함으로써 스스로가 이성의 실행인 것처럼 행세한다. 철학이 어리석음에 맞서듯, 정치는 도덕에 맞선다.

철학적 사유의 눈에 존재가 전쟁으로 드러난다는 점을 입증하려고, 전쟁은 가장 공공연한 사실일 뿐만 아니라 실재의 공공연함 자체로—즉 진리로—존재에 관계한다는 점을 입증하려고 굳이 헤라클레이토스의 애매한 단편들을 끌어들일 필요는 없을 것이다. 전쟁 속에서 현실은 자신을 가리는 온갖 말들과 이미지들을 찢어 버리고 적나라하고 냉혹한 모습을 드러낸다. 냉혹한 현실(이것은 같은 말의 되풀이처럼 들린다!), 사물들의 냉혹한 교훈, 전쟁은 환상의 장막을 태워 버리는 전쟁의 번개가 치는 그 순간에 순수 존재의 순수 경험으로 나타난다. 이 어두운 명료함 가운데 뚜렷이 드러나는 존재론적 사건은 그때까지 자신의 정체성에 닻을 내리고 있던 존재들을 요동케 한다. 그것은 우리가 모면할 수 없는 객관적 질서에 의해 절대적인 것들이 움직이는 사태다. 힘의 시련은 실재의 시련이다. 그러나 폭력은 피 흘리게 하거나 죽이는 데서 생겨나기보다, 인격체들의 연속성을 중단시키는 데서 생겨난다. 인격체들이 더 이상 자신을 찾을 수 없는 역할을 하게 하는 데서, 그들로 하여금 약속뿐 아니라 자신의 고유한 실체를 배반하게 하는 데서, 모든 행위 가능성을 파괴해 버릴 행위들을 수행하게 하는 데서 생겨난다. 현대의 전쟁이 보여 주듯, 모든 전쟁은 이미, 그 무기를 쥔 사람에게 적대적으로 되돌아오는 무기를 사용하고 있다. 전쟁은 누구도 거리를 둘 수 없는 질서를 만들어 낸다. 이제는 아무것도 외부에 있지 않다. 전쟁은 외재성을 보여 주지 않으며, 타자로서의 타자를 보여 주지 않는다. 전쟁은 동일자Même의 정체성을 파괴한다.

전쟁에서 보이는 존재의 면모는 서양 철학을 지배하는 전체성 개념 속에 자리 잡는다. 여기서 개인들은 자신들이 모르는 사이에 그들에게 명령하는 힘들의 담지자로 환원된다. 개인들은 이 전체성으로부터 (이러한 전체성의 밖에서는 보이지 않는) 자신들의 의미를 빌려 온다. 현존하는 각각의 단일성은, 그것에서 객관적 의미를 끌어내도록 요청받은 미래에 끊임없이 자신을 바친다. 궁극적 의미만이 중요하고 마지막 행위만이 존재들을 그들-자신으로 변화시키기 때문이다. 이 존재들은 서사의 이미 조형된 형태들 속에서 등장하게 될 그 어떤 것에 해당한다.

　도덕적 의식은 평화의 확실함이 전쟁의 명백함을 제압하는 경우를 제외하고는 정치적 인간의 비웃는 시선을 견딜 수 없다. 그러한 확실함은 안티테제의 단순한 놀이로는 얻어지지 않는다. 전쟁에서 나온 제국의 평화는 전쟁에 근거를 두는 법이다. 그 같은 평화는 소외된 존재들에게 그들의 잃어버린 정체성을 돌려주지 않는다. 여기에는 존재와 맺는 본래의 근원적 관계가 필요하다.

　역사적으로는, 메시아적 평화의 종말론이 전쟁의 존재론에 겹쳐질 때, 도덕은 정치에 스스로를 맞세울 것이며 신중함의 기능들이나 미의 기준들을 넘어서서 무조건적이고 보편적으로 자신을 내세우게 될 것이다. 철학자들은 이 점을 믿지 않는다. 철학자들 역시 평화를 말하려고 종말론의 덕을 보기는 한다. 철학자들은 궁극적인 평화를 이성에서, 옛날과 오늘날의 전쟁 와중에 제 역할을 하고 있는 이성에서 연역해 낸다. 즉, 철학자들은 정치의 기초 위에 도덕을 세운다. 그러나 철학자들이 볼 때, 미래에 대한 주관적이고 자의적인 예견이자 명백함 없는, 신앙에 종속된 계시의 산물인 종말론이 억견Opinion에서 나온다는 것은 너무도 자연스러운 일이다.

　하지만 예언적 종말론이라는 비상非常한 현상이 자신을 철학적 명백함에 맞춤으로써 사유세계의 시민권을 얻으려 하지 않는 것은 확실하다. 물론 종교에서는 그리고 신학에서조차 종말론은 신탁처럼 철학적 명백함들을 '보완하는' 듯이 보인다. 믿음에 의한 종말론의 추측은 명백함보다 더 확실하기를 원한다. 마치 종말론이 존재의 궁극성을 드러내어 미래를 해명하는 힘을 명백함에 덧붙인다는 듯이. 그러나 명백함으로 환원된 종말론은 전쟁에서 비롯하는 전체성의 존재론을 이미 받아들이는 셈이다. 종말론의 참된 함의는 다른 데 있다. 종말론은 목적론적 체계를 전체성에 도입하지 않는다. 종말론은 역사의 방향을 가르쳐 주는 데서 성립하지 않는다. 종말론은 **전체성 너머에서** 또는 역사 너머에서 존재와 관계하는 것이지, 과거와 현재 너머에서 존재와 관계하는 것이 아니다. 종말론은 전체성을 둘러싸고 있을 법한 공허와 관계하지 않는다. 그 공허 속에서는 자기가 원하는 것을 자의적으로 믿을 수 있을 테고, 그럼으로써 바람과도 같은 자유로운 주관성의 권리들을 키워 갈 수 있을 테지만. 종말론은 **언제나 전체성에 외재적인 잉여와 맺는 관계**다. 이것은 이를테면, 객관적 전체성이 존재의 참된 척도를 채우지 못하고, 어떤 다른 개념 ─**무한의 개념**─이 전체성에 대한 이 초월을 표현해야 하는 것과 같은 사태다. 그 초월은 전체성 속에 포함될 수 없으며 전체성과 마찬가지로 본래적이다.

그러나 전체성과 객관적 경험에 대한 이 '너머'가 순전히 부정적 방식으로 묘사되는 것은 아니다. 이 '너머'는 전체성과 역사의 **내면**에, 경험의 **내면**에 반영된다. 역사의 '너머'가 존재들을 역사와 미래의 법정에서 떼어 내는 이상, 종말론적인 것은 그 존재들이 책임으로 충만하기를 바라고 존재들을 그러한 책임으로 불러낸다. 종말론적인 것은 역사를 총체적으로 심판에 맡김으로써, 역사에 종말을 새기는 전쟁들의 외부에서, 매 순간마다 이 순간 자체에 충만한 자신의 의미 작용

signification을 복원한다. 모든 소송들은 심의받을 준비가 되어 있다. 중요한 것은 최후의 심판이 아니라, 살아 있는 자들을 심판하는 시간의 매 순간마다 행해지는 심판이다. 심판이라는 종말론의 이념은(헤겔이 심판을 부당하게 합리화하였던 역사의 심판과는 반대로), 존재들이 영원에 '앞서서', 역사의 성취에 앞서서, 시간의 만료(여기에도 여전히 시간은 있다)에 앞서서, 하나의 정체성을 갖는다는 점을 함축한다. 종말론의 이 이념은, 존재들이 물론 관계 속에서 존재하지만 전체성에 의거해서가 아니라 자기에 의거해서 그러하다는 점을 함축한다. 역사를 넘어서는 존재의 이념은, 존재에 개입하는 **존재자들**인 동시에 인격적인 **존재자들**을, 자신들의 재판에서 답변하도록 소환된, 따라서 이미 성년인 **존재자들**을 성립시킨다. 같은 이유로 그 이념은, 역사의 익명적 발언에 자신들의 입술을 빌려주는 대신, 스스로 발언할 수 있는 **존재자들**을 성립시킨다. 평화는 이렇게 발언할 수 있는 능력으로서 생산된다. 종말론의 비전은 발언을 허용하지 않는 전쟁과 제국의 전체성을 부순다. 그것은 전체성으로 파악된 존재 속에서 역사의 종말을 향하지 않는다. 오히려 그것은 전체성을 넘어서는 존재의 무한과 관계한다. 종말론의 첫째가는 '비전'(그러므로 실정實定 종교들의 계시된 억견과는 구별되는 비전)은 종말론의 가능성 자체에, 다시 말해 전체성의 **파열**에, **컨텍스트 없는 의미 작용**의 가능성에 이른다. 도덕의 경험은 이 비전에서 흘러나오지 않는다. 그것은 이 비전을 **완수한다**. 윤리는 일종의 광학이다. 그러나 그것은 이미지 없는 '비전'이다. 객관화하고 일람一覽하며 전체화하는 비전의 미덕을 갖추지 못한 비전이다. 그것은 전혀 다른 종류의 관계 또는 지향성이다. 그리고 이것이 바로 이 책이 서술하려는 것이다.

존재와의 관계는 재현에서, 명백함의 자연스러운 장소인 재현에서만 생산되지 않는가? 전쟁이 그 냉혹함과 보편적 능력을 드러내는 객관성은, 존재가 이미지, 꿈, 주관적 추상과 구별될 때, 그 존재가 의식에 **자신을 부과하는** 독특한 형식과 본래의 형식을 가져오지 않는가? 한 대상에 대한 이해란 진리와 맺는 관계들을 짜 나가는 직물과 같은 것이 아닌가? 이런 질문들에 대해서, 이 책은 부정적으로 답한다. 평화에 관해서는 종말론밖에 있을 수 없다. 그러나 이 말은, 우리가 객관적으로 긍정하는 평화가 지식의 대상이 아니라 신앙의 대상이라는 뜻이 아니다. 이 말이 뜻하는 바는 무엇보다도, 평화가 전쟁이 드러내는 객관적인 역사 속에 이 전쟁의 끝 또는 역사의 끝으로 자리 잡게 되지 않는다는 것이다.

그러나 전쟁의 경험은 도덕을 논박하듯이 종말론을 논박하지 않는가? 우리는 전체성의 논박할 수 없는 명백함을 인정하는 것으로 시작하지 않았는가?

사실은, 종말론이 평화를 전쟁에 대립시킨 이래 전쟁의 명백함이 유지된 것은 본질적으로 위선적인 문명 속에서였다. 말하자면, 진眞과 선善 둘 다에 달라붙은, 그렇지만 적대적인 진과 선에 달라붙은 문명 속에서였다. 이제는 이 위선 속에서 인간의 우연적이고 추악한 결점뿐 아니라 철학자와 예언가가 함께 주목하는 세계의 깊은 균열도 인식할 때가 아닌가 한다.

그러나 철학자에게 전쟁과 전체성의 경험은 경험 및 명백함 바로 그것과 일치하지 않는가? 또 철학 자체는 명백함에서 시작하는 삶을, 이웃의 억견에 맞서는 삶을, 그 자신의 고유한 주관성에서 비롯하는 환상과 환영에 맞서는 삶을 살기 위한 시도로서 정의되지 않는가? 이 경험에 외재적인 평화의 종말론은 억견들과 주관적 환상들로 연명하지 않는가? 만일 철학적 명백함이 그 스스로 이제 더 이상 '전체성'의 용어로는 말해질 수 없는 상황으로 나아가지 않는다면, 그렇다고 해야 할 것이다. 만일 철학적 앎이 시작되는 비-지식이 무와 단적으로 일치하는 것이 아니라 오직 대상들의 무와 일치하는 것이라면, 그렇다고 해야 할 것이다. 철학을 종말론으로 대체하지 않고도, 종말론적 '진리들'을 철학적으로 '증명하지' 않고도, 우리는 전체성의 경험으로부터 출발하여 전체성이 깨지는 상황으로 나아갈 수 있다. 그래서 이 상황이 전체성 자체를 조건 짓게 하는 데로 나아갈 수 있다. 이러한 상황은 타인의 얼굴에 나타난 외재성의 섬광이거나 초월의 섬광이다. 이 초월의 개념을 엄밀하게 발전시켰을 때 우리는 그것을 무한이라는 말로 표현하게 된다. 무한의 이러한 계시가 어떤 독단적인 내용을 받아들이게 하는 것은 아니다. 독단적 내용의 철학적 합리성을 무한 관념의 초월론적transcendantal 진리라는 명목으로 옹호하는 것은 잘못일 것이다. 왜냐하면, 우리가 방금 묘사한 객관적 확실성의 이편으로en deçà[1] 거슬러 올라가 그곳에 머무는 방식은 초월론적 방법이라고

---

1) 'en deçà'는 '저편으로', '너머' 등을 뜻하는 'au delà'와 대비하여 '이편으로'나 '이쪽에'를 의미하는 말이지만, 레비나스는 우리가 사는 세상과 별개의 세상을 상정하는 것이 아니라는 점을 강조할 때 이 표현을 쓰는 경우가 많다. 그런 점에서 '이편'은 우리가 사는 세상의 심층을 가리키며, 따라서 레비나스가 말하는 전체성 너머의 윤리와 배치되는 것이 아니라 오히려 상통한다. —옮긴이

일컬어졌던 것과 닮았지만, 이러한 발상에 초월론적 관념론의 기술적 절차들은 포함될 필요가 없기 때문이다.

하나의 정신이 자신에게 합치하지 않는 존재를 맞아들이는 데서 성립하는 폭력은 철학을 이끄는 자율성의 이상과, 즉 명백함 가운데서 자신의 진리를 지배하는 주인이어야 한다는 철학의 이상과 모순되는가? 하지만 무한과의 관계 ─ 데카르트가 명명한 무한의 관념 ─ 는 억견의 경우와는 전혀 다른 의미에서 사유를 넘어선다. 억견은 사유가 건드리면 마치 바람처럼 사라지거나, 이미 이 사유 내부에 있는 것인 듯이 스스로를 드러낸다. 무한의 관념 속에서는 언제나 사유 바깥에 머무는 것이 사유된다. 모든 억견의 조건, 그것은 모든 객관적 진리의 조건이기도 하다. 무한의 관념, 그것은 정신이 자기 자신에 의해서 발견하는 것과 억견으로부터 받아들이는 것을 구별하는 사태에 앞서는 정신이다.

무한과 맺는 관계는 물론 경험의 용어로 진술될 수 없다. 왜냐하면 무한은 무한을 생각하는 사유를 넘어서기 때문이다. 이렇게 사유를 넘어서는 가운데 바로 무한의 **무한화**infinition가 생산된다. 따라서 무한과 맺는 관계는 객관적 경험을 진술하는 용어들과는 다른 용어로 진술하여야 한다. 그러나 만일 경험이 뜻하는 바가 다름 아닌 절대적 타자와 맺는 관계라면, 다시 말해 언제나 사유를 넘어서는 것과 맺는 관계라면, 무한과 맺는 관계야말로 진정한par excellence 경험을 성취하는 것이다.

끝으로, 종말론의 비전은 한 개인이 자신의 개인적 이기주의를 내세우거나 심지어 자신의 구원을 앞세워 행하는 항의를 전체성의 경험에 대립시키지 않는다. 나의 순전한 주관주의에서 출발하는 도덕의 그러한 선언은 전쟁에 의해 논박된다. 전쟁이 드러내는 전체성에 의해, 객관적 필연성들에 의해 논박된다. 우리는 종말론적인 비전에서 비롯한 주체성을 전쟁의 객관주의에 대립시킨다. 무한의 관념은 주체성을 역사의 심판으로부터 해방시켜서, 이 주체성이 모든 순간 심판에 대해 준비되어 있음을 밝혀 주며, 또 앞으로 우리가 보겠지만,[2] 그 자신이 없이는 불가능한 이 심판에 주체성이 참여하도록 부름을 받고 있음을 밝혀 준다. 전쟁의 냉혹한 법은 존재로부터 떨어져 나간 무력한 주관주의에 맞서서가 아니라, 객관성보다 더 객관적인 무한에 맞서서 깨어지는 것이다.

특수한 존재들은 자신의 진리를 그들의 외재성이 사라지는 전체 속에서 내어놓는가? 그 반대로, 이 외재성의 전적인 빛남 가운데서 존재의 궁극적 사건이 일어나는가? 우리가 시작했던 문제는 바로 여기로 귀착한다.

이 책은 주체성을 옹호하는 모습을 보여 준다. 그러나 이 책은 전체성에 맞서는 주체성의 순전한 이기적 항의와 같은 수준에서나, 죽음 앞에서 느끼는 주체성의 불안 속에서가 아니라, 무한의 관념에 기초를 둔 것으로서 주체성을 파악할 것이다.

이 책은 전체성의 관념과 무한의 관념을 구분할 것이고, 무한의 관념이 지닌 철학적 우위를 확증할 것이다. 이 책은 무한이 동일자와 타자의 관계 속에서 어떻게 생산되는가를, 그리고 지양 불가능한 특

---

2) 자세한 내용은 이 책 363쪽 이하 참조.

수자와 개인이 무한의 생산이 일어나는 바로 그 장場을 어떤 식으로든 어떻게 자기화磁氣化하는지를 이야기할 것이다. '생산'production이라는 용어는 존재의 실현을 가리키며(사건이 '생산된다'se produire, 자동차가 '생산된다'의 경우와 같이), 존재를 빛 속에 가져오고 노출시킴을 가리킨다(논쟁이 '자신을 생산한다'se produire, 배우가 '자신을 생산한다'의 경우와 같이). 이 '생산하다'라는 동사의 애매성은 한 실체entité의 존재를 활동하게 하는 동시에 그 존재가 스스로를 계시하게 하는 작용의 본질적 애매성을 표현해 준다.

무한의 관념은 자신을 한계 짓는 그 무엇도 외부에서 맞닥뜨리지 않는 실체를 나타내기 위해 주체성이 부수적으로 지어낸 개념이 아니다. 즉 모든 한계를 넘어서며 그래서 결국 무한한 어떤 실체를 나타내기 위해 주체성이 만든 개념이 아니다. 무한한 실체의 생산은 무한의 관념에서 분리될 수 없다. 왜냐하면 그 한계들의 지양이 생산되는 것은 바로 무한의 관념과 그 무한의 관념이 관념하는[대상으로 삼는] 무한 사이의 불균형 속에서이기 때문이다. 무한의 관념은 무한의 존재양태 ──무한의 **무한화**── 이다. 무한이 먼저 존재하고 **그다음에** 스스로를 계시하는 것이 아니다. 무한의 무한화는 계시로서 생산된다. 내 속에 무한의 관념이 놓임으로서 생산된다. 무한의 무한화는, 자신의 동일성에 고정된 분리된 존재인 동일자이자 자아가 자신의 동일성에 힘입는 것만으로는 도저히 포함할 수도 받아들일 수도 없는 것을 그럼에도 불구하고 자신 안에 포함하고 있다는, 있을 법하지 않은 사태 속에서 생산된다. 주체성은 이러한 불가능한 요구 ──포함할 수 있는 것보다 더 많은 것을 포함한다는 놀라운 사태── 를 실현한다. 이 책은 주체성을 타인을 맞아들이는 것으로서, 즉 환대hospitalité로서 제시할 것이다. 환대로서의 주체성 속에서 무한의 관념은 완수된다. 사유를 대상과의 **합치**에 머물러 있게 하는 지향성으로는 의식을 그 근본적 수준에서 정의하지 못한다. 지향성으로서의 모든 앎은 이미 무한의 관념을, 진정한 **불합치**를 전제한다.

자기 능력 이상의 것을 포함한다는 것이 사유를 통해 존재의 전체성을 포용한다거나 포괄한다는 것을 의미하는 것은 아니다. 또는 적어도, 구성적인 사유의 내적 유희에 의해 사후에 그것을 설명할 수 있다는 것을 의미하는 것도 아니다. 자기 능력 이상의 것을 포함한다는 것은 사유된 내용의 틀들을 매 순간 파열시킨다는 것이고, 내재성의 장애물들을 뛰어넘는다는 것이다. 하지만 존재 속으로의 이 하강이 새삼스레 하강이라는 개념으로 귀착하는 것은 아니다. 철학자들은 행위 개념(또는 그것을 가능케 하는 육화incarnation 개념)을 가지고 이 실재 속으로의 하강을 설명하고자 하였다. 순수한 앎으로 이해되는 사유의 개념은 이 하강을 빛의 유희로 취급할 것이다. 사유 행위 —행위로서의 사유—는 하나의 행위를 생각하는 사유 또는 하나의 행위를 의식하는 사유에 선행할 것이다. 행위라는 발상은 본질적으로 폭력을, 사유의 초월성을 저버리는 타동성他動性의 폭력을 수반한다. 사유는 온갖 모험에도 불구하고 그 자신 속에 갇혀 있다. 사유의 모험이란 결국 순전히 상상적인 것이거나 또는 율리시스처럼 이리저리 돌아다니다가 집으로 되돌아가고 마는 것이다. 행위 안에서 본질적인 폭력으로 터져 나오는 것은 존재를 포함한다고 참칭하는 사유에 대한 존재의 잉여다. 즉, 무한 관념의 경이로움이다. 그러므로 의식의 육화가 이해될 수 있는 것은 오직 합치를 넘어서서 관념의 대상^{ideatum}이 그 관념을 넘쳐흘러 의식을 움직일 때, 다시 말해 무한의 관념이 의식을 움직일 때뿐이다. 무한의 재현이 아닌 무한의 관념이 행위성 자체를 가져온다. 사람들이 행위성에 맞세우는 이론적 사유와 앎, 그리고 비판은 동일한 기초를 지니고 있다. 무한의 관념, 어떤 경우든 무한의 재현이 아닌 무한의 관념이 행위성과 이론의 공통된 원천이다.

따라서 의식은 재현을 통해 존재와 같게 되는 데서 성립하거나 이런 합치가 추구되는 충만한 빛으로 향하는 데서 성립하는 것이 아니라, 이 빛의 놀이인 현상학을 넘어서는 데서, 그래서 ─하이데거의 구상과는 반대로─그 궁극적인 의미 작용이 **탈은폐함**으로 귀착하지 않는 **사건**을 성취하는 데서 성립한다. 확실히 철학은 이러한 사건들의 의미 작용을 발견한다/그 덮개를-벗긴다$^{dé-couvrir}$. 그러나 이 사건들이 발견(또는 진리)을 그 운명으로 삼아 생산되는 것은 아니다. 어떤 앞선 발견도 사건들의 생산을 밝혀 주지 못한다. 이 사건들은 본질적으로 밤의 사건들인 것이다. 달리 말해, 얼굴을 맞아들이고 정의를 이룩하는 것 ─이것이 진리 그 자체의 탄생을 조건 짓는데─은 탈은폐로 해석될 수 없다. 현상학은 하나의 철학적 방법이지만, 현상학─빛으로 가져옴을 통한 이해─은 존재 그 자체의 궁극적 사건을 구성하지 않는다. 동일자와 타자의 관계가 언제나 동일자에 의한 타자의 인식으로 환원되는 것은 아니며, 이미 근본적으로 탈은폐와 구분되는 동일자에 대한 타자의 **계시**로조차 환원되는 것이 아니다.[3]

---

3) 이 책의 마지막에 이르러 우리가 얼굴 너머에 놓이는 관계들을 다룰 때, 우리는 노에마

우리는 프란츠 로젠츠바이크가 『구원의 별』*Stern der Erlösung*에서 전체성 관념에 반대하는 데 큰 감명을 받았다. 그래서 그 저작은 이 책에 자주 인용되어 등장한다. 그러나 우리가 차용한 발상들을 제시하고 발전시키는 데는 모두 현상학적 방법이 사용되었다. 지향적 분석은 구체적인 것에 대한 탐색이다. 자신을 정의하는 사유의 직접적 시선에 포획된 개념은, 그 순진한 사유에게는 알려져 있지 않지만, 그 사유가 생각지도 못했던 지평들 속에 뿌리를 내리고 있는 것임이 드러난다. 이 지평들이 그 개념에 의미를 부여한다. 이것이 바로 후설의 본질적인 가르침이다.[4] 생각지도 못했던 이러한 지평들이 자구 그대로의 후설 현상학 속에서는 대상들을 향하는 사유로서 그 나름으로 해석된다 하더라도 그것이 뭐 그리 중요하겠는가! 중요한 것은 대상화하는 사유를 그 사유에 생명을 주는 망각된 경험이 넘어선다는 생각이다. 사유의 형식적인 구조—노에시스의 노에마—의 파열은 이러한 구조가 은폐하는 사건들 속에서—그렇지만 이 사건들은 그 구조를 떠받치고, 그 구조에 구체적인 의미 작용을 회복시켜 주는데—일

를 향하는 노에시스로도, 기투를 실현하는 능동적 개입으로도, 질량으로 방출되는 물리적 힘으로도 묘사될 수 없는 사건들을 만나게 된다. 거기서 문제가 되는 존재의 국면에 가장 적합한 것은 아마 드라마라는 용어일 것이다. 니체가 『바그너의 경우』의 끝부분에서 사람들이 이 말을 언제나 액션으로 잘못 옮긴다고 불평하면서 사용하고자 했던 그런 의미의 드라마 말이다. 하지만 우리가 이 용어를 쓰지 않는 것은 그 말에서 비롯하는 애매함 탓이다.

4) *Edmund Husserl 1859-1959* (*Phaenomenologica* 4), Den Haag: Martinus Nijhoff, 1959, pp. 73~85에 수록된 나의 논문 참조[이 논문은 '재현의 몰락'(Ruine de la Représentation)이라는 제목으로 *En découvrant l'existence avec Husserl et Heidegger*, Paris: Vrin, 2001에 재수록되었다.—옮긴이].

어난다. 이러한 파열은 일종의 **추론**을 구성한다. 이 추론은 필연적인 것이긴 하지만 분석적인 것은 아니다. 이 추론은 우리의 설명 속에서 '즉/다시 말해'c'est-à-dire나 '정확히 말해/바로'précisément 또는 '이것은 저것을 성취한다accomplir'나 '이것은 저것으로 생산된다'와 같은 용어들로 표시된다.

이 책에서 현상학적 추론이 존재에 관한 이론적 사유와 존재 그 자체의 파노라마적 노출에 부여하는 의미 작용이 비합리적인 것은 아니다. 근본적인, 그래서 형이상학적이라 불리는 외재성을 향한 열망이, 그리고 이런 형이상학적 외재성에 대한 존경이 ─ 이 외재성은 무엇보다 '그대로 두어야' 하는 것이다 ─ 진리를 구성한다. 근본적인 외재성을 향한 열망이 이 책의 작업을 고무시키고, 이성의 지성주의에 대한 이 책의 충실성을 입증한다. 그러나 객관성의 이상理想에 의해 인도되는 이론적 사유는 이 열망을 고갈시키지 않는다. 그 열망은 이론적 사유가 지닌 야망의 이편에/심층에 남아 있다. 윤리적 관계가 초월을 ─ 이 책이 앞으로 제시할 것처럼 ─ 끝까지 밀어붙인다면, 그것은 윤리의 본질적인 것이 그것의 **초월적 지향** 속에 있기 때문이지, 모든 초월적 지향이 노에시스-노에마 구조를 가지고 있기 때문이 아니다. 윤리/윤리학은 이미 **그 자체로** 하나의 '광학'이다. 그것은 초월을 독점하는 사유의 이론적 실행을 준비하는 것으로 한정되지 않는다. 이론과 실천 사이의 전통적인 대립은 형이상학적 초월에 의거하여 사라질 것이다. 이 형이상학적 초월 속에서 절대적 타자 또는 진리와의 관계가 성립되고 윤리는 그 관계의 왕도가 된다. 지금까지는 이론과 실천 사이의 관계가 연대 또는 위계질서의 방식으로만 인식되었다. 즉 행위성이 그것을 해명하는 인식들에 의존하거나, 인식이 자신의 순수한 실행에 필요한 평화를 마련해 줄 물질, 정신 그리고 사회에 대한 지배—기술, 도덕, 정치—를 행위들에 요구했다. 우리는 더 멀리 나아갈 것이고, 이론과 실천을 혼동하고 있다고 보일 위험을 무릅쓰고 이 둘을 형이상학적 초월의 양태들로 다룰 것이다. 외관상의 혼동은 의도적이며 그것이 이 책의 테제 중 하나를 이룬다. 후설 현상학 덕택에 우리는 이렇듯 윤리로부터 형이상학적 외재성으로 나아갈 수 있었다.

우리는 이제 이 서문에서 첫 문장이 공표한 작업의 주제로부터 얼마나 멀리 떨어져 있는가! 기획된 작업의 의미를 우회하지 않고 말해야 하는 이런 예비적 글에서조차, 이미 이렇게 많은 다른 것들의 문제가 있는 것이다. 철학적 탐구는 인터뷰나 신탁 또는 예지의 글에서처럼 질문에 바로 답하지 않는다. 그리고 어느 누가 자기 책에 대해 자신이 그 책을 쓰지 않았다는 듯이, 마치 그 책에 대한 최초의 비평가라도 되는 듯이 말할 수 있겠는가? 또 그렇게 하여 어느 누가 불가피한 교조주의—책의 주제를 좇아 나가는 설명은 그 속에서 압축되고 조정되기 마련인데—를 해체할 수 있겠는가? 독자들은 이 추적의 부침 浮沈에 무관심한 것이 자연스러울 테니, 독자들의 눈에 이 책은 아무것도 사냥감을 보장해 주지 않는 어려움 투성이의 잡목 숲으로 비칠지 모르겠다. 우리는 적어도 독자가 특정한 오솔길의 무미건조함 때문에, 첫 부분의 불편함 때문에 실망하지 않도록 초대하고 싶다. 이 책의 1부에서는 예비적인 특성이 강조되겠지만, 이 탐구 전체의 지평이 그려질 것이다.

그러나 저자와 독자 사이에 쳐진 장막을 바로 그 책으로 뚫고자 하는 서문의 말은 영광의 말로서 주어지지 않는다. 서문의 말은 다만 언어의 본질 자체 속에 있다. 그런데 그 언어의 본질이란, 머리말 또는 주석에 의해 자신의 문장을 매번 해체하는 데서, 말해진 것le dit을 말로 지우는dédire 데서, 말해진 것이 충족되는 곳인 불가피한 의례를 통해 이미 오해된 것을 아무런 의례 없이 다시 말하려고redire 시도하는 데서 성립하는 것이다.

차례

A. 형이상학과 초월

1. 볼 수 없는 것을 향한 욕망

"참된 삶은 부재한다."[1] 그러나 우리는 세상 속에 있다. 형이상학은 이런 알리바이에서 출현하고, 이러한 알리바이 속에서 자신을 유지한다. 형이상학은 '다른 데'로, '다르게'로, '다른 것'으로 향한다. 사유의 역사 속에서 형이상학이 취했던 가장 일반적인 형태로 볼 때, 형이상학은 우리에게 친숙한 세계——세계를 경계 짓거나 세계가 숨기고 있는 아직 알려지지 않은 땅들이 무엇이건 간에——로부터 출발하여, 즉 우리가 살고 있는 '자기 집'chez soi으로부터 출발하여 낯선 자기-의-바깥hors-de-soi으로 나아가는, 저-쪽là-bas으로 나아가는 운동으로 나타난다.

    이러한 운동의 도달점인 다른 데 있는 것 또는 다른 것은 탁월한 의미에서 **타자**라 불린다. 어떠한 여행도, 어떠한 기후의 변화와 환경의 변화도 타자로 향하는 욕망을 만족시키지 못한다. 형이상학적 욕망

---

1) 랭보의 시 「지옥에서 보낸 한 철」(Une saison en enfer)의 한 구절.——옮긴이

의 대상인 타자는 내가 먹는 빵, 내가 거주하는 땅, 내가 주시하는 풍경과 같은 '타자'가 아니며, 때로 나-자신에 대한 나-자신과 같은 '타자', 이 '나', 이 '타자'와 같은 '타자'가 아니다. 나는 이러한 현실의 것들로 '나를 먹일' 수 있으며, 대부분의 경우에는, 그것들이 내게 단순히 결핍되어 있던 것인 양, 그것들로 나를 만족시킬 수 있다. 그럼으로써 그것들의 **타자성**은 생각하는 나 또는 소유하는 나의 동일성으로 다시 흡수된다. 반면에 형이상학적 욕망은 **전적으로 다른 것, 절대적으로 다른 것**으로 향한다. 하지만 욕망에 대한 관습적 분석은 이 욕망의 독특한 요구를 잘 설명할 수 없을 것이다. 일반적으로 이해된 욕망의 기초로는 욕구를 들 수 있을 텐데, 그러한 욕망은 가난하고 불완전한 존재 또는 자신의 지난 영광에서 실추한 존재를 나타낼 것이다. 그 욕망은 잃어버린 것에 대한 의식과 일치할 것이다. 그것은 본질적으로 향수고, 복귀를 갈망하는 병인 셈이다. 그러나 그럼으로써 그와 같은 욕망은 진실로 타자인 것에 대해서는 생각조차 하지 않는다.

형이상학적 욕망은 복귀를 열망하는 것이 아니다. 왜냐하면 그것은 우리가 태어나지 않은 땅에 대한 욕망이기 때문이다. 그 땅은 온갖 자연에 낯설다. 우리의 조국인 적이 없었던 곳이며, 우리가 결코 옮겨 가지 못할 곳이다. 형이상학적 욕망은 이전의 혈족 관계에 의존하지 않는다. 그것은 만족될 수 없는 욕망이다. 사람들은 만족된 욕망이나 성적 욕구에 대해, 또는 도덕적·종교적 욕구에 대해서조차 가볍게 말한다. 그래서 사랑은 그 자체가 숭고한 굶주림의 만족인 듯이 여겨진다. 이런 식의 말이 가능하다면, 그것은 우리의 욕망 대부분이 순수하지 않으며, 사랑 또한 순수하지 않기 때문이다. 우리가 만족시킬 수 있는 욕망들이 형이상학적 욕망과 닮는 것은, 오직 만족이 기대에 어긋나거나 불-만족이 격해지고 그래서 욕망이 격해지는 속에서다. 이런 격함이 향락^{volupté}을 이루는 것이다. 형이상학적 욕망은 다른 지향을 가진다. 형이상학적 욕망은 그것을 단순히 보충해서 완성할 수 있는 모든 것들의 너머를 욕망한다. 형이상학적 욕망은 선함과도 같다. 형이상학적 욕망에서 욕망된 것$^{le\ Désiré}$은 그 욕망을 채우지 못하고, 그것을 깊어지게 할 따름이다.

형이상학적 욕망은 욕망된 것에 의해 양육되는 관대함이다. 또 그런 의미에서 그것은 거리의 사라짐이 아닌 관계, 가까워짐이 아닌 관계다. 관대함의 본질과 선함의 본질을 더 긴밀히 연결시켜 말하자면, 형이상학적 욕망은 그 적극성^{positivité}이 멀어짐에서, 분리에서 오는 그러한 관계다. 왜냐하면 그 욕망의 적극성은 자신의 굶주림으로 길러진다고 할 수 있기 때문이다. 그것은 근본적인 멀어짐인데, 그것이 근본적일 수 있는 것은, 욕망이 욕망 가능한 것$^{le\ désirable}$을 예상하는 가능성이 아닌 한에서고, 욕망이 욕망 가능한 것을 미리 생각하지 않는 한에서며, 욕망이 욕망 가능한 것을 향해 과감하게 나아가는 한에서다. 마치 예측 불가능한 절대적 타자성을 향해 나아가듯이, 우리가 죽음을 향해 나아가듯이 말이다. 욕망하는 존재가 죽을 수밖에 없는 존재고 그 욕망된 것이 볼 수 없는 것이라면, 욕망은 절대적이다. 이 볼 수 없음은 관계의 부재를 가리키는 것이 아니다. 그것은 거기에 대한 어떠한 관념도 존재하지 않는 주어지지 않은 것과의 관계를 함축한다. 봄^{vision}은 관념과 사물 사이의 합치다. 즉, 그것들을 포괄하는 이해^{理解}다. 불합치는 단순한 부정이나 관념의 모호함을 가리키는 것이 아니라, 빛과 어둠의 바깥에, 존재들을 헤아리는 인식의 바깥에 있는 욕망Désir의 과도함을 가리킨다. 이 욕망은 절대적 타자에 대한 욕망이다. 우리가 만족시키는 허기, 우리가 해소하는 갈증, 우리가 가라앉히는 감각 바깥에서, 형이상학은 만족을 넘어선 타자를 욕망한다. 여기서는 신체를 통한 어떠한 몸짓도 열망을 감소시킬 수 없다. 알려진 어떤 어루만짐caresse의 윤곽을 잡을 수도 없고, 새로운 어루만짐을 창안할 수도 없다. 이것은 만족 없는 욕망이다. 말하자면 멀어짐에, 타자의 타자성과 외재성에 귀를 기울이는 욕망이다. 이 욕망에 대해서는 관념과 합치하지 않는 이와 같은 타자성이 의미를 갖는다. 이 타자성은 타인Autrui의 타자성으로, 치-고Très-Haut의 타자성으로 받아들여진다. 높이의 차원 자체가[2] 형이상학적 욕망에 의해 열린다. 이 높이는 더 이상 천국과 같은 것이 아니라 볼 수 없는 것이다. 이런 사태가 높이의 고양 자체고 높이의 고귀함이다. 볼 수 없는 것을 위해 죽는 것 —이것이 형이상학이다. 그러나 이것은 욕망이 행위들을 필요로 하지 않음을 뜻하지 않는다. 단, 이 행위들은 소비도 아니고 어루만짐도 아니며 예배 의식도 아니다.

20세기에 인간이 겪은 첨예한 경험을 통해 우리는 인간의 사유가 욕구에 의해 배태되며 이 욕구가 사회와 역사를 설명한다는 점을 배웠다. 또 굶주림과 두려움이 모든 인간적 저항과 모든 자유를 정복할 수 있음을 배웠다. 이러한 때에, 볼 수 없는 것을 내세우는 것은 어리

---

2) "나로서는, 볼 수 없는 것인 실재와 관련된 연구 이외의 다른 연구가 영혼으로 하여금 위쪽을 바라보도록 만든다고는 생각할 수가 없다네"(플라톤, 『국가』, 529b).

석은 일인지도 모른다. 이 같은 인간적 비참함에 대해서는——사물과 악인들이 인간에 미치는 이러한 지배력에 대해서는——이러한 동물성에 대해서는——의심의 여지가 없다. 그러나 인간이 된다는 것은 사정이 이러함을 아는 것이다. 자유는 자유가 위험 속에 있다는 것을 아는 데서 성립한다. 그런데 안다는 것이나 의식한다는 것은 비인간성의 순간을 피하고 예방하기 위한 시간을 가진다는 뜻이다. 배반의 시간에 대한 이 끊임없는 연기延期——인간과 비-인간 사이의 미세한 차이——야말로, 선함의 탈이해관계désintéressement를, 절대적 타자에 대한 욕망 또는 고귀함을, 형이상학적인 것의 차원을 전제하는 것이다.

2. 전체성의 파열

형이상학적 도달점의 이러한 절대적 외재성——그 운동이 내적 유희로, 자기에 대한 자기의 단순한 현전으로 환원될 수 없다는 점——은, 초월적이라는 말로 증명되지는 않더라도 그 말로 내세워진다. 형이상학적 운동은 초월적이고 초월이며, 욕망과 불합치로서, 상향적 초월transascendance[3]이 아닐 수 없다. 형이상학적인 자가 형이상학적 운동을 가리키는 초월에서 주목할 만한 것은, 초월이 표현하는 거리가——모든 거리와는 달리——외재적 존재의 **실존 방식**에 들어간다는

---

3) 우리는 장 발에게서 이 용어를 빌려 온다. Jean Wahl, "Sur l'idée de la transcend-ance", *Existence humaine et transcendance*, Neuchâtel: Baconnière, 1944 참조. 우리는 이 연구가 환기해 준 주제들에서 많은 영감을 받았다.

점이다. 초월의 형식적인 특징인 타자로 있음이 초월의 내용을 만든다. 그래서 형이상학적인 자와 타자는 **전체화되지** 않는다. 형이상학적인 자는 절대적으로 분리된다.

형이상학적인 자와 타자는 역전될 수 있는 어떤 상관관계를 구성하지 않는다. 그 항들이 왼쪽에서 오른쪽으로, 오른쪽에서 왼쪽으로 무차별하게 읽히는 관계의 가역성은 **하나**를 **다른 것**에 짝짓는다. 그것들은 바깥에서 볼 수 있는 하나의 체계로 완성될 것이다. 그렇게 하여 이른바 초월은 타자의 근본적 타자성을 파괴하는 체계의 통일로 다시 흡수될 것이다. 불가역성은 동일자가 타자로 나아가는 방식이 타자가 동일자로 나아가는 방식과는 다르다는 것만을 의미하지 않는다. 그런 일은 아예 고려 대상이 되지 못한다. 동일자와 타자 사이의 근본적인 분리가 의미하는 것은 바로, 이 나아감이 이 되돌아옴에 상응하는지 상응하지 않는지를 기록하기 위해 동일자와 타자의 상관관계 바깥에 자리를 잡는 것이 불가능하다는 것이다. 만일 그것이 가능하다면 동일자와 타자는 공통의 시선 아래 다시 결합될 것이고, 그들을 분리하는 절대적인 거리는 메워지고 말 것이다.

타자성, 즉 타자의 근본적 이질성이 가능한 것은, 타자가 한 항과의 관계에서 타자인 한에서다. 이 항의 본질은 출발점에 머무는 것이고, 관계 속에 들어감에 봉사하는 것이며, 상대적으로가 아니라 절대적인 면에서 동일자로 존재하는 것이다. **이 한 항이 그 관계의 출발점에 절대적으로 머물 수 있는 것은 오직 나**Moi**로서다.**

나로 있다는 것은, 어떤 하나의 준거 체계로부터 도출될 수 있는 모든 개체화를 넘어서서, 동일성을 내용으로 가진다는 것이다. 자아Ie moi, 그것은 언제나 동일한 것으로 남아 있는 존재가 아니라, 그 자신의 실존함이 스스로를 동일시하는 데서 성립하는 존재, 즉 자신에게 일어나는 모든 것을 가로질러 자신의 동일성을 다시 찾는 데서 성립하는 존재다. 그것은 진정한 동일성이고, 동일화의 근원적인 작업이다.

차아는 자신의 변화들 속에서도 여전히 동일하다. 그것은 그런 변화들을 스스로 재현하고 사유한다. 이질적인 것들이 포괄될 수 있는 보편적 동일성은 주체의 구조, 즉 1인칭의 구조를 가진다. 보편적인 사유란 '나는 사유한다'이다.

차아가 자신의 변화들 속에서 여전히 동일하다는 것에는 또 다른 의미가 있다. 사실, 사유하는 자아는 자기가 생각하는 것에 귀 기울이고, 자신의 심오함에 놀라며, 그래서 자기에게 타자가 된다. 그렇게 하여 그것은 마치 '자기에 앞서' 걷는 것처럼, '사유에 앞서' 사유하는 자신의 사유라는 잘 알려진 소박성을 발견한다. 자아는 자신이 생각하는 것에 귀 기울이며, 그 자신이 교조적이고 자기에게 낯설다는 점에 스스로 놀란다. 그러나 차아는 이러한 타자성 앞에서도 동일차다. 자아는 자기와 뒤섞인다. 이렇게 놀라게 하는 '자기'에 관해 자아는 배반을 할 수 없다. 헤겔의 현상학—거기서 자기의식이란 구별되지 않는 것의 구별인데—은 자기에 대한 자기의 대립에도 불구하고 사유된 대상들의 타자성 속에서 스스로를 동일화하는 동일차의 보편성을 이렇게 표현한다. "나는 나-자신으로부터 나-자신을 구별한다. 이 과정에서, 이렇게 구별되는 것이 구별된 것이 아니라는 사실을 나는 직접적으로(명백하게) 깨닫는다. 자아, 즉 이름이 같은 나는 나를 나-자신으로부터 밀쳐 낸다. 그러나 이 구별된 것, 비동등하게 정립된 것은 직접적으로 구별된 것이기에 나에 대해서는 전혀 구별이 아니다."[4] 이 차이는 차이가 아니며, 타자로서의 나는 '타차'가 아니다. 우리는 이 인용문을 통해 직접적 명백함이 잠정적 특성을 지닌다는 헤겔의 생각을 받아들이진 않을 것이다. 자기를 밀쳐 내는 자아는 자기를 거북함으로 체험하고, 자기에 얽매이는 자아는 자기를 권태로 체험한다. 이 것들은 자기의식의 양태들이며, 자아와 자기 사이의 찢어질 수 없는 동일성에 의존한다. 스스로를 타자로 여기는 나의 타자성은 시인의 상상력에 강한 인상을 줄 수는 있다. 그것은 바로, 이 타자성이 동일자의 놀이에 불과하기 때문이다. 자기로 자아를 부정하는 것은 다름 아니라 자아의 동일화 양태들 가운데 하나다.

자아 속에서 동일자의 동일화는 '나는 나다'와 같은 단조로운 동어반복으로 생산되지 않는다. 그런 식으로는 A는 A라는 형식주의로 환원될 수 없는 동일화의 본래성에 주목할 수 없을 것이다. 자기에 의한 자기의 추상적 재현에 대해 성찰로써 동일화의 본래성을 고정시켜서는 안 된다. 자아와 세계 사이의 구체적 관계에서 출발해야만 한다. 이치상, 낯설고 적대적인 세계는 자아를 변화시키기 마련이다. 그러나 세계와 자아 사이의 참되고 근원적인 관계 ─ 그 관계 속에서 자아는 스스로를 다름 아닌 진정한 동일자로 드러내는데 ─ 는 세계 속에 **체류**séjour로서 생산된다. 세계의 '타자'에 맞서는 자아의 **방식**은

---

4) G. W. F. Hegel, *Phénoménologie de l'Esprit*, trans. Jean Hyppolite, Paris: Aubier, 1970, pp.139~140[독일어판으로는 *Phänomenologie des Geistes*, ed. Johannes Hoffmeister, 1952, Hamburg: Felix Meiner, p.128 ─ 옮긴이].

세계 속에서 자기 집에 실존함으로써 체류하고 자신을 동일화하는 데에 있다. 처음부터 타자인 세계 속에서 자아는 그럼에도 불구하고 토착민이다. 그는 이 변화의 방향 전환 바로 그 자체다. 그는 세계 속에서 하나의 자리를, 집을 마련한다. 거주한다는 것은 **스스로를 유지하는** 방식 자체다. 이것은 자신의 꼬리를 깨물어서 연명하는 그 유명한 뱀처럼 살아가는 것이 아니라, 자신에게 외적인 지상에서, **스스로를 유지하**며 무언가를 **할 수 있는** 신체로서 살아가는 것이다. 이 '자기 집'은 어떤 것을 담는 그릇이 아니라, 내가 무언가를 **할 수 있는** 자리다. 여기서 나는 나와 다른 현실에 의존하는 가운데, 이 의존에도 불구하고 또는 이 의존 덕택에, 자유롭다. 집에서는 걸어가서 **행하기**만 하면 어떤 것이든 잡아서 가질 수 있다. 어떤 의미에서 모든 것은 그 자리에 있고, 모든 것은 셈한 끝에 내가 쓸 수 있다. 심지어 별들조차 내가 그것들을 셈할 수 있다면, 내가 매개물들이나 수단들을 계산할 수 있다면, 쓸 수 있는 것이다. 환경으로서의 자리는 수단들을 제공한다. 모두가 여기에 있고 내게 속해 있다. 모든 것은 이미 자리의 근원적인 포획prise으로 잡혀 있다être pris. 모든 것이 이-해된다/함께-잡힌다com-pris. 소유할 가능성, 즉 처음에만 타자이고 나에 대해 타자인 것의 타자성 그 자체를 중지시킬 가능성이 바로 동일자의 **방식**이다. 나는 세계 속에서 내 집에 있는데, 이는 세계가 스스로를 소유에 제공하거나 거부하기 때문이다(절대적으로 타자인/다른 것은 소유를 거부할 뿐만 아니라 소유에 저항하고, 바로 그럼으로써 소유를 봉헌할consacrer 수 있다). 세계의 타자성이 자기의 동일화로 다시 돌아오는 이러한 방향 전환은 진지하게 받아들여져야 한다. 이러한 동일화의 '계기들'──신체, 집, 노동, 소유,

경제 ─은 동일자의 형식적 뼈대에 달라붙어 있는 경험적이고 우발적인 소여들로 나타나선 안 된다. 동일화의 이 계기들은 이 구조의 분절들이다. 동일자의 동일화는 동어반복의 공허함이나 타자에 대한 변증법적 대립이 아니라, 오히려 에고이즘의 구체성이다. 이것은 형이상학의 가능성 면에서 중요하다. 만약 동일자가 단순히 **타자**에 **대립함**으로써 자기를 동일화한다면, 그것은 이미 동일자와 타자를 포괄하는 전체성의 일부가 되는 셈이다. 우리가 출발점으로 삼았던 형이상학적 욕망의 주장 ─절대적 타자와의 관계─은 거짓으로 드러나게 될 것이다. 그러나 형이상학적인 자의 형이상학적인 것에 대한 분리는 에고이즘으로서 생산되는 가운데 관계 속에서 스스로를 유지한다. 그 분리는 이 관계의 단순한 이면이 아니다.

그러나 어떻게 에고이즘으로 생산되는 동일자가 타자로부터 즉시 그의 타자성을 박탈하지 않고서도 타자와의 관계 속으로 들어갈 수 있는가? 이러한 관계의 본성은 무엇인가?

형이상학적 관계는 제대로 말하자면 결코 재현일 수 없다. 재현일 경우 타자는 동일자로 용해될 것이기 때문이다. 모든 재현은 본질적으로, 초월론적인 구성으로 해석될 수 있는 것이다. 형이상학적인 이가 관계하고 있는 타자, **형이상학적인 이가 타자로서 승인하는** 타자는 단순히 다른 장소에 있는 것이 아니다. 그 타자는 플라톤의 이데아와 마찬가지인데, 아리스토텔레스의 공식에 따르자면 플라톤의 이데아는 어떤 지점에 있지 않다. 자아의 **능력**pouvoir으로는 타자의 타자성이 가리키는 거리를 넘어서지 못할 것이다. 물론 가장 내적인 나의 내밀성intimité도 낯선 것으로 또는 적대적인 것으로 내게 나타난다. 일상적인 사물들, 먹을거리들, 우리가 거주하는 세계 자체는 우리와 관련해 타자들이다. 그러나 나의 타자성과 거주 세계의 타자성은 형식적인 것에 불과하다. 우리가 지적했던 것처럼, 그러한 타자성은 우리가 머무는 세계 속에서 나의 능력 아래 종속된다. 형이상학적 타자는 형식적이지 않은 타자성을 지닌 타자다. 그 타자성은 동일성의 단순한 이면도 아니고 동일자에 대한 저항에서 형성된 것도 아니다. 그것은 동일자의 모든 주도권과 동일자의 모든 제국주의에 앞선 타자성이다. 타자의 내용 자체를 구성하는 타자성을 지닌 타자. 동일자를 한계 짓지 않는 타자성을 지닌 타자. 동일자를 한계 짓는 타자는 엄격하게 말해서 타자가 아닐 것이기 때문이다. 경계의 공통성 탓에 그러한 타자는 체계 내부에 접하고 있을 것이고 그래서 여전히 동일자일 것이다.

절대적 타자, 그것은 타인이다. 그는 나와 더불어 수(數)를 형성하지 않는다. 그 속에서 내가 '너'나 '우리'를 말하는 집합은 '나'의 복수형이 아니다. 나, 너, 이러한 것들은 하나의 공통 개념의 개체들이 아니다. 소유도, 수의 통일도, 개념의 통일도 나를 타인에 연결시키지 못한다. 공통 고향의 부재, 이것이 타자를, 즉 낯선 이를 이룬다. 낯선 이는 자기 집에 있음을 방해한다. 그러나 낯선 이는 또한 자유로운 자를 뜻한다. 그에게 나는 어떤 능력도 행사할 수 없다. 그는 본질적인 측면에서 나의 포획을 빠져나간다. 심지어 내가 그를 좌지우지할 때조차도. 그는 전적으로 나의 자리에 있지 않다. 그러나 낯선 자와 공통 개념을 갖지 않는 나 또한 그와 마찬가지로 유(類) 없이 존재한다. 우리는 동일자와 타자다. 여기서 접속어인 와는 첨가를 가리키는 것이 아니며, 한 항이 다른 항에 미치는 힘을 가리키는 것도 아니다. 우리는 동일자와 타차 사이의 **관계**—우리가 매우 특별한 조건들을 부과하는 것처럼 보이는—가 언어임을 보이기 위해 노력할 것이다. 사실 언어는 한 관계를 성취한다. 이 관계에서 항들은 인접해 있지 않으며, 타차는 동일차와 맺는 관계에도 불구하고 동일차에 초월적인 것으로 남아 있다. 동일차와 타차의 관계, 즉 형이상학은 본래 대화discours로 행해진다. 거기서 특별하고 독특하고 토착적인 존재자인 '나'je의 자기성ipséité 가운데 모아진 동일차는 자기를 벗어난다.

그러므로 그 항들이 전체를 형성하지 못하는 관계가 존재의 일반 경제 속에서 생산될 수 있는 것은 그 관계가 나로부터 타차로 나아가는 것으로서, 대-면face-à-face으로서 드러날 때다. 또 그것이 심원한 거리, 즉 대화의 거리, 선함의 거리, 욕망의 거리에 대한 스케치로서 드러날 때다. 이와 같은 거리는 지성의 종합적 활동이 자신의 개관적 작용에 떠오르는 다양한 항들 사이에 수립하는 거리로는 환원될 수 없다. 그 다양한 항들이란 다른 항들과 관계하는 또 다른 일자들에 불과하다. 자아는—존재의 논리적 규정들인—동일차와 타차가 한 걸음 더 나아가 **사유** 속에서 반성될 수 있게 해주는 우연적 형성물이 아니다. 타자성이 **존재** 속에서 생산되기 위해서 '사유'가 필요하고 차아un Moi 가 필요한 것이다. 이러한 관계의 불가역성이 생산될 수 있는 것은 오직 그 관계가 그 관계의 항들 중 하나에 의해 초월의 운동 자체로 성취될 때뿐이다. 그것은 이 거리를 **주파**하는 것으로 이루어지는 것이지, 이 운동을 기록한다거나 심리학적으로 발명하는 것으로 이루어지는 것이 아니다. '사유', 즉 '내면성'은 존재의 균열 자체이며, 초월의 (반영이 아니라) 생산이다. 우리가 이 관계를 인식하는 것은 오직 —이것 자체가 주목할 만한 일인데 ──우리가 이 관계를 실행하는 정도에 한해서다. 타자성은 나^{moi}로부터 출발해서만 가능하다.

대화는 나와 타인 사이의 거리를 유지하며, 전체성의 재구성을 방해하는 근본적 분리를 유지한다. 이러한 분리는 초월 속에서 요구되는 것이다. 하지만 이 같은 사실 때문에 대화가 그 실존의 에고이즘을 단념할 수는 없다. 그러나 자신이 대화 속에 있다는 바로 그 사실은, 이러한 에고이즘에 대한 **하나의 권리**를 타인에게 인정하는 데서, 또 그렇게 하여 **스스로를** 정당화하는 데서 성립한다. 자아가 스스로를 긍정하는 동시에 초월적인 것에 복종하는 변호가 대화의 본질이다. 우리가 앞으로 볼 것처럼, 대화는 선함에 이르며 이 선함 가운데서 대화는 의미 작용을 구할 것이지만, 그 선함도 이 변호의 계기를 상실하지는 않을 것이다.

전체성의 파열은 서로를 부르는 항들, 또는 최소한 서로 마주선 항들 사이의 단순한 구분에 의해서 얻어지는 사유의 작용이 아니다. 전체성을 깨뜨리는 공백이 전체화하고 개관하는 숙명을 지닌 사유에 맞서서 유지될 수 있는 것은, 사유가 범주로 처리되지 않는 **타자**와 **대면하고**^{en face} 있음을 발견하는 경우뿐이다. 사유는 한 대상으로 그렇게 하듯 타자로 전체성을 구성하는 데서 성립하지 않는다. **사유는 말하는 데서 성립한다.** 우리는 전체성을 구성하지 않은 채 **동일자**와 **타자** 사이에 수립되는 유대를 종교라 부르고자 한다.

그러나 **타자**는 절대적 타자로 남을 수 있다. **타자**는 대화의 관계로 들어갈 수 있을 따름이다. 이렇게 말하는 것은, 동일자의 동일화 과정인 역사 그 자체가 동일자와 타자의 전체화를 요구할 수 없으리라고 말하는 것이다. 내재성의 철학은 이른바 역사의 공통 평면 위에서 절대적 타자의 타자성을 극복한다고 하지만, 절대적 타자는 역사 가운데서 자신의 초월성을 유지한다. 동일자는 본질적으로 다양한 것에서의 동일화다. 또는 역사이거나 체계이다. 키르케고르가 생각했던 것처럼 체계를 거부하는 것은 내가 아니다. 그것은 타자다.

3. 초월은 부정성이 아니다

초월의 운동은, 불평하는 인간이 자신이 놓인 조건을 거부하는 그러한 부정성과는 구분된다. 부정성은 어떤 장소에 놓여 자리 잡고 있는 존재를 전제하는데, 그곳에서 그는 자기 집에 있는 것이다. 부정성은 경제적économique이라는 형용사의 어원[5]에서 보면 그렇다. 노동은 세계를 변형시킨다. 그러나 노동은 또한 자신이 변형시킨 세계에서 지탱된다. 물질은 노동에 저항하지만 노동은 그 저항의 덕을 본다. 이런 저항은 여전히 동일자 내부에 있다. 부정하는 사람과 부정된 것은 함께 놓여 체계를, 즉 전체성을 구성한다. 전문가의 경륜을 잃어버린 의사, 부를 원하는 가난한 사람, 고통을 받는 환자, 무료함이 지겨운 우울한 사람은 자신의 지평에 들러붙어 있으면서 그네들의 조건에 대립한다. 그들이 바라는 '달리'와 '다른 곳'은 그들이 거부하는 여기 이 세상ici-bas에 여전히 속한다. 무無나 영원한 삶을 바라는 절

---

5) 'économique'에서 'économie'의 어원은 그리스어 'oikonomia'로 원래 가정이나 가사의 관리를 뜻했다.—옮긴이

망적인 사람은 이 세상의 모든 것을 거부한다. 그러나 죽음은 자살하려는 사람과 신자에게도 극적인 것으로 남는다. 신은 항상 우리를 너무 빨리 그의 곁으로 부른다. 우리는 바로 여기 이 세상을 원한다. 죽음이 이끄는 근본적으로 알려지지 않은 것에 대한 공포 속에서 부정성의 한계는 밝혀진다.[6] 자신이 부정하는 것 속으로 피신하면서 부정하는 이런 방식이 동일자 또는 자아의 윤곽을 그린다. 거부된 세계의 타자성은 낯선 이의 타자성이 아니라, 맞아들이고 보호하는 고향의 타자성이다. 형이상학은 부정성과 일치하지 않는다.

누군가는 형이상학적 타자성을 우리에게 친숙한 존재로부터 추론하려 할 수 있을 것이다. 그래서 이 타자성의 근본적 특성에 이의를 제기할는지 모른다. 형이상학적 타자성은 그 희미한 이미지가 이 세상을 가득 채우고 있는 그런 완전함들의 최상의 표현에 의해 획득되는 것이 아닌가? 그러나 불완전함에 대한 부정은 형이상학적 타자성의 개념 작용을 충족시키지 못한다. 정확히 말해, 완전함은 개념 작용을 넘어서고 개념을 넘쳐흐른다. 완전함은 거리를 가리킨다. 완전함을 가능케 하는 이념화는 한계로의 이행, 즉 초월이며, 타자로의, 절대적으로 다른 타자로의 이행이다. 완전한 것의 관념은 무한한 것의 관념이다. 한계로의 이 이행을 통해 묘사되는 완전함은 부정성이 작용하는 예와 아니오의 공통 평면에 머무는 것이 아니다. 도리어 무한의 관

---

6) 「시간과 타자」에 나오는 죽음과 미래에 대한 언급을 참조하라("Le temps et l'autre", ed. Jean Wahl, *Le choix, le monde, l'existence, Cahiers du Collège philosophique*, Grenoble: Arthaud, 1947, p. 166). 이들은 *Critique*, no. 66, 1952, p. 988 이하에 나오는 블랑쇼의 놀라운 분석들과 많은 점에서 합치한다.

념은 높이, 고결함, 초월을 지시한다. 그러므로 불완전한 것의 관념에 대해 완전한 것의 관념이 우위에 있다고 하는 데카르트의 말은 전적으로 유효하다. 완전한 것과 무한한 것의 관념은 불완전함의 부정으로 환원되지 않는다. 부정성은 초월을 감당할 수 없다. 초월은 나의 것에서 무한히 먼 실재와의 관계를 가리킨다. 그렇다고 해서 동일자에 내재적인 관계들에서 일어나는 것처럼, 거리가 관계를 파괴하지도 않고 관계가 거리를 파괴하지도 않는다. 이러한 관계는 타자 속에 정착하게 되지도 않고, 타자와 뒤섞이지도 않는다. 이 관계는 동일자의 동일성 자체와 동일자의 자기성을 침해하지도 않고, **변호**를 침묵게 하지도 않는다. 또 이러한 관계는 배교背敎; apostasie나 황홀경extase에 이르는 것도 아니다.

　우리는 이러한 관계를 형이상학적인 것이라 명명했다. 이러한 관계를 부정성에 맞세움으로써 긍정적인 것으로 규정하는 것은 설익은 짓이고, 어쨌든 불충분하다. 이 관계를 신학적으로 규정하는 것은 잘못이다. 이 관계는 부정적이거나 긍정적인 명제에 앞선다. 이 관계는 '예'나 '아니오'가 최초의 말이 아닌 언어만을 수립한다. 이런 관계를 서술하는 것이 이 연구의 주제다.

4. 형이상학이 존재론에 앞선다

형이상학적 관계에서 이론적인 관계가 더 선호되는 도식이었다는 것은 우연이 아니다. 앎 또는 이론은 우선 존재와의 관계를 의미한다. 그 관계란 인식하는 존재가 인식되는 존재의 타자성을 존중해 주는 가운데 인식되는 존재가 스스로를 드러내게 하는 관계다. 또 이 인식의 관계로 말미암아 어떠한 표시도——그것이 무엇이든——인식되는 존재에게 남기지 않는 관계다. 이런 의미에서는 형이상학적 욕망이 이론의 본질인 셈이다. 그러나 이론은 또한 이해/지성intelligence——존재의 로고스——을 의미한다. 다시 말해 이론은 인식되는 존재에게 접근하여 그것의 타자성이 인식하는 존재와 관련해서 사라지게끔 하는 그러한 방식을 의미한다. 인식 과정은 이 단계에서 인식하는 존재의 자유와 혼동된다. 이 인식하는 존재는 자기와 이질적이어서 자기를 한계 지을 수 있는 그 무엇과도 마주치지 않는 탓에 자유롭다. 인식되는 존재로부터 그의 타자성을 빼앗는 이러한 방식이 성취될 수 있는 것은, 인식되는 존재를 그 자체로는 존재가 아닌 세 번째 항, 즉 중립적인 항을 거쳐서 목표로 삼을 때뿐이다. 그 세 번째 항 속에서, 동일자와 타자 사이의 마주침이 빚어내는 충격이 완화된다. 이 세 번째 항은 사유된 개념으로 나타날 수 있다. 그럴 때 실존하는 개별자는 사유된 일반자에게로 굴복해 들어간다. 이 세 번째 항은 감각이라 불릴 수도 있는데, 감각 속에서는 객관적인 성질과 주관적인 변용affection이 뒤섞인다. 세 번째 항은 **존재자**와 구분되는 **존재**로 나타날 수도 있다. 이 존재는 존재하지 않으면서(즉 존재자로 정립되지 않으면서) 동시에 존재자가 수행하는 작업에 상응한다. 그래서 그것은 아무것도 아닌 것이 아니다. 존재자의 두께가 없는 존재는 존재자를 이해 가능하게 하는 빛이다. 존재들에 대한 이해인 이론에는 존재론이라는 일반적인 명칭이 적합하다. 타자를 동일자로 가져오는 존재론은 동일자의 동일화인 자유를 증진시킨다. 이 자유는 스스로가 타자에 의해 소외되도록 하지 않는다. 여기에서 이론은 형이상학적 욕망을 부정하는 길로, 이 욕망이 먹고 사는 외재성의 경이로움을 부정하는 길로 들어선다. 그러나 외재성에 대한 존경으로서의 이론은 형이상학의 다른 본질적인 구조를 그려 낸다. 그러한 이론은 존재에 대한 자신의 이해 ─또는 존재론─속에서 비판에 관심을 둔다. 그런 이론은 독단론과 독단론의 자발성이 지닌 순진한 자의를 폭로하고 존재론적 실행의 자유를 문제시한다. 그래서 그런 이론은 이 자유로운 실행의 자의적인 독단론의 근원으로 매 순간 거슬러 올라가는 방식으로 이러한 자유를 실행하고자 노력한다. 만일 이 거슬러 올라감 자체가 존재론적인 진행에 머물러야 한다면, 자유의 실행에 머물고 이론에 머물러야 한다면, 그것은 무한 소급에 빠질 것이다. 그러므로 이론의 비판적 의도는 이론을 이론과 존재론 너머로 이끈다. 비판은 존재론이 그렇게 하듯 타자를 동일자로 환원하지 않고 동일자의 실행을 문제시한다. 동일자의 자기중심적 자발성 안에서는 행해질 수 없는 동일자에 대한 문제 제기가 타자에 의해서 행해진다. 우리는 타인의 현전이 나의 자발성을 문제 삼는 것을 윤리라고 한다. 타인의 낯섦 ─타인을 나로, 내 사유와 내 소유로 환원할 수 없다는 것 ─은 바로 나의 자발성을 문제 삼는 것으로서, 윤리로서 성취된다. 형이상학, 초월, 동일자에 의한 타자의 맞아들임, 나에 의한 타인의 맞아들임은 구체적으로는 타자에 의해 동일자를 문제 삼는 것으로서, 즉 앎의 비판적 본질을 성취하는 윤리로서 생산된다. 그래서 비판이 독단론에 앞서는 것처럼, 형이상학은 존재론에 앞선다.

　서양 철학은 대체로 존재론이었다. 존재에 대한 이해를 보증하는 중립적인 매개항을 통해 타자를 동일자로 환원하는 것이었다.

　동일자의 이러한 우위는 소크라테스의 가르침이었다. 내 안에 있는 것이 아니라면 타인으로부터 어떠한 것도 받아들이지 마라. 마치 밖에서 내게 온 것을 내가 태곳적부터 소유하고 있었던 것처럼. 어떠한 것도 받아들이지 마라. 또는 자유로워라. 자유는 자의적 자유의 변덕스러운 자발성과 유사한 것이 아니다. 자유의 궁극적 의미는 동일자 속에 있는 이러한 영속성에 있다. 이 영속성이 바로 이성인 것이다. 인식은 이러한 동일성의 전개다. 인식이 자유다. 이성은 결국 타자를 중립화하고 타자를 포괄하는 자유의 현시인 셈인데, 이것은 지배적 이성이 그 자신만을 인식할 따름이며 어떤 다른 것도 그 이성을 제한하지 못한다고 보는 이상 전혀 놀라운 일이 아니다. 타자를 중립화하는 것, 그래서 타자가 주제나 대상이 되게 하는 것, 타자를 분명히 드러나게 하는 것, 즉 타자가 명백함 속에 자리 잡게 하는 것은 바로 타자를 동일자로 환원하는 것이다. 존재론적으로 인식한다는 것은 맞닥뜨린 존재자 속에서 무엇인가를 간파한다는 것이다. 이 무엇인가는 그 존재자가 바로 이 존재자, 즉 이 낯선 자가 아니게 하는 무엇이다. 그 존재자가 어떤 방식으로든 스스로를 배반하게 하는 무엇이다. 이 무엇에 의해 그 존재자는 어떤 지평에 자신을 내맡기게 되는데, 이 지평에서 그 존재자는 자기를 상실하고 분명한 외관을 드러낸다. 즉 그 존재자는 포획되어 개념이 되는 것이다. 인식한다는 것은 아무것도 아닌 것으로부터 존재를 포착하는 것, 존재를 아무것도 아닌 것으로 환원시켜 버리는 것, 또는 존재로부터 그것의 타자성을 제거하는 것이다. 이러한 결과가 얻어지는 것은 최초의 빛줄기가 비치면서부터다. 비춘다는 것은 존재에게서 그것의 저항을 제거하는 것이다. 왜냐하면, 빛은 지평을 열고 공간을 비우기 때문이다. 빛은 무로부터 존재를 교부한다. 매개(이것은 서양 철학의 특징인데)가 의미를 갖는 것은 그것이 거리를 축소하는 데 제한을 받지 않을 때뿐이다.

그러나 무한하게 먼 항들 사이에서 어떻게 매개들이 간격을 줄일 수 있겠는가? 이 간격들은 무한하게 펼쳐진 지표指標들 사이에서 역시 넘을 수 없는 것으로 나타나지 않겠는가? 외재적이고 낯선 존재가 매개물들에 자신을 내맡기기 위해서는 크나큰 '배반'이 어딘가에서 생산되어야 한다. 사물에 관해서 항복은 사물의 개념화 속에서 성취된다. 인간과 관련해서 본다면, 그 항복은 자유로운 인간을 다른 이의 지배 아래로 이끄는 테러에 의해 얻어질 수 있다. 사물의 관점에서 존재론의 작업은 개체(개체만이 실존하는 것인데)를 그것의 개체성 속에서가 아니라, 그것의 일반성(과학은 이 일반성만을 다룬다) 속에서 포착하는 데 있다. 여기서 타자와의 관계는 내가 내 안에서 발견하는 제3의 항을 통해서만 성취된다. 소크라테스적 진리의 이상은 동일자의 본질적인 자기 충족에, 동일자가 이루는 자기성의 동일화에, 동일자의 에고이즘에 의존한다. 철학은 에골로지égologie다.

직접적인 것의 철학이라고 간주되는 버클리의 관념론 역시 존재론적 문제에 응답한다. 버클리는 대상들이 내게 제공했다고 여겨지는 단서를 대상들의 성질 속에서 발견한다. 즉 버클리는 우리로부터 사물들을 최대한 떼어 놓는 성질들 가운데서 사물들의 체험된 본질을 인식하면서, 대상으로부터 주체를 분리시키는 거리를 주파하는 셈이다. 체험과 체험 그 자신의 일치가 사유와 존재자의 일치로서 드러난다. 지성의 작업은 이러한 일치 속에 있다. 버클리 역시 모든 감각적인 성질들을 변용의 체험 속으로 다시 빠뜨리는 것이다.

　현상학적 매개는 또 다른 길로 들어서지만, 여기서는 '존재론적 제국주의'가 더욱 가시적으로 나타난다. 이때 진리의 **매개**가 되는 것은 바로 존재자의 존재다. 존재자에 관한 진리는 존재가 미리 열려 밝혀진다는 것을 전제한다. 존재자의 진리가 존재의 열려 밝혀짐에 기인한다고 말하는 것은, 결국 존재자의 이해 가능성이 존재자와 우리의 일치coïncidence가 아니라 불–일치에 기인한다고 말하는 것이다. 존재자는 존재자가 윤곽을 드러내는 지평에서 존재자를 파악하기 위해 사유가 존재자를 초월하는 한에서 이해될 수 있다. 후설 이후의 현상학은 모두 **지평**의 관념을 장려한다. 현상학에서 이 지평 관념은 **개념**이 고전적 관념론에서 했던 것과 같은 역할을 한다. 개체가 개념으로부터 출현하는 것처럼, 존재자는 존재자를 넘어서는 토대에서 솟아오른다. 그러나 존재자와 사유의 불–일치를 요구하는 것 ─ 존재자의 외래성과 독립성을 보증하는 존재자의 존재 ─ 은 인광燐光이고, 빛남이며, 관대한 펼쳐짐이다. 실존자의 실존함은 이해 가능성으로 바뀐다. 실존자의 독립성은 빛에 따른 항복이다. 존재로부터 존재자에 가닿는다는 것은 존재자를 존재하게 하는 동시에 그를 이해한다는 것이다. 실존함의 이 공허와 무를 통해 ─ 전적인 빛과 인광을 통해 ─ 이성은 실존자를 점령한다. 존재에서, 빛의 지평에서, 존재자는 실루엣으로 드러나지만 자신의 얼굴을 잃어버린다. 이렇게 존재에서 출발할 때 존재자는 지성에 건네진 부름 자체다. 『존재와 시간』은 오직 하나의 테제를 주장할 수 있었을 따름이다. 존재는 존재의 이해(시간으로 펼쳐지는)로부터 분리될 수 없으며, 존재는 이미 주체성에 대한 부름이라는 것이다.

하이데거에서 존재론의 우위[7]는 '존재자를 알려면 그 존재자의 존재를 먼저 이해해야 한다'라는 뻔한 말에 의존하지 않는다. **존재자**에 비해서 **존재**가 우선한다고 주장하는 것은 이미 철학의 본질에 대한 견해를 표명하는 것이고, 하나의 존재자인 **누군가와의 관계**(윤리적 관계)를 **존재자의 존재와의 관계**에 종속시키는 것이다. 비인격적인 이 존재는 존재자의 포착과 (앎의 관계에 입각한) 지배를 가능하게 하고 정의를 자유에 종속시킨다. 만약 자유가 타자 속에 동일자가 머무는 방식을 나타낸다면, 앎(거기서 존재자는 비인격적인 존재를 매개로 하여 주어지는데)은 자유의 궁극적 의미를 포함한다. 자유는 정의와 대립된다. 정의란 자신을 내맡기기를 거부하는 존재자에 대한 의무를 포함하며, 이러한 의미에서 진정한 존재자라 할 타인에 대한 의무들을 포함한다. 존재자와의 모든 관계를 존재와의 관계에 종속시킴으로써 하이데거의 존재론은 윤리에 대한 자유의 우위를 확증한다. 물론 하이데거에서 진리의 본질이 가능케 하는 자유는 자의적 자유의 원리가 아니다. 자유는 존재에 대한 복종으로부터 생겨난다. 인간이 자유를 소유하는 것이 아니라, 자유가 인간을 소유하는 것이다. 그러나 그런 식으로 진리 개념 속에서 자유와 복종을 화해시키는 변증법은, 모든 서양 철학의 대열을 끌고 가는, 그리고 그럼으로써 서양 철학을 정의

---

7) Emmanuel Levinas, "L'ontologie est-elle fondamentale?", *Revue de Métaphysique et de Morale*, January 1951을 참조하라.

하는, 동일자의 우위를 전제한다.

　존재론으로 다루어지는, 존재와 맺는 관계는 존재자를 이해하거나 포착하기 위해서 존재자를 중립화하는 데서 성립한다. 따라서 그 관계는 있는 그대로의 타자와 관계하는 것이 아니라, 他者를 동일자로 환원시키는 것이다. 이러한 것이 자유의 정의定義다. 즉 타자에 맞서서 자신을 유지하는 것, 타자와 맺는 모든 관계에도 불구하고 자아의 자족성을 확실히 하는 것. 주제화와 개념화——이 둘은 분리될 수 없는데——는 타자와 평화를 누리는 것이 아니라, 他者를 억압하거나 소유하는 것이다. 소유는 사실 他者를 긍정하지만, 他者의 독립성을 부정하는 가운데 긍정할 뿐이다. '나는 생각한다'는 '나는 할 수 있다'로, 있는 것의 전유專有로, 실재의 착취로 귀착한다. 제1철학으로서의 존재론은 힘/역량puissance의 철학이다. 존재론은 국가에 이르고 전체성의 비-폭력에 도달하지만, 그것은 이 비-폭력이 먹고 사는 폭력이자 국가의 전제정치 속에 나타나는 폭력에 맞서 스스로를 보호하지 못한다. 사람들을 화해시켜야 하는 진리는 이곳에 익명적으로 존재한다. 보편성은 비인격적인 것으로 자신을 나타내는데, 여기에 또 다른 비인간성이 있다.

　하이데거는 소크라테스의 철학이 이미 존재를 망각하고 있으며 이미 '주체'와 기술적 역량이라는 개념으로 나아가는 도상에 있다고 비난한다. 그러면서 하이데거는 사유가 존재의 진리에 대한 복종임을 소크라테스 이전 철학에서 발견한다. 하지만 그럴 때조차 존재론의 '에고이즘'은 유지된다. 존재의 진리에 대한 복종은, 공간을 담지하는 통일된 장소를 만들어 내는 건축가와 경작자의 실존 방식처럼 그렇게 성취되는 것이다. 하이데거는 땅 위와 창공 아래의 현존을 재결합하고, 죽을 수밖에 없는 인간의 모임을 신들에 대한 기대와 재결합한다. 인간들은 사물 곁에서 현존하는데, 이것은 사람들이 건축하며 경작한다는 것을 뜻한다. 서구의 전 역사에서 그랬듯이, 하이데거는 타인과의 관계가 정주민의 운명 속에서, 땅의 소유주이자 건축가의 운명 속에서 이룩된다고 여긴다. 소유는 타자가—나의 것이 됨으로써—동일자로 되는 탁월한 형식이다. 인간의 기술적 능력들이 지닌 지배력을 비판하면서 하이데거는 소유의 선先-기술적인 능력들을 찬양한다. 물론 그의 분석들은 사물-대상으로부터 출발하지는 않지만, 사물이 지시하는 거대한 풍경들의 자취를 담고 있다. 존재론은 자연의 존재론이 된다. 즉 비인격적인 번식성fécondité이, 얼굴 없는 관대한 어머니가, 특정한 존재들의 모태가, 사물들의 무진장한 재료가 된다.

능력의 철학이며 제1철학인 존재론은 동일자를 문제 삼지 않는 부정의不正義의 철학이다. 타인과 맺는 관계를 존재 일반과 맺는 관계에 종속시키는 하이데거의 존재론은, 그것이 존재자에 의해 은폐된 존재 망각에서 비롯되는 기술적 열정에 대립된다 할지라도 익명적인 것들에 대한 복종 아래 머물고, 어쩔 수 없이 또 다른 힘에, 제국주의적 지배에, 전제정치에 이르게 된다. 전제정치란 기술을 사물화事物化된 인간에게까지 순수하고 단순하게 확장시킨 것이 아니다. 전제정치의 기원은 고대 이교 문명의 '정신 상태'états d'âme로, 땅에 뿌리내림으로, 노예가 된 인간들이 그들의 주인에게 바칠 수 있는 경배로 거슬러 올라간다. 존재자 이전의 존재, 형이상학 이전의 존재론, 그것은 정의 이전의 자유다(비록 그 자유가 이론의 자유라 하더라도). 그것은 타자에 대한 의무 이전의, 동일자 내에서의 운동이다.

두 항의 관계를 뒤집어야 한다. 철학적 전통 속에서 동일자와 타차 사이의 **충돌**은 타자를 동일자로 환원하는 이론에 의해서 해소된다. 또는 구체적으로 국가 공동체에 의해서 해소된다. 자아는 이 공동체에서 익명적인 능력 —비록 그 능력이 이해 가능한intelligible 것이라 해도—아래 전쟁을 다시 발견하게 된다. 자아가 전체성의 부분으로 겪는 전제정치적인 억압 속에서 말이다. 이런 견지에서 보면, 동일자가 환원 불가능한 타인을 고려하는 윤리란 억견에 속할 것이다. 반면에 이 책이 해내고자 하는 바는, 대화 속에서 타자성과 맺는 비非알레르기적인 관계를 알아차리고 거기에서 욕망을 간취하는 것이다. 여기서는 본래 타차의 살해자인 권력이 이 타차와 대면하여 또 '모든 상식에 반하여', 살해의 불가능성으로, 타자를 고려함으로, 정의로 변한다. 구체적으로 우리의 노력은 익명적인 공동체 속에서도 나와 타인의 사회—언어와 선함—를 유지하는 데 있다. 이러한 관계는 선先-철학적이지 않다. 왜냐하면 이러한 관계는 자아에 폭력을 가하지도 않으며, 외부로부터 자아에 강압적으로 부과되는 것도 아니기 때문이다. 즉 자아에 거슬러서, 또는 자아가 모르는 사이에 억견처럼 강요되는 것이 아니기 때문이다. 더 정확히 말하면 이러한 관계는 모든 폭력을 넘어서서, 자아를 전적으로 문제 삼는 폭력으로부터 자아에 부과되는 것이다. 자유와 능력을 동일화하는 제1철학에 대립되는 윤리적 관계는 진리에 반하는 것이 아니다. 윤리적 관계는 절대적 외재성 속에서의 존재로 나아가며, 진리를 향한 운동을 고무시키는 지향 자체를 성취한다.

무한히 먼 존재, 즉 존재라는 관념의 경계를 벗어나는 존재와 맺는 관계는, 그 존재가 존재자로서 지니는 권위가 그 존재의 의미 작용에 관하여 우리가 떠올릴 수 있는 모든 물음 속에 이미 **환기되어 있는** 그런 관계다. 우리는 존재자에 관해 묻지 않고, 존재자에게 묻는다. 존재자는 언제나 마주한다. 존재론——존재에 대한 이해와 포옹——이 불가능하다면, 그것은 파스칼이 말했고 하이데거가 『존재와 시간』의 첫 번째 장에서 논박했던 것처럼, 존재의 모든 정의定義가 존재에 대한 앎을 이미 전제하기 때문이 아니다. 그것은 존재 일반에 대한 이해가 타인과의 관계를 **지배할** 수 없기 때문이다. 후자[타인과의 관계]가 전자[존재 일반에 대한 이해]를 좌우한다. 내가 있는 그대로의 그 존재자의 존재를 고려하고 있을 때조차, 타인과 더불어 있는 사회로부터 나를 떼어 낼 수는 없다. 존재의 이해는 이미 그 존재자에게 말해지는 것이며, 이 존재자는 자신을 드러내는 주제 배후에서 다시 등장한다. 이 '타인에게 말함'——대화 상대자로서의 타인과의 이러한 관계, **존재자**와의 이러한 관계——은 모든 존재론에 앞선다. 이 관계가 존재 안에서의 궁극적인 관계다. 존재론은 형이상학을 전제한다.

5. 무한의 관념으로서의 초월

형이상학이 등장했던 이론의 도식은 이론을 모든 황홀경적인 행동으로부터 구분했다. 이론은 인식하는 존재가 인식된 존재 안에 뿌리내리는 것을 배제하며, 황홀경에 의해 피안l'Au delà으로 들어가는 것을 배제한다. 이론은 인식에, 관계에 머문다. 물론 재현은 존재와의 근원적인 관계를 구성해 내지 못한다. 그럼에도 불구하고 재현은 특권적이다. 정확히 말해, 차아의 분리를 상기시키는 가능성으로서 그렇다. '놀라운 그리스 사람들'의 불멸의 공로는, 종種들을 마술적으로 결합하거나 구분되는 질서들을 혼동하는 대신, 이것들을 한 정신적 관계로 대체했다는 점에 있을 것이다. 이 관계 속에서 존재들은 자신의 위치를 지니지만 서로 소통한다. 이런 대체는 철학의 수립이기도 했을 것이다. 『파이돈』의 앞부분에서 소크라테스는 자살을 비난하면서, 신적인 것과 순수하고 단순하고 직접적으로 결합한다는 잘못된 정신주의를 거부한다. 이런 결합은 도피를 특징으로 한다. 소크라테스는 이세상에서 시작하는 인식의 어려운 여정이 불가피하다고 주장한다. 인식하는 존재는 인식된 존재와 분리된 채 머물러 있다. 데카르트의 첫번째 증명의 애매성/양면성ambiguité은 분리의 의미 자체를 특징짓는다. 이 증명은 자아와 신을 혼동하지 않은 채 자아와 신을 차례대로 드러낸다. 자아와 신은 서로 근거 짓는 증명의 구별되는 두 계기로 나타난다. 그래서 차아의 분리는 우연적이지 않은 것으로, 임시적이지 않은 것으로 확증된다. 나와 신 사이의 근본적이고 필연적인 거리가 존재 자체 속에서 생산된다. 이로 인해 철학적 초월은 종교의 초월과 구별된다. 기적을 행한다는 통상적인 의미의, 또 종교라는 말에서 일반적으로 경험되는 의미의 초월과 구별되는 것이다. 즉 철학적 초월은 이미(또는 여전히) 참여participation[8]인 초월로부터, 존재 속에 파묻혀

---

8) 어떤 전체의 부분을 이루고 부분을 차지한다, 나누어 가진다는 뜻을 지닌다. 불완전한 피조물이 신적 완전성에 관여하는 방식으로 논의되어 온 개념이며, 분유(分有)라고 번역되기도 한다. ─옮긴이

있는 초월로부터 구별된다. 참여로서의 초월은 존재로 나아가지만, 이 존재는 초월하는 존재에 폭력을 가하려는 듯이 자신의 보이지 않는 그물 속에 초월하는 존재를 붙잡아 둔다.

　　동일자와 타자의 이러한 관계에서는 관계의 초월이 그 관계가 함축하는 유대들을 단절시키지도 않지만, 이러한 유대들이 동일자와 타자를 하나의 전체로 병합하지도 않는다. 그래서 이 관계는 결국 데카르트가 묘사한 상황, 즉 '나는 생각한다'가 자신이 결코 포함할 수 없고 또 그로부터 분리되는 무한과 더불어 '무한 관념'이라 불리는 관계를 유지하고 있는 그런 상황 속에 놓이게 된다. 물론 데카르트에 의하면 사물뿐 아니라 수학적이고 도덕적인 개념들도 그것의 관념들에 의해 우리에게 제시되며 또 그 관념들과 구분된다. 그러나 무한의 관념은 예외적이다. 무한의 **관념의 대상**ideatum이 무한의 관념을 넘어서기 때문이다. 반면에 사물들에서는 관념과 그 실재가 '객관적'이고 '형식적'으로 완전히 일치할 가능성이 배제되지 않는다. 무한의 관념을 제외한 다른 모든 관념들은 부득이할 경우 우리 스스로 설명할 수 있을 것이다. 그러나 사물들의 관념이 우리 안에 현전한다는 이런 사태의 참된 의미 작용을 밝히는 계기가 무엇인지에 대해서는 일단 접어 두자. 또 무한으로부터 분리된 실존을 무한의 관념을 지니는 존재의 유한함에 의해 **증명하려는** 데카르트의 논증을 고집하지도 말자(왜냐하면 어떤 실존을 증명하되, 그 증명에 앞선, 그리고 실존의 문제들에 앞선 상황을 묘사함으로써 그렇게 한다는 것은, 아마 큰 의미가 없을 것이기 때문이다). 그렇지만 다음과 같은 점을 강조하는 것은 중요한 일이다. 무한의 초월은, 무한으로부터 분리되고 무한을 사유하는 자아와 관련해서, 그 무한함 자체를 가늠하게 해준다고 할 수 있다. **관념의 대상과 관념을 분리하는 거리**는 여기서 그 **관념의 대상** 자체의 내용을 구성한다. 무한은 초월적인 것으로서 초월적인 존재의 특성이다. 무한은 절대적 타자다. 초월적인 것은 그것에 대하여 우리 안의 한 관념만이 있을 수 있는 유일한 **관념의 대상**이다. 초월적인 것은 그것의 관념에서 무한히 멀다. 즉 외재적이다. 왜냐하면 그것은 무한하기 때문이다.

그러므로 무한, 초월적인 것, 낯선 이를 사유하는 것은 대상을 사유하는 것이 아니다. 그러나 대상의 윤곽을 가지지 않는 것을 사유한다는 것은 사실상 사유하는 것보다 더 많은 것을, 또는 더 나은 것을 행하는 것이다. 초월의 거리는 우리가 행하는 온갖 재현들 속에서 정신적 행위를 그 행위의 대상으로부터 분리시키는 거리와 같지 않다. 왜냐하면 대상과 관계되는 거리는 대상의 소유를, 즉 그 존재의 정지를 배제하지 않고, 실제로는 함축하기 때문이다. 초월의 '지향성'은 모든 지향성 가운데서도 독특한 것이다. **대상성과 초월의 차이는 이 책의 모든 분석들에서 일반적인 지침 노릇을 할 것이다.** 그 관념의 대상이 사유의 능력을 넘어서는 한 관념이 이렇듯 사유 속에 현전한다는 것은, 아리스토텔레스의 능동적 지성의 이론에서 나타날 뿐만 아니라 플라톤도 자주 증언하고 있는 바다. "자신에게로 머리를 향하는"[9] 자에게서 발생하는 사유에 대항해서, 플라톤은 신으로부터 나온 영감靈感의 가치를, "날개 돋친 사유"[10]를 확립한다. 그렇다고 해서 여기서 영감

---

9) 플라톤, 『파이드로스』, 244a.
10) 같은 책, 249a.

이 비합리적 의미를 가지는 것은 아니다. 영감은 단지 "관습과 규범으로부터 신적 본질을 단절시키는 것"[11]일 따름이다. 영감의 네 번째 단계는 이데아로 상승하는 이성 그 자체고, 최고의 사유다. 신에 의한 소유——신들림enthousiame——는 비합리적인 것이 아니라, (나중에 우리가 '경제적인' 것이라고 부를) 고독하거나 내적인 사유의 종말이고, **새로움**과 본체noumène를 참되게 경험하는 시작이며, 이미 욕망이다.

무한의 관념이라는 데카르트의 생각은 한 존재와 맺는 관계를 가리키는데, 그 존재는 그 존재를 사유하는 자에 대해 그 자신의 모든 외재성을 보존한다. 그런 생각은 만질 수 없는 것에 대한 접촉을, 즉 만져진 것의 완전성을 해치지 못하는 접촉을 지시한다. 우리 속에 있는 무한 관념의 현전을 긍정한다는 것은, 형이상학의 관념이 숨기고 있을 만한 모순이자 플라톤이 『파르메니데스』에서 상기시키는 모순,[12] 즉 절대적인 것과의 관계는 절대적인 것을 상대적인 것으로 만들어 버린다는 모순을 순전히 추상적이고 형식적인 것으로 간주하는 것이다. 외재적 존재의 절대적 외재성은 그것의 현현으로 인하여 순전하고 단순하게 사라지지는 않는다. 외재적 존재는 스스로를 나타내는 관계로부터 자신을 '해방시킨다'. 그러나 무한의 관념에 의해 성취된 근접성에도 불구하고, 이 관념이 가리키는 비할 데 없는 관계의 복잡한 구조에도 불구하고, 낯선 이의 무한한 거리는 서술될 필요가 있다. 그 거리를 대상화와 형식적으로 구분하는 것으로는 충분치 않다.

---

11) 같은 책, 265a.
12) 플라톤, 『파르메니데스』, 133b~135c; 141e~142b.

이제 겉으로는 완전히 공허해 보이는 무한의 관념이라는 이 생각을 탈형식화하거나 구체화해 말해 줄 용어들을 제시해야 한다. 무한의 관념에 의해 성취되는 유한 속의 무한, 적은 것 속의 많은 것은 욕망으로 생산된다. 이것은 욕망 가능한 것le Désirable을 소유하게 되면 가라앉는 어떤 욕망이 아니다. 오히려 이것은 욕망 가능한 것이 만족시키기는커녕 불러일으키는 무한에 대한 욕망이다. 이것은 완전히 이해관계에서 벗어난désintéressé 욕망, 즉 선함이다. 그러나 이 욕망과 선함은 차아의 '부정성'이 중단되는 어떤 관계를 구체적으로 전제한다. 이때의 부정성이란 차아가 동일차 속에서 행사하는 능력과 지배력인데, 이것이 욕망 가능한 것에 의해 중단되어 버리는 것이다. 긍정적인 면으로 보면, 이 사태는 내가 타인에게 선물로 줄 수 있는 세계의 소유로서 생산된다. 다시 말해 얼굴을 마주하는 현전으로서 생산된다. 얼굴을 마주하는 현전, 즉 내가 타인에게로 향함은, 빈손으로 타자에게 접근하는 것을 불가능하게 하는 관대함으로 스스로를 변모시켜야만 시선의 탐욕을 없앨 수 있기 때문이다. 사물들을 넘어서는 이러한 관계가 대화의 관계다. 이제부터 이 사물들은 공통의 것, 즉 말해짐을 받아들일 수 있는 것이 된다. 타자가 내 안에 있는 **타자의 관념**을 넘어서면서 자신을 제시하는 방식을 우리는 얼굴이라고 부른다. 이러한 **방식**은 내 시선 아래에서 주제로 모습을 나타내는 데서 성립하지 않으며, 하나의 이미지를 형성하는 성질의 총체로 스스로를 펼치는 데서 성립하지도 않는다. 타인의 얼굴은 매번 그것이 내게 남겨 놓은 가변적 이미지를 파괴하고 그 이미지를 넘어선다. 나의 척도와 그 **관념의 대상**의 척도에서 받아들여진 관념을, 다시 말해 적합한 관념을 파괴하고 넘어선다. 타인의 얼굴은 이러한 성질들에 의해서가 아니라 그 자체로 καθ'αὐτό[13) 현현한다. 그것은 **스스로를 표현한다**. 얼굴이 현시대의 존재론과 대조적으로 제시하는 진리의 개념은 비인격적 중립자의 탈은폐가 아니라 **표현**expression이다. 존재자는 존재의 모든 봉인과 일반성을 꿰뚫는다. 자신의 '내용' 전체를 자신의 '형식' 안에 펼치기 위해서, 그리고 마침내 내용과 형식 사이의 거리를 없애기 위해서(이것이 달성되는 것은 주제화하는 인식의 이러저러한 변양變樣에 의해서가 아니라 바로 '주제화'가 대화로 선회함에 의해서다). 진리와 이론적 오류의 조건은 모든 거짓말이 이미 전제하는 타자의 말, 즉 타차의 표현이다. 그러나 표현의 첫 번째 내용은 그 표현 자체다. 대화 속에서 타인에게 접근한다는 것은 그의 표현을 기꺼이 맞아들이는 것이다. 이 표현 속에서 그는 사유가 그 표현에서 간취하는 관념을 매 순간 넘어선다. 그러므로 이것은 자아의 능력을 넘어서서 타인으로부터 **받아들임**을 뜻한다. 이것이 의미하는 바는 엄밀히 말해, 무한의 관념을 갖는다는 것이다. 그러나 이것은 또 가르침을 받는다는 것을 의미하기도 한다. 타인과의 관계, 즉 대화는 비-알레르기적 관계며, 윤리적 관계다. 그러나 이렇게 맞아들인 대화는 가르침이다. 하지만 그 가르침이 산파술로 귀착하는 것은 아니다. 가르침은 바깥의 것에서 오며, 내가 포함하는 것보다 더 많은 것을 내게 가져다준다. 가르침의 비-폭력적인 타동성 속에서 바로

---

13) 레비나스는 이 그리스어 표현 '카타우토'를 번역하지 않고 그대로 사용하고 있다. '그 자체(로)'를 뜻하는 이 표현은 아리스토텔레스가 『분석론 후서』 등에서 주요한 논리적 용어로 사용했다. ― 옮긴이

얼굴의 에피파니épiphanie[14) 자체가 생산된다. 지성에 대한 아리스토텔레스의 분석은 이미 산파술을 스승의 타동적 행위로 대체하고 있다. 이 분석은 문으로 들어오는 절대적으로 외재적인 능동적 지성을 찾아낸다. 그렇지만 여기서 아리스토텔레스는 이성을 전혀 손상시키지 않은 채 이성의 주권적 활동을 구성해 낸다. 이성은 자신의 지위를 포기하지 않고서 스스로가 **받아들임**의 능력이 있음을 발견하기 때문이다.

요컨대 무한의 관념을 넘쳐흐르는 무한은 우리 속에 있는 자발적인 자유를 문제 삼는다. 무한은 자유에게 명령하고, 자유를 심판하며, 자유를 그것의 진리로 이끈다. 무한 관념에 대한 분석에 접근하려면 한 차아로부터 출발해야 하지만, 그 분석은 주관적인 것의 지양으로 끝나게 될 것이다.

우리가 이 책 전체에서 의지할 얼굴이라는 개념은 다른 전망들을 열어 준다. 즉 얼굴은 나의 **의미 부여**Sinngebung에 앞선, 따라서 나의 주도권과 나의 능력으로부터 독립된 의미 개념으로 이끌어 준다. 얼굴이라는 개념은 존재에 대한 존재자의 철학적 우선성을, 능력에도 소유에도 호소하지 않는 외재성을 의미한다. 하지만 이 외재성은 플라톤에게서처럼 기억의 내면성으로 환원될 수 없는 외재성이며, 그럼에도 불구하고, 외재성을 맞아들이는 자아를 보전하는 그런 외재성이다. 얼굴은 결국 직접적인 것의 개념을 묘사하게 해준다. 직접적인 것의 철학은 버클리의 관념론에서도 현대 존재론에서도 실현되지 않는다. **존재자**가 존재의 열림 속에서만 탈은폐된다고 말하는 것은 우리가 바로

---

14) 무한한 것이 유한한 것에 나타남을 뜻하는 말.—옮긴이

그런 존재자와 함께 있지 않다고 말하는 것이다. 직접적인 것은 호명이다. 언어의 절대적 명령impératif이라 해도 좋다. 접촉이라는 관념은 직접적인 것의 근원적 양태를 재현하지 못한다. 접촉은 이미 주제화이고 어떤 지평을 지시한다. 직접적인 것, 그것은 대면face-à-face이다.

우리는 초월의 철학과 내재성의 철학 사이에 지상의 실존이 —우리가 이름 붙인 바에 따르자면 경제적 실존이 —펼쳐지는 가운데 그 속에서 타자와의 관계가 어떻게 맺어지는지를 묘사하고자 한다. 초월의 철학은 참된 삶을 다른 곳에 위치시킨다. 인간은 여기 이곳을 벗어나서 제의적이고 신비적인 고양의 특권적 순간들 속에서나 죽음 가운데서 그 참된 삶에 도달하게 된다. 그리고 내재성의 철학은, 모든 '타자'(전쟁의 원인)가 동일자에 의해 포섭되어 역사의 종말로 사라지게 될 때 우리가 진실로 존재를 포착하게 된다고 주장한다. 하지만 우리가 묘사하고자 하는 타자와의 관계는 신적이거나 인간적인 전체성으로 귀착되지 않는다. 그것은 역사의 전체화가 아니라 무한의 관념인 관계다. 바로 이러한 관계가 형이상학 자체다. 역사는 자기중심주의적 관점들 —반성도 여전히 이런 관점들의 영향을 받을 텐데 —에서 해방된 존재가 자신을 드러내는 특권적인 평면이 아닐 것이다. 역사가 나와 타자를 비인격적 정신으로 통합한다고 주장한다 할 때, 그렇게 내세워지는 통합은 잔인함이고 부정이다. 다시 말해, 그것은 타인을 무시한다. 인간들 사이의 관계로서 역사는 타자를 마주 대하는 자아의 위치를, 타자가 나와 관련해 초월적인 것으로 남아 있는 그 자리를 무시한다. 만약 내가 나 자신에 의해서 역사에 외재적인 것으로 있는 것이 아니라면, 나는 역사와 관련해서 절대적인 한 지점을 타인에게서 발견할 수밖에 없다. 타인과 연합함으로써가 아니라, 타인에게 말을 건넴으로써 말이다. 역사의 단절들에 의해 역사는 가공되며, 이 단절들 속에서 역사에 대한 심판이 내려진다. 인간이 진실로 타인에게 가닿을 때, 그는 역사로부터 떨어져 나간다.

B. 분리와 대화

1. 무신론 또는 의지

무한의 관념은 타자와 관련한 동일자의 분리를 전제한다. 그러나 이 분리는 타자에 대한 대립에 근거한 것이 아니다. 대립이란 순전히 반-정립적인 것에 불과하다. 테제와 안티테제는 서로를 밀쳐 내면서 서로를 요구한다. 테제와 안티테제는 그들의 대립 속에서 이 둘을 포괄하고 일람하는 시선에 출현한다. 테제와 안티테제는 하나의 전체성을 이미 형성하고 있다. 이 전체성은 무한의 관념에 의해 표현되는 형이상학적 초월을 통합하는 가운데, 이 형이상학적 초월을 상대적인 것으로 만들어 버린다. 절대적 초월은 통합할 수 없는 것으로서 생산되어야 한다. 그러므로 자신의 관념을 넘어서는 무한—그래서 무한은 이 관념(진정 부적합한 관념)이 거주하는 차아로부터 분리된다—의 생산에 의해 분리가 반드시 요구된다고 할 때, 이 분리가 자아에서 성취되는 방식은 초월(이 초월에서 무한은 내 속의 무한 관념과 관계하여 유지되는데)과 단지 상관적이고 상호적이어서는 안 된다. 이 분리는 단순히 초월에 대한 논리적 응답이어서는 안 된다. 타자에 대한 차아의 분리는 실정적positif 운동의 결과여야 한다. **상관관계는 초월을 충족시키는 범주가 아니다.**

차아의 분리는 나에 대한 타자의 초월에 상호적인 것이 아니다. 그것은 연금술사들이나 사유할 따름인 사건성이 아니다. 차아의 분리가 성찰되는 것은 구체적인 도덕적 경험의 이름으로서다. 내가 나 스스로에 대해서 요구할 수 있는 것은 내가 타인에 대해 요구할 권리를 가진 것과 비교될 수 없다. 매우 진부한 이 도덕적 경험은 형이상학적 비대칭성을 가리킨다. 이것은 밖에서 자기 자신을 보는 것이 근본적으로 불가능함을 뜻하며, 자기에 대해서와 타자들에 대해서 같은 의미로 말하는 것이 근본적으로 불가능함을 뜻하고, 그래서 결국 전체화가 불가능함을 뜻한다. 또 사회적 경험의 차원에서는, 사회적 경험으로 인도하고 사회적 경험에 의미를 부여하는 간주관적인 intersubjective 경험을 **망각하는** 것이 불가능함을 뜻한다. 이것은 접어 치울 수 없는 지각이 과학적 경험에 의미를 부여하는 것 ─현상학자들은 이렇게 생각한다─ 과 마찬가지의 사태다.

동일자의 분리는 내적 삶, 즉 심성psychisme[1]의 형태로 생산된다. 심성은 존재 안의 한 **사건**을 구성하는데, 그것은 심성에 의해 단번에 정의되지 않은 항들의 결합을 구체화한다. 이 항들에 대한 추상적 공식화는 일종의 역설을 은폐해 버린다. 사실 심성의 본래 역할은 존재를 **반영**하는 데만 있지 않다. 심성은 이미 **존재의 한 방식**이며 전체성에 대한 저항이다. 사유 또는 심성은 이 **방식**이 요구하는 차원을 열어

---

1) 의식, 무의식을 포괄하는 마음이나 개별적 정신 현상을 뜻한다. ─옮긴이

준다. 심성의 차원은 한 존재가 자신의 전체화에 맞세우는 저항의 압박 아래서 열린다. 그것은 근본적 분리의 사태다. 우리가 이야기했던 **코기토**는 분리를 입증해 준다. 우리 속에 있는 자신의 관념을 무한히 넘어서는 존재, 즉 데카르트의 용어로 말해서 신은,「제3성찰」에 따르면 **코기토**의 명증성의 기초가 된다. 그러나 **코기토**에서 이 형이상학적 관계를 발견하는 것은 시간적 순서로는 두 번째일 따름인 철학자의 사유 진행 과정을 이룬다. '논리적' 질서와 구분되는 시간적 질서가 있을 수 있다는 것, 사유의 진행에 여러 계기들이 있을 수 있다는 것, 사유의 진행이 있을 수 있다는 것, 여기에 분리가 있다. 사실 시간상으로 보면 존재는 **아직** 존재하지 않는다. 이것은 존재를 무와 뒤섞지는 않지만 존재를 그 자체로부터 떼어 놓는다. 존재는 단번에 존재하지 않는다. 그 자신의 원인이, 그 자신보다 더 오래된 원인이, 이제 도래해야 한다. 존재의 원인은 그 결과에 의해 **마치** 그 원인이 그 결과보다 뒤에 오는 것**처럼** 생각되고 알려진다. 일종의 환상을 가리키는 셈인 이 '마치 ~처럼'의 가능성에 대해 사람들은 가볍게 이야기한다. 그런데 이 환상은 근거 없는 것이 아니라 실정적 사건을 이룬다. 앞선 것이 뒤에 온다는 것 ─논리적으로 부조리한 전도─은 기억에 의해서만 또는 사유에 의해서만 생산된다고 사람들은 얘기할 것이다. 그러나 기억의 또는 사유의 '있음 직하지 않은' 이 현상은 존재 안에서의 혁명으로 이해되어야 한다. 이렇게 해서 이미 이론적 사유는─이론적 사유를 떠받치는 더 깊은 구조인 심성에 힘입어─분리를 절합한다^articuler. 분리는 사유 속에 반영되는 것이 아니라 사유에 의해 생산된다. 여기서는 **뒤** 또는 **결과**가 **앞** 또는 **원인**을 조건 짓는다. 앞선 것이 뒤에 **출현하**

여 다만 맞아들여진다. 이와 마찬가지 사태가 심성에 의해 일어난다. 한 **자리**에 있는 존재는 그 자리와 관련해 자유로운 채로 남아 있다. 그 존재는 자신이 처한 자리에 놓여 있지만, 다른 곳에서 거기로 온 자다. **코기토**의 현재는, 그것 자체가 자신을 넘어서는 절대적인 것 속에서 사후에 발견하게 되는 토대 위에 있음에도 불구하고, 홀로 자신을 유지한다. 비록 그것이 한 순간, 그러니까 한 **코기토**의 공간에서만 그렇다 할지라도 말이다. 과거 속으로 자신이 미끄러지는 것에 대해, 또 미래에서 자신을 되찾는 것에 대해 염려하지 않는 충만한 젊음의 순간이 있을 수 있다는 것(그리고 이러한 떼어 놓음은 **코기토**의 자아가 절대적인 것에 매달리기 위해 필수적이라는 것), 요컨대 시간의 질서 또는 시간의 거리 자체가 있을 수 있다는 것, 이 모든 것이 형이상학적인 자와 형이상학적인 것의 존재론적 분리를 분명하게 보여 준다. 의식적인 존재가 무의식적인 어떤 것과 함축적인 어떤 것을 포함한다고 할 수도 있을 것이다. 또 사람들은 자신들의 자유가 그들이 모르는 결정론에 이미 얽매여 있다고 선언할 수도 있을 것이다. 이때의 무지는 사물들이 처해 있는 자기 무지의 상태와는 비교가 안 되는 일종의 초연함이다. 무지는 심성의 내면성에 기초를 가진다. 그것은 자기의 향유^{jouissance} 속에서 실정적이다. 감옥에 갇힌 존재는 자신의 감옥에 대해 무지한 채 자기에게서 편안함을 느낀다. 환상이라는 존재의 능력이 ─만일 환상이 있다면─ 존재의 분리를 구성한다.

사유하는 존재는 우선 그 존재를 품는 시선에 자신을 내맡겨 마치 전체에 통합된 것처럼 보인다. 실제로 그렇게 통합되는 것은 죽었을 때뿐이다. 삶은 사유하는 존재에게 자기만의 태도^{quant-à-soi}를, 일종의 휴가를, 연기延期를 허용한다. 이 연기가 바로 내면성이다. 전체화는 역사 안에서만 성취된다. 즉 전체화는 역사를 기록하는 자들의 역사 안에서만, 다시 말해 살아남은 자들에게서만 성취된다. 전체화는 역사가들이 기술하는 역사의 연대기적 순서가 자연과 닮은 존재 그 자체의 얼개를 그려 낸다는 긍정과 확신에 근거한다. 보편적 역사의 시간이 존재론적 토대로 남는데, 거기서 특수한 실존들은 사라지고 계산되며, 최소한 그들의 본질이 요약된다. 점적 순간들인 탄생과 죽음, 그리고 탄생과 죽음을 분리하는 간격은, 살아남은 자인 역사가의 보편적 시간 속에 담긴다. 내면성 자체는 '아무것도 아닌 것'이고, '순수한 사유'다. 사유 이외에는 아무것도 아니다. 역사 기록자의 시간 속에서 내면성은 그 안에서 모든 것이 가능한 비-존재다. 거기서는 아무것도 불가능하지 않다. 광기에서처럼 '모든 것이 가능하다'. 이것은 어떤 본질essence이 아닌 가능성, 다시 말해 어떤 존재의 가능성이 아닌 가능성이다. 그러나 분리된 존재가 있기 위해서는, 역사의 전체화가 존재의 최종적인 구도가 되지 않기 위해서는, 살아남은 자에게는 종말인 죽음이 단지 그런 종말이 아니어야 한다. 죽음에는 또 다른 방향이 있어야 한다. 즉 살아남은 자들의 지속에 충격을 주는 한 점과 같은 종말로 나아가는 것이 아닌 다른 방향이 있어야 한다. 분리는 **존재자**가 스스로 자리를 잡고 자신의 운명을 스스로 취할 수 있을 가능성을 가리킨다. 다시 말해 분리는 존재자가 자신의 탄생과 죽음이 보편적 역사의 시간 속에서 차지하는 위치를 통해 실재를 회계 기록처럼 규정하지 않으면서 태어나고 죽을 수 있는 가능성을 가리킨다. 내면성은 그 의미 작용을 역사에서는 결코 끌어내지 못하는 탄생과 죽음의 가능성 자체다. 내면성은 전체성을 구성하는 역사적 시간과는 다른 질서를 수립한다. 내면성은 또한 모든 것이 **계류 중**pendant에 있는 질서, 그리고 역사적으로는 더 이상 가능하지 않은 것이 언제나 가능한 것으로 남아 있는 질서를 수립한다. 무로부터 유래할 수밖에 없는 분리된 존재의 탄생, 즉 절대적 시작은 역사적으로 부조리한 사건이다. 마찬가지로 부조리한 것이 의지에서 비롯하는 활동이다. 의지는 역사적 연속성 안에서 매 순간 새로운 기원의 지점을 나타내기 때문이다. 이러한 역설들은 심성에 의해서 극복된다.

기억은 탄생naissance으로부터, 즉 자연nature으로부터[2) 이미 성취된 것을 다시 잡고, 뒤집으며, 정지시킨다. 번식성은 죽음의 점적 순간을 벗어난다. 기억에 의해 나는 사후적으로 소급하여 나 자신의 기초를 세운다. 내가 오늘 떠맡는 것은 기원의 절대적 과거 속에서는 어떤 주체도 없어서 수용하지 못했던 것이고 그래서 숙명과 같은 무게를 지녔던 것이다. 기억에 의해 나는 떠맡고 다시 문제 삼는다. 기억은 불가능성을 실현한다. 즉 기억은 사후에 과거의 수동성을 떠맡고 과거를 지배한다. 역사적 시간의 전도로서의 기억은 내면성의 본질이다.

역사 기록자의 전체성 안에서 **타자**의 죽음은 일종의 **종말**이다. 즉 분리된 존재가 전체성 안으로 내던져지는 지점이다. 이 지점을 통해 **죽음**은 추월되고dépassé 통과될passé 수 있다. 분리된 존재는 이 지점

---

2) 'nature'(자연/본성), 'naturel'(자연적), 'naître'(태어나다), 'né'(태어난), 'naissance'(탄생) 등은 같은 어원에서 온 단어들이다. 즉 라틴어에 뿌리를 둔 서양어에서 자연적 존재란 태어난 존재를 뜻한다. ─옮긴이

을 지나 계속되는데, 그것은 자신의 실존을 통해 쌓아 온 유산에 의해서다. 그러나 심성은 '과거에 불과한 것'이 되는 데서 성립하는 운명에 저항하는 실존을 낱낱이 제시한다. 내면성은 일종의 거부다. 그것은 낯선 회계 체계 안에 나타나 순수한 손실로 변형되는 일에 대한 거부다. 죽음의 불안은 바로 그침의 이러한 불가능성 속에 있으며, 불완전한 시간과 여전히 계속되는 신비로운 시간이라는 시간의 양의성 속에 있다. 그러므로 죽음은 존재의 종말로 환원되지 않는다. '여전히 계속되는' 것은 우리가 맞아들이고 기투企投하고 어느 정도는 스스로 이끌어 내는 미래와 전혀 다르다. 모든 일이 자신의 기투에 따라 일어나는 존재에게 죽음은 하나의 절대적 사건, 절대적으로 후험적인a posteriori 사건이다. 죽음은 어떤 힘에도, 심지어 부정에도 자신을 내맡기지 않는다. 죽음은 불안이다. 죽어 가는 존재는 종말을 향해 가면서도 종말에 이르지 않기 때문이다. 그는 더 이상 시간을 가지고 있지 않다. 즉 그는 더 이상 어느 곳으로도 자신의 발걸음을 옮겨 놓을 수 없다. 하지만 그는 갈 수 없는 곳으로 가면서 숨을 헐떡인다. 그러나 언제까지……? 이것은 역사의 공통된 시간을 가리키지 않는다. 이러한 점이 의미하는 바는 죽을 수밖에 없는 실존은 역사의 시간과 나란히 진행하지 않는 차원에서 펼쳐진다는 것이다. 이 차원은 역사의 시간과의 관계 속에 놓이지도, 절대적인 것과의 관계 속에 놓이지도 않는다. 그런 까닭에 탄생과 죽음 사이에 위치한 삶은 망상도 부조리도 아니며, 도망침도 비겁함도 아니다. 삶은 삶 고유의 차원에서 흘러간다. 거기서 삶은 의미를 지니며, 또 거기서 죽음에 대한 승리도 의미를 지닐 수 있다. 이 승리는 모든 가능성들의 종식 이후에 제공되는 **새로운 가능성**

이 아니라, 자식 안에서의 부활이다. 자식에게는 죽음의 파열이 들어 있다. 가능한 것이 불가능성 안에서 질식하는 것인 죽음은 자손을 향한 통로를 마련해 준다. 비록 그것이 '나'에게 하나의 가능성으로 주어지는 것은 아니라 할지라도, 번식성은 여전히 인격적인 관계다.[3]

만일 일차의 시간이 타자의 시간 속으로 떨어질 수 있다면, 어떤 분리된 존재도 없을 것이다. 언제나 부정적으로이긴 하지만 이 점을 표현해 주었던 것이 영혼의 영원성이라는 관념이다. 즉 영혼의 영원성이란 죽음이 타자의 시간 속으로 추락하는 것을 거부하는 것, 공통의 시간으로부터 벗어난 인격의 시간이다. 만일 공통의 시간이 '나'의 시간을 흡수하기 마련이라면, 죽음은 종말일 것이다. 그러나 만일 역사에 순수하고 단순하게 통합되는 것에 대한 거부가 살아남은 자의 시간의 관점에서 사후의 삶이 지속됨을 가리키거나 또는 삶이 시작되기 전에 삶이 미리 실존함을 가리킨다면, 시작과 끝은 근본적인 것이라 할 만한 분리를, 그리고 내면성일 수 있는 차원을, 어떤 식으로도 나타내지 못할 것이다. 그리하여 내면성은 또다시 역사의 시간에 끼워 넣어질 것이다. 복수성複數性; pluralité에 공통된 시간을 관통하는 영속성 —전체성— 이 분리라는 사태를 지배하는 셈이다.

살아남은 자가 확인하는 것은 죽음과 종말의 불일치다. 그렇지만 이 불일치는 죽을 수밖에 없으나 사라질 능력은 없는 실존이 자신의 죽음 이후에도 여전히 현존하리라는 것을 의미하지 않으며, 죽을 수밖에 없는 존재가 인간 공통의 시계를 울리는 죽음에서 살아남는다는

---

3) 이 책 405쪽 참조.

것을 의미하지도 않는다. 또 후설이 그랬던 것처럼 내적 시간을 객관적 시간 속에 놓고 그럼으로써 영혼의 영원성을 증명하려는 것은 잘못일 것이다.

시작과 끝을 보편적 시간의 점들로 보는 것은 살아남은 자를 3인칭으로 지칭하는 것과 마찬가지의 방식으로 자아를 3인칭이 되게 하는 것이다. 내면성은 본질적으로 자아의 1인칭에 묶여 있다. 각각의 존재가 자신의 시간, 즉 자신의 **내면성**을 가질 경우에만, 그리고 각각의 시간이 보편적 시간에 흡수되지 않는 경우에만, 분리는 근본적이다. 내면성의 차원에 힘입어 각각의 존재는 개념을 거부하고 전체화에 저항한다. 이 거부는 무한의 관념에 반드시 필요하다. 무한의 관념은 자기 자신의 힘으로 이러한 분리를 생산하지 않는다. 탄생과 죽음을 가능하게 하는 심적psychique 삶은 존재 안의 차원이고, 비-본질의 차원이며, 가능한 것과 불가능한 것 너머에 있다. 심적 삶은 역사 안에서 그 자신을 드러내지 않는다. 내적 삶의 비연속성은 역사적 시간을 중단시킨다. 역사의 우월성을 내세우는 것은 존재 이해를 위한 하나의 선택이지만, 그 선택 안에서 내면성은 희생된다. 이 책은 다른 방안을 제안한다. 실재적인 것은 실재적인 것의 역사적 객관성 안에서 규정되어야 할 뿐 아니라, 역사적 시간의 연속성을 중단시키는 비밀로부터, 내적 지향들로부터 규정되어야만 한다. 사회의 다원론pluralisme은 이러한 비밀에서 출발할 때만 가능하다. 사회의 다원론이 이 비밀을 입증한다. 우리는 인간의 전체성 관념을 형성하는 것이 불가능하다는 것을 오래전부터 알고 있다. 인간들은 내적 삶을 가지고 있기 때문이다. 그러나 그 내적 삶은 인간 집단의 포괄적 운동을 포착하는 자에게는 닫혀 있다. 차아의 분리에서 출발하는 사회적 현실에 대한 접근을 '보편적 역사'가 삼켜 버리지는 못한다. 보편적 역사 안에서는 전체성들만 나타난다. 구체적 지각이 과학적 우주들의 의미 작용에 대한 결정 요인으로 남아 있는 것처럼, 분리된 차아에서 출발하는 타자의 경험은 전체성들을 이해하기 위한 의미의 원천으로 남아 있다. 신을 삼켰다고 믿었던 크로노스는 돌을 삼켰을 뿐이다.

분별discrétion 또는 죽음의 간격은 존재와 무 사이의 세 번째 개념이다.

능력이 행위와 관계하듯 간격이 삶과 관계하는 것은 아니다. 간격의 본래성은 두 시간들 사이에 존재하는 데 있다. 우리는 이러한 차원을 죽은 시간이라고 명명하고자 한다. 죽은 시간은 역사적이고 전체화된 지속이 단절됨을 나타내는데, 이것은 창조가 존재 속에서 작동시키는 단절 그 자체다. 연속되는 창조를 요구하는 데카르트적 시간의 불연속성은 다름 아닌 분산을, 그리고 피조물의 복수성을 알려 준다. 행동이 시작되는 역사적 시간의 매 순간은 결국 탄생이며, 따라서 역사의 연속된 시간을 끊는다. 역사의 시간은 작업들의 시간이지 의지들의 시간이 아니다. 내적 삶은 실재가 다원성으로 실존하기 위한 유일한 **방식**이다. 우리는 나중에 자기성인 이런 분리에 대해, 향유라는 근본적인 현상 속에 있는 분리에 대해 더 자세히 살펴볼 것이다.[4]

우리는 이 완전한 분리를 무신론이라 부를 수 있다. 그 완전함은 분리된 존재가 자신이 분리되어 나온 존재에 참여하지 않으면서 실존

---

4) 이 책 2부 '내면성과 경제' 참조.

속에서 스스로 자신을 유지하는 데 있다. 경우에 따라 믿음으로 그 존재와 결합할 수는 있지만 말이다. 참여와의 단절은 이 할 수 있음에 함축되어 있다. 우리는 신 밖에서, 자기에게서 살아간다. 우리는 자아이고 에고이즘이다. 분리의 성취인 영혼—심적인 것의 차원—은 본래 무신론적이다. 이렇듯 우리는 신적인 것의 부정과 긍정에 앞선 정립을, 참여와의 단절을 무신론이라 이해한다. 이 단절에서부터 자아는 동일자로 그리고 나로 정립되는 것이다.

무신론을 취할 수 있는 존재를 세웠다는 점이 창조자에게 커다란 영광임은 분명하다. 이 존재는 **자기 원인**causa sui이었던 적이 없으면서 독립적 시선과 말을 가지며, 자기에게서 존재한다. 우리는 자기 원인이 아니면서도 자신의 원인과 관련해 첫 번째가 되는 그러한 방식으로 조건 지어진 존재를 의지라 부른다. 심성은 그런 존재의 가능성이다.

심성은 향유의 요소인 감성으로, 에고이즘으로 분명한 모습을 보일 것이다. 향유의 에고이즘 속에서 의지의 원천인 **에고**가 떠오른다. 개체화의 원리를 담지하는 것은 심성이지 물질이 아니다. 토데 티$^{τόδε \, τι 5)}$의 특수성은 독특한 존재들이 하나의 집합으로 통합되는 것을, 그 독특성이 사라지는 전체성의 함수로 실존하는 것을 방해하지 않는다. 개념의 외연에 속해 있는 개체들은 이 개념을 통해 **하나**가 된다. 개념들은 다시 그들의 위계질서 속에서 **하나**가 된다. 그들의 다수성^{multiplicité}은 하나의 전체를 형성한다. 개념의 외연을 이루는 개체

---

5) 아리스토텔레스의 용어로 '이 어떤 것'이라는 뜻이다. 즉, 구체적이고 개별적으로 존재하는 것을 가리킨다.—옮긴이

들이 그들의 개체성을 우연적이거나 본질적인 어떤 속성에서 끌어온다 해도, 이 속성은 개체들의 그 다수성에 잠재해 있는 통일을 전혀 방해하지 않는다. 이 통일은, 개체들의 관념이 됨으로써 또는 역사를 통해 개체들을 전체화함으로써 개체들의 특수성들을 통합하는 비인격적 이성의 지식 속에서 현실화할 것이다. 분리의 절대적 간격은 라이프니츠의 『단자론』에서처럼 다수성의 항들을 궁극적인 어떤 질적 특수화에 따라 구별함으로써 얻어질 수 없다. 『단자론』에 따르면, 단자monade들에는 어떤 **차이**가 내재해 있는데, 그 차이가 없다면 한 단자는 '다른' 단자와 구별될 수 없는 채로 남아 있게 된다.[6] 하지만 성질들, 곧 차이들도 다시 유類의 공통성으로 귀착한다. 신적 실체의 메아리인 단자들은 그 실체의 사유 속에서 하나의 전체를 이룬다. 대화에 필요한 다원성은 각 항이 '타고난' 내면성 탓에 가능하다. 즉 다원성은 심성에, 자기중심적이며 자기 자신에 민감한 각자의 준거에 기인하는 것이다. 감성은 자아의 에고이즘 자체를 구성한다. 이는 감각된 것이 아니라 감각하는 자와 관련된 문제다. 모든 사물들의 척도로서의 인간, 즉 모든 사물을 비교하지만 비교될 수 없는—그 무엇으로도 재어지지 않는—인간은 감각의 감각함 속에서 확증된다. 감각은 모든 체계를 부순다. 헤겔이 그의 변증법에서 기원으로 삼은 것은 감각된 것이었지, 감각에서 성립하는 감각하는 자와 감각된 것의 통일이 아니었다. 『테아이테토스』에서 프로타고라스의 테제가 헤라클레이토스의 테제와 가까이 놓인 것도 우연이 아니다.[7] 파르메니데스적인 존재

---

6) 라이프니츠, 『단자론』, 8항.

가 산산이 부서져 생성에 이르고 사물의 객관적인 흐름과는 달리 펼쳐지려면 감각하는 자의 독특성이 필요했다. 감각하는 자들의 다수성은 생성을 가능케 해주는 바로 그 **양태**일 것이다. 여기서 사유가 찾아내는 것은 단순히 보편 법칙에 종속되어 통일을 낳는 운동하는 한 존재가 아니다. 오직 이럼으로써 생성은 존재 관념에 근본적으로 대립되는 한 관념의 가치를 획득한다. 이 생성은—헤라클레이토스에 의하면 우리가 두 번 몸을 담글 수 없다는, 또 크라튈로스에 의하면 심지어 한 번도 담글 수 없다는—강의 이미지가 표현하는 모든 통합에 대한 저항을 가리킨다. 파르메니데스의 일원론을 파괴하는 생성이라는 발상이 성취되는 것은 오직 감각의 독특성에 의해서다.

2. 진리

나중에 우리는 분리 또는 자기성이 어떻게 행복의 향유 속에서 근원적으로 생산되는지를 보여 줄 것이다. 또 이러한 향유 속에서 분리된 존재가 어떻게 그에게 초월적인 것으로 남아 있는 타자에게 변증법적으로나 논리적으로는 조금도 빚지지 않은 독립을 확증하는지를 보여 줄 것이다. 우리가 무신론이라 명명했던 이 절대적 독립은 대립을 통해 정립되는 것이 아니다. 이 독립성의 본질은 추상적 사유의 형식주의 속에서 고갈되지 않는다. 절대적 독립은 경제적 실존의 모든 충만함 속에서 성취된다.[8]

---

7) 플라톤, 『테아이테토스』, 152a~e 참조.

분리된 존재의 무신론적 독립은 무한의 관념에 대립하여 정립되지는 않지만, 무한의 관념은 한 관계를 가리키며, 이 관계는 분리된 존재의 독립에 의해서만 가능해진다. 무신론적 분리는 무한의 관념에 의해 요구된다. 그렇지만 무한이 분리된 존재를 변증법적으로 야기하는 것은 아니다. 동일자와 타자 사이의 관계인 무한의 관념은 분리를 무효화하지 않는다. 분리는 초월 속에서 입증된다. 사실 동일자는 진리 탐구의 우연과 위험 속에서만 타자와 다시 결합할 수 있지, 타자에게서 안전하게 휴식을 취하지는 못한다. 분리가 없이는 진리도 없을 것이다. 오직 존재만 있을 것이다. 닿음보다 못한 접촉인 진리는 무지와 환상과 오류의 위험 속에서 '거리'를 따라잡지 못하며, 인식하는 자와 인식된 것의 통일에 이르지 못하고, 전체성에 이르지 못한다. 실존철학의 테제들과는 반대로, 이러한 접촉은 존재 안에 미리 뿌리내림에서부터 자라나지 않는다. 진리의 탐구는 형식들이 출현하는 가운데 펼쳐진다. 그와 같은 형식들의 변별적 특징은 바로 거리를 두고 이루어지는 그 형식들의 에피파니다. 근원적 선결합인 뿌리내림은 참여를 존재의 지배적 범주들 중의 하나로 고수하겠지만, 진리 개념은 이 지배의 종말을 나타낸다. 참여함은 타자와 관계하는 한 방식이다. 어느 지점에서든 타자와의 접촉을 잃지 않은 채, 자신의 존재를 취하고 펼치는 것이다. 참여와의 단절은 분명 접촉을 유지하는 것이긴 하나, 더 이상 이 접촉에서 자신의 존재를 이끌어 내지 않는다. 그것은 기게스Gyges처럼 보여짐 없이 보는 것이다.[9] 그럴 수 있기 위해서는, 한 존

---

8) 이 책의 2부 '내면성과 경제' 참조.

재는 비록 그 존재가 전체의 일부일지라도 자신의 존재를 자기로부터 이끌어 내야지, 그의 경계들로부터 이끌어 내서는 안 된다. 그의 정의 定義로부터 이끌어 내서는 안 된다. 또 이 존재는 독립적으로 실존해야 한다. 존재 안에 놓인 자신의 자리를 가리키는 관계들에 의존해도 안 되며, 타인이 그에게 가져다줄 인식에 의존해서도 안 된다. 기게스의 신화는 자아의 신화며, 인식되지-않은 것으로 실존하는 내면성의 신화다. 확실히 그것들은 처벌받지 않은 모든 범죄들의 사건성이다. 그러나 그러한 사건성은 내면성의 대가다. 내면성의 대가란 분리의 대가다. 내적인 삶, 자아, 분리는 다름 아닌 뿌리 뽑힘이고, 비-참여이며, 따라서 오류와 진리의 양가적 가능성이다. 인식하는 주체는 전체의 부분이 아니다. 왜냐하면 그것은 어떠한 것과도 경계를 이루고 있지 않기 때문이다. 진리를 향한 그의 열망은, 그에게 결핍된 존재를 움푹 파이게 그린 것이 아니다. 진리는 분리 속에 있는 자율적 존재를 전제한다. 진리의 탐구는 정확히 말해, 욕구의 결핍에 의존하지 않는 관계다. 진리를 추구하고 획득함은 관계 속에 존재함이지만, 그런 까닭은 우리가 자신과 다른 어떤 것에 의해 정의되기 때문이 아니라, 어떤 의미에서 우리가 아무것도 결여하지 않기 때문이다.

그러나 진리의 탐구는 이론보다 더 근본적 사건이다. 비록 이론적 탐구가 우리가 진리라고 명명하는 외재성과의 관계에서 하나의 특

---

9) 이와 대비하여 사물들을 시적인 방식으로 말해 '눈먼 사람들'이라 표현할 수 있을 것이다. Jean Wahl, "Dictionnaire subjectif", *Poésie, pensée, perception*, Paris: Calmann-Lévy, 1948.

권적 양태이긴 하지만 말이다. 분리된 존재의 분리는 상대적인 것도 아니었고, 타자에게서 멀어지는 운동도 아니었으며, 다만 심성으로서 생산된 것이다. 그러므로 타자와의 관계는 이 멀어지는 운동을 그 반대 방향으로 되풀이하는 데서가 아니라, 욕망을 통해 타자로 향하는 데서 성립한다. 이론 자체도 자신이 도달점으로 삼는 외재성을 이 욕망에서 빌려 온다. 왜냐하면 진리의 탐구를 인도하는 외재성이라는 관념은 무한의 관념으로서만 가능하기 때문이다. 영혼이 외재성으로, 절대적 타자로, 또는 무한으로 주의를 돌리는 사태는 영혼의 동일성 자체로부터 연역될 수 없는데, 왜냐하면 영혼의 이 사태는 영혼에 상응하는 것이 아니기 때문이다. 무한의 관념은 그러므로 차아에서 나오는 것도, 차아의 빈 곳을 정확하게 재는 차아 속의 욕구에서 나오는 것도 아니다. 무한의 관념에서 운동은 사유된 것으로부터 나오는 것이지, 사유자로부터 나오는 것이 아니다. 이러한 전도를 보여 주는 것이 유일한 앎, 선험적이지 않은 앎이다. 무한의 관념은 그 말의 강한 의미에서 **계시된다**. 자연종교란 없다. 하지만 이 예외적 앎은 바로 그렇기 때문에 더 이상 대상적이지 않다. 무한은 인식의 '대상'—숙고하는 시선의 척도로 무한을 환원해 버린 것—이 아니라 욕망 가능한 것이다. 무한은 욕망을 일으키는 것이다. 말하자면 매 순간 **자신이 생각하는 것보다 더 생각하는** 사유에 의해 접근 가능한 것이다. 그렇다고 해서 무한이 시선의 지평들을 넘어서는 거대한 대상인 것은 아니다. 무한의 무한성을 재는 것은 욕망이다. 왜냐하면 그 욕망은 측정의 불가능성 자체에 의한 측정이기 때문이다. 그러한 욕망에 의해 측정된 과도함이 얼굴이다. 이렇게 우리는 욕망과 욕구 사이의 구분을 다시 발견하게 된다. 이 욕망은 욕망 가능한 것이 생기를 불어넣는 열망이다. 이 욕망은 자신의 '대상'으로부터 태어난다. 그것은 계시다. 반면에 욕구는 영혼의 빈자리다. 욕구는 주체로부터 나온다.

진리는 타자 속에서 찾아진다. 그러나 아무것도 결여하지 않은 자에 의해 찾아진다. 그 거리는 극복될 수 없는 것이며, 동시에 극복된 것이다. 분리된 존재는 충족되어 있고 자율적이다. 그럼에도 타자를 추구한다. 그 추구는 욕구에 속한 결여에 의해 추동되는 것이 아니며, 잃어버린 어떤 재화에 대한 기억에 의해 추동되는 것도 아니다. 이와 같은 상황이 언어다. 진리는 타자로부터 분리된 한 존재가 타자 속에 잠기지 않고 타자에게 말을 거는 곳에서 생겨난다. 닿아서조차 타자를 건드리지 못하는 언어는 타자를 호명하거나 명령하면서 타자에 다다른다. 또는 이 관계들의 전적인 올곧음으로 타자에게 복종하면서 타자에게 다다른다. 분리와 내면성, 진리와 언어 ─ 이것들이 무한의 관념 또는 형이상학의 범주들을 구성한다.

분리는 향유의 심성에 의해, 에고이즘에 의해, 행복에 의해 생산되며, 거기서 자아는 스스로를 동일화한다. 이 분리 속에서 자아는 타인을 무시한다. 그러나 타자에 대한 욕망은 행복 위에서 이 행복을 요구한다. 감각할 수 있는 자가 세계 속에서 갖는 이 자율성을 요구한다. 비록 이러한 분리가 분석적으로나 변증법적으로 타자로부터 연역되는 것은 아니라 해도 그렇다. 인격적 삶을 부여받은 자아, 즉 아무런 부족함이 없고 어떤 운명으로도 통합되지 않는 무신론을 가진 무신론자인 자아는, 타자의 현전으로부터 그에게 오는 욕망 속에서 스스로를 넘어선다. 이 욕망은 이미 행복한 한 존재 안에서의 욕망이다. 그 욕망은 행복한 자의 불행, 즉 사치스러운 욕구다.

이미 자아는 탁월한 의미에서 실존한다. 사실 우리는 이 자아가 먼저 실존하고 거기에 더하여 행복이 부여된다고 생각할 수 없다. 그런 행복은 이 실존에 속성으로 덧붙여지는 것이 될 것이다. 자아는 자신의 향유에 의해 분리된 것으로서, 즉 행복한 것으로서 실존한다. 그래서 자아는 행복에 자신의 순수하고 단순한 존재를 희생할 수 있다. 자아는 탁월한 의미에서 **실존한다**. 그것은 존재 위에 실존한다. 하지만 욕망에서 자아의 존재는 한층 더 높게 나타나는데, 왜냐하면 자아는 자신의 행복조차 자신의 욕망에 희생할 수 있기 때문이다. 그렇게 하여 자아는 향유함(행복)을 통해, 또 욕망함(진리와 정의)을 통해 존재의 위에, 또는 존재의 끝에, 즉 존재의 정점에 있게 된다. 존재의 위에 말이다. 고전적 실체 관념과 관련해서 그렇다는 얘기다. 여기서 욕망은 일종의 전도顚倒로 나타난다. 욕망 속에서 존재는 선함이 된다. 행복으로 뻗쳐 나가고 에고이즘 속에서 자신을 에고로 정립하는 그 존재의 정점에서, 이제 존재는 자신이 이뤄 온 기록을 깨고 다른 존재에 마음을 쓰게 되는 것이다. 이것은 하나의 근본적 전도다. 존재의 기능들 중의 어떤 것, 즉 자신의 목표를 에두르는 한 기능의 전도가 아니라, 존재의 실행 자체가 전도되는 것이다. 이러한 전도는 실존하려는 존재의 자발적 운동을 중지시키고, 존재의 극복 불가능한 변호에 다른 의미를 부여한다.

무한한 허기에 응답하기 때문이 아니라, 먹을거리에 대한 부름이 아니기 때문에 채워질 수 없는 욕망. 채워질 수 없는 것인 욕망은, 그러나 우리의 유한함으로 인하여 그런 것이 아니다. 사랑은 풍요와 가난의 자식이라는 플라톤의 사랑의 신화는 부 자체의 빈곤함을 나타내는 것으로 해석될 수 있을까? 상실한 것에 대한 욕망이 아니라 절대적 욕망으로 해석될 수 있을까? 스스로를 소유하고 있으며 따라서 이미 전적으로 '제 발로 선' 존재에게서 생산되는 절대적 욕망으로 해석될 수 있을까? 플라톤은 아리스토파네스가 내놓은 자웅동체의 신화를 거부하고, 유배가 아닌 토착적 실존을 전제하면서, 욕망과 철학의 고향 회귀적이지 않은non-nostalgique 특성을 간취하지 않았던가. 이 욕망은 욕망 가능한 것이 현전함으로 인하여 존재의 절대성이 침식됨을 뜻한다. 욕망 가능한 것의 현전은 결국 계시된 현전이다. 이것은 분리를 통해 스스로를 자율적인 것으로 체험하는 존재에게서 욕망을 뚫어낸다.

그러나 플라톤이 말하는 사랑은 우리가 욕망이라고 불렀던 것과 일치하지 않는다. 불멸성은 욕망의 으뜸가는 운동이 목표로 하는 것이 아니다. 오히려 타자, 낯선 이가 그것이다. 욕망은 절대적으로 비-이기주의적이다. 그것의 이름은 정의다. 욕망은 존재들을 이미 있는 유사한 것들에 매어 놓지 않는다. 일신론이 내세운 창조 관념의 위대한 힘은 **무로부터의**ex nihilo 창조라는 점에 있다. 그 이유는 그것이 물질에 형식을 부여하는 데미우르고스의 작업보다 더 기적적인 일이라서가 아니다. 그것은 창조에 의해 분리되어 창조된 존재가 아버지에게서 유래했을 뿐 아니라, 아버지와 절대적으로 다르기 때문이다. 자식됨filialité 그 자체가 자아의 운명에 본질적인 것으로 나타나는 것은 인간이 **무로부터의** 창조라는 이 기억을 유지하는 한에서다. 이 기억이 없다면 자식은 참된 타자가 되지 못한다. 결국 행복과 욕망을 분리시키는 거리는 정치와 종교를 분리시킨다. 정치는 상호 인정을, 즉 동등성을 향한다. 정치는 행복을 약속한다. 그리고 정치적인 법은 인정 투쟁을 완성하고 신성화한다. 종교는 욕망이지 결코 인정 투쟁이 아니다. 종교는 동등한 자들이 이루는 사회에서의 가능한 잉여다. 즉 영광스러운 비참함의, 책임의, 희생의 잉여다. 이것은 동등성 자체의 조건이다.

3. 대화

진리가 동일자와 타차 사이의 관계 양상이라고 주장하는 것은 지성주의에 맞서는 데로 귀착하지 않는다. 오히려 이것은 지성주의의 근본적인 열망을, 지성을 비추는 존재에 대한 존경을 확보해 준다. 분리의 본래성은 분리된 존재의 자율성에 있는 것으로 우리에게 나타났다. 또 이러한 사실로 말미암아, 인식 속에서 또는 더 정확하게 말해 인식의 지망志望; prétention 속에서 인식하는 자는 인식되는 존재에 참여하지도, 그것과 합쳐지지도 않는다. 진리의 관계는 이렇듯 내면성의 차원을, 심성을 포함한다. 이 심성을 통해 형이상학적인 자는 형이상학적인 것과 관계를 맺는 가운데 요새要塞처럼 자신을 유지한다. 그러나 우리는 또한 거리를 넘어섬과 동시에 넘어서지 못하는 ─ '피안'과 전체를 이루지 못하는 ─ 진리의 이 관계가 언어에 바탕을 둔다는 점을 지적했다. 언어는 관계의 항들이 그 관계로부터 **자신을 방면하는**' absoudre 관계, 관계의 항들이 그 관계 속에서 절대적인absolu10) 것들로 남아 있는 관계다. 이러한 방면absolution 없이는 형이상학의 절대적 거리란 환상에 불과할 것이다.

　　대상들에 대한 인식은 관계의 항들이 그 관계로부터 자신을 방면하는 그러한 관계를 보장해 주지 못한다. 대상적 인식이 아무리 이해관계에서 벗어나 있다 해도, 대상적 인식은 인식하는 존재가 실재에 접근했던 방식의 자취를 가지지 않을 도리가 없다. 진리를 탈은폐로 받아들이는 것은 탈은폐하는 자의 지평에 진리를 결부시키는 것이다. 인식과 봄^{vision}을 동일시하는 플라톤은 『파이드로스』에 나오는 마차의 신화를 통해 진리를 관조하는 영혼의 운동을 내세우고, 진리로운 것은 이 과정과 관련해 상대적임을 주장한다. 탈은폐된 존재는 우리와 관련해 있는 것이지 그 자체$^{καθ'αὐτό}$와 관련해 있는 것이 아니다. 고전적 용어법에 따르면, 감성 즉 순수한 경험에 대한 지망이자 존재의 수용성은, 지성^{entendement}에 의해 빚어진 이후에야 인식이 된다. 현대적 용어법에 따르면, 우리는 기투와 관련해서만 탈은폐한다. 이 작업을 통해 우리는 우리가 생각한 목표와 관련해서 실재에 접근한다. 인식이 일자^{Un}에 가져오는 변모를 플라톤은 『파르메니데스』에서 상기시킨다. 거기서 일차는 인식 속에서 자신의 통일성을 잃는다. 하지만 그 말의 절대적 의미에서의 인식이라면, 즉 다른 존재에 대한 순수한

---

10) '방면하다' 또는 '사면하다'라는 뜻의 'absoudre'와 '절대적'이라는 뜻의 'absolu'는 어원상으로 연관이 있다. 레비나스의 『신, 죽음 그리고 시간』의 편집자인 자크 롤랑(Jacques Rolland)은 이렇게 설명한다. "절대라는 말은 풀어 주다는 뜻을 가진 라틴어 absolvere에서 온 것이다. 즉 그것은 자신을 언제나 포섭하려는 것에서 벗어나거나 거기서 풀려난다는 것을 뜻한다"(에마뉘엘 레비나스, 『신, 죽음 그리고 시간』, 김도형·문성원·손영창 옮김, 그린비, 2013, 360쪽).─옮긴이

경험이라면, 그것은 다른 존재 그 자체$^{καθ'αὐτό}$를 유지할 수 있어야 할 것이다.

만일 대상이 이렇듯 인식하는 자의 기투 및 작업을 따른다면, 이는 대상적 인식이 언제나 지나가 버린^{dépassé} 존재, 언제나 해석되어야 하는 존재와의 관계이기 때문이다. '이것은 무엇인가?'는 '저것'으로서의 '이것'에 접근한다. 왜냐하면 객관적으로 안다는 것은, 역사적인 것, **일어난 것**, **이미 일어난 것**, 이미 지나가 버린 것을 안다는 것이기 때문이다. 역사적인 것은 과거/지나간 것$^{le\ passé}$에 의해 정의되지 않는다. 역사적인 것과 과거는 우리가 말할 수 있는 주제들로서 정의된다. 그것들은 주제화된다. 그 까닭은 바로, 그것들이 더 이상 말하지 않기 때문이다. 역사적인 것은 언제까지나 자신의 현존 자체를 갖지 못한다. 그래서 우리는 이렇게 말하고자 한다. 역사적인 것은 자신의 현현 뒤로 사라지며, 역사적인 것의 나타남은 언제나 피상적이고 모호하고, 그것의 근원과 그것의 원리는 언제나 다른 곳에 있다고 말이다. 역사적인 것은 현상이다. 즉 실재 없는 실재다. 시간의 흐름은——칸트의 도식에 따르면 세계가 구성되는 것은 이 시간의 흐름 속에서인데——원천이 없다. 자신의 원리를 상실한 이러한 세계, 무-시원적$^{an-archique11)}$ 세계, 즉 현상들의 세계는 진리로운 것에 대한 탐구에 응답하지 않는다. 이런 세계는 향유하기에는 충분하다. 향유는 충족 자체

---

11) 'an-archique'는 최초의 원리나 시원인 '아르케'(arche)가 없음을 뜻한다. 흔히 '무정부 상태'라고 옮기는 '아나키'(anarchie)는 이렇게 아르케가 없는 상태를 의미한다.——옮긴이

다. 향유는 외재성이 진리로운 것에 대한 탐구에 맞서 빠져나간다고 해서 조금도 분노하지 않는다. 이 향유의 세계는 형이상학적 지망에는 충분치 않다. 주제화된 것에 대한 인식은, 일어난 것에 대해 언제나 있을 수 있는 신비화에 대항해 다시 시작하는 투쟁일 따름이다. 그것은 일어난 것에 대한 우상숭배, 즉 말하지 못하는 것에 대한 간구懇求임과 동시에, 의미 작용과 신비화의 극복 불가능한 다원성이다. 또는 이 인식은 인식하는 자를 끝없는 정신분석으로 이끈다. 최소한 자기-자신 안에서의 참된 근원을 찾고자 하는 절망적인 탐구로, 깨어나고자 하는 노력으로 이끈다.

그 자체ᵏᵃᶿ'ᵃᵘᵗᵒ의 현현에서는 존재가 스스로를 감추지도 않고 배반하지도 않은 채 우리와 관계할 것이다. 그 현현은 그 자체로 볼 때, 탈은폐되는 데서 성립하는 것이 결코 아니다. 존재를 해석의 주제로 간주할 어떤 시선에, 대상을 지배하는 절대적인 위치를 가질 법한 어떤 시선에 드러나는 데서 성립하는 것도 아니다. 그 자체의 현현은 존재가 우리에게 스스로 말하는 데서 성립한다. 우리가 존재에 대해 취할 모든 입장에서 독립하여 **스스로를 표현하는** 데서 성립한다. 대상들이 가시적이 되는 모든 조건들과 반대로, 여기서 존재는 어떤 타자의 빛 속에 놓이는 것이 아니라, 오직 존재를 알려 주어야 하는 현현 속에서 스스로를 그 자체로 현시한다. 존재는 이러한 현현 자체를 이끄는 것으로서 현전하며, 오직 존재를 드러내는 현현 앞에 현전한다. **절대적 경험은 탈은폐가 아니라 계시다.** 표현된 것과 표현하는 자의 일치다. 그러므로 그것은 타인의 특권적 현현, 형식ᶠᵒʳᵐᵉ 저편의 얼굴의 현현이다. 자신의 현현을 끊임없이 배반하는 형식, 조형적인 형태로 굳어지는 형식은 동일자에 적합한 것이기에 타자의 외재성을 소외시킨다. 얼굴은 살아 있는 현전이고, 표현이다. 표현의 생명은 존재자가 주체로서 자신을 노출하고 그럼으로써 스스로를 은폐하는 형식을 지우는 데서 성립한다. 얼굴은 말한다. 얼굴의 현현은 이미 대화다. 스스로를 현현하는 자는, 플라톤의 말에 따르면, 그 자신을 구출한다. 그는 매 순간 그가 제공하는 형식을 지워 버린다.

　동일자에 적합한 형식을 지우고 타자로서 스스로를 제시하는 이러한 방식이 바로 의미함signifier이다. 달리 말해 의미sens를 가짐이다. 의미하는 가운데 자신을 현시하는 것이 말함이다. 이 현전은, 당신을 고정시키는 시선의 점인 이미지의 현전 속에서 긍정되는 이 현전은, 말해진다. 이렇듯 의미 작용signification 또는 표현은 직관적으로 주어진 모든 것과 뚜렷이 구분된다. 의미함은 줌이 아니기 때문이다. 의미 작용은 이념적 본질도 아니고, 지적 직관에 제공된 관계도 아니다. 그런 관계는 눈에 제공된 감각에 대한 관계와 여전히 유사하다. 의미 작용은 진정한, 외재성의 현전이다. 대화는 단지 직관의(또는 사유의) 변양變樣이 아니라, 외재적 존재와의 근원적 관계다. 대화는 지적 직관을 박탈당한 한 존재의 유감스러운 결점이 아니다. 그렇게 생각하는 것은 단독적 사유인 직관이 관계 속의 전적인 올곧음의 모델인 것처럼 여기는 것이다. 대화는 의미의 생산이다. 의미는 이념적 본질로 생산되지 않는다. 의미는 현전에 의해 말해지고, 가르쳐진다. 그리고 가르침은 동일자의 사유인 감성적 직관이나 지적 직관으로 환원되지 않는다. 자신의 현전에 의미를 주는 것은 명백함으로 환원할 수 없는 사건이다. 그것은 직관으로 편입되지 않는다. 그것은 가시적인 현현보다 더 직접적인 현전인 동시에, 먼 현전, 즉 타자의 현전이다. 타자를 맞아들이는 자를 지배하는 현전, 그것은 높이에서 오고 예측되지 않으며, 그래서 결국 타자의 새로움 자체를 가르치는 현전이다. 타자의 현전은 거짓말을 할 수 있는, 즉 자신이 제공하는 주제를 마음대로 다루는 존재자의 솔직한 현전이다. 대화 상대자인 자신의 솔직함을 숨길 수 없는 존재자, 언제나 얼굴을 드러내 놓고 겨루는 존재자의 현전이다. 눈은, 은폐 불가능한 눈의 언어는 가면을 꿰뚫는다. 눈은 빛나는 것이 아니다. 눈은 말한다. 진리와 거짓, 진솔함과 숨김의 양자택일은 절대적인 솔직함의 관계 속에, 즉 자신을 숨길 수 없는 절대적인 솔직함 속에 머무는 자의 특권이다.

행동은 표현하지 않는다. 행동은 의미를 가지지만, 우리를 부재 상태의 행위자에게로 이끈다. 작품œuvre들로부터 누군가에게 접근하는 것은 불법 침입과 같은 방식으로 그의 내면성 속으로 들어가는 것이다. 타자는 그 내밀성intimité 속에서 습격당한다. 여기서 타자는 분명히 노출되지만 그 자신을 표현하지는 못한다.[12] 마치 역사의 인물들이 그런 것처럼. 작품들은 그 작가를 의미하지만 간접적으로, 3인칭으로 그렇게 한다.

물론 우리는 언어를 행위로, 행동의 몸짓으로 생각할 수 있다. 그러나 그럴 경우 우리는 언어의 본질적 면을 빠뜨리게 된다. 그 본질적인 것이란 계시하는 자와 계시된 것이 얼굴 속에서 일치함이다. 이런 일치는 우리에 대해 높은 곳에 놓임으로써 성취된다. 즉 가르침 속에

---

12) 이 책 339~349쪽 참조.

서 성취된다. 그래서 거꾸로, 생산된 몸짓들과 행위들이 단어들로서 계시가 될 수 있다. 즉 우리가 앞으로 볼 것처럼 가르침이 될 수 있다. 반면에 어떤 인물을 그의 행동으로부터 재구성하는 것은 이미 획득된 우리 과학의 작품이다.

절대적 경험은 탈은폐가 아니다. 탈은폐, 주관적인 지평에서 출발한 탈은폐는 이미 본체^{noumène}를 빗겨 가는 것이다. 대화 상대자만이 순수한 경험의 항이다. 여기서 타인은 관계 속으로 들어가지만, 전적으로 그 자체^{καθ'αὐτό}로 머문다. 거기서 타인은 자신을 표현하는데, 이 때 우리가 어떤 '관점'에서부터 타인을 탈은폐할 필요는 없다. 차용한 빛 속에서 그를 탈은폐할 필요는 없다. 완전한 인식이 추구하는 '객관성'은 대상의 객관성 너머에서 성취된다. 모든 주관적 운동에서 독립된 것으로 자신을 제시하는 것은 대화 상대자다. 그의 **방식**은 자기로부터 출발하는 데서, 낯선 자로 존재하는 데서, 그렇지만 자신을 내게 현시하는 데서 성립한다.

그러나 이 '물 자체'와의 관계는, 『데카르트적 성찰』*Méditations cartésiennes* 5장에 나타나는 후설의 유명한 분석에서 그러하듯, '체험하는 신체'의 구성으로 시작하는 인식의 한계에 놓여 있는 것이 아니다. 후설이 '원초적 영역'이라고 불렀던 곳에서 타인의 신체를 구성해 내고, 그럼으로써 나의 신체(내 신체는 내부로부터 그 자체로 '나는 할 수 있다'로서 체험되는데)와 더불어 구성되는 대상을 초월론적으로 '짝짓기'하며, 이 타인의 신체를 **다른 자아**^{alter ego}로 이해하는 것 따위는, 구성에 대한 묘사로 간주되는 각각의 단계들을 통해, 대상의 구성이 타인과의 관계로 옮겨 가는 과정들을 감춘다. 그러나 이 타인과의 관계는 그 관계를 도출하고자 하는 구성만큼이나 근원적이다. 우리가 동일자라 부르는 것에 상응하는 원초적 영역은 오직 타인의 부름에 기반해서만 절대적 타자로 향한다. **계시는 객관화하는 인식**에 대하여 참된 전도를 구성한다. 하이데거의 경우는 공동실존^{coexistence}을 객관적 인식으로 환원될 수 없는 타인과의 관계로 놓고 있음이 분명하다. 그러나 결국에는 공동실존 역시 **존재 일반**과의 관계에, 이해에, 존재론에 의존한다. 무엇보다 하이데거는 존재의 이 바탕을 모든 존재자가 출현하는 지평으로 설정한다. 마치 이 지평과 (이 지평이 포함하며 시각에 특유한) 한계 관념이 그 관계의 궁극적인 틀이기라도 하다는 듯이. 더욱이 하이데거에서 상호주관성은 공동실존이고, 나와 타자에 앞선 **우리**이며, 중립적 상호주관성이다. 대면이야말로 사회를 알려 주며, 동시에 분리된 자아를 유지하게 해준다.

뒤르켐은 종교를 통해서 사회의 특징을 기술할 때, 이미 어떤 측면에서는 타자와의 관계에 대한 이러한 시각적 해석을 넘어섰다. 오직 사회를 통해서만 나는 타인과 관계를 맺는데, 이 사회는 단순히 개체나 대상의 다수성이 아니다. 나는 어떤 전체의 단순한 부분도 아니고 어떤 개념의 독특성도 아닌 타인과 관계를 맺는다. 사회적인 것을 통해 타인에게 가닿는 것은 종교적인 것을 통해 타인에게 가닿는 것이다. 이렇게 해서 뒤르켐은 객관적인 것의 초월성과는 다른 초월성을 간취한다. 그렇지만 뒤르켐에게 종교적인 것은 곧바로 집단적 표상^{représentation}으로 환원된다. 표상의 구조는, 따라서 표상을 기초 짓는 객관화하는 지향성의 구조는, 종교적인 것 그 자체에 대한 궁극적 해석에 봉사한다.

가브리엘 마르셀의 『형이상학 저널』*Journal Métaphysique*와 마르틴 부버의 『나와 너』*Ich Und Du*는 제각기 타인과의 관계에 대한 한 사상적 흐름을 보여 주었다. 그런데 그 덕분에 객관적 인식으로 환원할 수 없는 것인 타인과의 관계는 그 이례적인 특성을—그것을 수반하는 체계적 발전에 대해 우리가 어떠한 태도를 취하든 상관없이—상실하고 말았다. 부버는 대상과의 관계를 대화적 관계와 구분했다. 대상과의 관계는 실천적인 것에 의해 인도되는 반면, 대화적 관계는 너로서의, 동료와 친구로서의 타차에 도달한다. 부버는 자신의 작업에 중심적인 이 같은 발상을 포이어바흐에서 발견했다고 겸손하게 주장한다.[13] 실제로는 이러한 발상이 그 모든 활력을 얻는 것은 부버의 분석 속에서이며, 바로 여기서 그 발상은 현대의 사유에 본질적으로 기여하게 된다. 그러나 우리는 **너라는 호칭법**tutoiement이 타자를 상호적 관계 속에 위치시키는 것은 아닌지, 이러한 상호성이 과연 근원적인지 물을 수 있다. 다른 한편, 부버에게서 나-너 관계는 형식적 특성을 가지고 있다. 나-너 관계는 인간을 인간에 병합하는 것과 마찬가지로 인간을 사물들에 병합할 수 있다. 나-너의 형식주의는 어떠한 구체적 구조도 결정짓지 못한다. 나-너는 **사건**Geschehen이고, 충격이며, 이해다. 그러나 나-너는 (망상, 추락, 병과 같은 것이 아니라면) 우정과는 다른 삶을 설명하지 못한다. 경제, 행복의 추구, 사물들과의 재현적인 관계

---

13) Martin Buber, "Das Problem des Menschen", *Dialogisches Leben*, Zürich: G. Müller, 1947, p.366. 포이어바흐가 부버에게 미친 영향에 관해서는 Maurice S. Friedman, "Martin Buber's Theory of Knowledge", *The Review of Metaphysics*, December 1954, p.264의 각주 참조.

를 설명하지 못한다. 그것들은 일종의 교만한 정신주의 속에 탐험되지 않은 것으로, 설명되지 않은 것으로 남아 있다. 이 책에서 이런 점들에 관한 부버의 논의를 '바로잡겠다'라는 우스꽝스러운 주장을 하지는 않는다. 이 책은 무한의 관념에서 출발하여 다른 관점을 취한다.

타자를 알고자 하는 그리고 타자에 가닿고자 하는 지망은 타인과의 관계 속에서 성취되며, 이 타인과의 관계는 언어의 관계 속으로 스며드는데, 언어에서 본질적인 것은 호명이고 호격이다. 우리가 타자를 호명하자마자 타자는 자신의 이질성 속에서 스스로를 유지하고 스스로를 확증한다. 비록 우리가 말을 건넬 수 없다고 타자에게 말하기 위해서, 타자를 병든 자로 분류하기 위해서, 사형선고를 알리기 위해서 타자를 부르는 경우라 하더라도 그렇다. 사로잡히고 상처 입고 폭행당하는 바로 그때 타자는 '존중받는다'. 불리어진 자는 내가 이해하는 그 무엇이 아니다. **타자는 범주에 속하지 않는다.** 타자는 내가 말을 건네는 자다. 그는 자신을 지시할 따름이다. 타자는 어떤 본질quiddité을 가지지 않는다. 그러나 호명의 형식적 구조는 전개해 봐야 한다.

인식의 대상은 언제나 일어난 것, 이미 일어나고 지나가 버린 것이다. 호명된 자는 말하도록 요구받으며, 그의 말은 자신의 말을 '구원하는'porter secours 데서, **현재/현전**présent하게 하는 데서 성립한다. 이 현재는 신비스럽게도 움직이지 못하게 된 지속 안의 순간들로 이루어지는 것이 아니다. 이 현재는 흘러가는 순간들을 현전에 의해 **끊임없이** 다시 잡는 데서 성립한다. 이 현전이 그 순간들을 구원하고 그 순간들에 응답하는 것이다. 이러한 **끊임없음**이 현재를 생산한다. 그것은 현재를 현재하게 하는 것, 곧 현재적인 것의 삶이다. 이것은 말해진 단어가 써진 단어의 과거가 되게 하는 불가피한 운동을 말하는 자의 현존이 전도시키는 것과 같은 사태다. 표현이란 현실적인 것을 이렇게 현실화하는 것이다. 현재는 (말하자면) 과거에 대항하는 이러한 투쟁 속에서, 이러한 현실화 속에서 생산된다. 말의 독특한 현실성은 말이 나타나는 상황이자 말이 연장하는 것처럼 보이는 상황으로부터 말을 떼어낸다. 말의 독특한 현실성은 적힌 말이 이미 박탈당한 것을, 즉 지배력을 담고 있다. 말은 단순한 기호 이상이어서, 본질적으로 위엄이 있다. 말이 무엇보다 먼저 가르치는 것은 이 가르침 자체다. 그 가르침에 힘입어 말은 비로소 사물이나 관념들을 (산파술처럼 내 속에서 **일깨우는** 것이 아니라) 가르칠 수 있다. 관념들이 나를 깨우치는 것은 그 관념들을 내게 **현시하는**présenter, 즉 그것들을 문제 삼는 스승으로부터다. 객관적 인식이 도달하는 객관화와 주제는 이미 가르침 위에 놓여 있는 것이다. 대화를 통해 사물들을 문제 삼는 것은 사물들을 지각하는 양태를 이루지 않는다. 그것은 사물들의 **객관화**와 일치한다. 대상은 우리가 대화 상대자를 맞아들였을 때 **제공된다.** 스승—가르침과 가르치는 자의 일치—은 제 차례에 일어나는 아무러한 사태가 아니다. 가르치는 스승이 현현하는 현재는 사태의 무정부성anarchie을 극복한다.

헤겔주의자들이 바라듯, 언어인 객관적 작품을 통해 자기의식에게 일종의 육화를 제공하기 때문에 언어가 의식을 조건 짓는 것은 아니다. 타인과의 관계인 언어가 그려 내는 외재성은 한 작품의 외재성과 유사한 것이 아니다. 왜냐하면 작품의 대상적 외재성은 언어, 즉 초월이 수립하는 세계 속에 이미 자리하고 있기 때문이다.

4. 레토릭과 부정의

모든 대화가 외재성과 관계하는 것은 아니다.

　플라톤이 말했던 것처럼, 우리가 우리의 대화 가운데서 가장 자주 접하는 것은 우리의 스승인 대화 상대자가 아니라 어떤 대상이나 아이 또는 군중 가운데 한 사람이다.[14] 우리의 이른바 교육적 또는 심리 유도적psychagogique 대화는 레토릭인데, 이때 우리는 이웃에게 속임수를 쓰는 사람의 위치에 선다. 그렇기 때문에 우리는 소피스트의 기술과 대비해서 진리의 참된 대화 또는 철학적 대화가 어떤 것인지를 정의하곤 하는 것이다. 레토릭은 어떠한 대화에도 빠지지 않고 끼어들기에, 철학적 대화는 이를 지양하고자 한다. 레토릭은 대화에 저항한다(즉 교육적, 대중 선동적, 심리 유도적 미혹으로 이끈다). 레토릭은 정면에서가 아니라 비스듬히 타자에 접근한다. 물론 사물에 접근하는 방식으로 타자에 접근하는 것은 아니다. 왜냐하면 레토릭은 대화로 남아 있고, 자신의 모든 계교를 통해 타인을 향하며, 타인의 승낙을 간청하기 때문이다. 그러나 (선전, 아첨, 외교술 등등의) 레토릭의 특수한 본성은 이 자유를 타락시키는 데서 성립한다. 그 때문에 레토릭은 진정한 폭력, 다시 말해 부정의다. 생기 없는 것에 가해지는 폭력——이것은 사실 폭력이 아닐 텐데——이 아니라 자유에 가해지는 폭력이다. 정말 자유라면 더럽혀질 수 없는 것이어야 할 것이다. 레토릭은 자유에 범주를 적용시킬 줄 안다. 레토릭은 자연에 대해 하듯 자유에 대해

---

14) 플라톤, 『파이드로스』, 273d.

판단을 내리는 것처럼 보인다. 레토릭은 그 용어상으로 모순적인 문제, 즉 '이 자유의 자연/본성nature은 무엇인가?'라는 문제를 제기한다.

레토릭이 포함하는 심리 유도적, 대중 선동적, 교육적 미혹을 거부하는 것은 진실한 대화 속에서 타인과 대면하는 것이다. 이럴 때 존재는 결코 대상이 아니며, 모든 지배력 바깥에 있다. 모든 대상성에 대한 이러한 해방이 적극적으로 존재에게 의미하는 것은, 존재가 얼굴에 현시된다는 것이다. 이것은 존재의 **표현**이고 존재의 언어다. **타자로서의 타자가 타인**이다. 그를 '존재하게 두기' 위해서는 대화의 관계가 필요하다. 순수한 '탈은폐'는 타자로서의 타인을 하나의 주제로 내세우는데, 그러한 탈은폐는 그를 존재하게 둘 만큼 충분히 그를 존중하지 않는다. 우리는 대화 속에서의 이 정면의 접근을 정의라고 **부른다**. 진리란 존재가 자신의 고유한 빛을 비추는 절대적인 **경험** 속에서 출현하는 것이라면, 그 진리는 진실한 대화 속에서만 또는 정의 속에서만 생산된다.

플라톤이라면 이데아들의 중재 없이 대면 속에서 이뤄지는 이런 절대적 경험을 생각할 수 없을 것이다. 대면 속에서 대화 상대자는 절대적 존재로서(즉 범주를 벗어나는 존재로서) 자신을 현시한다. 인격적이지 않은 관계와 대화는 혼자서 하는 대화나 이성을, 자기 자신과 대화하는 영혼을 지시하는 것처럼 보인다. 그러나 사유자가 응시하는 플라톤의 이데아는 승화되고 완성된 **대상**과 등가인가? 『파이돈』에서 강조되는 영혼과 이데아 사이의 유사성은 존재가 사유로 파고들어 갈 수 있음을 표현하는 이상주의의 은유일 뿐인가? 이상적인 것의 이상성은 성질들을 극도로 확장하는 데로 귀착하는가? 아니면 존재들이 얼굴을 가지게 되는 영역, 즉 존재들이 자신의 고유한 메시지 속에서 현전하는 영역으로 우리를 인도하는가? 헤르만 코헨은 우리가 오직 이데아만을 사랑할 수 있다고 주장했고, 그런 점에서 플라톤주의자다. 하지만 이데아 개념은 결국은 타자를 타인으로 전환하는 것과 맞먹는 것이다. 플라톤에게서 참된 대화는 그 자신을 구원할 수 있어야 한다. 내게 제시되는 내용은 그 내용을 생각했던 자에게서 분리될 수 없다. 이것은 대화의 저자가 질문들에 응답한다는 것을 의미한다. 플라톤에게서 사유는 참된 관계들의 비인격적 연쇄로 환원되는 것이 아니라, 인격적 개인들을, 그리고 인격적 개인들 사이의 관계들을 전제하는 것이다. 소크라테스의 다이몬은 산파술 그 자체에 개입하는데, 그럼에도 불구하고 산파술은 인간들에게 공통적인 것을 지시한다.[15] 그런데 이 공동체communauté는 이데아들을 매개로 하기에, 대화 상대자들 사이에 순수하고 단순한 동등성을 구축하지 않는다. 『파이돈』에서 철학자는 제 위치에 놓인 수호자와 비교되며 신들의 관할권 아래 있음이 드러난다. 철학자는 신들과 동등하지 않다. 그 정점에 이성적인 존재가 있는 존재들의 위계는 초월될 수 있는가? 어떤 새로운 순수함에 신의 고양이 상응하는가? 플라톤은 인간들에게 건네지는 말과 행동을 우리가 신들을 만족시키기 위해 행하는 이야기들에 대립시킨다. 전자는 언제나 어느 정도로는 레토릭과 협상("거기서 우리는 그들과 거래한다")이며, 군중에게 건네지는 말들이다.[16] 대화 상

---

15) 플라톤, 『테아이테토스』, 151a.
16) 플라톤, 『파이드로스』, 273e.

대자들은 동등하지 않다. 진리에 도달했을 때 그 대화는 우리의 "동료 노예"가 아닌 신과의 대화다.[17] 사회는 참인 것에 대한 관조로부터 흘러나오지 않는다. 우리의 스승인 타인과의 관계가 진리를 가능케 한다. 따라서 진리는 정의인 사회적 관계에 연결된다. 정의는 타인에게서 나의 스승을 인정하는 데서 성립한다. 인격적 개인들 사이의 동등성은 그 자체로는 아무것도 의미하지signifier 않는다. 인격적 개인들 사이의 동등성은 경제적인 의미sens를 지니며 돈을 전제하고 이미 정의에 의존한다. 그 정의는 제대로 된 순서로는, 타인으로부터 시작한다. 정의는 타인에 대해 그의 특권을, 또 그의 스승됨/지배력maîtrise을 인정하는 것이다. 정의는 속임수, 지배력, 착취인 레토릭의 바깥에서 타인에게 접근하는 것이다. 이런 의미에서 레토릭의 지양과 정의는 합치한다.

5. 대화와 윤리

사유의 객관성과 보편성은 대화에 기초할 수 있는가? 보편적인 사유는 대화에 앞서 스스로 있지 않은가? 한 정신이 말할 때, 그 정신은 다른 정신이 이미 사유하고 있는 것을 환기하는 것이 아닌가? 그 둘은 공통의 관념들에 참여하고 있는 것이 아닌가? 그러나 그와 같은 사유의 공동체가 성립한다면 존재들 사이의 관계로서의 언어는 불가능해졌을 것이다. 정합적 대화는 일자다. 보편적인 사유는 소통을 거치지

---

17) 플라톤, 『파이드로스』, 273e.

않는다. 이성은 이성에게 다른 것일 수 없다. 이성의 존재 자체가 독특성을 단념하는 데서 성립하는 것인데, 어떻게 이성이 나 또는 타자일 수 있겠는가?

유럽적 사유는 인간이 만물의 척도라는 관념을 회의적인 것으로 보고 늘 논박해 왔다. 그 관념이 무신론적 분리라는 생각을 낳고 대화의 기초 가운데 하나를 마련해 줌에도 말이다. 유럽적 사유에서 보면 감각하는 자아는 이성을 정초할 수 없었다. 자아가 이성에 의해 정의되었다. 1인칭으로 말하는 이성은 타자에게 말을 건네지 않고 독백을 한다. 또 거꾸로, 이성이 진실한 인격성에 도달하고 자율적 인격의 특징인 주권을 되찾는 것은 보편적이 될 때뿐이다. 분리된 사유자들이 이성적이 되는 것은, 사유한다는 그들의 인격적이고 특수한 행위들이 이 유일하고 보편적인 대화의 계기들로 나타나는 한에서다. 사유하는 개인에게 이성이 있게 되는 것은, 그 개인이 자기를 자신의 고유한 대화 속으로 끌어들여, 사유가 사유자를—말의 어원학적 의미에서—이해하게comprendre 되는 한에서, 즉 포섭하게 되는 한에서다.[18]

그러나 사유자를 사유의 한 계기로 만드는 것은 언어의 계시하는 기능을 개념들의 정합성을 전달하는 언어의 정합성으로 한정하는 것이다. 이러한 정합성 속에서 사유자의 독특한 자아는 증발해 버린다. 언어의 기능은 '타자'를 억압하는 데로 귀착할 것이다. 타자는 이러한

---

18) 'comprendre'는 '쥐다', '잡다'라는 뜻의 'prendre'와 '공동', '합동'을 나타내는 'com-(con-)'이 결합되어 만들어진 말로, '파악하다', '이해하다', '포함하다'의 의미를 갖는다.—옮긴이

정합성을 깨뜨리는 것으로, 그렇기에 본질적으로 비합리적인 것으로 여겨지기 때문이다. 여기서 기이한 결과가 생겨난다. 언어가 타자를 억압하여 그를 동일자와 일치시키는 데서 성립한다는 것이다! 그러나 언어의 표현적 기능 속에서 언어는 자신이 말을 건네는 바로 그 타자를 보존한다. 언어가 호명하는, 또는 간청하는 타자를 보존하는 것이다. 확실히 언어는 타자를 재현되고 사유된 존재로서 불러내는 데서 성립하지 않는다. 그러나 이것이야말로 언어가 주체-대상의 관계로 환원될 수 없는 관계를, 즉 타자의 계시를 수립하는 이유다. 다름 아닌 이 계시 속에서 언어는, 기호들의 체계로서, 오직 구성될 수 있는 것이다. 호명된 타자는 재현된 것이 아니며, 주어진 것이 아니고, 특수한 것이 아니다. 특수한 것이란 한 측면에서 이미 일반화에 제공된 것이기 때문이다. 언어는 보편성과 일반성을 전제하기는커녕 그것들을 다만 가능하게 한다. 언어는 대화 상대자들을, 다원성을 전제한다. 그들의 교류는 언어의 공통 평면에서 행해지는 타자에 의한 일자의 재현도 아니고, 보편성에 대한 참여도 아니다. 우리가 곧 살펴볼 것처럼, 그들의 교류는 윤리적인 것이다.

플라톤은 진리의 객관적인 질서와 살아 있는 존재 안에 있는 이성 사이에는 차이가 있다고 주장한다. 전자는 글로 써진 것에서 성립하는 비인격적인 것에 해당되고 후자는 "살아 있고 영혼이 있는 대화", 그래서 "그 자신을 방어할 수 있고 …… 또 말을 건네야 할 상대와 침묵해야 할 상대를 아는"[19] 대화에 해당된다. 그러므로 대화는 미리 만

19) 플라톤, 『파이드로스』, 276a.

들어진 내적 논리의 펼침이 아니라 사유자들 사이의 투쟁 속에서 이루어지는 진리의 구성인 것이다. 여기에는 자유의 모든 우발성이 함께한다. 언어의 관계는 초월, 근본적 분리, 대화 상대자들의 낯섦, 나에 대한 타자의 계시를 전제한다. 달리 말해, 언어는 관계를 이루는 항들의 공동체가 결여되어 있는 곳에서, 공통의 평면이 결여되어 있고 이제 구성되어야 하는 곳에서 말해진다. 언어는 이러한 초월 속에 위치한다. 그래서 대화는 절대적으로 낯선 어떤 것에 대한 경험이고, 순수한 '인식' 또는 '경험'이며, **놀라움의 외상**外傷; traumatisme이다.

절대적으로 낯선 이만이 우리를 가르칠 수 있다. 그리고 나에게 절대적으로 낯설 수 있는 것, 즉 모든 유형학, 모든 유, 모든 성격학, 모든 분류를 거역하는 것, 그래서 마침내 대상 너머로 꿰뚫고 나아가는 '인식'의 항은 오직 인간뿐이다. 타인의 낯섦, 타인의 자유 자체! 자유로운 존재들만이 서로에게 낯선 자일 수 있다. 그들에게 '공통적인' 자유가 그들을 분리시키는 바로 그것이다. '순수한 인식'은, 언어는, 어떤 의미에서는 나와 관계하지 않는 존재와 관계를 맺는 데서 성립한다. 달리 말하자면, 그 존재는 전적으로 자기에 관계하는 한에서만 나와 관계 맺는 존재, 모든 속성 저편에 놓이는 그 자체의καθ'αὐτό 존재다. 속성은 존재를 질적으로 규정하는 효과를 가질 것이다. 즉 다른 존재들과 그 존재에 공통적인 것으로 그 존재를 환원하는 효과를 가질 것이다. 결국 언어가 관계를 맺는 것은 완전히 벌거벗은 존재다.

벌거벗은 벽, 벌거벗은 풍경 등과 같이 은유로 사물들이 벌거벗었다고 하는 것은 그것들에 장식이 없는 경우다. 사물들이 그 사물을 만든 이유인 기능의 수행에 흡수될 때, 즉 사물들이 그 고유한 목적 속으로 사라져 버릴 정도로 철저하게 자신의 목적성에 종속될 때, 사물들은 장식을 필요로 하지 않는다. 사물들은 그들의 형상^{forme} 아래로 사라져 버린다. 개별적 사물들에 대한 지각은 사물들이 그들의 형상으로 완전히 흡수되지 않는다는 사태를 나타낸다. 사물들은 자신들의 형상을 뚫고 그것들에 구멍을 내면서 자기 자신으로 다시 등장하며, 사물들을 전체성에 결합시키는 관계들로 해소되지 않는다. 어떤 측면에서 그런 사물들은 언제나 산업 도시들과 같다. 모든 것이 생산이라는 목표에 맞춰지지만 연기로 뒤덮이고 쓰레기와 슬픔으로 가득 차서 그 자신으로도 실존하는 그런 산업 도시 말이다. 한 사물에게 벌거벗음이란 자신의 목적성을 넘어선 그 존재의 잉여다. 그것은 그 사물의 부조리함이고, 그 사물의 무용성이다. 이 무용성은 형상에 대한 관계에 의해서만 사물 자신에게 나타난다. 이 무용성은 형상과 대조를 이루는 것이자 형상에는 없는 것이다. 이러한 사물은 언제나 불투명함이고, 저항이며, 추함이다. 그러니까 인식을 가능케 하는 태양이 보는 눈과 그것이 비추는 대상의 바깥에 위치하고 있다는 플라톤적인 발상은 사물들에 대한 지각을 정확하게 묘사하고 있다. 대상들은 그 자신의 빛을 가지지 못한다. 그것들은 빌려 온 빛을 수용한다.

아름다움은 벌거벗은 세계에 새로운 목적성 —내적 목적성— 을 도입한다. 과학과 예술을 통해 장막을 벗기는 것^{dévoiler}, 그것은 본질적으로 요소들에 의미 작용을 다시 입히는 것이고 지각을 지양하는 것이다. 한 사물의 장막을 벗기는 것은 형상에 의해 그것을 밝히는 것이다. 다시 말해 사물의 기능이나 아름다움을 봄으로써 사물에게 전체 속에서의 한 자리를 찾아 주는 것이다.

언어의 과제는 전혀 다르다. 언어의 과제는 벌거벗음과의 관계 속으로 들어가는 데서 성립한다. 이 벌거벗음은 모든 형상으로부터 해방되었으나 그 자신에 의한, 그 자체의$^{καθ'αὐτό}$ 의미를 가지고 있다. 그것은 우리가 거기에 빛을 투사하기 전에 의미를 지닌다. 이 벌거벗음은——(선이니 악이니 아름다움이니 추함이니 하는)——양가적인 가치의 바탕 위에서 결핍으로 나타나는 것이 아니라, **언제나 실정적인**^{positif} **가치로 나타난다.** 그러한 벌거벗음이 얼굴이다. 얼굴의 벌거벗음은 내가 그것의 장막을 벗기기 때문에 나에게 제시되는 그런 것이 아니다. 또 그럼으로써 그것 외부에서 비추는 빛 속에서 나에게, 나의 권력에, 나의 눈에, 나의 지각에 주어지는 그런 것이 아니다. 얼굴은 나를 향한다. 그리고 이것이 바로 얼굴의 벌거벗음 자체다. 얼굴은 그 자신에 의해 **있는** 것이지, 결코 어떤 체계에 의거해 있는 것이 아니다.

물론 벌거벗음은 자신의 체계를 잃은 사물의 부조리함이라는 의미나 모든 형상에 구멍을 내는 얼굴의 의미 작용이라는 의미 말고도, 부끄러움 속에서 느껴지는 몸뚱이의 벌거벗음이라는 세 번째 의미를 지닐 수 있다. 이것은 거리낌 속에서 또 욕망 속에서 타인에게 드러내는 몸뚱이의 벌거벗음이다. 그러나 이 벌거벗음은 언제나 이러저러한 방식으로 얼굴의 벌거벗음과 관련된다. 그 얼굴에 의해 절대적으로 벌거벗은 존재만이 또한 부끄러움 없이 벌거벗을 수 있다.

그러나 나를 향하는 얼굴의 벌거벗음과 그 형상에 의해 밝혀지는 사물의 장막 벗기기 사이의 차이는 단순히 '인식'의 두 양태를 나누어 놓는 것이 아니다. 얼굴과의 관계는 대상의 인식이 아니다. 얼굴의 초월은 동시에, 그 얼굴이 진입하는 세계에 그 얼굴이 부재한다는 것을 뜻한다. 그것은 한 존재의 고향 상실이며, 한 존재가 지니는 이방인의, 헐벗은 자의, 프롤레타리아의 조건이다. 낯섦은 자유이지만, 낯섦의 비참함이기도 하다. 자유는 타자로서 현시된다. 그것은 동일자가 볼 때 그러하다. 동일자는 타자에 대해 언제나 존재의 원주민이고 언제나 그 거주지에서 특권을 지니고 있는 자다. 타자인 자유로운 이는 또한 이방인이다. 그 얼굴의 벌거벗음은 추위를 타며 그 벌거벗음을 수치스러워하는 몸뚱이의 벌거벗음으로 연장된다. 이 세계에서 실존 그 자체는 비참함이다. 나와 타자 사이에는 레토릭을 넘어서는 관계가 있다.

애원하고 요구하는—요구하기 때문에만 애원할 수 있는데—이 시선, 모든 것을 요구할 권리가 있기에 모든 것을 빼앗긴 이 시선, 그래서 주면서 우리가 알아보게reconnaître 되는(사람들이 '주면서 그 사물들을 문제 삼게 되는' 것과 꼭 마찬가지로) 이 시선—이 시선이 바로 얼굴의 얼굴로서의 에피파니다. 얼굴의 벌거벗음은 궁핍이다. 타인을 알아보는 것, 그것은 배고픔을 알아보는 것이다. 타인을 알아보는 것, 그것은 주는 것이다. 그러나 이 줌은 스승에게, 어른에게, 높이의 차원에서 '당신'vous으로 다가오는 이에게 주는 것이다.

나에 의해 소유된 세계—향유에 제공된 세계—가 이기주의적 입장과 무관한 관점에서 파악되는 것은 관대함 안에서다. '대상적인' 것은 단지 무감각한 관조의 대상이 아니다. 오히려 무감각한 관조는 선물에 의해, 즉 양도할 수 없는 소유권의 폐지에 의해 정의된다. 타인의 현전은 세계에 대한 나의 즐거운 소유를 의문시하는 것과 같다. 감각적인 것의 개념화는 이러한 단절에서 비롯한다. 여기서 단절이란 나의 실체와 나의 집이라는 살아 있는 살 안에서의 단절이고, 나의 것을 타인에 적합하게 하는 데서 일어나는 단절이다. 이 적합함에 의해 사물들은 가능한 상품들의 지위로 내려갈 준비를 갖추는 것이다. 이러한 처음의 포기dessaisissement가 돈에 의한 나중의 일반화를 조건 짓는다. 개념화가 최초의 일반화이고 대상성의 조건 지음이다. 대상성은 양도할 수 없는 소유권의 폐지와 일치한다. 이것은 타자의 에피파니를 전제하는 것이다. 이렇듯 일반화의 모든 문제는 대상성의 문제로 제기된다. 일반적이고 추상적인 관념의 문제는 대상성을 구성된 것으로 전제할 수 없다. 즉 일반적 대상이 감각적 대상이 아니라 오직 일반성과 관념성의 지향 속에서 사유된 것이라고 전제할 수 없다. 그렇게 해서는 일반적이고 추상적인 관념에 대한 유명론자의 비판이 극복되지 않기 때문이다. 여전히 해명해야 할 것은 관념성과 일반성의 이 지향이 의미하는 바가 무엇인가 하는 점이다. 지각으로부터 개념으로 이행하는 것은 지각된 대상의 대상성을 구성하는 데 속한다. 우리는 지각에 옷을 입히는 관념성의 지향을 얘기해서는 안 된다. 그러한 지향을 통해서는 동일자 속에서 스스로를 동일화하는 주체라는 단독적 존재가 관념들의 초월적 세계로 향하게 될 따름이다. 대상의 일반성은 타인을 향하여 이기주의적이고 고독한 향유 너머로 나아가는 주체의 관대함과 상관적이다. 그렇게 하여 이 주체는 이 세계의 재화들이 지니는 공통성이 향유의 배타적인 소유권에서 터져 나오게 한다.

그러므로 타인을 알아보는 것은 소유된 사물들의 세계를 가로질러 그에게 가는 것이며, 동시에 선물에 의해 공통성과 보편성을 수립하는 것이다. 언어가 보편적인 까닭은 그것이 개별적인 것에서 일반적인 것으로 나아가는 경로 자체이기 때문이며, 나의 것인 사물들을 타인에게 제공하기 때문이다. 말한다는 것은 세계를 공통의 것으로 만드는 것이고, 공통의 장소들을 창조하는 것이다. 언어는 개념들의 일반성을 지시하는 것이 아니라 소유의 기반들을 공통의 것 속으로 던지는 것이다. 언어는 향유의 양도할 수 없는 소유권을 폐지한다. 대화 가운데 있는 세계는 더 이상 분리 속에 있는 것—모든 것이 내게 주어지는 나의 집—이 아니다. 그 세계는 내가 준 것—전달할 수 있는 것, 사유된 것, 보편적인 것—이 된다.

따라서 대화는 사물들로부터 그리고 타자들로부터 떠나온 두 존재의 비장한 대결이 아니다. 대화는 사랑이 아니다. 타인의 초월은 그의 탁월함, 그의 높이, 그의 지배권이다. 이러한 타인의 초월은 구체적인 의미에서 타인의 비참함을, 그의 고향 상실을, 낯선 이로서의 그의 권리를 포괄한다. 낯선 이의, 그리고 과부와 고아의 시선. 내가 이것을 알아볼 수 있는 것은 오직 주거나 거부할 때뿐이다. 나는 주거나 거부하는 데 자유롭지만, 이러한 줌과 거부는 필연적으로 사물들을 매개로 한다. 사물은 하이데거에게서처럼 장소의 정초定礎가 아니며, 땅 위에서(그리고 "하늘 아래에서, 인간들과 함께, 또 신들을 기다리면서"[20]) 우리의 현존을 구성하는 모든 관계들의 정수精髓; quintessence도 아니다. 궁극적 사태는 타자와 동일자의 관계, 타자에 대한 나의 맞아들임인

20) 마르틴 하이데거, 「건축함 거주함 사유함」, 『강연과 논문』, 신상희 외 옮김, 이학사, 2008, 193쪽 참조. —옮긴이

데, 여기서 사물은 우리가 세우는 것으로가 아니라 우리가 주는 것으로 나타난다.

6. 형이상학적인 것과 인간적인 것

무신론자로서 절대자와 관계하는 것은 신성한 것le sacré의 폭력으로부터 정화된 절대자를 맞아들이는 것이다. 그의 성스러움sainteté 이 —다시 말해서 그의 분리가— 현시되는 높이의 차원에서, 무한은 그에게로 향하는 눈들을 불태우지 않는다. 무한은 말한다. 그것은 맞서는 것이 불가능한 신화적 형식을 가지고 있지 않다. 신화적 형식은 자아를 비가시적 그물들 속에 붙잡아 둘 것이다. 무한은 신령스럽지 않다. 그것에 다가가는 자아는 접촉으로 인해 무화되거나 자기 밖으로 옮겨지는 것이 아니라, 분리된 채로 남아 자기만의 태도를 유지한다. 무신론적 존재만이 타자와 관련을 맺을 수 있으며, 이미 이 관계로부터 **스스로를 방면**할 수 있다. 초월은 참여/분유를 통해 초월적인 것과 융합하는 것과는 다르다. 형이상학적 관계, 무한의 관념은 신령 numen이 아닌 본체noumène에 연결된다. 이 본체는 실정 종교의 신자들이 가지고 있는 신 개념과 구분된다. 이들은 참여의 유대로부터 잘못 풀려나서 자신도 모르는 사이에 신화에 빠져든 자들이다. 무한의 관념, 형이상학적 관계는 신화 없는 인간성의 여명이다. 그러나 신화로부터 정화된 신앙, 일신론의 신앙은 그 자체로 형이상학적 무신론을 전제한다. 계시는 대화다. 계시를 받아들이기 위해서는 대화 상대자라는 이 역할에 적합한 존재, 즉 분리된 존재가 필요하다. 무신론이 참된 신 그 자체$^{καθ'αὐτό}$와 맺는 진실한 관계를 조건 짓는다. 그러나 이 관계는 참여와 구분되는 것처럼 대상화와도 구분된다. 신적인 말을 듣는 것은 대상을 인식하는 것으로 귀결되지 않는다. 그것은 내 속에 있는 그 자신의 관념을 넘어서는 실체, 데카르트가 '대상적 실존'이라고 부르는 것을 넘어서는 실체와의 관계 속에 존재한다. 단순히 알려진, 주제가 된 실체는 더 이상 '그 자신에 의해' 존재하지 않는다. 대화 속에서 실체는 낯설면서 현전한다. 이 대화는 참여를 중지시키고 대상의 인식 너머에서 사회적 관계의 순수한 경험을 수립한다. 그 사회적 관계 속에서 존재는 자신의 실존을 타자와의 접촉으로부터 떼어 내지 못한다.

초월적인 것을 낯선 자와 가난한 자로 놓는 것은, 신과 맺는 형이상학적 관계가 인간들과 사물들에 대한 무지 속에서 이룩되는 것을 막는 것이다. 신적인 것의 차원은 인간의 얼굴로부터 열린다. 초월적인 것과의 관계—그렇지만 초월적인 것의 모든 지배력으로부터 자유로운—는 사회적 관계다. 무한히 다른 이$^{infiniment\ Autre}$인 초월적인 것이 우리에게 간청하고 우리에게 호소하는 곳은 바로 여기다. 타인의 근접성, 이웃의 근접성은 존재 안에 있는 계시의 불가결한 계기, 스스로를 표현하는 절대적인(다시 말해 모든 관계로부터 풀려난) 현전의 불가결한 계기다. 그의 에피파니 자체는 낯선 이, 고아, 과부의 얼굴 속에서 그의 비참함을 통해 우리에게 간청하는 데 있다. 형이상학자의 무신론은, 우리가 형이상학적인 것과 맺는 관계가 윤리적 행동이지 신학이 아니라는 것, 또 주제화가 아니라는 것을 적극적으로 의미한다. 그 주제화가 신의 속성에 대한 유비를 통해 얻어진 지식이라 하더라도 그렇다. 신은 그의 최상의 그리고 궁극적인 현존을, 인간들에게 주어진 정의와 상관적인 것으로 세운다. 신에 대한 직접적 이해는 그에게로 향하는 시선으로는 얻을 수 없다. 이는 우리의 이해력이 제한되어 있기 때문이 아니라, 무한과의 관계가 타자의 전적인 초월을 존중하기 때문이다(그것은 흘리는 것과는 무관하다). 그리고 인간 속으로 무한을 맞아들이는 우리의 가능성이 자신의 대상을 주제화하고 포괄하는 이해력보다 더 멀리 나아가기 때문이다. 더 멀리 나아간다고 하는 이유는, 정확히 말해, 그러한 가능성이 무한으로 나아가기 때문이다. 그의 신성한 삶 속에 참여하여 신을 이해하는 것, 이른바 직접적으로 신을 이해하는 것은 불가능하다. 왜냐하면 참여는 신적인 것에 가해진 부인이며, 어떠한 것도 대면보다 직접적이지 않기 때문이다. 대면은 올곧음 자체다. 비가시적 신, 이것은 상상할 수 없는 신을 의미할 뿐 아니라, 정의正義 속에서 접근할 수 있는 신을 의미한다. 윤리는 정신적 광학이다. 주체-대상의 관계는 윤리를 반영하지 않는다. 주체-대상 관계로 이끄는 비인격적 관계 속에서는 신에 접근할 수 없다. 보이지 않지만 인격적인 신은 인간의 모든 현전 바깥에선 접근되지 않는다. 이상적인 것은 최상급으로 존재하는 존재나 대상적인 것의 승화가 아니다. 또는 사랑의 고독 속에서 생겨나는 너Toi의 승화도 아니다. 신에게로 이끄는 돌파구가 생산되기 위해서는 정의의 작업, 즉 대면의 올곧음이 필요하다. 그리고 '봄'vision은 여기서 정의의 이 작업과 합치하게 된다. 그러므로 형이상학은 사회적 관계가 행해지는 곳에서, 우리가 사람들과 맺는 관계 속에서 행해진다. 인간들과의 관계로부터 분리되어서는 신에 대한 어떠한 '인식'도 있을 수 없다. 타인은 형이상학적 진리의 장소 그 자체고, 신과 맺는 나의 관계에서 필수 불가결하다. 타인은 매개자 역할을 행하지 않는다. 타인은 신의 육화가 아니라, 바로 그의 얼굴을 통해서 신이 계시되는 높이의 현현이다. 이 얼굴 속에서 타인은 탈육화한다. 이것은 사람들과 맺는 우리의 관계다. 이 관계는 겨우 간취된 탐색의 장을 보여 주며(이 영역에서 대개 사람들은 그 내용이 '심리학'에 불과한 몇몇 형식적 범주들에 만족하지만), 신학적 개념들에 그 개념들이 내포하는 유일한 의미 작용을 제공한다. 윤리적인 것, 즉 인간과 인간의 관계 ─의미 작용, 가르침 그리고 정의正義─의 이러한 우위를 수립하는 것, 모든 다른 것들(그리고 특히 근원적으로 우리가 비인격적이고 미학적이거나 존재론적인 숭고함을 접촉하게 하는 모든 것들)이 의지하는 환원 불가능한 구조의 우위를 수립하는 것이 현재 작업의 목표 가운데 하나다.

　　형이상학은 윤리적 관계 속에서 행해진다. 윤리로부터 얻어진 의미 작용 없이는, 신학적 개념들은 공허하고 형식적인 틀로 남을 뿐이다. 칸트가 지성의 영역에서 감성적 경험에 부여했던 역할은 형이상학에서는 사람들 사이의 관계들에 돌아간다. 결국 모든 형이상학적 주장이 '정신적' 의미를 가지게 되는 것은 도덕적 관계에서부터며, 이 형이상학적 주장이 사물에 사로잡히고 참여에 희생당한 상상력에 따라 우리의 개념에 부여된 모든 것으로부터 정화되는 것도 도덕적 관계에서 출발해서다. 윤리적 관계는 신성한 것과 맺는 모든 관계에 반하여 정의된다. 여기서는 윤리적 관계를 유지하는 자가 **부지불식간**에 취하는 모든 의미 작용이 배제된다. 내가 윤리적 관계를 유지할 때, 나는 내가 저자가 아닌 드라마 또는 다른 이가 나에 앞서 결말을 아는 드라마에서 수행하는 역할을 인정하지 않는다. 또 나는 나의 뜻에 반해서 행해지며 나를 비웃을 구원과 저주의 드라마에 등장하는 것을 거부한다. 이것은 악마의 자부심과 같은 것은 아닌데, 왜냐하면 이것은 복종을 배제하지 않기 때문이다. 그러나 복종이란 분명히, 우리가 등장하는 또는 미리 등장하는 신비로운 구상들에 비자발적으로 참여하는 것과는 구분된다. 사람들 사이의 관계로 귀착할 수 없는 모든 것은 종교의 최상의 형식이 아니라 언제까지나 원시적인 형식을 나타낸다.

7. 대면, 환원 불가능한 관계

우리의 분석은 우리 속의 무한 관념이라는 형식상의formel 구조에 의해 인도된다. 무한의 관념을 가지기 위해서는 분리된 것으로 실존해야 한다. 이 분리는 무한의 초월을 다만 반항하는 것으로는 생산될 수 없다. 그러할 경우 분리는 전체성을 복원하고 초월을 헛된 것으로 만들 상호 관계 속에서 유지될 것이기 때문이다. 반면에 무한의 관념은 초월 자체다. 한 적합한 관념의 넘쳐흐름이다. 만약 전체성이 구성될 수 없다면, 그것은 무한이 그 자신을 통합되도록 내버려 두지 않기 때문이다. 전체화를 방해하는 것은 차아의 불충분함이 아니라 타인의 무한이다.

무한으로부터 분리된 존재는 그럼에도 불구하고 형이상학 속에서 무한과 관계한다. 분리의 무한한 간격을 없애 버리지 않는 관계를 통해 관계 맺는다. 이 점에서 분리의 무한한 간격은 여타의 모든 간격과 구분된다. 형이상학 속에서 존재는 자신이 흡수할 수 없는 것과의 관계 속에, 그 용어의 어원학적인 의미에서 이해할comprendre 수 없는 것과의 관계 속에 있다. 형식상의 구조에서 긍정적인 면 ─무한의 관념을 갖는다는 것 ─은 구체적으로는 윤리적 관계로서 명확해지는 대화와 등가이다. 우리는 이 세상의 존재와 초월적 존재 사이의 관계, 어떤 개념적 공통성이나 전체성에도 이르지 않는 관계 ─관계 없는 관계 ─를 종교라고 부르겠다.

초월적 존재와 그것으로부터 분리된 존재가 동일한 개념에 참여하는 것이 불가능하다는, 초월에 대한 이 같은 부정적 묘사는 또한 데카르트로부터 나온다. 사실 데카르트는 존재라는 용어가 신에게도 피조물에게도 적용된다고 하여 그 용어의 양의적인 의미를 긍정한다. 이 주제는 중세의 유비적 속성들의 신학을 거쳐, 아리스토텔레스가 말하는 존재의 유비적일 따름인 통일성 개념으로 거슬러 올라간다. 플라톤에서는 이 주제가 존재와 관련된 선Bien의 초월 속에 자리 잡는다. 이러한 견해는, 존재의 다원성이 수의 통일성으로 사라지지도 않고 전체성으로 통합되지도 않는다는 다원론 철학을 정초하는 데 이바지했어야 마땅하다. 전체성, 그리고 존재를 끌어안음, 달리 말해 존재론은 존재의 궁극적 비밀을 쥐고 있지 않다. 종교에서는 전체의 불가능성 ─무한의 관념 ─에도 불구하고 동일자와 타자 사이의 관계가 지속되는데, 이러한 종교가 궁극적 구조다.

동일자와 타자는 그들을 끌어안는 인식 속으로 들어갈 수 없을 것이다. 분리된 존재가 자신을 초월하는 것과 유지하는 관계들은 전체성의 토대 위에서 생산되지 않으며, 체계로 결정화되지도 않는다. 그러나 우리는 그것들을 함께 명명할 수 있지 않은가? 그것들을 함께 명명하는 그 단어의 **형식상의 종합**은 이미 대화의 일부를 이룬다. 다시 말해, 그것은 전체성을 깨뜨리는 초월의 결합에 속한다. 이미 동일자와 타자가 가까이서 말해지는 동일자와 타자 사이의 결합은 **전면에서의**de front 그리고 **정면에서의**de face 맞아들임, 나에 의한 타자의 맞아들임이다. 이것은 전체성으로 환원될 수 없는 결합인데, 왜냐하면 '마주 대함'vis-à-vis의 자리는 '~ 옆에 있음'à-côté-de...의 변형이 아니기 때문이다. 내가 접속어 '와'et를 통해 나와 타인을 연결시켰을 경우라도, 타인은 계속해서 나와 마주하며 얼굴 속에서 스스로를 계시한다. 종교는 이러한 형식상의 전체성을 떠받친다. 또 이 책 자체에서 문제가 되고 있는 분리와 초월을 내가 마치 최후의 절대적 비전에서처럼 언표한다 해도, 존재 그 자체의 틀이라고 내세워지는 이러한 관계들은 이미 대화 상대자에게 주어진 나의 현재 대화 속에서 엮어지는 것이다. 틀림없이 타자는 나와 대면한다. 적, 친구, 나의 스승, 나의 학생으로, 무한에 대한 나의 관념을 통해 나와 대면한다. 물론 우리는 반성을 통해 이 대면을 의식할 수 있다. 그러나 이 반성의 '반-자연적'contre-nature 위치는 의식의 삶에서의 한 우연이 아니다. 이 반성은 자기를 문제 삼음을 함축한다. 그 자체가 타자와 마주해서 그리고 타자의 권위 아래서 생산되는 비판적 태도를 함축한다. 우리는 나중에 이 점을 살펴볼 것이다. 대면은 궁극적 상황으로 남는다.

C. 진리와 정의

1. 의문시되는 자유

형이상학 또는 초월은 외재성을 열망하는 지성, 즉 욕망인 지성의 작업 속에서 알려진다. 그러나 외재성에 대한 욕망은 대상적 인식 속에서가 아니라, 이윽고 정의로 현시되는 대화 속에서, 그리고 얼굴에 대해 행해지는 맞아들임의 올곧음 속에서 작용하는 것으로 우리에게 나타났다. 전통적으로 지성이 응답하는 진리의 사명은 이런 분석과 어긋나지 않는가? 정의와 진리 사이의 관계는 어떤 것인가?

사실 진리는 이해 가능성으로부터 분리되지 않는다. 안다는 것은 단지 확인한다는 것이 아니라 항상 이해한다는 것이다. 또한 사람들은 이렇게 말한다. 안다는 것은 정당화하는 것이라고. 도덕적 질서와 유비해서 말하자면 개입함으로써 정의의 관념을 정당화하는 것이라고. 사실의 정당화는 사실의 특성을 사실에서 제거하는 데서 성립한다. 즉 성취된 것, 지나간 것, 또 돌이킬 수 없는 것, 그래서 우리의 자발성에 장애가 되는 것이라는 특성을 제거하는 데서 성립한다. 그러나 우리의 자발성에 장애가 된다고 해서 그 사실이 부당하다고 말하는 것은 자발성을 의문시하지 않는다는 점을 전제하는 것이다. 즉 자유로운 실행이 규범들에 종속되는 것이 아니라, 자유로운 실행 자체가 규범임을 전제하는 것이다. 그렇지만 이해 가능성에 대한 염려는 장애에 대한 고려 없이 행동하는 태도와는 근본적으로 구분된다. 그것은 오히려 대상들에 대한 어떤 존중을 의미한다. 장애가 이론적 정당화나 이성을 요구하는 사실이 되기 위해서는, 그 장애를 극복하는 행동의 자발성을 억제해야 했다. 즉 자발성 자체를 의문시해야 했다. 우리가 아무것도 개의치 않는 활동에서 사실을 **고려**하는 데로 나아가는 것은 바로 그래서다. 이론을 가능하게 한다는 그 유명한 행위의 중지는 자유의 유보와 연결된다. 이 자유의 유보는 자신의 약동에, 자신의 충동적 운동에 스스로를 내맡기지 않고 거리를 유지한다. 진리가 출현하는 곳인 이론은 자신을 믿지 않는 존재의 태도다. 앎이 사실의 앎이 되는 것은 앎이 동시에 비판적인 경우, 앎이 스스로를 의문시하고 자신의 기원 너머로 거슬러 올라가는 경우뿐이다(이것은 자연에 반하는 운동으로서, 자신의 기원보다 더 높은 곳을 구하는 데서 성립하며, 창조된 자유를 입증하거나 묘사해 준다).

자기에 대한 이러한 비판은 자신의 약함을 발견하는 것이든가 아니면 자신의 부적격함indignité을 발견하는 것이라고 이해할 수 있다. 다시 말해, 궁지에 대한 의식이든가 아니면 죄 있음에 대한 의식이라고 이해할 수 있다. 후자의 경우, 자유를 정당화하는 일은 자유를 증명하는 것이 아니라 자유를 정의롭게 만드는 것이 된다.

우리는 유럽의 사유에서 부적격함을 궁지에 종속시키고 도덕적인 관대함 그 자체를 객관적 사유의 필요성에 종속시키는 전통이 우세함을 알 수 있다. 자유의 자발성은 의문시되지 않는다. 자유의 자발성을 제한하는 것은 그것만으로 비극적이 될 것이며, 스캔들이 될 것이다. 자유는 어떤 방식으로든 그 자신에게 부과된 것으로 여겨지는 한에서만 문제시된다. 만일 내가 자유롭게 나의 실존을 선택할 수 있었다면, 모든 것이 정당화될 수 있을 것이다. 내 자발성의 궁지는 아직 이성을 박탈당한 상태임을 나타낸다. 그래서 그것은 이성과 이론을 일깨운다. 거기에는 지혜의 어머니에 해당할 고통이 있게 될 것이다. 폭력을 억제하고 인간적 관계 속에 질서를 도입할 필요성은 오직 궁지로부터 올 것이다. 정치 이론은 정의를 자발성이라는 검토되지 않은 가치로부터 이끌어 낸다. 여기서 관건은 세계에 대한 지식을 통해 나의 자유와 타자들의 자유를 일치시켜 가장 완벽한 자발성의 실행을 보증하는 일이다.

이러한 입장은 자발성이라는 검토되지 않은 가치를 용인할 뿐 아니라, 이성적 존재가 전체성 속에 자리 잡을 가능성을 용인한다. 자발성에 대한 비판이 궁지에 의해 야기되기도 하는데, 이때 궁지는 자아가 세계 속에서 차지하는 중심적 자리를 의문시한다. 그러므로 이 비판은 자발성의 고유한 궁지에 대한 반성과 전체성에 대한 반성의 힘을 전제하며, 자기에게서 떼어 내어져 보편적인 것 속에서 살아가는 자아의 뿌리 뽑힘을 전제한다. 자발성에 대한 이러한 비판은 이론이나 진리를 근거 짓지 않고, 그것들을 전제한다. 즉 이 비판은 세계에 대한 인식에서 출발한다. 이미 어떤 인식에서, 즉 궁지에 대한 인식에서 태어나는 것이다. 궁지에 대한 의식은 이미 이론적이다.

반대로 도덕적 부적격함의 의식이 낳는 자발성 비판은 진리에 앞서며 전체의 고려에 앞선다. 또 이것은 자아가 보편적인 것 속으로 승화하였다고 전제하지 않는다. 부적격함의 의식은 그 나름의 어떤 진리가 아니며, 사실에 대한 고려도 아니다. 나의 부도덕성에 대한 최초의 의식은 사실에 대한 나의 종속이 아니라, 타인에 대한, 무한에 대한 나의 종속이다. 전체성의 관념과 무한자의 관념은 정확히 말해 전자는 순전히 이론적인 반면, 후자는 도덕적이라는 점에서 다르다. 자기 자신을 수치스럽게 여길 수 있는 자유가 진리를 근거 짓는다(그래서 진리는 진리로부터 연역되지 않는다). 타인은 애당초 사실이 아니며, 장애도 아니다. 타인은 나를 죽이려 위협하지 않는다. 그는 나의 수치 속에서 욕망된다. 힘과 자유의 정당화되지 않은 사실성을 발견하기 위해서는, 그 사실성을 대상으로 간주하거나 타인을 대상으로 간주해서는 안 된다. 우리는 무한에 비추어 스스로를 재어야 한다. 다시 말해 무한을 욕망해야 한다. 데카르트가 말했던 것처럼, 자신의 고유한 불완전함을 알기 위해서는 무한자의 관념을, 완전자의 관념을 가져야 한다. 완전자의 관념은 관념이 아니라 욕망이다. 타인을 맞아들임, 도덕적 의식의 시작은 나의 자유를 의문시한다. 무한자의 완전함에 비추어 스스로를 재는 이러한 방식은 그러므로 이론적 고려가 아니다. 그것은 수치로서 성취된다. 여기서 자유는 자신을 실행하는 가운데 스스로가 살해자임을 발견한다. 그것은 수치 속에서 성취된다. 여기서 자유는 수치의 의식 속에서 스스로를 **발견하는** 동시에 수치 그 자체 속에 스스로를 **숨기는** 것이다. 수치는 의식의 구조와 명료함의 구조를 갖지 않는다. 수치는 오히려 그 이면을 향해 있다. 수치의 이유/주체sujet는 내게 외재적이다. 대화와 욕망 속에서 타인은 대화 상대자로, 내가 힘을 행사할 수 없고 살해할 수 없는 자로 스스로를 현시한다. 이러한 대화와 욕망이 이 수치를 조건 짓는다. 여기서 나는 나로서 무고한 자발성이 아니라 강탈자며 살해자다. 반대로 무한자는, 타자로서의 타자는, 또 다른 나 자신이라는 이론적 관념에 맞지 않는다. 그가 나의 수치를 야기한다는, 그리고 나를 지배하는 자로 스스로를 현시한다는 단순한 이유 때문에 이미 그렇다. 정당화된 타자의 실존이 첫째가는 사실이고, 타자의 완전함 자체의 동의어다. 그리고 만일 타자가 나를 서임할investir 수 있고 더욱이 그 자체로 자의적인 나의 자유를 서임할 수 있다면, 그것은 나 자신이 결국 나를 타자의 타자로 느낄 수 있다는 뜻이다. 그러나 이는 몹시 복잡한 구조들을 통해서만 얻어진다.

도덕적 의식은 타인을 맞아들인다. 이것은 나의 힘들에 대한 저항의 계시다. 이것은 나의 힘들을 더 큰 힘으로 궁지에 모는 것이 아니라, 내 힘들의 순진한 권리를, 살아 있는 자인 나의 영광스러운 자발성을 의문시하는 것이다. 도덕은 자유가 그 자신에 의해 스스로를 정당화하는 대신에, 스스로를 자의적이고 폭력적이라고 느낄 때 시작된다. 이해 가능한 것에 대해 탐구하는 것, 또한 앎의 **비판적 본질**이 현현하는 것, 그리고 존재가 자기 조건의 이편으로en deçà 거슬러 올라가는 것 ─이것은 동시에 시작한다.

2. 자유의 서임 또는 비판

현실에서 실존한다는 것, 그것은 자유롭도록 선고받은 것이 아니라, 자유로 서임된 것이다. 자유, 그것은 벌거벗고 있지 않다. 철학한다는 것은 자유의 이편으로 거슬러 올라가는 것이고, 자의적인 것으로부터 자유를 자유롭게 하는 서임을 드러내는 것이다. 비판으로서의 앎이자 자유의 이편으로 거슬러 올라감으로서의 앎은, 자신의 기원 이편에서 기원을 갖는 존재 —창조된 존재 —안에서만 일어날 수 있다.

비판 또는 철학은 앎의 본질이다. 하지만 앎에서 고유한 것은 앎이 대상으로 나아갈 가능성에 있지 않다. 그러한 운동은 앎을 다른 행위들과 유사하게 만든다. 앎의 특권은 그 스스로를 의문시하고 자신의 고유한 조건 이편으로 파고들 수 있는 능력에 있다. 앎이 세계와 관련하여 뒤로 물러나 있는 것은 앎이 세계를 대상으로 삼고 있기 때문이 아니다. 앎은 세계를 주제로 삼을 수 있으며 그것으로부터 한 대상을 형성할 수 있는데, 그 이유는 앎의 실행이 앎을 떠받치는 조건 자체를 어떤 방식으로든 손으로 잡는 데서 —그런데 이 조건은 손으로 잡는 이 행위조차 떠받친다 —성립하기 때문이다.

이러한 손에 쥠은 무엇을 의미하는가? 자신의 조건 이편으로 이같이 파고든다는 것은 무엇을 의미하는가? (우선 이것들은 인식을 이끄는 순진한 운동에 의해 은폐된다. 이때 인식은 자신의 대상을 향한 행위로 여겨진다.) 이 의문시는 무엇을 의미하는가? 그것은 인식과 관련하여 인식의 총체 속에서 일련의 질문들을 —인식의 순진한 행위가 겨냥하는 사물들을 이해하기 위해 제기된 질문들을 —반복하는 것으로 환원될 수 없다. 그런 경우, 인식에 대해 안다는 것은 심리학을 정교화하는 것이 될 것이다. 심리학은 대상들을 다루는 다른 과학들 가운데 위치한다. 심리학에서 또는 인식에 관한 이론에서 제기된 비판적 질문은, 예컨대 인식이 어떤 원리로부터 유래하는가를 묻거나, 그것의 원인이 어떠한 것인가를 묻는 데 있을 것이다. 여기서 무한 소급이 불가피해질 것임은 확실하다. 또 자신의 조건 이편으로 거슬러 올라감, 즉 근거 지음의 문제를 제기하는 능력은, 바로 이 불모의 과정으로 환원될 것이다. 근거 지음의 문제를 인식에 대한 대상적 인식과 동일시하는 것은, 자유는 오직 그 자신 위에 근거할 수 있다고 미리 가정하는 것이다. 이때의 자유 ── 동일자에 의해 타자를 규정하는 것 ── 는 재현의 운동 또 그 명증성의 운동 자체다. 근거 지음의 문제를 인식에 대한 인식과 동일시하는 것은 자유의 자의恣意를 망각하는 것이다. 중요한 것은 바로 이 자의를 근거 짓는 일이다. 그 본질이 비판적인 앎은 대상적 인식으로 환원될 수 없다. 그러한 앎은 타인에게로 이끈다. 타인을 맞아들이는 것은 나의 자유를 의문시하는 것이다.

그러나 앎의 비판적인 본질은 또한 우리를 **코기토**의 인식 너머로 이끈다. 사람들은 코기토의 인식을 대상적 인식과 구별하고자 할 수 있다. **코기토**의 명증성에서는 인식과 인식되는 것이 합치한다. 인식이 작용하고 있었어야 한다는 조건도 필요 없다. 결국 여기서 인식은 그것의 현재적 개입에 앞서는 어떤 개입도 포함하고 있지 않다. 코기토의 명증성에서 인식은 매 순간 시작된다. 여기서 인식은 **상황** 속에 있지 않다(더욱이 이것은 조건도 과거도 없는 현재의 순수한 경험인 모든 **명증성**의 고유한 특성이다). 그러나 이 코기토의 명증성은 비판적 요구를 만족시킬 수 없다. **코기토**의 시작은 코기토에 앞서 있기 때문이다. 물론 코기토는 시작을 나타낸다. 그 이유는 코기토가 그 자신의 고유한 조건을 포착하는 실존의 깨어남이라는 데 있다. 하지만 이 깨어남은 **타인**으로부터 온다. **코기토**에 앞서서 실존은 마치 자기에게 낯설계 있는 듯이 스스로 그 자신을 꿈꾼다. 실존이 깨어나는 까닭은 바로, 자신이 꿈꾸고 있지 않은가 회의하기 때문이다. 그 의심은 그로 하여금 확실성을 추구하게 만든다. 그러나 이 회의, 의심에 대한 이 의식은 완전한 것의 관념을 전제한다. **코기토**의 앎은 그래서 스승과의 관계를—무한자 또는 완전자의 관념을—가리킨다. 무한의 관념은 **나는 생각한다**의 내재성도, 대상의 초월성도 아니다. 데카르트에서 **코기토**는 타자에 의지한다. 데카르트에게 이 타자는 신이고 무한의 관념을 영혼에 집어넣어 준 자다. 플라톤적 스승처럼 이전에 본 것들을 단순히 상기시키는 것이 아니라 무한의 관념을 가르쳐 준 자인 것이다.

그 자신의 조건을 뒤흔드는 행위로서의 앎은 바로 그런 까닭에 모든 행위 위에서 작용한다. 또 어떤 조건으로부터 그 조건의 이편으로 거슬러 올라감이 피조물의 지위를 묘사하는 것이고, 여기서 자유의 불확실성과 자유의 정당성에 대한 호소가 엮인다고 해보자. 앎이 피조물의 활동이라고 해보자. 그런 경우에도 조건의 이러한 뒤흔들림과 이러한 정당화는 타인으로부터 온다. 오직 타인만이 주제화를 면한다. 주제화는 주제화를 근거 짓는 데 기여할 수 없다. 왜냐하면 주제화는 주제화가 이미 근거 지어졌다고 전제하기 때문이다. 주제화는 자신의 순진한 자발성 안에서 그 자신을 확신하는 자유의 실행이다. 반면에 타인의 현전은 그의 주제화와 같은 것이 아니며, 따라서 이러한 순진하고 자기 확신적인 자발성을 요구하지 않는다. 타인을 맞아들임은 **사실 자체로**ipso facto 내 자신의 부정의에 관한 의식이다. 즉 자유가 그 자신에 대하여 느끼는 수치다. 만일 철학이 비판적인 방식으로 아는 데서 성립한다면, 다시 말해 자신의 자유에 대한 근거 지음을 추구하는 데서, 그 자유를 정당화하는 데서 성립한다면, 철학은 타자가 타인으로 스스로를 현시하는, 그리고 주제화의 운동이 전도되는 도덕적 의식과 더불어 시작하는 셈이다. 하지만 이러한 전도는 타인이 노리는 주제로서 '자신을 아는' 데로 귀착하지 않는다. 그것은 오히려 한 요청에, 도덕성에 자신을 굴복시킴에 있다. 타인은 내가 그를 발견해 내는 시선과 비교할 수 없는 시선으로 나를 잰다. 타인이 놓이는 **높이**의 차원은 말하자면 존재의 첫째가는 휘어짐[彎曲]인데, 바로 거기서 타인의 특권이, 즉 초월의 굴곡이 기인하는 것이다. 타인은 형이상학적이다. 타인이 나처럼 자유로울 것이기 때문에 초월적인 것은 아니다. 반대로 그의 자유는 그의 초월 자체에서 오는 뛰어남이다. 비판의 이 전도는 무엇으로 이루어지는가? 주체는 '대자'^pour soi다. 즉 주체는 존재하는 한 그 자신을 재현하고 그 자신을 인식한다. 그러나 그 자신을 인식하거나 재현하면서 주체는 그 자신을 소유하고 지배하며, 그 정체성을 스스로 부정하게 되는 것에까지 자신의 정체성을 확장시킨다. 동일자의 이러한 제국주의가 바로 자유의 본질이다. 실존 양태로서의 '대자'는 살고자 하는 순진한 의지만큼이나 근본적인 자기 집착을 가리킨다. 그러나 설령 자유가 뻔뻔스럽게 나를 비-아非-我의 면전에, 내 안에 그리고 내 밖에 둔다 해도, 설령 자유가 비-아를 부정하거나 소유하는 데 있는 것이라 해도, 그러한 자유는 타인 앞에서 물러서고 만다. 타인과의 관계는 인식이 그러하듯 향유와 소유로, 자유로 바뀌지 않는다. 타인은 이 자유를 지배하는 요구로서, 따라서 내 안에서 일어나는 모든 것들보다 더 근원적인 것으로서 그 자신을 부과한다. 그의 예외적 현전은 내가 그를 죽이는 일이 윤리적으로 불가능하다는 데 새겨지므로, 타인은 권력pouvoir의 종말을 가리킨다. 만일 내가 더 이상 그에 대한 권력을 가질 수 없다면, 그것은 내가 그에 관해 가질 수 있는 모든 **관념**을 그가 절대적으로 벗어나기 때문이다.

물론 자아는 자신을 정당화하기 위해 다른 길을 택할 수 있다. 즉 전체성 속에서 자신을 포착하려 할 수 있다. 스피노자에서 헤겔에 이르기까지, 의지와 이성을 동일시하는 철학이 열망한 자유의 정당화가 그랬던 것으로 보인다. 이런 철학은 데카르트와는 반대로, 진리에서 자유로운 작업이라는 그 특성을 제거해 버린다. 자아와 비-아의 대립이 사라지는 곳에, 비인격적 이성의 품 안에, 진리를 위치시키기 위해서다. 자유는 그대로 유지되지 못하고 보편적 질서의 반영으로 귀착된다. 이 보편적 질서만이 존재론적 논증에서의 신과 같이 옹호되고 정당화된다. 스스로를 지탱하고 정당화하는 보편적 질서의 특권은 데카르트적 의지의 여전히 주관적 작업 너머에 보편적 질서를 위치시킨다. 이 특권이 이 질서의 신적 위엄을 구성한다. 앎은 자유가 자신의 고유한 우연성을 고발하는 길이 될 것이며, 여기서 자유는 전체성 가운데 자취를 감추게 될 것이다. 실제로 이 길은 타자에 대한 동일자의 오래된 승리를 은폐한다. 만일 이렇게 하여 자유가 명증성의 고독한 확실성의 자의 속에서 유지되기를 그친다면, 그래서 고독한 자가 신적인 것의 비인격적 실재와 합쳐진다면, 자아는 이 숭고함 가운데 사라질 것이다. 서양의 철학적 전통에서 동일자와 타자 사이의 모든 관계는, 그 관계가 더 이상 동일자의 지배권을 긍정하는 것이 아닌 경우에는 보편적 질서 안의 비인격적 관계로 귀착한다. 철학 그 자체는 인격을 관념으로, 대화 상대자를 주제로, 호명의 외재성을 논리적 관계의 내재성으로 대체하는 것과 동일하게 여겨진다. 존재자들은 관념, 존재, 개념 따위의 중립자로 귀착된다. 바로 이러한 자유의 자의를 피하고 자유가 중립자 안에서 사라지는 것을 피하기 위해, 우리는 무신론적이고 창조된 ─자유롭지만 자기 조건의 이편으로 거슬러 올라갈 수 있는─것인 자아에 접근했던 것이다. 자신을 '주제화'나 '개념화'에 내맡기지 않는 타인 앞의 자아에 접근했던 것이다. 중립자 속으로 용해되는 것을 피하려 하고 앎을 타인에 대한 맞아들임으로 놓는 것은, 인격적 신의 정신주의를 유지하려는 경건한 시도가 아니라 언어의 조건이다. 이 조건이 없는 철학적 대화란 실패한 행위일 따름이며, 끊임없이 이어지는 정신분석학이나 문헌학 또는 사회학을 위한 구실일 따름이다. 이런 것들 속에서 대화의 겉모습은 전체 속으로 사라지고 만다. 말한다는 것은 단절하고 시작할 가능성을 전제한다.

앎은 피조물의 **실존함** 자체다. 앎은 그 조건을 넘어, 근거를 주는 타자를 향해 거슬러 올라감이다. 앎을 이렇게 보는 것은, 자신의 근거 지음을 자기 안에서, 타율적 의견 바깥에서 찾는 모든 철학적 전통과 갈라서는 것이다. 우리는 **대자적** 실존은 앎의 최종적 의미가 아니라 자기에 대한 의문의 제기며, 자기에 앞서 있는 것으로, 타인의 현전으로 되돌아감이라고 생각한다. 타인의 현전 ─특권적 타율성─은 자유와 충돌하지 않고 오히려 자유를 서임한다. 자기에 대한 수치, 타자의 현전과 타자에 대한 욕망은 앎의 부정이 아니다. 앎은 이러한 것들의 명료화 바로 그것이다. 이성의 본질은 인간에게 근거 지음과 권력을 보장하는 데 있는 것이 아니라, 인간을 문제 삼고 정의로 초대하는 데 있다.

그러므로 형이상학은 존재에 절대적으로 접근하기 위해 존재 속에서 견고한 토대를 찾으려고 자아의 '대자'에 관심을 기울이는 데서 성립하는 것이 아니다. 형이상학의 궁극적 과정이 추구되는 곳은 "너 자신을 알라"에서가 아니다. 그 까닭은 '대자'가 제한되거나 악의적이어서가 아니라, '대자'가 그 자체로 단지 자유이기 때문이다. 다시 말해 자의적이고 정당화되지 않은 것이며, 그런 의미에서 가증스러운 것이기 때문이다. 대자는 자아이고 에고이즘이다. **자아의 무신론**은 분명 참여의 단절을 가리키며, 결국 정당화를 추구할 가능성, 즉 외재성에 대한 의존을 추구할 가능성을 가리킨다. 이 의존은 의존하는 존재를, 보이지 않는 그물에 붙잡힌 존재를 흡수해 버리지 않는다. 그러므로 이 의존dépendance은 **동시에 독립**indépendance을 유지시킨다. 이러한 것이 대면의 관계다. 진리 추구에서 현저하게 개별적인 작업인—데카르트가 보았던 것처럼 개인의 자유로 항상 귀착했던—무신론은 자신을 무신론으로 확립했다. 그러나 무신론의 비판적 힘은 그것을 그 자유의 이편으로 되돌린다. 자신 앞에서 곧장 작용하는 자발적 자유와 비판의 통일이 피조물이라 불린다. 이 비판 속에서 자유는 스스로를 문제 삼을 수 있고 그래서 자신에 앞설 수 있다. 창조의 경이로움은 단지 **무로부터의** 창조라는 데 있을 뿐만 아니라, 계시를 받아들일 수 있는 존재, 그 자신이 창조되었음을 배울 수 있는 존재에 이른다는 데, 그리고 스스로를 의문시한다는 데 있다. 창조의 기적은 도덕적 존재를 창조하는 데 있다. 그리고 이것은 다름 아닌 무신론을 전제한다. 그러나 동시에 이것은 무신론을 넘어서서, 무신론을 구성하는 자유의 자의에 대한 수치를 전제한다.

그러므로 우리는 또한 근본적으로 하이데거에 반대한다. 하이데 거는 타인과의 관계를 존재론에 종속시켰다(게다가 그는 대화 상대자 와 맺는 관계와 스승과 맺는 관계가 존재론으로 환원될 수 있다는 듯이 존 재론을 규정한다). 그는 정의와 부정의에서 모든 존재론 너머의 타인에 대한 본래적인 접근을 보지 못했다. 타인의 실존은 집단성 속에서 우 리에게 관여한다. 그렇지만 그런 식의 관여는 우리에게 전적으로 이미 친숙한 존재에 타인이 참여함으로써 이루어지는 것이 아니며, 우리가 우리를 위해 굴복시키고 이용해야 할 그의 힘과 자유에 의해서 이루어 지는 것도 아니다. 또 그것은 우리가 인식 과정 속에서 또는 타인과 우 리를 뒤섞는 공감의 도약 속에서 ─마치 그의 실존이 거북한 것이기 라도 하듯이 ─극복해야 할 타인의 속성들이 가지는 차이에 의해 이 루어지는 것도 아니다. 타인은 극복해야 하고 포괄해야 하고 지배해 야 할 자로서 우리에게 영향을 미치는 것이 아니라, 타자로서, 우리에 게 독립적인 자로서 영향을 미친다. 우리가 그와 함께 유지할 수 있었 을 모든 관계의 뒤에서, 절대적으로 재출현하면서 말이다. 절대적 존 재자를 맞아들이는 이 방식이야말로 우리가 정의와 부정의 안에서 발 견하는 것이며, 본질적으로 가르침인 대화가 실현하는 것이다. 타인 을 맞아들임 ─이 말은 능동과 수동의 동시성을 표현해 준다. 이것은 타자와의 관계를 사물들에 유효한 이분법인 **선험적인 것**l'a priori과 **후험 적인 것** l'a posteriori의 이분법, 능동과 수동의 이분법 바깥에 놓는다.

그러나 우리는 또한 주제화와 동일시되는 앎에서 출발하여, 어떻 게 이러한 앎의 진리가 타인과 맺는 관계로, 다시 말해 정의로 귀착되 는지를 보여 주려고 한다. 왜냐하면 우리가 내놓는 모든 제안의 의미는 대상적 인식이 초월의 궁극적 관계라는 모든 철학의 근절하기 어려운 확신에 이의를 제기하는 데 있기 때문이다. 이러한 확신에 따르면, 타인은 사물과는 다르다 하더라도 객관적/대상적으로 인식되어야 한다. 타인의 자유가 인식에 대한 이러한 향수를 저버린다 해도 말이다. 우리가 내놓는 모든 제안의 의미는 타인이 영원히 앎에서 벗어난다는 점을 확언하는 데 있지 않고, 여기서 인식이나 무지에 대해 말하는 것이 어떤 의미도 없다는 점을 확인하는 데 있다. 왜냐하면 정의, 진정한 의미의 초월, 그리고 앎의 조건은, 흔히 생각하는 것처럼 노에마와 상관적인 노에시스가 전혀 아니기 때문이다.

3. 진리는 정의를 전제한다

자아의 자발적 자유는 자신의 정당화를 염려하지 않는다. 그 자유는 분리된 존재의 본질에 새겨진 사건성이다. 분리된 존재는 더 이상 참여/분유하지 않으며, 그러한 한 자기 자신으로부터 자신의 실존을 끌어낸다. 이 존재는 내면성의 차원에서 비롯하는 존재고, 기게스의 운명에 적합한 존재다. 기게스는 그를 보지^{voir} 못하면서 그를 쳐다보는 regarder 자들을 보며, 자신이 보이지 않는다는 것을 안다.

그러나 기게스의 처지는 세계에 홀로 있는 존재, 즉 세계를 구경거리^{spectacle}로 대하는 존재가 벌을 받지 않는다는 것을 의미하지 않는가? 그리고 이것은 단독적 자유, 그래서 이론의 여지가 없고 처벌받지 않는 자유의 조건, 확실성의 조건 자체가 아닌가?

이러한 침묵의 세계, 즉 순수한 구경거리는 참다운 인식에 접근할 수 있지 않는가? 누가 앎의 자유를 실행하는 것을 벌할 수 있는가? 또는 조금 더 정확하게 말해서, 확실성 속에 드러나는 자유의 자발성은 어떻게 스스로를 문제 삼을 수 있는가? 그 진리는 정의에 미치지 못하는être en deçà de 자유와 상관적이지 않은가? 그것은 홀로 존재의 자유이기에 말이다.

a) 구경거리의 무정부성: 악령

그러나 말로부터 우리에게 오는 것이 아닌 절대적 침묵의 세계는 그것이 비록 거짓일지라도 무-시원적/무-정부적이어서, 원리도 시작도 없을 것이다. 사유는 어떤 실체적인 것과도 부딪히지 않는다. 현상phénomène은 첫 접촉에서 겉모습apparence으로 강등될 것이고, 이런 의미에서 애매함 속에, 악령의 의혹 아래 남게 될 것이다. 악령은 거짓을 말하기 위해 자신을 드러내지 않는다. 악령은 진짜로 나타나는 것처럼 보이는 사물들 뒤에 가능한 것으로서 남는다. 사물들은 이미지나 장막의 지위로 떨어질 수 있는데, 그러한 가능성은 사물들의 출현apparition을 순수한 구경거리로 규정짓고, 악령이 숨는 깊은 주름을 예고한다. 여기에서 데카르트에게 일어났던 개인적 모험이 아닌, 보편적 의심의 가능성이 생겨난다. 이 가능성은 감각적 경험 속에서 혹은 수학적 명증 속에서 생산되는 것과 같은 환영幻影 ; apparition을 이룬다. 그럼에도 불구하고 사물들의 자기-현시의 가능성을 인정했던 후설은, 자기 현시의 본질적 미완성 속에서, 또 연속적으로 나타나는 사물들의 '측면들'을 개괄하는 '종합'의 언제나 가능한 파열 속에서, 다시 이러한 애매함을 발견해 냈다.

여기서 애매함은 두 가지 개념, 두 가지 실체 혹은 두 가지 속성의 혼동에서 기인하는 것이 아니다. 그것은 이미 나타난 세계에서 생산되는 혼동에 속하지 않는다. 그것은 존재와 무의 혼동도 아니다. 나타나는apparaître[1] 것은 아무것도 아닌 것으로 강등되지 않는다. 그러나 아무것도 아닌 것이 아닌 겉모습은 더 이상 존재가 아니며 내적인 존재조차 아니다. 그것은 사실상 어떤 방식으로든 그 자신으로en soi 있지 않다. 그것은 조롱하려는 의도에서 비롯하는 것 같다. 사람들은 존재의 피부처럼 겉모습이 빛나는 실재가 스스로를 순간적으로 현시하는 것을 보았다고 하는 사람을 조롱한다. 왜냐하면 근원적인 것 또는 궁극적인 것은 자신의 벌거벗음 속에서 빛났던 피부를, 그 자신을 알리고 은폐하고 모방하거나 변형시키는 껍질을 대하듯 이미 내던져 버리기 때문이다. 의심은 언제나 다시 새로워지는 이런 애매함에서 기인하며, 그것은 현상의 환영 자체를 구성한다. 하지만 그 의심은, 충분히 명료한 세계 속에 놓인 매우 잘 구분되는 존재들을 시선의 예리함이 그릇되게 혼동하지 않았을까 하고 의심하지는 않는다. 나아가 이 세계의 형상들이 지니는 항구성이 사실은 쉼 없는 생성에 의해 마련되는 것이 아닐까 하고 의심하지도 않는다. 그 의심은 나타나는 것의 진솔성을 문제 삼는다. 침묵하는 불분명한 이 같은 환영 속에서 거짓이 말해진다는 듯이, 오류의 위험이 속임수로부터 비롯된다는 듯이, 침묵이 말의 양상일 따름이라는 듯이.

---

1) 'apparaître'는 '겉모습'이라고 번역한 'apparence', 또 '출현', '환영'으로 번역한 'apparition'의 동사 형태다. —옮긴이

침묵의 세계는 타인으로부터 우리에게 오는 세계다. 그 타인이 악령이라 하더라도 그렇다. 그 세계의 애매함은 조롱 속으로 스며든다. 그러므로 침묵은 말의 단순한 부재가 아니다. 말은 배신의 억제된 웃음인 침묵의 바탕에 놓여 있다. 침묵은 언어의 이면이다. 대화 상대자는 기호^{signe}를 주었으나 모든 해석에서 빠져나간다. 이것이야말로 겁나는 침묵이다. 말이 성립하는 것은 타인이 보내진 기호를 구제하는 데서다. 기호들을 통해 자신의 고유한 현현에 참석하고 이러한 참석^{assistance}에 의해 애매함을 바로잡는 데서다.

악령의 거짓말은 정직한 말에 대립되는 말이 아니다. 그것은 헛된 것과 의심하는 주체가 호흡하는 진지한 것 사이에 위치한다. 악령의 거짓말은 모든 거짓말 너머에 있다. 일상적인 거짓말에서는 물론 말하는 자가 스스로를 은폐하지만, 그는 은폐하는 말에 의해 그 말에서 벗어나지 못하며 그래서 논박될 수 있다. 언어의 이면은 언어의 파괴를 추구하는 웃음과 같은데, 무한히 되돌아오는 그 웃음 속에서 기만은 기만으로 맞물린다. 실재의^{réel} 말에 결코 의존하지 않고 결코 시작하지도 않으면서. 사실들의 침묵하는 세계, 그 세계의 구경거리는 마법에 걸린다. 모든 현상은 가리고, 무한히 기만하며, 현실^{actualité}을 불가능하게 한다. 이것이 비웃는 존재들이 만들어 내는 상황이다. 이런 존재들의 의사소통은 셰익스피어와 괴테가 마법사의 무대 ─여기서는 반反언어가 말해지고 응답은 조소로 뒤덮이는데 ─에 등장시켰던 풍자의 미로를 통하여 이루어진다.

b) 표현은 원리다

환영幻影의 양면성은 표현에 의해 극복된다. 그 표현은 나에 대한 타인의 현시고, 의미 작용의 근원적 사건이다. 의미 작용을 이해한다는 것은 관계의 한 항에서 다른 항으로 나아가는 것이 아니며, 주어진 것 가운데서 관계들을 알아차리는 것이 아니다. 주어진 것을 받아들인다는 것은 이미 그것을 가르침으로, 타인의 표현으로 받아들이는 것이다. 그의 세계를 통해 자신을 알리는 신을 신화적으로 전제할 필요는 없다. 세계는 우리의 주제가 되고, 그럼으로써 우리의 대상이 된다. 마치 우리에게 제안되는 것처럼. 그 세계는 근원적 가르침에서 나온다. 과학적 작업 그 자체가 수립되는 것은 이 가르침 속에서며, 그 작업이 요구하는 것도 이러한 가르침이다. 세계는 타인의 언어 속에서 제공된다. 제안들이 세계를 운반한다. 타인은 현상의 원리다. 현상은 타인으로부터 연역되지 않는다. 겉모습으로부터 사물들 그 자체로 이끄는 진행과 유사한 운동을 통해, 사물에 해당할 기호로부터 그 기호를 건네는 대화 상대자로 거슬러 올라가서는 타인을 찾아내지 못한다. 왜냐하면 연역은 이미 주어진 대상들에 적용하는 사유 방식이기 때문이다. 대화 상대자는 연역될 수 없을 것인데, 이는 대화 상대자와 나 사이의 관계가 모든 증명에 전제되기 때문이다. 그 관계는 모든 상징 체계에 전제된다. 협약을 수립하는 것으로 ─플라톤의 『크라튈로스』에 따르면 협약은 자의적으로 정해질 수 없는데 ─이 상징 체계를 이해할 필요가 있기 때문만은 아니다. 주어진 어떤 것이 기호로, 말하는 자를 알리는 기호로 나타나기 위해서는 이미 이 관계가 있어야 한다. 그 기호가 의미하는 바가 무엇이든, 더욱이 그 기호를 영원히 해독할 수 없다 해도 그렇다. 주어진 것이 다만 주어지기 위해서도 그것은 기호로서 기능해야 한다. 어떤 기호에 의해 그 기호에 의미를 주는 자로서 자신을 알리는 자가 그 기호로 인해 의미를 지니게 되는 것은 아니다. 그는 기호를 전달하고 기호를 준다. 주어진 것은 주는 자를 지시하지만 그 지시가 인과성은 아니다. 또 그것은 기호가 그것의 의미 작용과 맺는 관계도 아니다. 이 점에 대해서는 뒤에 더 상세히 언급할 것이다.

c) 코기토와 타인

코기토가 꿈의 이런 되풀이를 시작하게 하는 것은 아니다. 데카르트의 제일의 확실성인 **코기토**(그러나 데카르트에게서 이것은 이미 신의 실존에 근거한다)에는 그 자체로는 정당화되지 않는 자의적 정지가 있다. 대상에 관한 의심은 의심의 실행 자체는 명증하다는 점을 함축한다. 이 실행을 부정하는 것은 다시 이 실행을 긍정하는 것이 될 것이다. 사실 **코기토**에서, 자신의 명증을 부정하는 생각하는 주체는 비록 그 주체가 부정을 행했던 것과는 다른 차원에서이긴 하지만, 결국 이 부정 작업의 명증에 이르게 된다. 하지만 무엇보다 이 생각하는 주체는 최후의 긍정이나 최초의 긍정이 아닌 어떤 명증의 긍정에 이르는데, 그 이유는 그 명증이 다시 의심받을 수 있기 때문이다. 그래서 두 번째 부정의 진리는 좀더 깊은 차원에서 긍정되지만, 또다시 부정을 빠져나가지 못한다. 이러한 일이 순전히 그리고 단순히 시지프스의 노동인 것은 아니다. 왜냐하면 매번 가로지른 거리가 동일하지 않기 때문이다. 이것은 우리가 다른 곳에서 긍정과 부정 너머의 **그저 있음**il y a이라고 칭했던, 훨씬 더 깊은 심연을 향한 하강 운동이다.[2] 이 현기증 나는 심연으로의 하강 작용 때문에, 이러한 차원의 변화 때문에, 데카르트의 **코기토**는 통상적 의미의 추론이 아니며 직관도 아니다. 데카르트는 무한한 부정의 작업 속으로 들어선다. 이 부정의 작업은 확실히 참여와 단절한 무신론적 주체의 작업이며, (비록 감성적으로 동조하기는 쉽지만) 긍정할 수 없는 것으로 남는다. 데카르트는 스스로 멈출 수 없는 주체를 현기증 나게 끌어들이는 심연을 향한 운동 속으로 들어선 것이다.

의심을 통해 나타나는 부정성 속의 자아는 참여와 단절하지만, **코기토** 속에서 혼자 힘으로 정지를 찾아내는 것은 아니다. 예라고 말할 수 있는 것은 내가 아니라 타차다. 타차로부터 긍정이 나온다. 타차가 경험의 시초인 것이다. 데카르트는 확실성을 추구하지만 이 현기증 나는 하강의 첫 번째 단계의 변화에서 멈추어 버린다. 사실 그는 무한의 관념을 가지며, 부정 뒤에 긍정이 돌아오리라고 미리 헤아릴 수 있다. 그러나 무한의 관념을 가진다는 것, 이것은 이미 타인을 맞아들였음을 뜻한다.

d) 대상성과 언어

이렇듯 침묵의 세계는 무–시원적일 것이다. 앎은 거기서 시작될 수 없을 것이다. 그러나 이미 앎은 무–시원적인 것으로서 ──무–의미의 극

---

2) 에마뉘엘 레비나스, 『존재에서 존재자로』, 서동욱 옮김, 민음사, 2001, 93쪽 이하, 또 에마뉘엘 레비나스, 『시간과 타자』, 강영안 옮김, 문예출판사, 1996, 40쪽 이하 참조. 이 두 번역본에서는 'il y a'를 '있음'이라 번역하고 있다. ─옮긴이

한에서 ─의식에 현전하는데, 이 현전은 오지 않는 말에 대한 기대 속에 있다. 그래서 그 현전은 타인과의 관계 속에서 타인이 보내는 기호로 출현한다. 설사 그가 자신의 얼굴을 은폐한다 할지라도, 즉 자기가 보내는 기호에 마땅히 주어야 할 도움을 주지 않아서 결국 애매함 속에서 그 기호를 전달한다 할지라도 말이다. 말해지지 않은 말에 무관심한 절대적으로 침묵하는 세계는, 이 세계를 알리고 이 세계를 알림으로써 자신을 알리는 누군가를 ─설사 악령처럼 겉모습들을 통해 거짓말을 하는 자라 할지라도 ─겉모습 뒤에서 추측하도록 용납하지 않는 세계는, 스스로를 구경거리로서 드러낼 수조차 없을 것이다.

사실 구경거리는 어떤 의미가 있는 한에서만 숙고거리가 된다. 의미 있는 것은 '보이는 것', '감각 가능한 것' 다음에 오는 것이 아니다. 그런 것들은 그 자체로는 의미를 주지 않는 것들이며, 우리의 사유가 **선험적** 범주들에 맞춰 어떤 식으로 빚어내거나 변형하는 것들이다.

사람들은 출현을 의미 작용과 연결해 주는 확고한 끈을 이해하기 위해, 출현을 의미 작용 뒤에 오는 것으로 여기려 했다. 그리고 의미 작용을 우리의 실천적 행동의 목적성finalité 안에 놓았다. 이런 견지에서 보면 오직 출현할 따름인 것, '순수한 대상성', '대상적일 뿐인 것'은 이 실천적 목적성의 잔여물에 불과할 것이다. 그것은 자신의 의미를 이 실천적 목적성에서 빌려 올 것이다. 그렇게 해서 염려가 관조보다 우선하며, 인식이 이해 안에 뿌리내린다. 이 이해는 세계의 '세계성'에 다가서고, 대상이 출현하는 지평을 열어 준다.

대상의 대상성은 이런 식으로 과소평가된다. 재현을 모든 실천적 행동의 기반으로 놓는 ─지성주의라는 꼬리표가 붙은 ─오래된 주제는 급속히 불신되고 만다. 가장 날카로운 시선조차 사물 속에서 사물의 도구적 기능을 발견할 수 없을 것이다. 그러나 도구를 사물로 보기 위해서는 단순히 행위를 중단하는 것으로 충분한가?

게다가 실천적 의미 작용이 의미의 근원적 영역인가? 그것은 어떤 사유의 현전을 전제하며, 실천적 의미 작용은 그 사유에 대해 출현하고 그 사유의 눈앞에서 그 의미를 획득하지 않는가? 실천적 의미 작용은 자체의 고유한 과정을 통해 이러한 사유가 발생하도록 하기에 충분한가?

실천적인 것으로서 의미 작용은 결국, 그 실존 자체를 목적으로 실존하는 존재를 지시한다. 그래서 의미 작용은 스스로가 그 자신의 목적/끝^{fin}인 한 항^{terme}에서 빌려 온 것이다. 그렇기에 사물들이 의미를 획득하는 계열에는 의미 작용을 이해하는 자가 그 계열의 끝으로서 꼭 있어야 한다. 의미 작용이 함축하는 지시가 종결될 법한 곳은 그 지시가 자기로부터 자기에게로 이루어지는 곳, 즉 향유 속에서일 것이다. 존재들이 그들의 의미를 빌려 올 만한 과정은 실제로 끝이 있는^{fini} 것일 뿐 아니라, 궁극성^{finalité}으로서, **본질상 끝**^{terme}으로 나아가는 데서, 끝나는^{finir} 데서 성립할 것이다. 그런데 그 도달점은 모든 의미 작용이 정확히 말해 사라지는 지점이다. 자아의 만족이자 에고이즘인 향유가 도달점이다. 이 도달점에 대해 존재들은, 향유로 이끄는 궤도 위에 놓이느냐 아니면 향유로부터 멀어지는 궤도 위에 놓이느냐에 따라, 수단의 의미 작용을 얻기도 하고 잃기도 한다. 그러나 그 수단들 자체는 도달점에서 의미 작용을 상실한다. 목적/끝은 도달되자마자 무의식적이 된다. 무의식적 만족의 무구함은 그 자체로 잠잠한 상태인데, 도대체 무슨 권리로 그것이 사물들에 의미 작용의 빛을 비춘다는 말인가?

사실 의미 작용은 언제나 관계의 차원에서 파악되어 왔다. 관계는 이해 가능한 내용으로 출현하지 않았다. 직관적으로 고정된 것으로 출현하지 않았다. 관계가 의미를 주는 것으로 머물렀던 것은 관계 그 자체가 들어섰던 관계들의 체계 탓이었다. 그래서 서양 철학 전체를 통틀어, 플라톤 후기 철학 이래로, 이해 가능한 것에 대한 이해는 운동으로 출현하지 결코 직관으로 출현하지 않는다. 관계들을 시선의 상관물로 변형시킨 이는 바로 후설이다. 이때 시선은 관계들을 고정시켜 그것들을 내용으로 삼는다. 후설은 의미 작용, 내용 자체의 내재적 이해 가능성, 내용의 빛남 등의 착상을 개진했다(내용의 이해 가능성과 빛남은 상대성인 구별distinction 보다는 명료함clarté[3]에 더욱 힘입고 있다. 명료함이 대상을 그것과 다른 사물로부터 떼어 놓기 때문이다). 그러나 빛 속에서의 이러한 자기 현시가 그 자체로 의미를 가질 수 있는지는 확실치 않다. 게다가 관념론이, 즉 주체에 의한 **의미 부여**가 의미의 이 실재론을 전적으로 완결 짓는다.

실제로 의미 작용이 유지되는 것은 만족된 존재의 궁극적 통일이 파열되는 가운데서일 뿐이다. 사물들은 아직 '진행 중인' 존재의 염려 속에서 의미 작용을 취하기 시작한다. 이렇게 하여 우리는 이 파열로부터 의식 자체를 끌어낸다. 이해 가능한 것은 불만족에서, 존재의 잠정적인 궁핍에서, 존재가 자신의 성취의 이편에 머무는 데서 기인하

---

[3] 명료함은 내포의 분명함과, 구별은 외연의 분명함과 관계된다. ──옮긴이

는 셈이다. 그런데도 만일 그 도달점이 완성된 존재라면, 만일 행위가 능력 이상이라면, 이 무슨 기적이겠는가?

의문시는 만족에 대한 의식적 포착인데, 이런 의문시는 만족의 실패에서 오는 것이 아니라, 목적성의 과정이 원형이 될 수 없는 어떤 사건에서 기인한다고 생각해야 하지 않겠는가? 행복을 반죽하는 의식은 행복을 넘어서며, 우리를 행복에 이르는 길로 데려가지 않는다. 행복을 반죽하는 의식, 그리고 행복에, 목적성에, 또 도구와 그 사용자들의 목적 지향적 연쇄에 의미를 빌려주는 의식은 목적성에서 비롯하지 않는다. 존재가 의식에 제안되는 장소인 대상성은 목적성의 잔여가 아니다. 대상들은 그 대상들을 사용하는 손에, 그것들을 향유하는 입과 코, 눈과 귀에 맡겨졌을 때는 대상이 아니다. 대상성이란 그들의 존재가 작용하는 세계로부터 분리된 도구나 음식물에서 남겨진 것이 아니다. 대상성은 대화 속에서, 세계를 **제안하는**proposer **대-담**entre-tien 속에서 **정립된다**se poser. 이 **제안**proposition은 체계, 우주, 전체성을 구성하지 않는 두 점 사이에서entre 유지된다se tenir.[4]

대상의 대상성과 그것의 의미 작용signification은 언어에서 온다. 제시되는 대상이 주제로 정립되는 이 방식은 의미함signifier의 사태를 감싼다. 이것은 대상을 확정하는 사유자로 하여금 의미된signifié 것(그리고 동일한 체계의 부분을 이루는 것)으로 돌아가게 하는 것이 아니라, 의미하는 자signifiant, 즉 기호signe의 발신자인 절대적 타자성을 현현

---

4) 레비나스는 'poser', 'proposer', 'proposition'의 연관을, 또 'entre-tien', 'entre tenir'의 연관을 활용하고 있다. —옮긴이

케 하는 사태다.[5] 이 절대적 타자성은 그 절대성에도 불구하고 사유자에게 말을 하며, 그럼으로써 주제화를 행한다. 다시 말해 세계를 제안한다. 세계는 이렇듯 제안된 것으로서, 표현으로서 의미를 갖는다. 그러나 바로 이런 이유로 세계는 결코 본래적이지 않다. 의미 작용의 면에서 볼 때, 스스로를 **생생하게**leibhaft 준다는 것, 빠짐없는 출현 속에서 자신의 존재를 소진한다는 것은 일종의 부조리다. 그러나 의미를 가진 것의 비-본래성은 그것이 어떤 열등한 존재임을 뜻하지 않는다. 자신이 모방하는 어떤 실재성을, 자신이 반향하거나 상징하는 어떤 실재성을 지시하지 않는다. 의미 있는 것은 의미하는 자를 지시한다. 기호는 의미된 것을 의미하듯이 의미하는 자를 의미하지 않는다. 의미된 것은 결코 완전한 현전이 아니다. 기호는 언제나 그 나름의 경로가 있는 것이어서 올곧은 솔직함으로 다가오지 않는다. 반면에 의미하는 자, 기호를 발신하는 자는, 기호의 중재에도 불구하고 자신을 주제로 제안하지 않고 **직접 마주한다**de face. 물론 의미하는 자는 자기에 대해 말할 수 있다. 그러나 그럴 때 그는 스스로를 의미된 것으로, 결국 그 나름의 경로에 따른 기호로 나타낼 것이다. 타인, 즉 의미하는 자는 자기에 대해서가 아니라 세계에 대해서 말하면서 말 속에서 스스로를 드러낸다. 그는 세계를 제안하면서, 세계를 **주제화하면서** 스스로를 드러낸다.

---

5) 여기에 보이는 'sign', 'signfier', 'signifé', 'signifiant', 'signification' 등은 구조주의 언어학에서 중요하게 사용하는 용어들이지만, 레비나스에게서는 다른 함의를 갖는다.——옮긴이

주제화는 타인을 드러내는데, 그것은 세계를 정립하고 제공하는 제안이 허공에 떠돌지 않고 이 제안을 받아들이는 자에게, 타인에게로 향하는 자에게 응답을 약속하기 때문이다. 그는 타인의 제안 속에서 질문을 던질 가능성을 받아들이는 까닭에 타인을 향한다. 질문은 놀라움만으로 설명되지 않고 그 질문을 받는 자의 현전을 또한 가리킨다. 제안은 질문과 응답이 펼쳐지는 장 속에서 유지된다. 제안은 이미 해석된, 자신의 고유한 열쇠를 지닌 기호다. 해석하는 열쇠가 해석해야 할 기호 속에 이렇게 현전한다는 것은 바로 제안 속에 타자가 현전함을 뜻한다. 이것은 자신의 대화를 구원하는 자의 현전이며, 모든 말에 담긴 가르치는 특성이다. 입말의 대화는 대화의 충만함이다.

의미 작용 또는 이해 가능성은 자기에 머무는 동일자의 정체성에서 유래하는 것이 아니라, 동일자에 호소하는 타자의 얼굴에서 유래한다. 의미 작용이 생겨나는 것은 동일자가 욕구를 갖고 있기 때문이 아니다. 즉 어떤 것이 그에게 결핍되어 있어서 이 결핍을 메울 수 있는 모든 것이 그런 이유로 의미를 갖기 때문이 아니다. 의미 작용은 동일자에 대한 타자의 절대적 잉여 속에 있다. 동일자는 타자를 욕망한다. 그에게 결핍되지 않은 것을 욕망한다. 동일자는 타자가 그에게 제안하거나 그로부터 받아들인 주제들을 통해 타자를 맞아들인다. 이때 타자는 그렇게 주어진 기호들에서 떨어져 있지 않다. 따라서 의미 작용은 세계를 말하거나 세계를 이해하는entendre 타자에게 속한다. 타자의 언어와 이해력entendement이 세계를 주제화하는 것이다. 의미 작용은 말씀le verbe으로부터 출발하는데, 여기서 세계는 주제화되고 동시에 해석된다. 이 말씀에서 의미하는 자는 자신이 전달하는 기호와 결코 분리되지 않고, 오히려 그 기호를 노출하는 바로 그때 항상 그것을 재포착한다. 사태를 정립하는 단어에 언제나 주어지는 이러한 구원이야말로 언어의 유일한 본질이기 때문이다.

　존재들의 의미 작용은 궁극성의 관점에서가 아니라 언어의 관점에서 드러난다. 전체화에 저항하는 항들 사이의 관계, 이 관계로부터 스스로를 방면하거나 그 관계를 분명히 하는 항들 사이의 관계는 오직 언어로서만 가능하다. 여기서 다른 항에 대한 한 항의 저항은 타자성의 모호하고 적대적인 잔여에 의한 것이 아니다. 오히려 그 저항은 언제나 가르침인 말이 내게 가져오는 주의注意의 고갈될 수 없는 잉여로 인한 것이다. 실제로 말은 항상 그 말에 의해 던져진 단순한 기호였던 바를 재포착하는 것이다. 또 그것은 그 말 속에서 모호했던 것을 해명하기 위해 언제나 새로워지는 약속이다.

　의미를 가짐, 그것은 절대자와 관련하여 자리를 잡음이다. 다시 말해 타자성으로부터 옴이다. 이 타자성은 그것에 대한 지각으로 흡수되지 않는다. 그러한 타자성은 오직 기적 같은 풍부함으로서만, 주의의 고갈될 수 없는 잉여로서만 가능하다. 주의의 이 같은 잉여는 언어가 자신의 고유한 현현을 밝히기 위해 언제나 다시 시작하려 노력하는 가운데 발생한다. 의미를 가짐, 그것은 가르쳐 줌 또는 가르쳐짐이며, 말함 또는 말해질 수 있음이다.

　목적과 향유의 관점에서 보면, 의미 작용은 방해받은 향유를 전제하는 노동에서만 출현한다. 그러나 방해받은 향유는 그 자체로는 어떤 의미 작용도 발생시키지 못할 것이다. 오히려 대상 세계에서, 다시 말해 이미 말이 울려 퍼지고 있는 세계에서 그 향유가 일어나지 않는다면, 그것은 단지 고통을 낳을 뿐이다.

기원의 기능은 (의식의 대자가 그렇듯이) 준거 체계 속에서 자기에 준거하게 될 어떤 **끝/목적**fin에 귀착하지 않는다. 시작과 끝은 동일한 의미에서 궁극적 개념들이 아니다. '대자'는 자기로 다시 닫히고, 만족하고, 모든 의미 작용을 잃는다. 대자에 접근하는 자에게, 대자는 다른 모든 환영만큼이나 수수께끼처럼 나타난다. 기원이라 함은 자신의 수수께끼에 실마리를 제공하는 어떤 것이고, 그 수수께끼에 단어를 부여하는 어떤 것이다. 언어는 자신의 현현에 참석한다는 점에서 예외적이다. 말은 말에 대해 해명을 하는 데서 성립한다. 말은 가르침이다. 환영apparition은 누군가가 이미 사라진 고정된 형식인 반면, 언어에서는 그 고유한 출현apparition —모든 출현처럼 가소적可塑的인 —의 불가피한 장막을 찢는 현전이 끝없이 유입된다. 출현은 계시하고 숨는다. 말은 언제나 새로워지는 전적인 솔직함으로 이 모든 출현의 불가피한 은폐를 극복하는 데서 성립한다. 그리하여 모든 현상에 의미가, 즉 방향orientation이 부여된다.

앎 그 자체의 시작은, 모든 출현이 은폐일 수 있는 세계, 시작이 없는 세계의 마법과 영속적 애매함이 단절될 때만 가능해진다. 이 무정부 상태에 말은 어떤 원리를 도입한다. 말은 마법을 푼다. 왜냐하면 말하는 존재는 말 속에서 자신의 출현을 보증하고, 자신을 구원하며, 자신의 고유한 현현에 참석하기 때문이다. 그의 존재는 이 **참석** 속에서 실현된다. 응시하는 나를 응시하는 얼굴에서 이미 움트는 말은, 계시의 최초의 솔직함을 도입한다. 말과 관련해서 세계는 방향을 잡는다. 즉 의미 작용을 가진다. 이 말과의 관계에서 세계는 시작한다. 그러나 이것은 세계가 말로 귀착한다는 격언과 같지 않다. 세계는 **말해지고**, 그럼으로써 주제가 될 수 있고, 제안될 수 있다. 존재들이 한 제안 속으로 들어감은 존재들이 **의미 작용을 포획**하는 근원적 사건을 구성한다. 이 의미 작용에서 출발해서 존재들의 알고리즘적 표현 그 자체의 가능성이 세워질 것이다. 이렇듯 말은 모든 의미 작용, 즉 도구들과 모든 인간적 작품의 기원이다. 왜냐하면 모든 의미 작용이 귀착하는 지시 체계가 그 기능의 원리 자체를, 그것의 열쇠를 받아들이는 것은, 말에 의해서기 때문이다. 상징 체계의 양상이 언어인 것은 아니다. 모든 상징 체계는 이미 언어에 준거하고 있다.

e) 언어와 주의注意

존재가 자신의 현전에 참석하는 것인 말은 가르침이다. 이 가르침은 단순히 추상적이고 일반적인 내용을, 이미 나와 타인에게 공통적인 내용을 전달하는 것이 아니다. 그것은 단지 어떤 보조 기능을 나중에 떠맡는 것이 아니다. 즉 이미 그 산물을 담고 있는 정신을 분만케 하는 기능만을 떠맡는 것이 아니다. 말은 다만 **줌**으로써, 현상을 주어진 것으로 현시함으로써 공동체를 수립한다. 또 말은 주제화하면서 준다. 주어진 것이란 한 문장에 담긴 사태다. 이런 문장에서는 나타나는 것이 주제로 고정되면서 자신의 현상성을 잃어버린다. 침묵의 세계와는 반대로, 무한하게 부풀려진 애매성이나 흐르지 않는 물, 즉 신비로 치부되는 기만으로 잠들어 있는 물 따위와는 반대로, 제안은 현상이 존재자에, 외재성에 관계하게 한다. 나의 사유가 포함하지 못하는 타자의 무한에 관계하게 한다. 제안은 정의한다. 대상을 자신의 유類 안에 위치시키는 정의는, 무정형의 현상을 혼동에서 해방시켜 현상을 그 기원인 절대적인 것에서부터 방향 짓고 주제화하는 데서 성립하는 정의를 전제한다. 발생에 따르는 또는 유와 종차에 따르는 모든 논리적 정의는 이미 이러한 주제화를 전제한다. 문장들이 공명하는 하나의 세계 안으로 들어감을 전제한다.

진리의 객관화 자체는 언어를 지시한다. 모든 정의가 재단되는 곳인 무한은 정의되지 않으며, 시선에 자신을 내맡기지도 않는다. 그러나 그것은 자신을 알린다. 주제로서가 아니라 주제화하는 자로서, 즉 모든 사물이 스스로를 동일하게 고정시킬 수 있는 출발점이 되는 자로서. 더구나 무한은 자신을 알리는 작업에 참석하면서 자신을 알린다. 무한은 단지 자신을 알릴 뿐 아니라 말한다. 그것은 얼굴이다.

애매함이나 혼동의 끝으로서의 가르침은 현상의 주제화다. 현상을 내게 가르쳐 준 자는 이 주제화의 행위들—기호들—을 다시 취하면서, 즉 말하면서 스스로를 그-자신에게 현시하는 자이다. 바로 그렇기 때문에 이제 나는 기만에 놀아나는 것이 아니라 대상들을 주시하게 된다. 타인의 현전은 사태의 무정부적 마법을 깨뜨린다. 세계는 대상이 된다. 대상이 되고 주제가 된다는 것은 내가 누군가와 말할 수 있는 그 무엇이 된다는 것이다. 이 누군가는 현상의 막을 뚫고, 그 자신과 나를 연합한다. 우리는 이 연합association의 구조에 대해 곧 이야기할 것이다. 우리가 미리 보았듯 그 구조는 도덕적일 수밖에 없고, 그래서 진리는 타자와 맺는 나의 관계 위에, 즉 정의 위에 세워진다. 말을 진리의 기원에 놓는 것은 시각의 고립을 전제하는 탈은폐를, 진리의 최초의 작업으로서의 탈은폐를 포기하는 것이다.

언어의 작업인 주제화, 스승이 내게 행한 **행동**인 주제화는 어떤 신비스러운 정보가 아니라 나의 주의注意에 전달된 부름이다. 주의와 그 주의가 가능하게 하는 명백한 사유는 의식 자체이지 의식이 정제된 것이 아니다. 그러나 내게 현저한 권한을 지니는 주의는 **본질적으로** 부름에 응답하는 것이다. 주의는 어떤 것에 대한 주의인데, 그 까닭은 그것이 누군가에 대한 주의이기 때문이다. 주의의 출발점이 외재적이라는 점은 자아의 긴장 그 자체인 주의에 본질적이다. 학교 없이는 어떠한 사유도 명백하지 않다. 학교가 학문을 조건 짓는다. 학교는 자유를 해치기보다 자유를 성취하는 외재성, 즉 스승의 외재성을 긍정하는 장소다. 사유의 해명은 둘에서만 이루어질 수 있다. 그것은 우리가 이미 소유한 것을 찾는 데 국한되지 않는다. 오히려 가르치는 자의 최초의 가르침은 가르치는 자의 현전 그 자체다. 이 현전으로부터 재현이 나온다.

f) 언어와 정의

그러나 주의를 환기하는 가르치는 자가 의식을 넘어선다는 것은 무엇을 의미할 수 있는가? 어떻게 가르치는 자가 그가 가르치는 의식 바깥에 있다는 것인가? 사유된 내용이 그것을 사유하는 사유에 외적이듯 가르치는 자가 의식에 외적인 것은 아니다. 사유된 내용의 외재성은 그것을 사유하는 사유와 관련하여 사유에 떠맡겨지며, 이런 의미에서 의식을 **넘치지**déborder 못한다. 사유와 접촉하는 그 어떤 것도 사유를 넘칠 수 없다. 모두가 자유롭게 떠맡겨진다. **사유의 자유 자체를 판단하는 판단 말고는 어떤 것도 사유를 넘칠 수 없다.** 스승은 자신의 말로 현상에 의미를 부여하고, 그 현상들을 주제화할 수 있게 한다. 그러한 스승의 현전은 객관적 지식에 주어지지 않는다. 스승의 현전은 자신의 현전에 의해서 나와 사회적 관계를 맺는다. 현상 속에서 존재의 현전은 마법에 걸린 세계의 마력을 깨뜨리고 자아가 말할 능력이 없는 예^{oui}를 말한다. 그것은 타인의 진정한 긍정성^{positivité}을 가져온다. 이런 현전은 사실상 연-합$^{as-sociation6)}$이다. 그러나 시작을 가리키는 것이 시작에 대한 앎은 아니다. 오히려 반대로 모든 객관화는 이미 이러한 가리킴을 가리킨다. 존재의 진정한 경험인 연-합은 탈은폐하지 않는다. 사람들은 이것을 계시된 것의 탈은폐 ─ 얼굴의 경험 ─ 라고 말할 수는 있다. 하지만 그렇게 말하면 이 탈은폐의 본래성이 감춰진다. 이 탈은폐에서 사라지는 것은 다름 아니라 단독적 확실성에 대한 의식이다. 모든 앎은 ─ 그것이 얼굴에 대해 가질 수 있는 앎이라 해도 ─ 이 속에서 작용한다. 사실 확실성은 나의 자유에 의존하며 이런 의미에서 단독적이다. 내가 주어진 것을 떠맡도록 허락하는 선험적 개념들에 의해서든, (데카르트에서처럼) 의지의 집착에 의해서든, 참인 것의 책임을 지는 것은 결국 홀로인 나의 자유다. 연-합, 즉 스승을 맞아들임은 이와 반대다. 연합에서는 내 자유의 실행이 의문시된다. 나의 자유가 의문시되는 상황을 도덕적 의식이라고 부른다면 연합, 즉 타인을 맞아들임은 도덕적 의식이다. 이러한 상황의 본래성은 그것이 인식적 의식에 대해 형식적 안티테제를 이룬다는 점에만 있지 않다. 자기가

---

6) 접두사 'as-'는 '향한다', '부착된다' 등의 뜻을 담고 있으므로 'as-sociation'은 '향-사회화'라고 새길 수 있다. 그러니까 연-합이란 사회를 형성한다는 의미인 셈이다. ─옮긴이

이미 자기 자신을 엄격하게 통제하는 만큼 자기를 의문시하는 것 또한 엄해진다. 우리가 목표에 접근함에 따라 그 목표에서 멀어지는 것이 도덕적 의식의 삶이다. 나 자신에 관한 나의 요구가 커지면 내게 내려지는 판단이 무거워지고 내 책임이 가중된다. 내게 내려지는 판단을 결코 내가 떠맡지 못한다는 것은 바로 이런 구체적인 의미에서다. 이 떠맡음의 불가능성이야말로 도덕적 의식의 삶 그 자체, 즉 도덕적 의식의 본질이다. 나의 자유는 결정권을 갖지 않는다. 나는 홀로 있지 않다. 그래서 우리는 도덕적 의식만이 그 자신으로부터 벗어난다고 말한다. 달리 말해, 도덕적 의식에서 나는 어떠한 선험적 틀도 따르지 않는 경험을, 개념 없는 경험을 가진다. 다른 모든 경험은 개념적이다. 다시 말해 나의 것이 되거나 또는 나의 자유에 속한다. 우리는 방금 도덕적 의식의 본질적 불만족성을 묘사한 것이다. 이것은 배고픔이나 포만의 질서에 속하지 않는다. 마찬가지 방식으로 우리는 앞에서 욕망을 정의했다. 도덕적 의식과 욕망은 의식의 양상들이 아니라 의식의 조건이다. 구체적으로 말해 도덕적 의식과 욕망은 타인을 그의 판단을 통해 맞아들이는 것이다.

상기想起의 내면성이 아닌 가르침의 타동성이 존재를 드러낸다. 사회는 진리의 장소다. 나를 판단하는judger 스승과 맺는 **도덕적** 관계는 참인 것에 대한 내 집착의 자유를 떠받친다. 그렇게 언어는 시작된다. 내게 말을 걸고 말들을 통해 내게 자신을 제안하는 자는 나를 심판하는judger 타인의 근본적 낯섦을 유지한다. 우리의 관계들은 결코 역전될 수 없다. 이 우월함은 타인을 그 자신 속에, 즉 나의 앎 바깥에 놓는다. 그리고 이 절대자에 대한 관계에 의해, **주어진 것**은 의미를 지니게 된다.

관념들의 '소통', 즉 대화dialogue의 상호성은 이미 언어의 심오한 본질을 가리고 있다. 이 본질은 나와 타자 사이의 관계의 불가역성 속에, 타자라는 그리고 외재적이라는 그 위치와 합치하는 스승Maître의 스승됨Maîtrise 속에 있다. 사실 언어는 대화 상대자가 그의 대화discours의 시작일 때만, 결과적으로 그가 체계 너머에 머물 때만, 그가 나와 **동일한 평면 위에 있지 않을 때만**, 말해질 수 있다. 대화 상대자는 너Toi가 아니라 당신Vous이다. 그는 그의 위엄 속에서 스스로를 계시한다. 따라서 외재성은 스승됨과 일치한다. 그러므로 나의 자유는 그 자유를 서임할 수 있는 스승에 의해 문제 삼아진다. 그리하여 진리가, 자유의 주권적 행사가 가능해진다.

D. 분리와 절대

동일자와 타자는 관계 속에서 스스로를 유지하는 동시에, 그 관계로부터 스스로를 **방면하여** 절대적으로 분리된 채로 머문다. 무한의 관념은 이 분리를 요구한다. 분리는 존재의 궁극적 구조로서, 존재의 무한함 자체의 **생산으로서** 정립되었다. 사회는 분리를 **구체적으로** 성취한다. 그러나 분리의 수준에서 존재에 접근하는 것은 존재의 실추 속에서 존재에 접근하는 것은 아닌가? 우리가 개괄해 온 입장은 파르메니데스로부터 스피노자와 헤겔에 이르기까지 긍정되던 통일의 오래된 특권에 반대한다. 그런 통일의 견지에서 보면, 분리와 내면성은 이해될 수 없을 것이고 비합리적일 것이다. 동일자를 타자에 연결시키는 형이상학적 인식은 이 실추를 반영하게 될 터이다. 형이상학은 분리를 억압하고 통일하고자 애쓰게 될 것이다. 형이상학적 존재는 형이상학자의 존재를 흡수해야 할 것이다. 형이상학이 시작되는 곳인 실제의 분리는 환상이나 오류의 결과로 여겨질 것이다. 분리된 존재가 자신의 형이상학적 원천으로 되돌아가는 여정에서 거치는 단계, 통합에 의해 완성될 역사의 계기, 형이상학은 일종의 오디세이가 될 것이며, 그 오디세이의 불안정이 될 것이고, 향수^{nostalgie}가 될 것이다. 그러나 통일의 철학은 무한한 것, 절대적인 것 그리고 완전한 것 속에서는 생각할 수 없는 이 우연적 환상과 추락이 어디서 왔는지 결코 말할 수 없었다.

분리를 실추나 결핍 또는 전체성의 잠정적인 파열로 생각한다는 것은, **욕구**가 나타내는 것과는 다른 분리를 알지 못한다는 것이다. 욕구는 욕구하는 자 속의 빈 곳과 결여를, 외재적인 것에 대한 욕구의 의존을, 욕구하는 존재의 불충분성을 입증한다. 그 이유는 다름 아니라 욕구하는 존재가 자신의 존재를 완전히 소유할 수 없고, 그래서 그 존재는 결국 엄밀히 말해 **분리되지** 않기 때문이다. 그리스 형이상학이 나아간 길 가운데 하나는 통일로의 복귀를, 통일과의 혼융을 추구하는 데 있었다. 그러나 그리스 형이상학은 선Bien을 본질의 전체성으로부터 분리된 것으로 생각했다. 그럼으로써 그리스 형이상학은 (이른바 동양적 사유로부터 어떠한 도움도 받지 않은 채) 전체성 너머를 받아들일 수 있는 어떤 구조를 간취했다. 선은 **그 자체로** 선이지, 선이 결여하고 있는 욕구와 관련해서 선인 것은 아니다. 선은 욕구들과 관련해서는 사치다. 선이 존재 너머에 있는 것은 바로 이런 점에서다. 앞에서 우리가 탈은폐에 계시가 대립되고 그 계시에서는 진리를 추구하기 이전에 진리가 표현되며 그 진리가 우리를 비춘다고 했을 때, 우리는 선 그 자체의 개념을 이미 재포착하였던 것이다. 플로티노스는 유출과 하강에 의해 일자로부터 본질이 출현한다고 함으로써 파르메니데스로 되돌아간다. 플라톤은 어떤 방식으로든 존재를 선으로부터 연역하지 않는다. 그는 초월을 전체성을 넘어가는 것으로 놓는다. 플라톤이야말로 만족이 빈 곳을 채우게 되는 욕구들 곁에서 고통과 결여를 앞세우지 않는 열망들을 또한 간취했던 사람이다. 이 열망들에서 우리는 욕망의 얼개를 알아차린다. 그것은 아무것도 결여하지 않은 자의 욕구이며, 완전하게 자신의 존재를 소유하고 자신의 충만함 너머로 나아가며 무한의 관념을 가지는 자의 열망이다. 모든 본질 위에 있는 선의 차리는 신학이 아니라 철학의 가장 심오한 가르침—결정적 가르침—이다. 무한의 역설, 즉 무한이 스스로가 포함하지 않는 자기 바깥의 어떤 존재를 허용하고, 또 분리된 존재의 이 이웃함에 힘입어 무한성 그 자체를 성취한다는 역설, 한마디로 창조의 역설은 이렇게 하여 그 뻔뻔함을 잃는다.

하지만 그렇기에, 분리를 무한의 순수하고 단순한 감소로, 강등으로 해석하는 것은 단념해야 한다. 무한과 관련해서 무한과 양립할 수 있는 분리는 무한의 단순한 '추락'이 아니다. 선의 관계들은 추상적인 것 속에서 유한을 무한에 형식적으로 연결시키는 관계보다 더 나은 관계들이다. 이 관계들은 표면상의 감소를 거쳐서 자신을 고지한다. 감소가 다뤄지는 것은 분리(와 피조물)로부터 추상적인 사유를 통해 그 유한함을 고집할 때뿐이다. 그럴 때 유한함은 초월 속에 놓이지 못한다. 초월 속에서야 유한함은 욕망과 선함에 이른다. 인간 실존의 존재론—철학적 인간학—은 열정적으로 유한함을 내세우면서 이러한 추상적 사유를 끊임없이 바꾸어 말한다. 실제로 중요한 것은 선이라는 생각 자체가 오직 하나의 의미를 가지는 질서다. 중요한 것은 사회다. 관계는 서로를 완성하는 항들, 그러니까 서로서로 결여하고 있는 항들이 아니라 스스로 충분한 항들을 연결시킨다. 이런 관계가 욕망이며, 자기 소유에 이른 존재들의 삶이다. 구체적으로 사유된 무한, 즉 무한으로 향하는 분리된 존재에서부터 사유된 무한은 자신을 **넘어선**다dépasser. 달리 말해, 무한은 스스로 선의 질서를 연다. 무한은 무한으로 향하는 분리된 존재로부터 구체적으로 **사유된**다고 말한다고 해서, 분리된 존재로부터 출발하는 사유를 상대적인 것이라고 보는 것은 결코 아니다. 분리는 사유와 내면성의 구성 자체다. 즉 독립 속에 있는 한 관계의 구성 자체다.

무한은 분리된 존재에게 자리를 내어 주는 수축 속에서 전체성이 파고드는 것을 거부하는 가운데 생산된다. 이렇게 하여 존재 바깥의 길을 여는 관계들이 그려진다. 그 자신에 대해 순환적으로 닫혀 있는 것이 아니라 존재론적 외연에서 물러서서, 분리된 존재에게 자리를 내어 주는 무한은, 신적으로 실존한다. 무한은 전체성 너머에au-dessus 한 사회를 출발시킨다. 분리된 존재와 무한 사이에 수립되는 관계들은 무한의 창조적 수축에서 감소로 있었던 바를 만회한다. 인간은 창조를 만회한다. 신과 맺어지는 사회는 신에게 덧붙여진 것이 아니며, 신을 피조물에서 분리하는 간격의 사라짐도 아니다. 이러한 사회를 우리는 전체화와 대비하여 종교라고 불렀다. 창조자 무한의 제한됨, 그리고 다수성은 무한의 완전함과 양립할 수 있다. 그것들은 이 완전함의 의미를 분명하게 드러낸다.

무한은 스스로 선의 질서를 연다. 중요한 것은 형식 논리의 규칙들에 반대하는 것이 아니라 그것들을 넘어서는 질서다. 형식 논리에는 욕구와 욕망 사이의 구분이 반영될 수 없다. 거기서는 욕망이 언제나 욕구의 형식들로 흘러들어 가게 된다. 순전히 형식적인 이 필연성으로부터 파르메니데스 철학의 힘이 나온다. 하지만 욕망의 질서, 즉 서로 결여되지 않은 낯선 자들 사이의 관계의 질서는, 다시 말해 자신의 긍정성 속에 있는 욕망의 질서는, 무로부터의 창조 관념을 가로질러서 자신을 내세운다. 이렇게 하여 자신의 보충물들을 갈망하는 욕구하는 존재의 평면은 사라지고, 안식의 실존 가능성이 막을 연다. 여기서는 실존이 그 실존의 필수품들을 유보시킨다. 사실 존재자는 그가 자유로운 한에서만, 즉 의존을 전제하는 체계의 바깥에 있는 한에서만 존재자다. 자유에 부과된 모든 제약은 존재에 부과된 제약이다. 이런 이유로 보면 다수성이란 그들의 가까움에 의해 서로가 서로를 제한하는 존재들의 존재론적 실추일 것이다. 파르메니데스 이래로 플로티노스를 통해서도 우리는 다르게 생각하는 데에 이르지 못했다. 왜냐하면 다수성은 전체성에 통합되는 것으로 우리에게 나타났기 때문이다. 그런 다수성이란 단지 전체성의 겉모습, 게다가 설명 불가능한 겉모습일 수밖에 없다. 그러나 무로부터의 창조 관념이 표현하는 것은 전체성으로 통합되지 않는 다수성이다. 피조물은 분명 타자에 의존하는 실존이다. 그러나 그로부터 분리된 한 부분으로서 의존하는 것은 아니다. 무로부터의 창조는 체계를 깨뜨리고, 존재를 모든 체계의 바깥에, 즉 그의 자유가 가능한 곳에 놓는다. 창조는 피조물에 의존의 흔적을 남겨 두지만, 그러나 그것은 비길 데 없는 의존이다. 의존적 존재는 이러한 예외적 의존으로부터, 이러한 관계로부터, 그의 독립 자체를, 체계에 대한 그의 외재성을 끌어낸다. 창조된 실존에 본질적인 것은 그 존재의 제한된 특성에서 성립하지 않으며, 피조물의 구체적 구조는 이러한 유한함으로부터 연역되지 않는다. 창조된 실존에 본질적인 것은 무한과 관련된 그의 분리에서 성립한다. 이 분리는 단순히 부정이 아니다. 심성으로 성취되는 이 분리는 다름 아닌 무한의 관념을 향해 열린다.

사유와 자유는 분리로부터, 그리고 타인에 대한 고려로부터 우리에게 온다. 이러한 테제는 스피노자주의와 정반대되는 지점에 있다.

A. 삶으로서의 분리

1. 지향성과 사회적 관계

형이상학적 관계를 이해관계를 벗어난 것으로서, 모든 참여에서 해방된 것으로서 기술하면서, 거기에서 지향성을, 즉 ~에 대한 의식을 인정한다면, 동시적으로 근접성과 거리를 인정한다면, 그것은 잘못일 것이다. 후설적인 그 용어는 결국 대상과의 관계를, 정립된 것과의 관계를, **주제적인 것과의 관계**를 일깨우지만, 형이상학적 관계는 주체를 대상과 관련시키지 않는다. 그렇다고 우리의 의도가 반反-지성주의적인 것은 아니다. 실존 철학자들과는 반대로, 우리는 그 존재 면에서 본 존재자와의 관계——그리고 이런 의미에서 절대적으로 외적인 관계, 즉 형이상학적 관계——를 세계 내 존재 위에, 하이데거가 말하는 **현존재**Dasein의 **염려와 만듦**[1] 위에 정초하지 않을 것이다. 만듦, 다시 말해

---

1) 하이데거의 표현으로 '염려'는 'Sorge'에, '만듦'은 'Besorge'에 해당한다. 하이데거 철학에서 'Besorge'에 대한 우리말 역어는 보통 '배려'지만, 레비나스는 이것을 '만듦'이나 '행함'이라는 뜻의 프랑스어 'faire'로 옮기고 있다. 'Besorge'를 '염려하여 처리함'이라는 뜻으로 풀어 새긴다면 이런 연결을 큰 무리 없이 이해할 수 있을 것이다.——옮긴이

노동은 이미 초월적인 것과의 관계를 전제한다. 만일 대상화하는 행위의 형식을 띤 인식이 형이상학적 관계의 수준에 있는 것으로 여겨지지 않는다면, 그것은 대상—주제—으로 숙고된 외재성이 추상들이 멀어지는 속도로 주체로부터 멀어지기 때문이 아니다. 반대로 외재성이 주체로부터 충분히 멀어지지 않기 때문이다. 대상에 대한 관조는 행동에 아주 가까이 머물러 있다. 그것은 자신의 주제를 다루며, 그 결과 그것은 한 존재가 다른 존재를 한계 짓는 평면 위에서 작용한다. 형이상학은 닿음 없이 다다른다. 그 방식은 행위가 아니라 사회적 관계다. 그럼에도 불구하고 사회적 관계는 진정한 경험이라고 우리는 주장한다. 사회적 관계는 사실 자신을 표현하는, 즉 자기로 남는 존재자 앞에 놓인다. 대상화하는 행위와 형이상학적 행위를 구분하면서 우리는 지성주의의 부정으로가 아니라 매우 엄격한 지성주의의 발전으로 나아간다. 만일 지성이 그 자체에서의 존재를 욕망한다는 것이 참이라면 말이다. 그러므로 초월의 유사 관계들과 초월 자체의 관계들을 분리하는 차이를 보여 줄 필요가 있다. 초월 자체의 관계들은 타자에게로 나아가는데, 무한의 관념이 우리로 하여금 그 방식을 정할 수 있게 해준다. 초월의 유사 관계들은—그리고 그 가운데 대상화하는 행위는—비록 초월에 근거를 둔다 하더라도 동일자에 머문다.

동일자의 품 안에서 생산되는 관계들에 대한 분석—이 책의 2부는 여기에 바쳐지는 것인데—을 통해 실제로 기술될 것은 분리의 간격이다. 분리에 대한 형식적 묘사가 모든 관계를 묘사하는 것은 아니다. 즉 항들 사이의 거리와 그것들의 결합을 동시적으로 드러내는 것은 아니다. 분리에서 항들의 결합은 탁월한 의미에서의 분리를 유지한다. 관계에서 존재는 관계로부터 스스로를 방면하며, 관계 속에서 절대적이다. 존재의 구체적 분석은, 존재를 성취하는(그리고 존재를 분석하면서도 존재를 성취하기를 그치지 않는) 존재가 착수하는 그런 분석은, 분리를 내적 삶으로 또는 심성으로 인식하게 할 것이다. 우리는 이 점을 지적한 바 있다. 그런데 이 내면성은 다시 자기 집에서의 현존으로, 주거와 경제라고 말할 만한 것으로 나타날 것이다. 심성과 그 심성이 여는 관점들은 형이상학적인 자를 형이상학적인 것으로부터 분리시키는 거리를, 그리고 전체화에 대한 그들의 저항을 유지시킨다.

2. ~로 삶(향유). 성취의 관념

우리는 '맛 좋은 수프'와 공기와 빛과 풍경과 노동과 생각과 잠 등등으로 산다. 이것들은 재현의 대상이 아니다. 우리는 이것들로 산다. 우리가 그것으로 사는 이것은, 펜이 펜으로 쓰는 편지에 대해 수단이듯이 '삶의 수단'이 아니다. 또 의사소통이 편지의 목적이듯이 삶의 목적인 것도 아니다. 우리가 그것으로 사는 것들은 연장들이 아니며, 그 용어의 하이데거적인 의미에서 도구들도 아니다. 그것들의 실존은 망치나 바늘이나 기계의 실존처럼 그것들을 규정하는 유용함의 도식에 의해 고갈되지 않는다. 그것들은 언제나 어느 정도로는—그리고 망치와 바늘과 기계조차 그러한데—이미 질서 잡히고 다듬어진 채로 '미감' goût에 주어지는 향유의 대상이다. 더욱이 수단에 기대는 것이 목적성을 전제하고 다른 것에 대한 의존을 나타내는 반면에, ~로 삶은 독립성 자체를, 향유와 그 향유의 행복이 갖는 독립성을 보여 준다. 그것이 모든 독립성의 본래적 구도다.

거꾸로, 행복의 독립성은 언제나 어떤 내용에 의존한다. 그 내용이란 숨 쉬고, 응시하고, 음식을 먹고, 노동하고, 망치와 기계를 다루는 등등의 즐거움 또는 고통이다. 내용에 대한 행복의 의존은 그러나 원인에 대한 결과의 의존이 아니다. 삶이 그것으로 사는 내용들은 이 삶을 유지하는 데 언제나 불가결한 것은 아니다. 방편으로서, 또는 실존이 '기능'하는 데 필수적인 연료로서 언제나 불가결한 것은 아니다. 또는 적어도 그것들은 필수 불가결한 것들로 체험되지 않는다. 그 내용들과 더불어 우리는 죽는다. 또 때로는 그것들 없이 사느니 차라리 죽고자 한다. 하지만 예컨대, 복원한다는 '계기'는 영양을 취한다는 사실에 현상학적으로 포함되며, 그것은 영양을 취함에 본질적이기까지 하다. 그 점을 고려하는 데 생리학자나 경제학자의 지식이 필요하지는 않을 것이다. 영양 섭취nourriture는 활기를 얻는 방편으로서, 타자를 동일자로 변환하는 것인데, 이것이 향유의 본질이다. 타자의 에너지, 다른 것으로 인지된 에너지, 우리가 앞으로 볼 것처럼 행위 자신을 향하는 바로 그 행위를 유지하는 것으로 인지된 에너지가 향유 속에서는 나의 에너지가 되고, 나의 힘이 되며, 내가 된다. 이러한 의미에서는 모든 향유가 음식 섭취다. 배고픔은 욕구이고, 진정한 의미의 결핍이며, 바로 이러한 의미에서 ~로 삶은 삶을 채우는 것에 대한 의식을 단순히 갖는 것이 아니다. 이 내용들은 체험된다. 이 내용들은 삶에 양분을 준다. 우리는 자신의 삶을 산다. '살다'는 삶의 내용이 그것의 직접 보어가 되는 타동사인 셈이다. 그리고 이 내용을 사는 행위는 **사실 자체로**ipso facto 삶의 내용이다. 동사 '실존하다'와 직접 보어의 관계는 (실존 철학자들 이래로) 타동사적인 것이 되었는데, 사실상 이 관계는 영양 섭취와 맺는 관계와 유사하다. 여기에는 대상과의 관계 및 이 관계와 맺는 관계가 동시에 존재한다. 후자의 관계 또한 그 자체가 삶에 영양을 주고 삶을 채워 준다. 사람들은 단지 자신의 고통이나 즐거움을 실존하지 않는다.[2] 사람들은 고통과 즐거움으로 실존한다. 그 자신의 활동 자체로부터 영양을 취하는 행위의 이러한 방식이 바로 향유다. 그러므로 빵을 먹고 사는 것은 빵을 스스로에게 재현하는 것도, 빵에 대해 행동하는 것도, 빵에 의해 행동하는 것도 아니다. 분명히 우리는 자신의 빵을 벌어야 하며, 자신의 빵을 벌기 위해서는 영양을 취해야 한다. 내가 먹는 빵은 또한 내가 나의 빵을 벌고 나의 삶을 벌게 해주는 것이기도 하다. 그러나 내가 노동하고 살기 위하여 나의 빵을 먹는다면, 나는 나의 노동으로 사는 것이자 나의 빵으로 사는 것이다. 빵과 노동은 실존의 적나라한 사실에서 주의를 돌리게 하는 것 ─ 파스칼적 의미에서 ─ 도 아니며, 내 시간의 공허를 메우는 것도 아니다. 향유는 나의 삶을 채우는 내용들 모두에 대한 궁극적 의식이다. 향유는 그 내용들을 끌어안는다. 내가 버는 삶은 벌거벗은 실존이 아니다. 그것은 노동과 먹을거리의 삶이다. 삶에 몰두케 할 뿐만 아니라 삶을 '차지하고' 삶을 '즐겁게 하는' 것은 여기의 이 내용들이다. 삶은 이 내용들의 향유다. 비록 삶의 내용이 나의 삶을 안정시켜 주는 것이라 하더라도, 그 방편은 곧바로 목적으로서 추구되며, 이 목적의 추구가 다시

---

2) '실존하다'(exister)라는 동사를 타동사로 사용하는 표현이기에, 우리말로 어색하긴 하지만 직접목적어를 취하는 방식으로 옮겼다. ─옮긴이

또 목적이 된다. 그래서 물건들은 언제나 엄격하게 필요한 것보다 많아지고, 이것들이 삶의 우아함을 만들어 낸다. 우리는 우리의 생존을 보장해 주는 우리의 노동으로 산다. 그러나 우리는 또한 그 노동이 삶을 채워 주기(기쁘게 하거나 슬프게 하기) 때문에 그 노동으로 산다. '자신의 노동으로 산다'라는 것의 첫 번째 의미는—사태가 정상적일 경우—이 두 번째 의미로 귀착된다. 보이는 대상이 대상으로서의 삶을 차지한다. 그러나 대상을 봄이 삶의 '기쁨'을 만든다.

여기에 봄vision에 대한 봄vision이 있다는 말은 아니다. 사물에 대한 삶의 고유한 의존과 삶이 맺는 관계가 향유다. 향유는 행복으로서 독립이기도 하다. 삶의 행위들은 직선적이 아니며, 그 목적성을 향해 당겨져 있지도 않다. 우리는 의식을 의식하면서 살아가지만, 그러나 의식에 대한 이 의식은 반성이 아니다. 그것은 앎이 아니라 향유며, 우리가 나중에 얘기할 것처럼, 삶의 에고이즘 자체다.

그러므로 우리가 내용으로 산다고 말하는 것은, 그 내용을 우리의 삶을 확실히 해주는 조건으로 보고 그 내용에 기댄다는 것을, 또 이를 실존의 벌거벗은 사실로 여긴다는 것을 뜻하지는 않는다. 삶의 벌거벗은 사태는 결코 벌거벗지 않았다. 삶은 존재의 벌거벗은 의지가, 이 삶의 존재론적 **염려**Sorge가 아니다. 삶이 그 삶의 조건 자체와 맺는 관계는 영양 섭취가 되고, 이 삶의 내용이 된다. 삶은 **삶에 대한 사랑**이며, 나의 존재가 아닌 내용들, 그러나 나의 존재보다 더 친근한 내용들과의 관계다. 즉 생각하고, 먹고, 잠자고, 읽고, 노동하고, 햇볕을 쬐는 것과의 관계다. 나의 실체와 구별되지만 그 실체를 이루는 이 내용들이 내 삶의 값을 이룬다. 저승에서 율리시스가 만난 어둠의 실존처럼,

순수하고 벌거벗은 실존으로 환원될 때, 삶은 어둠으로 용해되어 버린다. 삶은 그 본질에 선행하지 않는 실존이다. 삶에서 삶의 본질은 그 값을 이룬다. 그리고 그 가치가 여기서 존재를 구성한다. 삶의 현실은 이미 행복의 지평에 있으며 이러한 의미에서 존재론을 넘어서 있다. 행복은 존재의 우연한 사건이 아니다. 왜냐하면 존재는 행복을 위해 위험을 무릅쓰기 때문이다.

'~로 삶'이 단순히 어떤 사물의 재현이 아니라고 해서, '~로 삶'이 활동과 역량의 범주로, 아리스토텔레스 존재론의 요소로 귀착하는 것은 아니다. 아리스토텔레스적 행위는 존재와 등가적이다. 목적과 수단의 체계 속에 놓인 인간은 **행위에 의해** 자신의 드러난 한계로부터 벗어나 스스로 현실화한다. 다른 모든 자연적 본성과 마찬가지로, 인간의 본성도 스스로를 성취한다. 즉 기능을 하고 관계를 하면서 전적으로 그 자신이 된다. 모든 존재는 존재의 실행이다. 그래서 사유와 행위의 동일화는 은유적인 것이 아니다. 그러나 ~로 삶이, 즉 향유가 역시 다른 사물들과 관계를 맺는 데서 성립한다 하더라도, 이 관계는 **순수 존재**의 평면 위에 그려지는 것이 아니다. 더욱이 존재의 평면 위에 펼쳐지는 행위 그 자체는 우리의 행복으로 진입한다. 우리는 행위로 산다. 그리고 존재의 행위 자체로 산다. 우리가 생각과 감정으로 사는 것과 꼭 마찬가지로 말이다. 내가 행하는 것과 나인 것은 동시에 내가 그것**으로** 사는 바로 그것이다. 우리는 이것과 이론적이지도 실천적이지도 않은 관계로 관계를 맺는다. 이론과 실천의 배후에 이론과 실천의 향유가 있다. 삶의 에고이즘이 있다. 궁극적 관계는 향유, 곧 **행복**이다.

향유는 일종의 심리 상태, 그중에서도 경험주의 심리학이 다루는 감정적인 기분이 아니다. 향유는 자아의 떨림 자체다. 우리는 거기서 우리 자신을 항상 이차적 단계에서 유지한다. 그러나 이 이차적 단계는 아직 반성의 단계가 아니다. 우리는 살아간다는 단순한 사실로 인해 이미 행복 속에서 움직이는데, 사실 이 행복은 존재를——이 존재에서 사물들이 재단되는데——언제나 넘어서 있다. 행복은 결과지만, 거기서 열망의 기억은 아타락시아보다 더 가치가 있는 성취라는 특성을 결과에 부여한다. 순수한 실존함은 아타락시아며, 행복은 성취다. 향유는 그 목마름의 기억으로 만들어진다. 향유는 갈증을 해소하는 것이다. 향유는 자신의 '역량'puissance을 기억하는 행위다. 향유는 하이데거가 바란 것처럼 존재 안에 내가 뿌리박혀 있는 양태를 표현하는 것이 아니다. 즉 나의 **처해 있음**disposition[3]을, 나를 유지하는 긴장 상태를 표현하는 것이 아니다. 향유는 존재 안에서 나를 유지하는 것이 아니라 이미 존재를 넘어선다. 존재 그 자체는 행복을 실체성 위에 있는 새로운 영광으로 추구할 수 있는 자에게 "도래한다". 존재 그 자체는 행복 또는 불행을 이루는 내용이지만, 이때의 행복이나 불행은 단순히 자신의 본성을 실현하는 자의 것이 아니라, 실체들의 질서 속에서는 생각할 수 없는 승리를 존재 안에서 추구하는 자의 것이다. 실체들은 있는 그대로의 것일 따름이다. 그러므로 행복의 독립은 철학자들이 생각하듯 실체가 소유하고 있는 독립과는 구분된다. 그것은 마치 존재의 충만함 이외에 존재자가 새로운 승리를 내세울 수 있는 것과

---

3) 하이데거의 원래 표현으로는 'Befindlichkeit'다.——옮긴이

같다. 물론 사람들은 존재자가 처한 실존함의 불완전함만이 이러한 승리를 가능하게 하고 값지게 하며, 그 승리는 오직 실존함의 충만함과 일치한다고 주장하면서 우리를 반박할 수 있다. 하지만 우리는 불완전한 존재가 가지는 낯선 가능성이 이미 행복의 질서의 열림이며, 실체성보다 더 높은 독립이라는 이 약속이 치르는 대가라고 말할 것이다.

행복은 활동의 조건이다. 만약 활동이 지속 속에서의 시작을 의미한다면, 그럼에도 불구하고 계속되는 것이라면 말이다. 행위는 확실히 존재를 전제하지만, 익명적 존재 안에 시작과 끝을 표시한다. 익명적 존재 안에서는 시작과 끝이 의미를 지니지 않는다. 그런데 향유는 이러한 연속성 속에서 연속성에 대한 독립을 실현한다. 각각의 행복은 최초의 것으로 온다. 주체성은 자신의 기원을 독립에서, 그리고 향유의 지배권에서 얻는다.

플라톤은 진리를 먹고 사는 영혼에 대해서 이야기한다.[4] 플라톤은 영혼의 지배권이 나타나는 이성적 사유 속에서 대상과 맺는 한 관계를 식별해 낸다. 이 관계는 관조적인 것일 뿐 아니라, 사유자인 동일자를 자신의 지배권 속에서 확증해 주는 것이다. 진리의 평원 속에 있는 초원에서 "영혼의 제일 뛰어난 부분에 적합한 이 목초가 나오는데, 이 목초는 영혼을 가볍게 하는 날개의 본성에 영양을 준다".[5] 영혼이 진리로 고양되게끔 해주는 것이 진리에 의해 영양분을 받는다. 우리

---

4) 플라톤, 『파이드로스』, 246e.
5) 같은 책, 248b~c.

는 이 책 전체를 통틀어, 진리와 영양 섭취가 전적으로 유사하다는 견해에 대해서는 반대한다. 왜냐하면 형이상학적 욕망은 삶 위에 있는 것이고, 우리는 그것에 대해서 포만을 말할 수 없기 때문이다. 그러나 플라톤의 이미지는 삶이 성취하는 바로 그 관계를 사유에 대해 그려낸다. 삶에서는 삶을 채우는 내용들에 대한 애착이 삶에 최상의 내용을 제공한다. 음식들의 소비가 삶의 음식이다.

3. 향유와 독립

어떤 것으로 산다는 것은 어딘가에서 생명 에너지를 끌어오는 것이 아니라고 우리는 말했다. 삶은 호흡과 영양 섭취에 의해 공급되는 연료를 찾고 소비하는 데서 성립하는 것이 아니다. 오히려 삶은 지상과 천상의 먹을거리들을 즐기는 데서 성립한다고 할 수 있다. 이렇게 삶이 삶이 아닌 것에 의존한다 해도, 이 의존은 결국 그것을 무효화하는 반대편 없이는 존재하지 않는다. 우리가 그것으로 사는 바의 것은 우리를 노예로 만들지 않는다. 우리가 그것을 향유한다. 욕구는 플라톤이 내놓는 욕구의 심리학에도 불구하고 단순한 결여로 해석될 수 없으며, 칸트의 도덕에도 불구하고 순수한 수동성으로 해석될 수도 없다. 인간 존재는 자신의 욕구를 즐기며 자신의 욕구로 인해 행복하다. '어떤 것으로 산다'라는 것의 역설은, 또는 플라톤이 말했던 것처럼 이 쾌락들의 광기는 바로, 삶이 의존하는 것에 만족해한다는 데 있다. 한편으로는 지배이고 다른 한편으로는 의존인 것이 아니라, 이 의존 속의 지배가 문제다. 이것이 아마 만족과 쾌락의 정의 자체일 것이다. ~

로 삶, 그것은 지배권으로 변하는 의존, 본질적으로 에고이스트의 행복으로 변하는 의존이다. 세속의 비너스[6]인 욕구는 또한 어떤 의미로는 포로스와 페니아의 아이다.[7] 포로스의 페니아인 욕망과는 반대로, 욕구는 포로스의 원천으로서의 페니아다. 욕구에 결여되어 있는 것은 충만과 부의 원천이다. 행복한 의존인 욕구는 채워지는 빈 곳처럼 만족될 수 있다. 외부에서 생리학은 우리에게 욕구는 결여라고 가르친다. 인간이 자신의 욕구로 인해 행복할 수 있다는 것은 생리학적 평면이 인간적 욕구 속에서 초월된다는 것을, 욕구가 있자마자 우리는 존재의 범주들 바깥에 있게 된다는 것을 가리킨다. 심지어 형식논리학에서조차 행복의 구조——의존에 의한 독립, 또는 자아 즉 인간 피조물——는 모순 없이 드러날 수 없다.

욕구와 향유는 능동성과 수동성 개념들로 뒤덮일 수 없다. 비록 유한한 자유의 개념 속에서 능동성과 수동성이 뒤섞인다 하더라도 그렇다. 향유는 삶의 **타자**인 먹을거리와의 관계 속에서, **고유한**sui generis 독립, 행복의 독립이다. 어떤 것**으로** 사는 것인 삶은 행복이다. 삶은 정감성affectivité이고 감정이다. 산다는 것은 삶을 향유하는 것이다. 삶에 절망한다는 것이 의미를 지닐 수 있는 것은, 삶이 본래 행복이기 때문이다. 고통은 행복의 퇴락이다. 행복이 고통의 부재라고 말하는 것은 정확하지 않다. 행복은 사람들이 폭정이자 부과된 특성이라고 비난하

---

6) 플라톤은 『향연』에서 이데아를 '천상의 비너스'로, 욕구를 '지상의 비너스'로 구분하여 설명하고 있다.——옮긴이
7) 포로스는 풍요의 신이고 페니아는 빈곤의 여신이며, 에로스는 포로스와 페니아의 아들이다. 자세한 내용은 플라톤의 『향연』 참조.——옮긴이

는 욕구들의 부재로 이루어지는 것이 아니라, 욕구들의 만족으로 이루어진다. 욕구의 결핍은 단순한 결핍이 아니라 행복의 잉여를 아는 존재 안에서의 결핍, 만족된 존재 안에서의 결핍이기 때문이다. 행복은 성취다. 행복은 만족된 영혼 안에 있는 것이지, 자신의 욕구들을 뿌리째 뽑아 버린 영혼 안에, 거세당한 영혼 안에 있는 것이 아니다. 그리고 삶이 행복이기 때문에 삶은 개인적personnel이다. 개인의 개인성, 즉 자아의 자기성은 원자와 개체의 특수성 이상의 것이다. 그 개인성은 향유의 행복이 가지는 특수성이다. 향유는 무신론적인 분리를 성취한다. 즉 향유는 분리 개념을 탈형식화한다. 이 분리는 추상적인 것 속에서의 균열이 아니라 토착적 자아가 자기에게서 실존하는 것이다. 영혼은 플라톤에게서처럼 "영혼이 없는 것 전부를 돌보는"[8] 것이 아니다. 물론 영혼은 자신이 아닌 것 속에서 거주한다. 그러나 영혼이 자신의 동일성을 획득하는 것은 이렇게 '타자' 속에서 (논리적으로가 아니라 타자에 대립하여) 거주함에 의해서다.

4. 욕구와 신체성

향유가 동일자의 소용돌이 자체라면, 향유는 타자에 대한 무지가 아니라 타자의 착취다. 이 타자의 타자성은 세계인데, 그것은 향유가 기억하고 열중하는 욕구에 의해 극복된다. 욕구는 동일자의 최초 운동이다. 물론 욕구는 타자에 대한 의존이기도 하다. 그러나 그것은 시간

---

8) 플라톤, 『파이드로스』, 246b.

을 가로지르는 의존이다. 동일자의 순간적 배반이 아니라 의존의 중지 또는 연기인 의존이다. 그렇기에 그 의존은 욕구가 의존하는 타자성의 첨점尖點을 노동과 경제를 통해 깨뜨릴 가능성이다.

플라톤은 욕구의 만족을 동반하는 쾌락을 헛된 것이라 비난하면서 욕구에 대한 부정적인 생각을 고착시켰다. 욕구란 **못한 것**moins이고, 만족이 채워야 할 결여라는 것이었다. 욕구의 본질은 옴[疥]과 병으로 인해 자기 몸을 긁으려 하는 욕구 속에서 볼 수 있을 것이다.[9] 우리는 가난 속에서 욕구를 파악하는 욕구의 철학에 머물러야 하는가? 가난은 동물적이고 식물적인 조건들을 단절시키는 인간의 해방이 무릅쓰는 위험들 중 하나다. 이러한 위험에도 불구하고 욕구의 본질적인 것은 이 같은 단절 속에 있다. 욕구를 단순한 결핍으로 여기는 것은, 욕구에 시간도 의식도 허용하지 않는 무질서한 사회 속에서 욕구를 파악하는 것이다. 인간과 인간이 의존하는 세계 사이에 끼어드는 거리가 욕구의 본질을 구성한다. 존재는 세계로부터 자신을 떼어 내지만, 그럼에도 그 세계로부터 영양을 취한다! 자신이 뿌리내리고 있던 전체로부터 스스로를 떼어 낸 존재의 일부는 자신의 존재를 관장한다. 이제 그 존재가 세계와 맺는 관계는 욕구일 따름이다. 그 존재는 세계의 모든 무게로부터, 직접적이고 끊임없는 접촉들로부터 스스로를 해방시킨다. 그것은 멀리 있다. 이 거리는 시간으로 바뀔 수 있으며,

---

9) 영어판 주석에 따르면 플라톤, 『필레보스』, 46a 참조(Emmanuel Levinas, *Totality and Infinity: An Essay on Exteriority*, trans. Alphonso Lingis, Pittsburgh: Duquesne University Press, 1969, p. 116).─옮긴이

해방되었지만 욕구하는 존재에 세계를 종속시킬 수 있다. 여기에 일종의 애매성이 있다. 신체는 이 애매성의 분절 자체다. 동물적 욕구는 식물적 의존으로부터 해방되지만, 이 해방은 의존이고 불확실함이다. 야수의 욕구는 투쟁과 공포에서 분리될 수 없다. 야수가 해방되었던 외적 세계는 그 야수에게 위협으로 남아 있다. 그러나 욕구는 또한 노동의 시간이다. 자신의 타자성을 내어놓는 타자와 맺는 관계다. 춥고, 배고프고, 목마르고, 벌거벗고, 피난처를 찾는다는 것 —세계에 대한 이 모든 의존들은 욕구가 되어, 본능적 존재를 익명적 위협들에서 떼어 낸다. 세계로부터 독립된 존재를 구성하기 위해 물질적인 것, 즉 만족 가능한 것으로 인식되는 욕구들의 만족을 보장해 줄 수 있는 진실한 **주체**를 구성하기 위해 그렇게 한다. 욕구들은 나의 능력 안에 있다. 욕구들은 나를 동일자로 구성하지, 타자에 의존하는 것으로 구성하지 않는다. 나의 신체는 주체가 예속 상태로 떨어지는 방식, 자신이 아닌 것에 의존하는 방식일 뿐 아니라, 소유하고 노동하며 시간을 가지는 방식, 내가 그것으로 살아야 하는 바의 타자성 자체를 극복하는 방식이기도 하다. 신체는 자기의 소유 자체다. 욕구를 통해서 세계로부터 해방된 자아는 그 해방의 비참함을 이 소유에 의해 극복하기에 이른다. 우리는 나중에 이 문제로 돌아올 것이다.

자신의 욕구들을 물질적인 욕구들로, 즉 만족될 수 있는 것으로 인식한 그때부터 자아는 자신이 결여하지 않은 것으로 향할 수 있다. 자아는 물질적인 것을 정신적인 것과 구분하고 욕망에 스스로를 연다. 그렇지만 노동은 이미 대화를, 결국 동일자로 환원 불가능한 타자의 높음을, 타인의 현전을 요구한다. 자연적 종교는 없다. 그러나 이미 인간적 에고이즘은 아래에서 위로 일으켜지고 높음의 방향으로 들어선 인간 신체로 인해 순수한 자연을 떠나게 된다. 이것은 경험적 환상이 아니라 존재론적 생산이며 지울 수 없는 증언이다. '나는 할 수 있다'는 이러한 높음에서 유래한다.

욕구와 욕망의 차이에 다시 주목해 보자. 욕구 속에서 나는 실재를 물어뜯을 수 있고, 타자를 동화하여 나를 만족시킬 수 있다. 욕망 속에서는 존재를 물어뜯거나 포만을 느낄 수 없지만, 어떠한 푯말도 없는 미래가 내 앞에 있다. 욕구가 전제하는 시간이 내게 주어지는 것은 욕망에 의해서다. 인간의 욕구는 이미 욕망 위에 세워진다. 그래서 욕구는 노동을 통해 이러한 **타자를 동일자**로 바꿀 시간을 가지게 된다. 나는 신체로서 실존한다. 다시 말해 상승된 것으로서, 파악할 수 있는 기관organ 으로서, 그 결과 스스로를 내가 의존하는 세계 속에, 기술적으로 실현 가능한 목적들 앞에 위치시킬 수 있는 기관으로서 실존한다. 그러므로 노동하는 신체에게 모든 것은 이미 성취된 것, 이미 행해진 것이 아니다. 이렇듯 신체가 있다는 것은 행해진 것들 가운데서 시간을 갖는다는 것이고, **타자** 안에서 살아가면서도 내가 된다는 것이다.

거리의 계시는 애매한 계시다. 왜냐하면 시간은 순간적 행복의 안전성을 파괴하는 동시에, 그렇게 발견되는 연약함을 극복하게 해주기 때문이다. 타자와의 관계는 신체 속에 신체의 고양으로 새겨지는데, 이 관계야말로 향유를 의식과 노동으로 변형할 수 있게 해주는 것이다.

5. 자아의 자기성으로서의 정감성

우리는 자아의 단일성을 이해할 수 있게 해주는 하나의 가능성을 간취한다. 자아의 단일성은 분리를 표현한다. 진정한 분리는 고독이며, 행복 또는 불행인 향유는 고립 자체다.

　자아는 에펠탑이나 모나리자처럼 유일한 것이 아니다. 자아의 단일성은 유일한 사례라는 데 있는 것이 아니라, 유類를 가지지 않고 한 개념의 개별화가 아니면서 실존한다는 데 있다. 자아의 자기성은 개별적인 것과 일반적인 것의 구별 바깥에 머무는 데 있다. 개념을 거부하는 것이 토데 티[10]가 일반화에 대립시키는 저항은 아니다. 토데 티는 개념과 동일한 평면에 있으며, 개념은 상반되는 항에 의해 정의되듯 토데 티에 의해 정의된다. 반면에 여기 자아에서 개념의 거부는 그 존재의 측면들 중의 하나일 뿐 아니라, 전적으로 자아의 내용이다. 즉 그것은 내면성이다. 개념의 이 거부는 개념을 거부하는 존재를 내면성의 차원으로 밀어 넣는다. 그것은 자기 속에chez soi 있다. 이렇듯 자아는 전체성의 파열이 구체적으로 성취되는 방식이다. 이 파열이 절대적으로 다른 것의 현전을 규정한다. 자아는 진정한 의미의 고독이다. 자아의 비밀secret이 전체성의 분별/불연속discrétion을 보증한다.

　논리적으로 부조리한 단일성의 이 구조, 이렇듯 유에 참여하지 않음, 이것이 행복의 에고이즘 자체다. 행복은 먹을거리인 '타자'와 맺는 그 관계 속에서 충족된다. 행복이 충족되는 것은 타자와 맺는 이 관

---

10) 이 책 71쪽 각주 5 참조. ― 옮긴이

계 때문이기조차 하다. 행복은 자신의 욕구들을 충족시키는 데서 성립하는 것이지, 그 욕구들을 억누르는 데서 성립하는 것이 아니다. 행복은 욕구의 '충족되지 않음'에 의해 충족된다. 플라톤이 지적했던 향유의 결함은 충족의 순간을 해치지 않는다. 덧없는 것과 영원한 것의 대립은 충족의 참 의미를 전달하지 못한다. 충족은 에고의 수축 자체다. 충족은 **자기를 위한**pour soi 실존이다. 하지만 충족은 애당초 자신의 실존을 목표한 것도 아니고 자기 자신에 의한 자기의 재현인 것도 아니다. 충족은 '각자가 자기를 위해'chacun pour soi라는 표현에서처럼 자기를 위해 있다. 그 자기를 위함은, 빵 한 입을 위해 죽일 수 있는, '듣지 못하는 굶주린 배'의 자기를 위함과 같다. 또 그 자기를 위함은, 굶주린 자를 이해하지 못하고 자선가처럼 굶주린 자를 낯선 종류의 비참한 사람인 양 대하는, 배부른 자의 자기를 위함과 같다. **향유함**의 충족은 에고이즘을, 즉 에고와 동일자의 자기성을 특징짓는다. 향유는 **자기로 물러남**이고, 퇴축退縮; involution이다. 사람들이 정감적 상태라고 부르는 것은 어떤 한 상태의 침울한 단조로움을 갖지 않는다. 그것은 오히려 자기가 솟구치는 떨리는 고양이다. 자아는 사실 향유의 **버팀목**이 아니다. 여기서 '지향적' 구조는 전혀 다르다. 자아는 감정의 수축 자체며, 나선의 극極이다. 향유는 이 나선이 둥글게 감겨 퇴축하는 것을 그려 낸다. 곡선의 초점이 곡선의 부분을 이룬다. 향유가 행해지는 것은 바로 '둥글게 감기'로서다. 자기를 향한 운동으로서다. 이제 우리는 앞에서 어떤 의미로 자아가 변호라고 말할 수 있었는지를 이해하게 되었다. 말하는 자아는 다름 아닌 자신의 에고이즘 자체를 구성하는 바로 그 행복을 위해 변론하는 것이다. 이 에고이즘이 말로부터 얻게 될 변모^{transfiguration}가 어떤 것이든 간에 말이다.

고독의 향유에 의해서 —또는 향유의 고독에 의해서—성취되는 전체성의 파열은 근본적이다. 타인의 비판적 현전이 이 에고이즘을 문제 삼을 때라도, 그 현전은 에고이즘의 고독을 파괴하지는 않을 것이다. 고독은, (전체성 속에서는 생각할 수 없는) 기원의 문제로 정식화되는 **앎**의 염려 속에서 인식될 것이다. 인과성 개념은 이러한 기원 문제에 대해 해결책을 제시할 수 없다. 여기서 문제가 되는 것은 **자기**, 즉 절대적으로 고립된 존재인데, 인과성은 고립을 하나의 계열로 되돌려 버림으로써 고립을 위태롭게 할 것이기 때문이다. 창조 개념만이 그러한 문제에 부응할 것이다. 창조 개념은 자아의 절대적 새로움을 존중함과 동시에 자아를 한 원리와 다시 잇는 것을, 자아를 다시 문제 삼는 것을 고려하는 까닭이다. 주체의 고독은 또한 변호가 다다르는 선함 속에서 인식될 것이다.

향유로부터 자기가 솟아오른다. 그리고 향유 속에서 자아의 실체성은 동사 존재하다^{être}의 주어로서가 아니라, 행복에 함축된 것으로—존재론이 아니라 가치론에 속하는 것으로—발견된다. 이 솟아오름은 단적인 **존재자**의 고양이다. 그러므로 존재자는 '존재 이해' 또는 존재론의 관할이 아니다. 우리는 존재를 떠맡아서가 아니라 행복을 향유하면서 존재의 주체가 된다. 일종의 고양인 향유의 내재화에 의해, '존재 위'에 있는 향유의 내재화에 의해 그렇게 된다. 존재자는 존재와 관련해 '자율적'이다. 존재자는 존재에 참여함을 가리키는 것이 아니라 행복을 가리킨다. 진정한 존재자, 그것은 인간이다.

주제화와 객관화의 능력으로서의 이성과 동일시되는 자아는 자신의 자기성 자체를 상실한다. 자신을 재현하는 것은 자신의 주체적 실체를 스스로 비우는 것이고, 향유를 무감각하게 하는 것이다. 이러한 무감각anesthésie을 제한 없이 상정함으로써 스피노자는 분리를 사라지게 한다. 그러나 이 같은 지적 일치의 즐거움과 복종의 자유는 그렇게 정복된 통일 속에 균열의 선을 남긴다. 이성은 인간 사회를 가능케 한다. 하지만 그 구성원들이 이성일 따름인 사회는 사회로서 사라지고 말 것이다. 전적으로 이성적인 한 존재가 전적으로 이성적인 다른 존재에게 무엇을 말할 수 있겠는가? 이성은 여럿이 아닌데, 어떻게 무수한 이성들이 구별되겠는가? 칸트가 내세우는 목적의 왕국을 구성하는 이성적 존재들이 감각적 본성의 파멸로부터 기적적으로 구조된 행복에 대한 그들의 요구를 개체화의 원리로 보존하지 않는다면, 그 왕국이 어떻게 가능하겠는가? 칸트에게서 자아는 행복에 대한 이 욕구 속에서 다시 발견된다.

나로 있다는 것, 그것은 행복 가운데서 존재 위에 이미 있는 그러한 방식으로 실존하는 것이다. 자아에게 존재한다는 것이 의미하는 바는, 어떤 것을 자신과 대립시키거나 자신에게 재현하거나 어떤 것을 이용하거나 어떤 것을 열망한다는 것이 아니라 그것을 향유한다는 것이다.

6. 향유의 자아는 생물학적이지도 사회학적이지도 않다

행복에 의한 개체화는 내포와 외연이 일치하는 하나의 '개념'을 개체화한다. 자기동일화에 의한 개념의 개체화가 개념의 내용을 구성한다. 우리가 향유를 묘사하는 가운데 다가갔던 분리된 개인personne이라는 발상, 행복의 독립 속에서 정립되는 이 발상은, 생生의 철학이나 종種의 철학이 벼려 내는 개인이라는 발상과는 구분된다. 생물학적 삶의 고양 속에서 개인은 자신의 비개인적 승리를 확증하기 위해 개별적인 것에 호소하는 비개인적 생이나 종의 작품으로서 출현한다.[11] 자아의 단일성, 즉 개념 없는 개체라는 자아의 위상은 자아를 넘어서는 것에 이렇게 **참여**하는 가운데 사라져 버린다.

우리가 어떤 측면에서 다시 만나게 되는 자유주의의 감동적인 면은 다른 어떤 것도 재현하지 않는 개인을, 즉 바로 자기인 개인을 부각시킨다는 데 있다. 그렇지만 다수성이 등장할 수 있는 것은 개체들이 자신들의 비밀을 보존한다는 조건하에서일 뿐이다. 개체를 다수성으로 결합하는 관계가 바깥에서 볼 수 있는 관계가 아니라 하나에서 다른 것으로 나아가는 관계라는 조건하에서일 뿐이다. 다수성이 밖에서 완전히 볼 수 있는 것이라면, 외재적 관점이 다수성의 궁극적 실재에 열려 있다면, 그 다수성은 개체들이 참여하는 하나의 전체성을 이루게 될 것이다. 개인들 사이의 유대는 덧붙임으로부터 다수성을 보호

---

11) Kurt Schilling, "Einführung in die Staats- und Rechtsphilosophie", ed. Otto Koellreutter, *Rechtswissenschaftliche Grundrisse*, Berlin: Junker und Dunhaupt Verlag, 1939[『국가철학 및 법철학 입문』, 『법철학 강요』] 참조. 인종주의 철학의 전형인 이 책에 의하면, 개체성과 사회성은 더 잘 적응하기 위해 또 생존을 위해 개체들에 선행하며 개체들을 창조하는 생의 사건들이 될 것이다. 이런 철학에는 행복의 개념과 그 개념이 개체적인 것에서 불러일으키는 바가 결여되어 있다. 비참함—결핍—이야말로 생을 위협하는 것이다. 국가는 생을 가능하게 하기 위한 다수성의 조직일 뿐이다. 개인은—심지어 지도자조차도—끝까지 생과 생의 창조에 봉사하는 것으로 남는다. 개인성의 고유한 원리는 결코 목적이 아니다.

하지 못할 것이다. 다수성을 유지하려면, 나로부터 타인으로 나아가는 관계—다른 사람에 대한 개인의 태도—가 모든 관계를 강등의 위험에 처하게 하는 결합의 형식적 의미 작용보다 강해야 한다. 이 더 큰 힘은 나로부터 타자로 나아가는 관계가 제삼자에게 보여질 수 있는 관계들의 망 속에 포괄되지 않는다는 사실에서 구체적으로 확립된다. 만일 나로부터 타자로 향하는 이 유대가 밖으로부터 전적으로 파악될 수 있다면, 그것은 이 유대를 포괄하는 시선 속에서 이 유대로 묶인 다수성을 없애 버리게 될 것이다. 개체들은 전체성에 참여하는 자로 나타날 것이다. 타인은 자아의 두 번째 판본으로 환원되어, 양자 모두 동일한 개념에 의해 포괄될 것이다. 다원론은 수적 다수성이 아니다. 형식논리학이 반영할 수 없을 그 자체의 다원론이 실현되기 위해서는, 나로부터 타자로 향하는 운동이, 타인에 대한 나의 태도(이미 사랑 또는 미움으로, 복종 또는 명령으로, 배움 또는 가르침으로, 그 밖에 여럿으로 규정된 태도)가 깊은 곳에서 생산되어야 한다. 이 태도는 일반적 관계의 한 종류가 아니다. 이것이 의미하는 바는, 나로부터 타자로 향하는 운동이 타자와의 이 마주함으로부터 해방된 객관적인 시선에, 반성에, 주제로서 제공될 수 없다는 것이다. 다원론은 타자의 근본적 타자성을 전제한다. 이 타자성은 내가 단순히 나에 대한 관계에 따라 떠올리는 타자성이 아니라, 나의 에고이즘으로부터 출발해서 내가 마주하는 타자성이다. 타인의 타자성은 그에게 있지, 나에 대한 관계에 따라 있지 않다. 타인의 타자성은 스스로를 계시한다. 하지만 내가 타인의 타자성에 접근하는 것은 나로부터 출발하는 것이지, 나와 타자의 비교에 의한 것이 아니다. 내가 타인의 타자성에 접근하는 것은 내가 그와 함께 유지하는 사회로부터 출발해서지, 나와 타차라는 항들을 반성하기 위해 이 관계를 떠남으로써가 아니다. 성^性은 반성되기 전에 성취되는 이러한 관계의 예를 제공해 준다. 다른 성은 한 존재가 그 정체성의 이면으로서가 아니라 본질로서 지닌 타자성이다. 그러나 그 타자성은 성이 없는 나에겐 영향을 끼칠 수 없을 것이다. 스승으로서의 타인도 그런 타자성의 예가 될 수 있다. 단지 나에 대한 **관계**에 따라 존재하는 것이 아니라 타차의 본질에 속하는 타자성, 그럼에도 불구하고 나로부터 출발해서만 볼 수 있는 그런 타자성의 예 말이다.

B. 향유와 재현

우리가 그것으로 살고 향유하는 것은 이 삶 자체와 혼동되지 않는다. 나는 빵을 먹고 음악을 듣는다. 나는 내 생각들의 흐름이다. 내가 나의 삶을 산다면, 내가 사는 삶과 그렇게 산다는 사태는 그럼에도 불구하고 구분되는 것으로 남는다. 비록 이러한 삶 그 자체가 계속해서 또 본질적으로 그 사태의 고유한 내용이 된다고 해도 말이다.

이러한 관계를 명확히 할 수 있는가? 삶이 그 내용들과 관계 맺는 방식인 향유는 지향성의 한 형식 ─ 후설적 의미에서의 지향성이라는 말을 아주 넓게 받아들여 인간 실존의 보편적인 사태로 여길 때 ─ 이 아닌가? 삶(의식적인 삶, 또 의식적인 삶을 통해 추측하는 대로의 무의식적인 삶까지도)의 모든 계기는 그 계기 자체가 아닌 어떤 **다른 것**un autre과의 관계 속에 있다. 우리는 이러한 테제가 진술되는 리듬을 알고 있다. 모든 지각은 지각된 것에 대한 지각이고, 모든 관념은 어떤 관념 대상에 대한 관념이며, 모든 욕망은 어떤 욕망된 것에 대한 욕망이고, 모든 감정은 감정을 일으키는 어떤 것에 대한 감정이다. 우리 존재에 대해서는 온갖 모호한 사유가 있지만, 그것 역시 **어떤 것**을 향해 있다. 모든 현재는 그 시간적인 벌거벗음 속에서 미래를 향하고, 과거로 되돌아가거나 그 과거를 다시 잡는다. 그것은 앞으로 향함 prospection이자 뒤로 향함rétrospection이다. 그렇지만 지향성이 하나의 철학적 테제로 처음 드러나자마자 재현의 특권이 나타날 것이다. 모든 지향성이 재현이거나 재현에 기초해 있다는 테제는 『논리 연구』 *Logische Untersuchungen*를 지배하고 있으며, 후설의 이후 저작 모두에서 일종의 강박처럼 다시 등장한다. 향유와 후설이 말한 대상화하는 행위의 이론적 지향성 사이의 관계는 무엇인가?

1. 재현과 구성

이런 질문에 답하기 위해 우리는 대상화하는 지향성의 고유한 운동을 따라가 보려 한다.

　이 지향성은 분리 그 자체인 사건이 일어나는 데 필수적인 계기다. 우리는 2부에서 분리를 다루고 있는데, 이 분리는 향유에서 출발하여 거주와 소유에서 더 명확해질 것이다.[1] 스스로를 재현할 가능성과 거기에서 도출되는 관념론의 유혹이 이미 형이상학적 관계 및 절대적 타자와 맺는 관계로부터 혜택을 받고 있음은 사실이다. 그러나 그 가능성과 유혹은 이 초월성 자체의 품 안에서(그렇지만 초월성의 메아리로 귀착되지는 않은 채) 분리를 증언한다. 우리는 먼저 그 원천들로부터 분리를 떼어 놓으면서 분리를 묘사할 것이다. 그 자체로 취해진 재현, 어떤 식으로든 뿌리 뽑힌 재현은, 향유의 방향과 대립되는 방향

---

1) 자세한 내용은 222쪽 이하 참조.

으로 향하는 듯이 보인다. 그렇지만 우리는 반대로 이러한 재현을 통해 향유와 감성의 '지향적' 구도를 보여 줄 수 있을 것이다(비록 재현이 사실상 그 구도로부터 직조된 것이고, 그래서 분리인 사건을 그러한 구도로부터 반복한다 할지라도 말이다).

대상화 행위의 우선성에 대한 후설의 테제(이 테제에서 사람들은 이론적 의식에 대한 후설의 과도한 집착을 보았으며, 후설을 지성주의라고 비난하는─지성주의라 칭하는 것이 비난이기라도 한 것처럼!─이들은 모두 이 테제를 구실로 사용하였다)는 초월론적 철학으로 나아간다. 후설은 지향성 관념이 다다른 듯했던 실재론적 주제들을 지나 매우 놀랍게도, 의식과 구분되는 의식의 대상이 이른바 의식의 산물이라는 주장으로 나아가는 것이다. 여기서 의식의 대상은 의식이 부여한 '의미', 의미 부여Sinngebung의 결과가 된다. 재현의 대상은 재현 행위와 구분된다. 이것이야말로 후설 현상학의 근본적 주장이고 가장 풍요로운 주장이다. 사람들은 이런 주장을 성급하게 실재론의 범위에 포함시키려 든다. 그러나 정신적 이미지들에 대한 이론 및 그 이론이 드러내는 의식 행위와 의식 대상 사이의 혼동은, 심리학적 원자론의 선입견들로 고무된, 의식에 대한 잘못된 묘사에 의해서만 생겨나는가? 어떤 의미로는, 재현의 대상은 분명 사유에 내재적이다. 재현의 대상은 그 대상의 독립성에도 불구하고 사유의 권능pouvoir 아래 놓인다. 우리가 암시하는 바는 버클리가 언급한 것처럼 감각 가운데서 나타나는 감각하는 자와 감각된 것의 애매함이 아니다. 또 우리는 감각 가능한 것이라 불리는 대상들로 우리의 반성을 제한하지 않는다. 반대로 데카르트의 용어를 따르자면 명석판명한 관념에 해당하는 것이 문젯거리다. 명석함 속에서, 애초에 외적인 한 대상이 **주어진다**. 그 대상은 마치 그것이 자신에 의해 전적으로 규정된다는 듯이 대상을 마주하는 자에게 내맡겨진다. 명석함 속에서, 외적 존재는 그 존재를 받아들이는 사유의 작품으로 제시된다. 명석함으로 특징지어지는 이해 가능성은, 사유자가 사유된 것에 행사하는 지배라는 바로 그 정확한 의미에서, 사유된 것에 대한 사유자의 전적인 합치다. 여기서는 대상에서 대상의 저항이, 외적 존재의 저항이 사라져 버린다. 이 지배는 전체적이며 마치 창조와도 같다. 지배는 의미의 증여로서 성취된다. 재현의 대상은 노에마들로 환원된다. 이해 가능한intelligible 것이란 다름 아니라 전적으로 노에마로 환원되는 어떤 것이다. 그것이 지성intelligence과 맺는 모든 관계는 빛이 수립하는 관계들로 환원된다. 재현의 이해 가능성 속에서는 나와 대상, 내적인 것과 외적인 것 사이의 구분이 지워진다. 데카르트의 명석판명한 관념은 참된 것으로, 사유에 전적으로 내재하는 것으로 나타난다. 전적으로 현전하는 것으로—은밀한clandestin 것은 아무것도 없고 그것의 새로움에도 아무런 신비가 없는 그런 것으로 나타난다. 이해 가능성과 재현은 등가적 개념이다. 그것은 자신의 모든 존재를 명석함 속의 사유에 부끄럼 없이 내맡기는 외재성을 뜻한다. 다시 말해 그것은 그 권리상 사유와 충돌하는 것은 아무것도 없고 사유가 자신을 비분별적이라고 결코 느끼지 않는, 전적으로 현전하는 외재성이다. 명석함이란 충돌할 수 있는 것이 사라짐을 뜻한다. 재현의 사태 자체인 이해 가능성은 동일자를 규정하지 않은 채, 동일자에 타자성을 도입하지 않은 채, 동일자에 의해 타자가 규정될 가능성이다. 그것은 동일자의 자유로운 실행이다. 비-아에 대립되는 자아가 동일차 속에서 사라지는 것이다.

이렇듯 재현은 지향성의 작업 속에서 특권적 사건의 자리를 차지한다. 재현의 지향적 관계는 모든 관계로부터, 즉 기계적 인과성으로부터, 논리적 형식주의의 종합적 또는 분석적 관계로부터, 재현적인 것과는 다른 모든 지향성으로부터 구분된다. 재현의 지향적 관계에서 동일자는 타자와 관계하지만, 그것은 타자가 동일자를 규정하지 않는 방식에서다. 타자를 규정하는 것은 언제나 동일자다. 확실히 재현은 진리의 자리다. 진리의 고유한 운동은 사유자에게 스스로를 현시하는 대상이 사유자를 규정한다는 데서 성립한다. 그러나 대상은 사유자와 접촉하지도, 그를 짓누르지도 않으면서 사유자를 규정한다. 그 결과 사유된 것에 복종하는 사유자는 대상이 인식에 마련해 두는 놀라움 속에서조차 그 대상이 주체에 의해 예상되었다는 듯이 '우아하게' 복종하는 것이다.

모든 활동이 이러저러한 방식으로 재현에 의해 비춰지고 그래서 이미 친숙한 지형 위에서 진행되는 데 반해, 재현은 앞서 나가 보는 어떤 정찰병도 없이 동일자로부터 시작하는 운동이다. 플라톤의 표현에 따르면 "영혼은 미래를 예견하는" 어떤 것이다.[2] 자신이 찾는 목표를 향해 모험을 무릅쓰는 손[3]의 대담한 시도에 앞서는, 절대적이고 창조적인 자유가 있다. 왜냐하면 최소한 그 목표를 봄이 손에게 행로를 열어 주었기 때문이다. 그 봄은 이미 기투된 것이다. 재현은 이러한 기투

---

2) 플라톤, 『파이드로스』, 242c.
3) 자세한 내용은 246쪽 참조.

자체다. 그것은 아직 모색하는 행위들에 제공될 목표를 창출하는데, 그 목표는 경험에 앞서^a ^{priori} 정복된 것인 셈이다. 정확히 말하자면 재현 '행위'는 그 자신에 앞선 어떤 것도 발견하지 않는다.

재현은 모든 활동의 이편^{en} ^{deçà}임에도 순수한 자발성이다. 그래서 재현된 대상의 외재성은 재현하는 주체가 대상에 부여하는 의미로서 반성에 나타난다. 대상 그 자체는 사유의 작업으로 환원될 수 있다.

물론 한 삼각형의 내각의 합을 생각하는 자아는 이 대상에 의해 규정된다. 그는 분명 이 합을 생각하는 자이지, 원자량을 생각하는 자가 아니다. 그가 이 점을 기억하든 잊어버리든, 그는 내각들의 합에 대한 사유를 수행했다는 사실에 의해 규정된다. 역사가에게 나타나는 것은 바로 이것이다. 역사가가 볼 때, 스스로 재현하는 자아는 이미 재현된 것이다. 재현의 그 순간에 자아는 과거에 의해 **표시되지 않**으며 오히려 과거를 객관적이고 재현된 요소로 **이용한다**. 이것은 환상인가? 재현의 고유한 함축들에 대한 무지인가? 재현은 그러한 환상과 망각들의 힘이다. 재현은 순수한 현재다. 접선으로라도 시간과 연결되지 않는 순수한 현재라는 처지가 재현의 경이로움이다. 그것은 영원으로 해석되는 시간의 텅 빔이다. 물론 자신의 생각들을 이끄는 자아는 연속하는 그 생각들이 펼쳐지는 시간 속에서 **생성한다**(또는 더 정확하게 말해 나이를 먹는다). 자아는 이 연속하는 생각들을 가로질러 현재 속에서 생각한다. 그러나 시간 속에서의 이러한 생성은 재현의 평면 위에 나타나지 않는다. 재현은 어떠한 수동성도 포함하지 않는다. 타자에 스스로를 관련시키는 동일자는 자신의 고유한 순간과 자신의 고유한 정체성에 외재적인 것을 거부한다. 그렇게 하여 어떤 것에도 빚지지 않은 순수 무상無償인 이 순간 속에서, 거부되었던 모든 것을 '부여된 의미'로서, 노에마로서 다시 발견한다. 동일자의 최초 운동은 부정적이다. 그 운동은 외재성의 의미를 자기 속에서 다시 찾아내 고갈시켜 버리는 데서 성립한다. 그 외재성의 의미는 노에마로 바뀔 수 있다. 이러한 것이 후설이 말한 에포케ἐποχή의 운동이다. 이 운동에서 특징적인 것은 엄밀히 말해 재현의 면모다. 에포케 운동의 가능성 자체가 재현을 정의한다.

재현 속에서 동일자가 타차에 의해 규정되지 않은 채 타자를 정의한다는 사실이 초월론적 통각의 통일이라는 칸트의 발상을 정당화해 준다. 이 통각의 통일은 자신의 종합적 작업 가운데 공허한 형식으로 머물러 있다. 무-조건적 조건으로서의 재현에서 출발하는 사유란 우리에게서 얼마나 먼 것인가! 재현은 완전히 다른 '지향성'에 매여 있다. 우리는 이 분석 전체를 통해 그것에 접근해 보려 한다. 재현이 행하는 구성의 경이로운 작업은 무엇보다 반성 속에서 가능하다. 이것이 우리가 '뿌리 뽑힌' 재현을 분석해 온 이유다. 재현이 '완전히 다른' 지향성에 매여 있는 방식은 대상이 주체에 매여 있는 방식이나 주체가 역사에 매여 있는 방식과는 다르다.

재현 속에서 동일자가 누리는 완전한 자유는, 재현된 것이 아닌 타차, 타인인 타차 속에서 긍정적 조건을 가진다. 지금으로서는 동일차에 의한 타차의 비상호적인 규정인 재현의 구조가 동일차에게는 현전해 있음이라는 사태를 뜻하며, 또 타차에게는 동일차에 현전해 있음이라는 사태를 뜻한다는 점을 기억해 두자. 우리는 이것을 동일차라 부른다. 왜냐하면 재현 속에서 자아는 정확히 자신의 대상에 대한 자신의 대립을 잃어버리기 때문이다. 이 대립은, 그 대상들의 다수성에도 불구하고 자아의 정체성을 되살리기 위해, 즉 바로 자아의 변함없는 특성을 부각시키기 위해 지워져 버린다. 동일자로 머무는 것, 그것은 스스로 재현하는 것이다. '나는 생각한다'는 합리적 사유의 맥박이다. 타자와 맺는 관계들 속에서도 변하지 않은, 그리고 변할 수 없는 동일차의 정체성, 그것은 분명 재현의 자아다. 재현을 통해 사유하는 주체는 자신의 사유를 경청하는 주체다. 사유는 빛이 아니라 소리와 유사한 요소에서 사유된다. 주체에게 사유의 고유한 자발성이란, 마치 자아가 자신의 충만한 지배력에도 불구하고 어떤 것이 행해진 데 대해 놀라듯 놀라는 것과 같다. 이러한 **천재성**génialité이 재현의 구조 자체다. 그것은 현재의 사유 속에서 사유의 과거로 복귀하는 것이고, 현재 속에서 이 과거를 인수하는 것이다. 그것은 주체가 영원한 것으로 자신을 끌어올리는 플라톤의 상기에서처럼, 이 과거와 이 현재를 지양하는 것이다. 특수한 자아는 동일차와 혼동되어, 사유 속에서 그에게 말을 거는 보편적 사유인 '다이몬'과 일치하게 된다. 재현의 자아는 특수자에서 보편자로 나아가는 자연스러운 통로다. 보편적 사유는 1인칭에서의 사유다. 이것이 바로 관념론의 견지에서 주체로부터 출발하여 우주를 다시 만드는 구성이 이러한 구성 이후에도 살아남아 자유롭게 —자신이 구성하게 될 법들 위에— 머무는 자아의 자유가 아닌 이유다. 구성하는 자아는 자신이 포함하는 작품 속으로 용해되어 영원한 것 속으로 들어간다. 관념론적 창조, 그것은 재현이다.

그러나 이것은 재현의 자아, 즉 자신의 잠재적 탄생을 획득하는 조건들에서 떼어 내진 재현의 자아에게만 참이다. 마찬가지로 구체적인 조건들로부터 떼어 내진 향유는 전혀 다른 구조를 나타낸다. 우리는 곧 그 점을 살펴볼 것이다. 지금으로서는 이해 가능성과 재현 사이의 본질적인 상관관계에 주목하자. 이해 가능하다는 것, 그것은 재현된다는 것이고 그래서 경험에 앞선다는 것이다. 실재를 사유된 그것의 내용으로 환원하는 것, 그것은 실재를 동일차로 환원하는 것이다. 사유하는 사유란 완전한 정체성과 그 완전한 정체성을 부정해야 할 실재가 모순 없이 합치하는 장소다. 사유의 대상으로 고려된 가장 무거운 실재는 그 실재를 사유하는 사유가 지닌 무상無償의 자발성에서 생겨난다. 주어진 것의 모든 선행성은 사유의 순간성으로 환원되며, 사유와 동시적으로 현재 속에서 출현한다. 이로 인해 사유는 의미를 획득한다. 재현한다는 것, 그것은 단지 '새롭게' 현전시킨다는 것이 아니라 흐르는 현행의 지각을 현재 자체로 되돌리는 것이다. 재현한다는 것, 그것은 지나가 버린 사실을 현행의 이미지로 되돌리는 것이 아니라, 사유에 독립적인 것으로 보이는 모든 것을 사유의 순간성으로 되돌리는 것이다. 재현이 구성적인 것은 이런 점 때문이다. 초월론적 방법의 가치와 그것이 영원한 진리에서 차지하는 몫은, 재현된 것을 그것의 의미로, 존재자를 노에마로 환원할 수 있는 보편적 가능성에 기초하며, 존재자의 존재 자체를 노에마로 환원하는 가장 놀라운 가능성에 기초한다.

2. 향유와 영양 섭취

향유의 지향성은 재현의 지향성에 대립되는 것으로 묘사될 수 있다. 향유의 지향성은 외재성과 관계하는 데서 성립하는데, 재현에 포함된 초월론적 방법은 이 외재성을 중단시킨다. 외재성과 관계한다는 것은 단순히 세계를 긍정하는 것이 아니라 세계 속에 신체적으로 자리 잡는 것과 같다. 신체는 고양高揚이지만 또한 자리 잡음의 전적인 무게이기도 하다. 벌거벗고 가난한 신체는 자신이 지각하는 세계의 **중심**을 확인해 준다. 하지만 신체는 그의 고유한 세계의 재현에 의해 **조건 지어짐으로써**, 자신이 출발한 그 중심에서 뿌리가 뽑히는 셈이다. 그것은 마치, 바위에서 분출하여 그 바위를 휩쓸어 가는 물과도 같다. 가난하고 벌거벗은 신체는 내가 '구성하는' 또는 사유와 관계하여 내가 신 안에서 보는 그런 사물들 사이의 한 사물이 아니다. 또 그것은 몸짓 사유 pensée gestuelle —이론은 단지 이 사유의 한 극한을 나타낼 뿐인 그런 사유—의 도구도 아니다. 벌거벗고 가난한 신체는 재현에서 삶으로 되돌아가는 것, 재현하는 주관성에서 재현들로 지탱되고 **재현들로 살아가는 삶**으로 되돌아가는 것이다. 이러한 되돌아감은 사유로 환원될 수 없다. 신체의 빈곤—그 신체의 욕구들—은 구성되지 않은 것인 '외재성'을 모든 긍정에 앞서 긍정한다.

지평선이나 어둠 속에서 윤곽이 드러나는 형체가 존재한다고 의심하는 것, 주어진 쇠 한 조각에 이러저러한 형체를 부여하여 그것으로 칼을 만드는 것, 장애물을 극복하거나 적을 없애려 드는 것 —의심하고 노동하고 파괴하고 죽이는 이런 부정적 행위들은 객관적 외재성을 구성하는 대신 그 외재성을 떠맡는다. 외재성을 떠맡는다는 것, 그 것은 동일자가 타자에 의해 규정되면서 타자를 규정하는 관계 속으로 외재성과 함께 들어감을 뜻한다. 그러나 동일자가 그렇게 규정되는 방식은 단순히 칸트의 세 번째 관계 범주가 가리키는 상호성으로 우리를 이끌지 않는다. 동일자가 타자에 의해 규정되는 방식, 부정적 행위 그 자체들이 배치되는 평면을 그려 내는 이 방식은, 앞서 '~로 삶'이 가리킨 바로 그 **방식**이다. 이러한 방식은 신체에 의해 성취된다. 신체의 본질은 대지 위에 나의 자리 잡음을 **성취하는** 것, 이를테면 한 시각을 내게 주는 것이다. 이미 그리고 이제부터의 시각을, 내가 보는 바로 그 이미지로 뒷받침되는 시각을 주는 것이다. 신체적으로 자리 잡는 것, 그것은 대지와 접촉하는 것이지만, 그 접촉 행위가 자리 잡음에 의해 이미 조건 지어졌음을 스스로 발견하는 그러한 방식으로 접촉하는 것이다. 한 실재 속에 발을 디디는 그 행위가 이 실재를 그리거나 구성하는 그러한 방식으로 대지와 접촉하는 것이다. 마치 화가가 그 자신이 그리고 있는 그림으로부터 내려온다고 느끼는 것처럼 말이다.

재현은 대상을 사유에 의해 구성된 것으로, 노에마인 것으로 고려하는 가능성 속에서 성립한다. 그리고 이것은 세계를 사유의 무조건적 순간으로 가져온다. 재현이 있는 어느 곳에서나 행해지는 구성의 과정은 '~로 삶' 속에서 뒤집힌다. 내가 그것으로 사는 것은 재현된 것과 같은 방식으로 내 삶 안에 있지 않다. (재현된 것은 동일자의 영원성이나 **사유 작용**cogitation의 무조건적 현재 안에서 이뤄지는 재현에 내재적이다.) 우리가 여기서 여전히 구성에 대해 말할 수 있다면, 구성된 것이 그것의 의미로 환원되는 데 그치지 않고 여기에서는 그 의미를 넘어선다고 해야 할 것이다. 구성된 것은 구성 속에서 구성하는 자의 조건이 된다고, 또는 더 정확히 말해서 구성하는 자의 먹을거리가 된다고 해야 할 것이다. 의미의 이 넘쳐흐름은 음식 섭취alimentation라는 말로 포착될 수 있다. 의미의 잉여는 단순히 조건으로 사유되는 또 하나의 의미가 아니다. 그 경우, 음식aliment은 한 재현된 상관물에 불과하게 될 것이다. 음식은 그 음식을 조건으로 생각할 법한 사유 자체를 조건 짓는다. 이러한 조건 지음은 단지 사후에 확인되는 것이 아니다. 이 상황의 근원성은, 그 조건 지음이 재현된 것에 대한 재현하는 것의 관계 속에서, 구성된 것에 대한 구성하는 것의 관계 속에서, 그러니까 애초에 우리가 의식의 모든 사태 속에서 발견하는 관계 속에서 생산된다는 점에 있다. 예컨대 먹는다는 것은 분명 음식 섭취의 화학 작용으로 환원되지 않는다. 그러나 먹는다는 것은 더 나아가 미각, 후각, 운동 감각 그리고 먹는다는 의식을 구성하는 다른 감각들의 총체로 환원되지도 않는다. 진정한 뜻에서 먹는다는 행위가 포함하는 음식물을 물어뜯음은, 음식이라는 이 현실이 재현된 모든 현실에 대해 잉여적임을 드러낸다. 이 잉여는 양적인 것이 아니다. 그것은 절대적 시작인 자아가 비-아에 매달려 있음을 확인하는 방식이다. 살아 있는 존재의 신체성과 그 벌거벗고 굶주린 신체의 빈곤은 이러한 구조들의 성취다. (이 구조들은 외재성의 긍정과 같은 추상적인 용어들로 묘사되지만 이때의 긍정이 이론적 긍정은 아니다.) 또 이것은 대지 위에 자리 잡음에 해당하지만, 한 질량이 다른 질량 위에 자리 잡는 것은 아니다. 분명 욕구의 만족 속에서는 나를 정초하는 세계의 낯설음이 자신의 타자성을 잃어버린다. 포만 속에서는 내가 물어뜯는 실재가 [내게] 동화되며, 타자 속에 있었던 힘들은 나의 힘들이 되고 내가 된다(그리고 욕구의 모든 만족은 어떤 측면에서는 영양 섭취다). 노동과 소유를 통해서 먹을거리들의 타자성은 동일차 속으로 편입된다. 그렇지만 여기서의 관계는 우리가 위에서 언급했던 재현의 천재성과는 근본적으로 구분된다. 여기서 그 관계는 다음과 같은 모습들로 뒤집혀 버린다. 구성적 사유는 자신의 자유로운 놀이 와중에 그 놀이에 의해 찔리게 되고, 현전하는 절대적 시작인 자유는 자신의 고유한 생산물 속에서 조건을 발견하게 되며, 이 고유한 생산물은 존재에 의미를 부여하는 의식으로부터 자신의 의미를 받지 않게 된다. 신체는, 모든 것에 '의미를 부여하는' 의식이 지닌다고 하는 특권에 대한 영속적인 이의 제기다. 신체는 이런 이의 제기로서 살아간다. 내가 사는 세계는 단지 사유 및 사유의 구성적 자유가 마주보는 상대나 그것들의 동시적 상관물이 아니다. 그 세계는 조건 지음이고 선행성이다. 내가 구성하는 세계가 나를 먹이고 나를 씻긴다. 세계는 음식이고 '환경'이다. 외재적인 것을 목표로 하는 지향성은 자신이 구성하는 외재성에 내재하게 됨으로써 자신의 목표에서 방향^{sens}을 바꾼다. 지향성은 어떤 면에서는 그 지향성이 나아가는 지점으로부터 오게 된다. 자신의 미래 속에서 자신을 지나간 것으로 인지하면서, 자신이 사유하는 것으로 살아가는 것이다.

정확히 향유인 '~로 삶'의 지향성이 구성적이지 않다고 해서, 포착될 수 없고 생각될 수 없으며 사유의 의미로 바뀔 수도 없고 현재로 환원될 수도 없는, 그래서 결국 재현될 수 없는 내용이 재현과 초월론적 방법의 보편성을 위태롭게 하는 것은 아니다. 전도되는 것은 구성의 운동 자체다. 구성의 놀이를 중단시키는 것은 비합리적인 것의 만남이 아니다. 놀이가 방향을 바꾼다. 가난하고 벌거벗은 신체는 이 방향의 변화 자체다. 데카르트가 감각 소여들에 명석판명한 관념이라는 지위를 주지 않고 그것들을 신체에 관련시키면서 유효한 것으로 분류했을 때, 그는 바로 이와 같은 심오한 직관을 가졌던 것이다. 이것이 노에마화noématisation에 어떠한 제한도 두지 않는 후설 현상학에 대한 데카르트의 우월함이다. 사유를 통한 구성이 사유가 자유롭게 맞아들이거나 거부했던 것 속에서 자신에 대한 하나의 조건을 발견할 때, 재현된 것이 재현의 **현재**를 통하지 않았던 과거로, 즉 기억으로부터 자신의 의미를 받아들이지 않는 절대적 과거로 향할 때, 사유와 근본적으로 구분되는 운동이 나타나는 것이다.

내가 그것으로 사는 세계는 단지 두 번째 단계에서 구성되는 것이 아니다. 즉 재현이 단순히 주어진 현실의 배경막을 우리 앞에 펼친 이후에, 그리고 '가치론적' 지향들이 세계가 주거에 적합해지도록 하는 가치를 이 세계에 부여한 이후에 그 세계가 구성되는 것은 아니다. 구성된 것의 조건으로의 '방향 전환'은 내가 눈을 뜨자마자 성취된다. 내가 눈을 뜰 때 나는 이미 구경거리를 향유하고 있다. 어떻게 보면 사유하는 존재의 중심에서 출발하는 객관화는, 대지와 접촉하자마자 중심 이탈을 드러낸다. 주체가 재현된 것으로 포함하는 것은 주체의 그 활동을 떠받치고 먹이는 것이기도 하다. 재현된 것, 현재 ── 이것은 **행해진**fait 것이고, 이미 과거에 속한다.

3. 요소와 사물들, 유용한 것들

그러나 향유의 세계는 그것을 재현과 상관적인 것으로 제시하고자 하는 기술記述에 무엇으로 저항하는가? 체험된 것에서 알려진 것으로의 보편적으로 가능한 이 전도가, 철학적 관념론을 살찌우는 이러한 전도가, 향유에서는 실패할 것인가? 자신이 향유하는 세계 속에 인간이 머문다는 점이 이 세계에 대한 인식으로 환원 불가능하며 그 인식에 선행하는 것으로 남아 있는 것은 어떤 점에서인가? 인간이 자신을 조건 짓는——그를 지탱하고 포함하는——세계에 내재한다는 점을 진술하는 이유는 무엇인가? 그것은 인간과 관계된 사물들의 외재성을 확증하는 것이 되지 않는가?

이 질문에 답하기 위해서는 우리가 향유하는 사물들이 우리에게 오는 방식을 더 주의 깊게 분석해야 한다. 향유는 정확히 말해 사물로서의 사물에 접근하는 것이 아니다. 사물들은 그것들이 떠오르는 배후의 토대로부터 재현에 이르며, 또 우리가 그 사물들에 관해 가질 수 있는 향유를 통해 그 배후의 토대로 되돌아간다.

향유 속에서 사물들은, 그것들을 체계로 조직하는 기술적 목적성에 빠지지 않는다. 사물들은 우리가 그것들을 취하는 환경milieu 속에서 모습을 드러낸다. 사물들은 공간 속에서, 공기 속에서, 대지에서, 거리에서, 길가에서 발견된다. 이 환경은, 심지어 사물들이 소유권을 따를 때조차 그 사물들에 본질적인 것으로 남는다(사물들을 사물들로서 구성하는 이 소유권에 대해서는 나중에 살펴볼 것이다). 이 환경은 조작적 지시들의 체계로 환원되지 않는다. 이 환경은 그러한 체계의 전체성과 같지 않으며, 또 시선이나 손이 선택 가능성을 가지게 될 전체성—여기서는 매번의 선택이 사물들의 잠재성을 현실화하게 될 터인데—과도 같지 않다. 환경은 고유한 두터움을 가진다. 사물들은 소유에 따르며, 운반될 수 있다. 사물들은 **동산**動産이다. 반면에 사물들이 내게로 오는 출발지인 환경은 상속되지 않는 것으로, 공통의 토대나 토지로, 본질적으로 '누구도' 소유할 수 없는 것으로 남아 있다. 대지나 바다, 빛과 도시처럼. 모든 관계 또는 소유는 소유될 수 없는 것 가운데 놓인다. 이 소유될 수 없는 것은 감싸거나 포함하지만, 스스로는 포함되거나 감싸질 수 없다. 우리는 이것을 요소적인 것l'élémental이라 부른다.

바다와 바람을 이용하는 항해자는 이러한 요소들을 이용하지만, 그렇다고 해서 그것들을 사물로 변형시키지는 못한다. 요소들을 지배하는 법칙들, 우리가 알 수 있고 가르칠 수 있는 그런 법칙들의 정확성에도 불구하고 요소들은 무규정성을 유지한다. 요소는 자신을 포함하는 형식들을 가지지 않는다. 그것은 형식 없는 내용이다. 아니 차라리 요소는 오직 한 측면만을 가진다. 바다와 들판의 표면, 바람의 끝, 이러한 면모가 그려지는 환경은 사물들로 구성되어 있지 않다. 환경은 자신의 고유한 지평—요소의 면모가 펼쳐지는, 넓이나 길이로 바뀔 수 없는 깊이—속에 전개된다. 사물은 하나의 독특한 면모로만 자신을 드러낸다. 확실히 그렇다. 하지만 우리는 그 주위를 돌아볼 수 있으며, 사물의 안쪽은 겉쪽과 마찬가지 가치를 지닌다. 모든 관점들의 가치는 같다. 요소의 깊이가 요소를 대지와 하늘로 연장하여 사라지게 한다. "끝도 없고, 시작도 없다."

사실, 요소는 전체의 면모를 갖지 않는다. 우리는 요소에 이르지 못한다. 요소의 본질에 적합한 관계는 요소를 다름 아닌 환경으로 여기는 관계다. 우리는 그 속에 잠긴다. 나는 언제나 요소에 내재적이다. 인간이 요소들을 정복한 것은 오직, 그에게 치외법권을 부여해 주는 거처domicile를 통해, 이러한 출구 없는 내재성을 극복했을 때뿐이다. 인간은 이미 전유된 한 측면을 통해 요소적인 것에 발붙이고 있다. 나에 의해 경작되는 들판, 내가 물고기를 낚고 배들을 정박시키는 바다, 내가 나무를 자르는 숲, 모든 이러한 행위들, 모든 이러한 노동은 거처와 관련되어 있다. 인간은 거처에서 출발하여 요소적인 것에 잠긴다. 거처는 최초의 전유인데, 여기에 대해서는 나중에 얘기할 것이다. 인간은 자신이 소유한 것에 **내재**한다. 그래서 우리는 모든 소유권의 조건인 거처가 내재적 삶을 가능하게 한다고 말할 수 있다. 이런 식으로 자아는 자기 집에chez soi 있다. 집을 통해 거리나 넓이처럼 우리가 공간과 맺는 관계가 단순히 '요소에 잠기는 것'을 대체한다. 그러나 요소와 맺는 적합한 관계는 바로 잠겨 있다는 사태다. 잠김의 내재성은 외재성으로 바뀌지 않는다. 요소의 순수한 성질은 그 성질을 떠받칠 법한 실체에 달라붙지 않는다. 요소 속에 잠긴다는 것, 그것은 안쪽의 세계에 존재한다는 것인데, 여기서는 안쪽과 겉쪽의 가치가 같지 않다. 사물은 그 자신의 면모로 우리에게 주어진다. 자신의 실체성, 자신의 견고함(소유로 인해 이미 정지된)에서 오는 일종의 요청으로 우리에게 다가오는 것이다. 물론 우리는 액체나 기체를 견고한 것들의 다양성 가운데 하나로 생각해 볼 수 있다. 그러나 그럴 때 우리는 요소 안에서의 우리의 현존으로부터 추상을 행하는 셈이다. 액체는 자신의 유동성을, 지지대 없는 자신의 성질들을, 명사 없는 그 형용사들을, 잠긴 자의 잠김에서 드러낸다. 우리에게 요소는 어떤 존재에 기원을 두지 않은 실재의 안쪽으로서 나타난다. 비록 향유의 익숙함 속에서는 그것이 마치 우리가 존재의 모태 속에 있다는 듯 나타나긴 하지만. 그러므로 요소가 우리에게 오는 것은 어디로부터도 아니라고 할 수 있다. 요소가 우리에게 제시하는 면모는 어떤 대상을 규정해 주지 않으며, 전적으로 익명적인 것으로 남는다. 그것은 바람, 땅, 바다, 하늘, 공기다. 여기서의 무규정성은 한계들을 넘어서는 무한과 같지 않다. 요소는 유한한 것과 무한한 것의 구분에 앞선다. 여기서는 **어떤 사물**, 즉 질적 규정을 거역하는 것으로 나타나는 한 존재자가 문제 되는 것이 아니다. 성질은 요소 속에서는 아무것도 규정하지 않는 것으로 나타난다.

그러므로 사유는 요소를 대상으로 고정시키지 않는다. 요소는 순수한 성질로서 유한과 무한의 구분 바깥에 있다. 어떤 것의 한 면모가 우리에게 제공될 때 그 어떤 것의 '다른 면모'는 무엇인지를 묻는 앎의 문제는, 요소와 맺어지는 관계 속에서는 출현하지 않는다. 하늘, 땅, 바다, 바람은 자신만으로 충분하다. 요소는 어떤 면에서는 무한을 가로막는다. 무한과 관련하여 요소를 사유하는 것이 필요했을 법하긴 하다. 무한과 관련하여 요소를 위치 지어 주는 것은 사실, 무한 관념을 다른 곳에서 받아들인 과학적 사유다. 요소는 우리를 무한으로부터 분리시킨다.

모든 대상은 경험의 보편적 범주인 향유에 주어진다. 내가 유용한-대상을 쥐는 경우에도, 내가 그것을 **도구**Zeug로 다루는 경우에도 그렇다. 연장을 다루고 사용하는 것, 삶의 모든 도구적 용구 집합에 의지하는 것은——이것은 다른 연장들을 제작하거나 사물들에 접근하는 데 사용되는데——향유에서 끝을 맺는다. 물질 혹은 용구 집합으로서 일용품들은 향유에 종속된다. 라이터는 누군가가 피우는 담배에, 포크는 먹을거리에, 컵은 입술에 종속된다. 사물들은 나의 향유에 따른다. 이것은 어쩌면 가장 진부한 확인된 사실이지만, 도구성^{Zeughaftigkeit}에 대한 분석들은 이를 지우지 못한다. 소유 그 자체, 그리고 추상적 개념들과 맺는 모든 관계는 향유로 전도된다. 푸시킨의 인색한 기사[4]는 세계에 대한 소유를 소유하는 것을 향유한다.

존재의 실체적 충만함과, 즉 존재의 물질성과 맺는 궁극적인 관계인 향유는 사물들과 맺는 모든 관계들을 포괄한다. 도구로서의 도구의 구조는, 또 도구가 놓이는 준거 체계는, 염려하는 조작 속의 비전으로 환원될 수 없는 것임이 확실히 드러난다. 그러나 그 구조와 체계는 거기에 항상 수반되는 대상들의 실체성을 구속하지는 못한다. 게다가 가구, 집, 음식, 옷은 그 말의 고유한 의미에서 도구들이 아니다. 옷은 몸을 보호하거나 치장하는 데 이용되고, 집은 몸을 쉬게 하는 데, 음식은 몸에 원기를 회복시키는 데 이용된다. 그러나 우리는 그것들을 향유하고 그것들로 고통을 당한다. 그것은 목적들^{fins}이다. ~를-위해-있는 연장들 그 자체가 향유의 대상들이 된다. 한 사물의 향유는——비록 그것이 연장일지라도——그 사물을 그것이 만들어진 이유인 용도와 결부시키는 데서만, 이를테면 펜을 글쓰기와, 망치를 못을 박는 일

---

4) '인색한 기사'(Skupoy rytsar)는 푸시킨이 1830년 발표한 희곡의 제목으로, 주인공 바론을 가리킨다.——옮긴이

과 결부시키는 데서만 성립하지 않는다. 한 사물의 향유는 오히려 그러한 실행으로 고통받거나 즐거워하는 데서 성립한다. 연장들이 아닌 사물들—빵 조각, 벽난로의 불, 담배 등—은 향유에 내맡겨진다. 그러나 이 향유는 사물들의 전적인 사용을 동반한다. 복잡한 기획이 문제가 되는 경우에도, 또 노동의 목적만이 그 추구를 흡수해 버리는 경우에도 그렇다. ~를 위한 한 사물의 사용, 전체를 향한 이 준거는 그 사물이 지닌 속성들의 가운데 머문다. 우리는 자신의 일을 좋아할 수 있고, 이 물질적 몸짓들과 그 몸짓들을 성취하게 하는 사물들을 향유할 수 있다. 우리는 노동의 저주를 스포츠로 바꿀 수 있다. 활동은 자신의 의미와 가치를, 마치 세계가 유용한 준거들의 체계를 형성하며 그것의 매듭이 우리의 실존 자체와 관계된다는 듯이, 궁극적이고 유일한 목표에서 이끌어 내지 않는다. 세계는 서로에 대해 무지한 자율적 목적성들의 총체에 부응한다. 유용성 없이 향유하는 것, 순수한 상실 속에서, 대가 없이, 어떠한 다른 것도 참조하지 않은 채, 순수한 소비 속에서 향유하는 것, 이것이 인간적인 것이다. 비체계적으로 축적된 직업과 취미들—이 축적은 타인과의 만남이 무한을 열어 주는 이성의 체계로부터, 분리된 존재에 앞선 본능의 체계로부터 똑같이 떨어져 있다. 본능의 체계는 자신의 원인인 자연^{nature}으로부터 분리된 존재에, 진정 태어난^{né} 존재에 앞선다.

사람들은 이러한 축적이 실존을 위한 염려로 환원될 수 있는 유용성에 대한 지각을 조건으로 가진다고 말할 것인가? 그러나 먹을거리에 대한 염려는 실존을 위한 염려에 매여 있지 않다. 자신의 생물학적 목적성을 상실해 버린 영양 섭취 본능들의 전도는 인간의 탈이해

관계désintéressement 자체를 나타낸다. 최종 목적성의 중지 또는 부재는 긍정적 면모를, 이해관심에서 벗어난 놀이의 즐거움을 갖는다. 산다는 것, 그것은 본능의 목적성과 긴장에도 불구하고 향유한다는 것이다. 그것은 어떤 것으로 산다는 것이다. 그 어떤 것이 한 목표나 한 존재론적 수단의 의미를 가지지 않은 채로 말이다. 삶의 단순한 놀이 또는 향유. 긍정적 의미를 지니는 실존에 대한 무염려. 이것은 세계의 먹을거리들에 이빨을 드러내고 깨무는 데서, 풍요로서의 세계를 기꺼이 받아들이는 데서, 세계의 요소적 본질이 터져 나오게 하는 데서 성립한다. 향유 속에서 사물들은 그들의 요소적 성질들로 되돌아간다. 향유, 향유가 그 본질을 전개하는 감성, 이것은 바로 굶주림을 보존에 대한 염려로까지 연장할 줄 모르는 채 존재할 수 있는 가능성으로서 생산된다. 여기에 쾌락주의hédoniste 도덕들의 영원한 진리가 있다. 그것은 욕구의 만족 배후에서 그 질서와 관련해서만 만족이 가치를 얻게 되는 어떤 질서를 찾지 않는다. 그것은 쾌락의 의미 자체인 만족을 종국적인 것으로 여긴다. 먹을거리에 대한 욕구는 실존이 아니라 그 먹을거리를 목표로 삼는다. 생물학은 영양 섭취가 실존까지 연장된다고 가르친다. 욕구는 순진하다. 향유 속에서 나는 절대적으로 나를 위해 있다. 타인을 참조하지 않는 에고이스트—나는 고독 없이 홀로며, 악의 없이 에고이스트이고 혼자다. 타자들과 대립하지 않지만, '나만 아는 것'quant à moi도 아니다. 오히려 타인의 소리를 전혀 듣지 못하고, 모든 의사소통과 의사소통의 거부 바깥에 있다. 굶주린 배처럼 귀가 없는 것이다.

유용한 것들의 총체로서의 세계는 체계를 형성하며, 자신의 존재를 불안해하는 실존의 염려에 매달려 있다. 존재-론으로 해석된 이런 세계는 노동, 주거, 집, 경제 따위를 증언한다. 하지만 더 나아가 그것은 노동의 특수한 조직도 증언하는데, 거기서는 '먹을거리들'이 경제적 기계 장치에서의 연료라는 가치를 가진다. 하이데거가 향유의 관계를 고려하지 않는다는 점을 확인하는 것은 신기한 일이다. 그가 말하는 유용한 것은 사용함과 매듭에 이르는 결과를, 즉 만족을 전적으로 은폐해 버렸다. 하이데거에서 **현존재**는 결코 배고프지 않다. 먹을거리는 착취의 세계 속에서만 유용한 것으로 해석될 수 있다.

4. 감성

그러나 요소를 실체 없는 성질로 놓는 것은, 팔다리가 잘리거나 여전히 더듬거리는 '사유'의 실존을 그러한 현상들과 상관하여 받아들이는 데로 귀착하지 않는다. 요소-속에-존재함은 확실히, 눈멀고 귀먹은 채 전체에 참여하는 데서 존재를 해방시킨다. 그러나 그것은 바깥을 향하는 사유와는 구분된다. 여기서는 오히려 휩쓸고 삼키고 빠뜨리는 파도처럼 운동이 끊임없이 내게로 온다. 쉼 없는 유입의 끊임없는 운동, 그것은 사유의 반성된 운동이 거기서 다시 출발할 수 있을 법한 균열이나 공허가 없는 총괄적 접촉이다. 그것은 안에 있음, ~에 내적으로 있음이다. 이 상황은 재현으로 환원되지 않는다. 더듬거리는 재현으로도 환원되지 않는다. 중요한 것은 향유의 **방식**이 감성이라는 점이다. 사람들이 감성을 재현으로 또 팔다리가 잘린 사유로 해석할 때는, '모호한' 사유들을 설명하기 위해 우리 사유의 유한함을 내세우지 않을 수 없을 경우다. 우리가 요소의 향유에서 출발하여 그려 내는 감성은 사유의 질서에 속하는 것이 아니라 감정의 질서에, 즉 자아의 에고이즘이 진동하는 정감성의 질서에 속한다. 우리는 감성적인 성질들을, 즉 이 잎의 초록을, 이 석양의 빨강을 아는 것이 아니다. 우리는 그것들을 체험한다. 대상들은 무한의 바탕 위에서 내게 나타나지 않고, 그 유한함 속에서 나를 **만족시킨다**. 무한 없는 유한은 만족으로만 가능하다. 만족으로서의 유한이 감성이다. 감성은 세계를 구성하지 않는다. 이른바 감성적 세계는 재현을 통해 구성적 기능을 하는 것이 아니라 실존의 만족 자체를 구성하기 때문이다. 감성적 세계의 합리적 불충분함은 그 세계가 내게 마련해 주는 향유 속에서는 아예 드러나지 않기 때문이다. 감각한다는 것, 그것은 안에 있다는 것이다. 조건 지어진, 그리고 그 결과 (합리적 사유를 불안정하게 만드는 이 분위기의) 그 자체에서 일관되지 못한 특성은, 어떤 방식으로든 감각 속에 포함되지 않는다. 본질적으로 순진한 감성은 사유에게는 불충분한 세계 속에서 스스로 충분하다. 사유에 대해서는 공허 속에 자리 잡는 세계의 대상들이, 감성에 대해서는—또는 삶에 대해서는—이 공허를 완전히 가려 버리는 지평 위에서 펼쳐진다. 감성은 겉쪽에 대해 묻지 않은 채 안쪽과 접촉한다. 감성은 바로 만족 안에서 생산되는 것이다.

우리가 말했던 감성적인 것에 대한 데카르트 철학의 심오함은 감각의 비합리적 특성을 확증하는 데 있다. 감각은 영원히 명석하지도 판명하지도 않은 관념이며, 유익한 것의 질서에 속하지 참된 것의 질서에 속하지 않는다. 감성적인 것에 대한 칸트 철학의 힘은 역시 감성과 지성을 분리하여, 비록 소극적이라고는 해도, 인식 '질료'의 독립성을 재현의 종합적 능력에 대비해 확증하는 데 있다. 현상하는 것은 아무것도 없는데 현상이 성립한다는 부조리를 피하기 위해 물 자체를 상정함으로써, 칸트는 분명 감성적인 것의 현상학을 넘어선다. 하지만 바로 그렇게 하여 칸트는 적어도, 감성적인 것이란 그 자체로, 현상하는 것이 아무것도 없는데 성립하는 현상이라는 점을 인정하고 있는 것이다.

감성은 지지대 없는 순수한 성질과, 요소와 관계한다. 감성은 향유다. 감성적 존재인 신체는 이런 **존재 방식**을 구체화한다. 이 존재 방식은 다른 관점에서라면 사유의 대상으로, 단순히 구성된 것으로 나타날 수 있는 것에서 한 조건을 발견해 낸다.

그러므로 감성은 재현의 계기가 아니라 향유의 사태로서 묘사된다. 감성의 지향은, 지향이라는 이 말을 쓰는 것이 허용되는 경우라 해도, 재현의 방향으로 나아가지 않는다. 마치 감각이 재현의 평면 위에 놓여 있다는 듯이 감각이 명석함과 판명함을 결여하고 있다고 말하는 것은 충분치 않다. 감성은 비록 그것이 정감적 상태들에 내적으로 연결되어 있다고 해도 어떤 열등한 이론적 인식이 아니다. 감성은 자신의 **그노시스** 속에서조차 향유다. 감성은 주어진 것에 만족한다. 스스로 만족해한다. 감성적 '인식'은 무한 소급을, 지성의 현기증을 극복할 필요가 없다. 그것을 체험하지도 못한다. 감성적 인식은 곧장 마무리되고 완성되며, 무한과 관련됨 없이 종결된다. 무한과 관련되지 않는 유한함, 제한됨 없는 유한함, 그것은 과녁으로서의 목적과 맺는 관계다. 감성이 먹고 사는 감각적 소여는 그래서 언제나 어떤 욕구를 채워 주게 되며, 어떤 경향에 답한다. 애초에 굶주림이 있었던 것이 아니다. 굶주림과 먹을거리의 동시성은 천국과 같은 향유의 최초 조건을 이룬다. 부정적 쾌락들에 대한 플라톤의 이론은 향유의 형식적 묘사에 그칠 뿐이어서, 형식적인 것 속에서 투명하게 드러나지는 않는 구조, 그러나 ~로 사는 삶을 구체적으로 짜 나가는 구조의 근원성을 알아보지 못한다. 이런 방식을 가지는 실존이 신체다. 이 실존은 자신의 목적(다시 말해 욕구하는 것)으로부터 분리되지만, 그와 동시에 이미 이 목적을 향해 나아간다. 목적의 획득에 필요한 수단을 알 필요는 없다. 그것은 목적에 의해 촉발된 행동이다. 수단들에 대한 앎 없이, 즉 연장들 없이 성취되는 행동이다. 결과로 환원될 수 없는 순수한 목적성은 자신의 생리학적 메커니즘을 알지 못하는 신체적 행동에 의해서만 생산된다. 그러나 신체는 요소 속에 잠기는 것일 뿐 아니라 거주하는 demeurer 것, 즉 한곳에 머물고 소유하는 것이다. 감성 자체 속에서, 그리고 모든 사유와 무관하게 어떤 불안정성이 알려진다. 이 불안정은 요소의 영원한 듯한 장구함을 의문시한다. 요소는 **타자**로서 감성을 불안게 할 것이며, 감성은 거주 속에서 스스로를 거둬들이는 가운데 요소를 전유하게 될 것이다.

향유가 '타자'와 접촉하는 것처럼 보이는 것은 미래가 요소 가운데 알려지고 요소를 불안정성으로 위협하는 한에서다. 우리는 향유의 질서에 속하는 이러한 불안정성에 대해 나중에 논의할 것이다. 지금으로서 우리에게 중요한 것은, 감성이 향유의 질서에 속하지 경험의 질서에 속하지 않는다는 점을 보여 주는 일이다. 이렇게 이해된 감성은 '~에 대한 의식'의 여전히 흔들리는 형식들과 혼동되지 않는다. 감성은 단순한 정도 차이 때문에 사유로부터 분리되는 것이 아니다. 그 대상들의 고급함이나 확장도와 관계될 법한 차이 때문에 그런 것도 아니다. 감성은 아무리 기초적 대상이라 해도 한 대상을 겨냥하지 않는다. 감성은 의식의 다듬어진 형식들에까지 관계하지만, 감성의 고유한 작업은 향유에서 성립한다. 향유를 통해 모든 대상은 향유가 잠기는 요소로 녹아든다. 사실, 우리가 향유하는 감각적 대상들은 이미 노동을 겪었다. 감성적 성질은 이미 실체에 달라붙어 있다. 감성적 대상이 사물로서 어떤 의미 작용을 하는지에 대해서는 더 자세히 분석해 보아야 할 것이다. 그러나 만족은 그 순진함 속에서 사물들과 맺는 관계 뒤로 숨는다. 내가 발 딛고 있는 땅, 내가 감성적 대상들을 맞아들이거나 그 대상들로 나아가는 이 땅으로 나는 충분하다. 나를 떠받쳐 주는 이 땅은, 그 땅을 떠받치는 것이 무엇인지 아는 일로 나를 불안하게 하지 않은 채, 나를 떠받쳐 준다. 세상의 이 모퉁이, 내 일상 행동의 세계, 내가 돌아다니는 이 마을이나 이 구역 또는 이 거리, 내가 살아가는 이 지평, 나는 이런 것들이 내게 드러내는 면모에 만족한다. 나는 이것들을 더 광대한 체계 속에서 정초하지 않는다. 오히려 이것들이 나를 정초한다. 나는 이것들에 대해 생각하지 않은 채 이것들을 맞아들인다. 나는 사물들의 이러한 세계를 순수한 요소들처럼, 지지대 없는, 실체 없는 성질들처럼 향유한다.

그러나 이와 같이 '나에 대해' 있는 세계는 그 말의 관념론적 의미에서 자기의 재현을 전제하지 않는가? 세계가 나에 대해 있다는 것은, 내가 세계를 나에 대한 존재자로 내게 재현하고 또 그 나를 다시 내게 재현한다는 것을 의미하지 않는다. 나와 나의 이 관계가 성취되는 것은, 내게 앞서는 세계 속에, 재현 불가능한 태고의 절대적인 것인 세계 속에서 **내가 나를** 유지할 때다. 나는 분명 내가 절대적인 것으로 있는 지평을 **사유할** 수 없다. 하지만 나는 절대적인 것에서처럼 거기서 나를 **유지한다.** '사유하다'와 전혀 다른, 그곳에서 자신을 유지함. 나를 떠받치는 이 땅 모퉁이는 단지 나의 대상이 아니다. 그것이 대상에 대한 나의 경험을 떠받친다. 밟혀 다져진 자리는 내게 저항하는 것이 아니라 나를 떠받친다. 이 '유지됨'tenue을 통해 맺어지는 나의 자리와의 관계는 사유와 노동에 앞선다. 신체, 자리 잡음, 자기 유지의 사태, 이것들은 나 자신과 맺는 최초의 관계의 구도들이자, 내가 나와 합치를 이루는 구도들이다. 이것들은 관념론적 재현과 조금도 유사하지 않다. 나는 나 자신이고, 나는 여기에, 내 집에 있다. 이것은 주거이고, 세계에 내재함이다. 나의 감성은 여기에 있다. 나의 자리 잡음 속에는 자리함의 느낌sentiment이 아니라 내 감성sensibilité의 자리함이 있다. 이 초월 없는 절대적 자리 잡음은 하이데거의 여기Da에 의한 세계 이해와 유사하지 않다. 그것은 존재에 대한 염려도, 존재자와의 관계도 아니다. 그것은 세계에 대한 부정조차 아니다. 그것은 향유 속에서 세계에 접근할 가능성이다. 감성은 삶의 좁음 자체이고, 반성되지 않은 자아의 순진함이다. 그것은 본능 너머au delà이고, 이성의 이편en deçà이다.

그러나 요소로서 주어지는 '사물들의 면모'는 함축적으로는 다른 면모를 지시하지는 않는가? 물론 함축적으로는 그렇다. 또 이성의 눈으로 보면 감성의 만족이란 우스꽝스러운 것이 된다. 그러나 감성은 눈먼 이성도, 광기도 아니다. 감성은 이성에 앞선다. 감성적인 것은 전체성과 전혀 관계하지 않는다. 감성적인 것은 전체성을 받아들이지 않는다. 감성은 분리된 독립적 존재의 분리 자체를 행한다. 직접적인 것에서 자기를 유지하는 능력은 어떠한 것으로도 환원되지 않는다.

그것은 변증법적 방식으로 직접적인 것의 전제들을 명시화하여 운동
케 하고 지양하여 승화시키는 그런 힘의 결여를 의미하는 것도 아니
다. 감성은 스스로에 무지한 사유가 아니다. 함축적인implicite 것에서
명시적인explicite 것으로 나아가려면 주의를 환기해 줄 스승이 있어야
한다. 주의를 환기하는 것은 부차적 작업이 아니다. 주의 속에서 자아
는 스스로를 초월한다. 하지만 주의하기 위해서는 스승의 외재성과
관계하지 않으면 안 된다. 명시화는 이런 초월을 전제한다.

무제한을 준거로 삼지 않은 채 만족이 제한되는 것이, 사유에 부
과된 대로의 유한과 무한의 구분에 앞선다. 감각을 무의식적인 것의
끈끈하고 어두운 심해에서 솟아난 섬으로 취급하는 현대 심리학의 묘
사들은—이 무의식적인 것에 비하면 감성적인 것에 대한 의식적 면
은 이미 자신의 진솔성을 잃어버리고 만 셈인데—감성의 타고난 비
환원적 충족을 알아보지 못한다. 감성은 자신의 지평 내면에서 자기
를 유지하는 사태다. 감각한다는 것, 그것은 바로 감각된 것에 진솔하
게 만족하는 것이고, 향유하는 것이며, 무의식의 늘림prolongement들을
거부하는 것이고, 사유 없이, 즉 속셈 없이, 모호함 없이 있다는 것이
고, 모든 연루된 것들과 단절한다는 것 —자기 집에서처럼chez soi 자
기를 유지한다는 것이다. 모든 연루된 것들에서, 또 사유가 제공하는
모든 늘림에서 떼어 내질 때, 우리 삶의 모든 순간은 완성 가능하다.
왜냐하면 삶은 무조건적인 것에 대한 지적 탐색을 필요로 하지 않기
때문이다. 자신의 행위들 각각을 반성한다는 것, 그것은 분명 그 행위
들을 무한과 관련하여 위치 짓는 것이다. 그러나 반성되지 않은 순진
한 의식이 향유의 본래성을 이룬다. 의식의 순진함은 졸고 있는 사유

로서 묘사되곤 했다. 그렇지만 어떻게 하든 이런 졸음으로부터는 사유를 이끌어 낼 수 없을 것이다. 그 순진함은 우리가 삶을 맛본다고 말할 때 뜻하는 그런 의미에서의 삶이다. 우리는 그것의 늘린 부분들을 참조하기에 앞서 세계를 향유한다. 우리는 숨쉬고, 걷고, 보고, 산책한다……

여기까지 이끌어 온 향유의 묘사로는 물론 구체적 인간을 표현하지 못한다. 현실에서 인간은 이미 무한의 관념을 지니고 있다. 다시 말해 사회 속에 살며 사물들을 재현한다. 향유로, 즉 내재성으로 성취되는 분리는 대상들에 대한 의식이 된다. 사물들은 그 사물들을 제공하고 전달하며 주제화하는 단어에 힘입어 고정된다. 그리고 사물들이 언어 덕분에 획득하는 새로운 고정성은 하나의 사물에 소리를 부가하는 것보다 더 많은 것을 전제한다. 향유 위에서, 거주 및 소유와 더불어, 공통의 것이 마련됨과 더불어, 세계에 대한 담론이 윤곽을 드러낸다. 전유와 재현이 향유에 새로운 사건을 덧붙인다. 그것들은 인간들 사이의 관계인 언어 속에서 정초된다. 사물들은 이름과 자기동일성을 가진다. 변형이 동일한 것들로 머무는 사물들에 일어난다. 돌은 풍화하나 여전히 동일한 돌로 남는다. 나는 펜과 의자를 동일한 것들로 재발견하는데, 그것은 베르사유 조약이 맺어진 루이 14세의 바로 그 궁전에, 동일한 궁전에 놓여 있는 것이다. 동일한 기차, 그것은 동일한 시간에 떠나는 기차다. 그러므로 지각의 세계는 모든 사물들이 자기동일성을 가지는 세계다. 또 분명한 것은 이 세계의 존속이 기억에 의해서만 가능하다는 점이다. 개인들의 자기동일성과 그들 노동의 연속성은 사물들에 격자格子를 투사한다. 우리는 이 격자 속에서 자기동일적 사물들을 다시 발견한다. 언어를 가지고 태어난 인간들이 사는 지구는 안정적 사물들로 가득 차 있다.

그러나 사물들의 이러한 자기동일성은 여전히 불안정하며, 사물들이 요소로 복귀하는 일은 봉쇄되어 있지 않다. 사물은 자신의 부스러기들 가운데 실존한다. 장작이 연기가 되고 재가 될 때, 내 책상의 자기동일성은 사라진다. 찌꺼기들은 분간할 수 없게 되고, 연기는 어딘가로 날아가 버린다. 나의 사유가 사물들의 변형을 따른다면, 나는 급속히 ─사물들이 자신들의 그릇을 벗어나자마자─ 그것들의 자기동일성의 흔적을 잃어버리게 된다. 데카르트가 밀랍 조각에 관해 한 추리는 모든 사물이 자신의 자기동일성을 잃어버리는 여정을 보여 준다. 사물들에서 질료와 형상의 구분은 본질적이다. 형상이 질료 속에서 융해된다는 점 또한 그렇다. 이 점이 지각 세계의 자리에 양적 물리학을 부과한다.

형상과 질료 사이의 구분이 모든 경험을 특징짓지는 않는다. 얼굴에는 거기에 덧붙여지는 형상이 없다. 그러나 얼굴은 비형상적인 것으로, 즉 형상을 결여하고 있고 형상을 요구하는 질료로 제시되지 않는다. 사물들은 형상을 가지며, 빛 속에서 실루엣 또는 윤곽으로 보인다. 얼굴은 **스스로를** 의미화한다se signifier. 실루엣과 윤곽인 사물은 자신의 본성을 하나의 관점에서 끌어오기에, 하나의 시점에 상대적인 것으로 남는다. 이렇게 하여 사물의 상황이 그것의 존재를 구성한다. 엄밀히 말해 사물은 자기동일성을 가지고 있지 않다. 사물은 다른 것으로 전환 가능하기에, 돈이 될 수 있다. 사물들은 얼굴이 없다. 전환 가능하고, '실현 가능'하기에 사물들은 값을 가진다. 사물들은 돈을 재현한다. 사물들은 요소적인 것에서 비롯하며 부量이기 때문이다. 이로써 확인되는 것은 사물들이 요소적인 것 안에 뿌리를 내리고 있다는 점, 사물들이 물리학에 다가설 수 있다는 점, 그리고 사물들이 연장outil의 의미를 지닌다는 점 등이다. 인간이 자기네 세계의 총체에 부여하는 미학적 정향은 고차적 층위에서 향유와 요소적인 것으로의 회귀를 재현한다. 사물들의 세계는 예술을 부른다. 예술에서 존재를 향한 지적 접근은 향유로 변한다. 예술에서 관념의 무한은 유한한──그러나 충족적──이미지를 통해 우상처럼 숭배된다. 모든 예술은 조형적이다. 연장들과 유용한 것들은 그들 자신이 향유를 전제하지만, 다시 향유에 스스로를 제공한다. 그것은 멋진 라이터, 멋진 자동차와 같은 놀잇감들이다. 그것들은 장식적 예술들로 꾸며지고, 아름다움 속에 잠긴다. 이 아름다움 속에서 향유의 모든 지양은 다시 향유로 돌아간다.

5. 요소의 신화적 형식

재현의 자유를 넘쳐흐르는 감성적 세계는 자유의 실패를 나타내는 것이 아니라, '나를 위한' 그리고 이미 나를 만족시키는 세계의 향유를 나타낸다. 요소들은 인간을 추방의 땅처럼 맞아들여 인간의 자유를 모욕하고 제한하지 않는다. 인간 존재는 그가 **내던져질**geworfen 부조리한 세계 안에서 자신을 발견하지 않는다. 그리고 이것은 절대적으로 참이다. 요소의 향유 속에서 드러나는 불안정, 향유의 온화한 지배력에서 빠져나가는 순간의 넘쳐흐름 속에서 드러나는 불안정은, 나중에 살펴보겠지만, 노동에 의해 바로잡힌다. 노동은 요소에 대한 감각의 뒤늦음을 바로잡는다.

그러나 요소에 의한 감각의 이 넘쳐흐름은 순간적 의미를 가진다. 이 넘쳐흐름은 무규정성 속에서 드러나는데, 요소는 이런 무규정성과 더불어 나의 향유에 주어진다. 향유 속에서의 성질은 어떤 것의 성질이 아니다. 나를 떠받치는 땅의 견고함, 내 머리 위 하늘의 푸르름, 바람의 숨결, 바다의 넘실댐, 빛의 반짝임은 어떤 실체에 매달리지 않는다. 그것들은 어디도 아닌 데로부터 온다. 어디도 아닌 데서, 있지 않은 '어떤 것'에서 온다는 이 사실, 나타나는 것은 아무것도 없는 채 나타난다는 사실, 그래서 결국 **언제나 오지만** 그 원천을 내가 **소유할 수 없다는** 이 사실이 감성과 향유의 미래를 그려 낸다. 미래의 재현 ─ 이를 통해 우리는 위협을 유예하고 위협에서 벗어난다 ─ 은 아직 문제가 아니다. 노동에 의탁하는 향유가 자신의 거주와 관련하여 세계를 내면화함으로써 완전히 다시 세계의 여주인maîtresse이 되는 것은 재현을 통해서다. 미래는 불안전성으로서, 순수한 성질 속에 이미 존재한다. 이 순수한 성질에는 실체의 범주가 없다. 어떤 사물이라는 범주가 없다. **사실**, 그 원천이 나를 피해 가는 것은 아니다. 향유에서의 성질은 어디도 아닌 데서 사라져 버린다. 그것은 무한과 구분되는 **아페이론**인데, 그것은 사물과는 대조적으로, 동일화를 거역하는 성질로 **나타난다**. 성질은 동일화에 저항하지 않는다. 성질은 유출과 지속을 재현하기 때문이다. 이와는 반대로, 성질의 요소적 특징, 즉 성질이 아무것도 아닌 것에서 온다는 점이 이루어 내는 것은 성질의 부서지기 쉬움이다. 그것은 성질이 겪는 생성의 풍화 작용이고, 재현에 앞선 시간이다. 이런 시간이야말로 위협이고 파괴인 것이다.

요소적인 것은 나에게 적합하다. 나는 요소적인 것을 향유한다. 요소적인 것에 응답하는 욕구는 이 적합성 또는 이 행복의 **방식** 자체다. 미래의 무규정성만이 욕구에 대한 불안전성을, 빈곤을 가져온다. 믿을 수 없는 요소적인 것은 도망치면서 스스로를 준다. 따라서 이것은 욕구가 근본적 타자성과 맺는 관계가 아니다. 근본적 타자성은 욕구의 비-자유를 보여 줄 것이다. 물질의 저항은 절대로서 부딪혀 오지 않는다. 노동에 자신을 제공하는 이미 정복된 저항, 이 저항은 향유 자체 속에서 심연을 연다. 향유는 자신을 먹이는 것 너머에 있는 무한과 관계하는 것이 아니라, 자신을 제공하는 것의 잠재적인 사라짐과, 행복의 불안정성과 관계한다. 먹을거리는 행복한 우연으로 온다. 한편으로는 스스로를 제공하고 만족을 주지만, 그러나 이미 멀어져 **어디도 아닌 데로** 사라져 버리는 먹을거리의 이러한 양면성은, 유한 속의 무한의 현존과 다르며 사물의 구조와도 다르다.[5)]

어디도 아닌 데서 온다는 이 같은 면 때문에 요소는 우리가 얼굴이라는 제목 아래 묘사할 내용과 대립된다. 그곳에서는 존재자가 자신을 인격적으로 현시한다. 존재의 한 면모에 의해 영향을 받는다는 것, 무규정적인 것으로 남아 있고 어디도 아닌 데서부터 내게 오는 존재의 전적인 두터움에 의해 영향을 받는다는 것, 그것은 다음날들의 불안정성에 관심을 기울이게 됨을 뜻한다. 불안전성으로서의 요소의 미래는 구체적으로 요소의 신화적 신성神性으로서 체험된다. 얼굴 없

---

5) 1990년 출간된 『전체성과 무한』의 문고판(Livre de Poche édition)에는 마지막 구절의 일부가 누락되어 있다. ——옮긴이

는 신들, 말을 받아 주지 않는 비인격적 신들은 요소에 대한 향유의 친숙함 가운데서 향유의 에고이즘을 경계 짓는 무無를 나타낸다. 그러나 이렇게 해서 향유는 분리를 성취한다. 분리된 존재는 자신의 분리를 증언하고 이 분리를 성취해 내는 이교적 태도의 위험을 무릅써야 한다. 이 신들의 죽음이 분리된 존재를 무신론과 참된 초월로 되돌릴 그 순간까지 말이다.

미래의 무는 분리를 확실하게 한다. 우리가 향유하는 요소는 분리시키는 무로 귀착한다. 내가 사는 곳인 요소는 밤의 경계에 있다. 나를 향해 있는 요소의 면모가 감추는 것은 스스로를 계시할 수 있는 '어떤 것'이 아니다. 그것은 부재의 언제나 새로운 깊이, 실존자 없는 실존, 진정한 의미의 비인격적인 것이다. 자신을 계시하지 않고 존재와 세계의 바깥에 실존하는 이러한 방식은 신화적이라고 불려야 한다. 밤처럼 뻗쳐 있는 요소의 세계는 신화의 신들이 지배하는 세계다. 향유는 안전성 없이 존재한다. 그러나 이 미래가 **내던져져 있음** Geworfenheit의 특성을 가지는 것은 아니다. 불안전성이 위협하는 것은 이미 요소 속에서 행복해하는 향유이기 때문이다. 또 이 행복만이 향유에서 불안정이 감지될 수 있게 하기 때문이다.

우리는 **그저 있음**이라는 표제 아래 이러한 미래의 밤의 차원을 기술한 적이 있다.[6] 요소는 그저 있음으로 연장된다. 향유는 내면화로서, 땅의 낯섦 자체와 부딪힌다.

그러나 향유는 노동과 소유에 도움을 청한다.

---

6) 128~129쪽 각주 2 참조. ― 옮긴이

C. 나와 의존

1. 즐거움과 그것의 다음날들

자기로 향하는 향유와 행복의 운동은 자아의 충족을 표시한다. 비록 우리가 사용한 감기는 나선 모양의 이미지가 이 충족이 ~로 삶의 비충족에 뿌리내리고 있음까지 표현해 주지는 못한다 해도 말이다. 확실히, 자아는 행복이고, 자기 집에서의 현존이다. 그러나 비-충족 속에서의 충족인 자아는 비-아 속에 머문다. 자아는 '다른 것'autre chose 에 대한 향유지, 결코 자기에 대한 향유가 아니다. 자아는 토착적이다. 즉 자신이 아닌 것 속에 뿌리내리고 있음에도 불구하고 이러한 뿌리내림 속에서 독립적이고 분리되어 있다. 자아와 비-아의 관계는 자아를 촉진하는 행복으로서 생산된다. 그 관계는 비-아를 떠맡거나 거부하는 데서 성립하지 않는다. 자아와 **자아가 그것으로 사는 것**ce dont il vit 사이에는 타인으로부터 동일차를 분리시키는 절대적 거리가 펼쳐지지 않는다. 우리가 그것으로 사는 것을 받아들이거나 거부한다는 것은 선결의 **수락**agrément을 전제한다. 주어짐과 동시에 받아들여지는 행복의 수락을 전제한다. 최초의 수락—살아감—은 자아를 소외시키지 않고, 자아를 유지하며, 자아의 **자기 집에 있음**을 이룬다. 거주 demeure, 정주habitation는 자아의 본질 —에고이즘—에 속한다. 익명적인 **그저 있음**, 공포, 전율과 현기증, 자기와 일치하지 않는 자아의 동요에 반하여, 향유의 행복은 자기 집에 있는 자아를 확증한다. 그러나 자아가 살고 있는 세계의 비-아와의 관계 속에서 자아가 충족으로서 생산된다 해도, 그래서 자아가 시간의 연속성에서 떼어 내져 과거를 떠맡거나 거절하는 것에서 면제된 한 순간에 처한다 해도, 자아는 영원성에서 얻은 특권에 따라 이 면제의 덕을 보지 못한다. 시간 안에서의 자아의 진정한 자리 잡음은 시작들로 시간을 끊어 내어 중단시키는 데서 성립한다. 이것은 행동의 형태로 생산된다. 연속성 가운데서의 시작은 오직 행동으로서만 가능하다. 그러나 자아가 자신의 행위를 시작할 수 있는 시간은 자아의 독립성이 불안정한 것임을 알려 준다. 향유를 망치는 미래의 불확실성들은 향유의 독립이 의존을 포함하고 있음을 향유에게 상기시킨다. 행복은 자신의 지배권의 이 균열을 은폐하는 데 이르지 못한다. 그 지배권은 '주관적인' 것이고 '심적이며' '단지 내적인' 것임이 드러난다. 존재의 모든 양태들이 자아로, 그리고 향유의 행복 속에서 구성되는 불가피한 주체성으로 돌아온다고 해도, 비-아로부터 독립한 절대적 주체성이 수립되지는 못한다. 비-아는 향유에 영양을 제공하고, 자아는 자아를 자극하는 세계를 욕구한다. 향유의 자유는 이렇듯 제한된 것으로 체험된다. 이 제한됨은 자아가 자신의 탄생을 선택하지 않았고 또 그래서 이미 상황 속에 놓여 있다는 사태에서 기인하는 것이 아니다. 그 제한됨은 오히려, 자아가 향유하는 순간의 충만함이 자아가 향유하는 요소 자체의 미지적인 것에 반하여 보장되는 것이 아니라는 사태에서 기인한다. 즐거움이 행운과 행복한 조우에 머문다는 사태에서 기인하는 것이다. 향유가 채워지는 하나의 허기일 뿐이라는 사태가 향유의 질적 충만함에 어떤 방식으로건 의심을 던지는 것은 아니다. 향유와 행복은, 서로 상쇄되거나 결손을 보는 존재와 무의 양量들로 계산되지 않는다. 향유는 고양이고 존재의 순수한 실행을 넘어서는 정점이다. 그러나 향유의 행복은, 욕구들의 만족은(이 만족은 욕구-만족이라는 이 리듬 때문에 위태로워지지는 않는데), 향유가 잠기는 요소의 헤아릴 수 없는 깊이 속에 포함된 그 다음날에 대한 염려에 의해 퇴색될 수 있다. 향유의 행복은 욕구의 '악'mal 위에 꽃피고 그렇게 어떤 '다른 것'autre에 의존한다. 이것은 행복한 조우, 행운이다. 그러나 이런 결합은 쾌락을 헛된 것이라고 고발하는 것을 정당화하지 않으며, 인간을 세계 속에 던져져 있다고 특징짓는 것을 정당화하지도 않는다. 우리는 ~로 삶으로서의 살아감을 위협하는 빈곤과, 향유 속에 이미 정착해 있는 식욕의 허기를 혼동할 수 없다. 빈곤은 삶이 그것으로 사는 것이 부족해질 수 있기 때문에 생겨나지만, 허기는 만족 속에서 단순한 존재를 넘어 자신의 환희를 가능케 한다. 다른 한편으로 욕구의 '악'은, 감성적인 것이 합리적 개인의 자율성과 부딪힌다는 식의, 이른바 감성적인 것의 비합리성을 조금도 입증해 주지 못한다. 욕구들의 괴로움 속에서 이성은, 어떤 주어진 것이 자유에 앞서 존재한다는 스캔들에 반기를 들지 못한다. 먼저 한 자아를 상정하고 나서 뒤이어 그 자아에 향유와 욕구가 부딪히는지를, 그 자아를 향유와 욕구가 제한하며 침해하거나 부정하는지를 물을 순 없기 때문이다. 자아는 향유 속에서 뚜렷해질 따름이다.

2. 삶에 대한 사랑

애초에 채워진 존재가, 낙원의 시민이 있다. 느껴진 '허기'는 그것을 의식하는 욕구가 이미 향유──그것이 비록 우리가 호흡하는 공기의 향유라 하더라도──가운데 있다는 것을 전제한다. 허기는 아타락시아보다 더 나은 만족의 즐거움을 예상한다. 괴로움은 감성적 삶을 의문시하지 않고 삶의 지평들 속에 놓으며 살아감의 즐거움과 관계한다. 이미 삶은 사랑받는다. 물론 자아는 자신의 상황에 주어진 것들에 반항할 수 있다. 자아는 자기 집에서 살아가면서도 자신을 잃어버리지 않고, 자아가 그것으로 사는 것과 여전히 구분되기 때문이다. 그러나 자아와 자아에게 영양을 제공하는 것 사이의 이 간격이 그 같은 먹을거리를 부정하게 하지는 않는다. 이 간격 속에서 대립이 작용할 수 있다 해도, 그 대립은 자신이 거부하고 또 자신이 영양을 취하는 상황 자체의 한계들 속에서 유지된다. 삶에 대한 모든 대립은 삶을 피난처로 삼고 삶의 가치들과 관계한다. 이것이 **삶에 대한 사랑**이고, 다만 우리에게 닥쳐올 것과 이루는 예정 조화다.

삶에 대한 사랑은 존재에 대한 염려와 유사하지 않다. 존재에 대한 염려는 존재 이해나 존재론으로 환원되어 버린다. 삶에 대한 사랑은 존재를 사랑하는 것이 아니라 존재의 행복을 사랑하는 것이다. 사랑받는 삶, 그것은 삶의 향유 자체고, 만족이다. 내가 향유에 맞세우는 거부 속에서 이미 맛본 만족, 만족 자체의 이름으로 거부된 만족이다. 삶과 맺는 삶의 관계, 즉 삶에 대한 사랑은 삶의 재현도 아니고 삶에 대한 반성도 아니다. 나와 내 즐거움 사이에 거리가 있다고 해서 전적인 거부의 여지가 생기지는 않는다. 삶으로 나아가는 삶의 향유적 접근 속에 아무런 떠맡음도 있지 않듯이, 반항 속에는 근본적 거부가 있지 않다. 감각함의 유명한 수동성이란, 그 수동성을 떠맡을 어떤 자유의 운동에 작용할 여지를 주지 않는 그런 수동성이다. **감성적인 것의 그노시스는 이미 향유다.** 사람들이 향유 속에서 부정되고 소비되는 것이라고 제시하려 하는 것은, 대자적으로 확립되지 않고 단숨에 주어진다. 향유는 비밀이나 참된 낯섦을 가지고 있지 않은 세계에 가닿는다. 완전히 무고한 향유의 원초적 긍정성은 어떤 것과도 대립하지 않으며, 이러한 의미에서 단숨에 자신을 충족시킨다. 순간 또는 멈춤은 **오늘을 즐겨라**carpe diem의 성공이고, '내일 일은 내일 걱정하라'의 지배력이다. 만일 향유의 순간이 지속의 풍화 작용을 절대적으로 모면할 수 없다면, 이러한 태도들은 영원한 유혹이 아니라 순수한 무-의미가 되고 말 것이다.

그러므로 욕구를 자유와 같은 것이라고 특징지을 수 없다. 욕구는 의존적이기 때문이다. 또 욕구를 수동성이라고 특징지을 수도 없다. 욕구는, 이미 친숙하고 전혀 비밀스럽지 않아서 욕구를 굴복시키지 않고 욕구를 즐겁게 하는 것으로 살기 때문이다. 내던져져 있음을 주장하는 실존철학자들은 자아와 자아의 즐거움 사이에 생기는 대립에 대해 잘못 생각하고 있다. 그 대립이 비롯하는 것은——미래의 무규정성에 의해 위협받는, 감성에 본질적인——향유 속에 스며드는 불안정에서다. 그 대립이 비롯하는 것은 노동에 내재하는 고통에서다. 어떤 방식으로건 여기서 존재는 통째로 거부되지 않는다. 존재에 대립하면서 자아는 존재 그 자체에 피난처를 요청한다. 자살은 비극적이다. 왜냐하면 죽음이란 탄생이 발생시킨 모든 문제들에 해결책을 제시하지 못하며, 땅의 가치들을 손상시키는 데 무능하기 때문이다. 죽음에 직면한 맥베스의 마지막 울부짖음은 그래서 생겨난다. 그는 패배했다. 우주는 그의 삶과 동시에 해체되지 않기 때문이다. 고통은 존재에 묶여 있음에 절망하는 동시에, 고통이 결부된 존재를 사랑한다. 삶을 떠나는 것의 불가능성. 이 무슨 비극인가! 이 무슨 희극인가! **삶의 권태**taedium vitae는 자신이 거부하는 삶에 대한 사랑 속에 잠긴다. 절망은 즐거움의 이상과 단절하지 않는다. 사실 이 같은 염세주의는 경제적 하부 구조를 가지고 있다. 그것은 다음날에 대한 불안과 노동의 고통을 표현하는 것이다(형이상학적 욕망에서 노동이 하는 역할에 대해서는 나중에 다루겠다). 여기서 맑스의 견해들은 비록 다른 전망 속에서긴 하지만 그 모든 힘을 간직하고 있다. 욕구의 고통이 가시는 것은 식욕 부진에서가 아니라 만족에서다. 욕구는 사랑받는다. 인간은 욕구들을 가지고 있어서 행복하다. 욕구 없는 존재가 욕구하는 존재보다 더 행복한 것은 아니리라. 욕구 없는 존재는 오히려 행복과 불행의 바깥에 있는 셈이다. 빈곤이 만족의 쾌락을 나타낼 수 있다는 것, 우리는 순수하고 단순한 충만함을 취하는 대신 욕구와 노동을 통해 향유에 도달한다는 것, 이것이 분리의 구조 자체에서 기인하는 정황이다. 만일 분리되고 충족적인 존재, 즉 에고가 요소들이 물러나서 사라지는 곳인 무의 소리 없는 웅웅거림을 듣지 못한다면, 에고이즘에 의해 성취되는 분리란 하나의 단어에 불과할 것이다.

노동은, 욕구가 아니라 미래의 불확실성이 존재에 가져오는 빈곤을 극복할 수 있다.

앞으로 보겠지만 미래의 무는 소유와 노동이 끼어드는 시간의 간격으로 전환된다. 순간적 향유에서 사물들의 제작으로 나아감은 정주 및 경제와 관련되는데, 이것은 타인의 맞아들임을 전제한다. 그러므로 내던져져 있음의 염세주의는 치료할 수 없는 것이 아니다. 인간은 자신의 병들을 고치는 약을 수중에 가지고 있으며, 이 약은 병에 앞서 존재한다.

그러나 노동 그 자체는─노동 덕택에 나는 자유롭게 살며, 삶의 불확실성에 맞서 나를 안전하게 해주는 것이 노동이지만─삶의 궁극적 의미를 삶에 가져다주지 못한다. 노동 또한 내가 **그것으로** 사는 것이 된다. 나는 삶의 내용 전체로 산다. 미래를 보장해 주는 노동으로 살기도 하는 것이다. 내가 공기, 빛, 빵으로 사는 것처럼, 나는 나의 노동으로 산다. 욕구가 향유 저편에서 부과되는 극단적인 경우가 저주받은 노동을 선고받은 프롤레타리아트의 조건이다. 여기서는 신체적 실존의 빈곤이 피난처를 찾지도 못하고, 자기 집에서 여가를 갖지도 못한다. 이것이 바로 **내던져져 있음**Geworfenheit의 부조리한 세계다.

3. 향유와 분리

향유 속에서 자기중심적 존재는 떤다. 향유는 자신이 그것으로 사는 내용들에 개입함으로써 분리를 이룬다. 분리는 이 개입engagement의 긍정적 작업으로서 실행된다. 분리는 공간적 멀어짐처럼 단순한 단절의 결과로 생기는 것이 아니다. 분리된다는 것, 그것은 자기 집에 있음이다. 그러나 자기 집에 있음, 그것은 ~로 삶이고, 요소적인 것을 향유함이다. 그것으로 우리가 사는 대상들이 구성되는 데서 나타나는 '곤란'échec은 이 대상들의 비합리성이나 모호성에 있는 것이 아니라, 먹을거리라는 대상들의 기능에 있다. 양식糧食은 재현 불가능하지 않다. 양식은 자신의 고유한 재현을 떠받친다. 그러나 그 속에서 자아는 스스로를 재발견한다. 재현된 세계가 재현 행위를 조건 짓는 구성의 애매성은 단지 정립되지 않고 **스스로를** 정립하는 자의 **존재 방식**이다. 요소가 사라지고 나타나는 '어디도 아닌 곳'인 절대적 공허가, 내적으로 살아가는 자아라는 섬을 도처에서 두들긴다. 향유가 여는 내면성은 의식적 삶을 '타고난' 주체에게 속성으로 덧붙여지는 것이 아니다. 그 중에서도 심리적 특성으로 덧붙여지는 것이 아니다. 향유의 내면성은 분리 그 자체고, 분리와 같은 사건이 존재의 경제 속에서 생산될 수 있게 하는 양태다.

행복은 개체화의 원리지만, 개체화 그 자체는 오직 내적인 것으로부터, 내면성에 의해 이해될 수 있다. 향유의 행복 속에서는 개체화, 자기 인격화, 실체화, 자기의 독립 등이 행해지고, 과거의 무한한 깊이들과 그것들을 개괄하는 본능은 망각된다. 향유는 **태어나는** 한 존재, 정자나 자궁에서 실존하는 평온한 영원성을 깨뜨리고 개인 속에 자신을 가두는 한 존재의 생산 자체다. 이 개인은 세계를 먹고 살지만 자기 집에서 산다. 우리는 탈자적extatique 재현이 향유로 끊임없이 전환된다는 점을 밝혀냈는데, 이 전환은 내가 구성하는 것이 이 구성 자체에 앞선다는 사태를 매 순간 되살아나게 한다. 이 앞섬은 생생하고vivant 체험된vécu 과거지만, 이때의 생생함은 아주 생생하고vif 아주 가까운 기억이라고 할 때의 그런 의미가 아니다. 또 그것은 우리에게 자국을 남기고 우리를 붙들고 있는, 그래서 우리를 굴복시키는 그런 과거도 아니다. 오히려 그것은 그런 데서부터 스스로를 분리시키며 스스로를 해방시키는 것을 정초해 주는 그런 과거다. 행복의 명료함 안에서 빛나는 해방, 즉 분리. 해방의 자유로운 비상과 해방의 우아함은 행복한 시간의 여유로움 자체로 느껴지고, 또 생산된다. 행복을 지시하며 행복으로 만들어진 자유, 그러므로 **자기 원인**인 존재가 아니라 창조된 존재와 양립할 수 있는 자유.

우리는 자아가 스스로를 일으키고 진동시키는 향유 개념을 다듬어 내려 노력했다. 우리는 자유를 통해 자아를 규정하지 않았다. 시작의 가능성으로서의 자유, 그리고 시간들의 연속성 위에서 부각되는 좋은 시간l'heure bonne의 빼어남인 행복bonheur을 가리키는 자유는 자아의 생산이지, 자아에게 '일어나는' 여타의 경험들 중 하나가 아니다. 분리, 무신론, 부정적 개념들은 긍정적 사건들에 의해 생산된다. 나임, 무신론적임, 자기 집에 있음, 분리됨, 행복함, 창조됨 ─ 이것들은 동의어들이다.

에고이즘, 향유와 감성 그리고 내면성의 모든 차원 ─ 분리의 분절들 ─ 은 무한 관념에 필수적이다. 달리 말해 분리되고 유한한 존재로부터 출발하여 길을 여는 타인과의 관계에 필수적이다. 형이상학적 욕망은 오직 분리된 존재에서만, 즉 향유하며 자기중심적이고 만족된 존재에서만 생산될 수 있다. 하지만 그것은 향유에서 유래하지 않는다. 그러나 분리된 ─ 즉 감지하는 ─ 존재가 형이상학적인 것 속에서 무한과 외재성이 생산되는 데 필수적이라면, 분리된 존재는 변증법적 유희 속에서 테제 또는 안티테제로서 자신을 구성하는 가운데 이 외재성을 파괴해 버릴지 모른다. 하지만 무한은 대립을 통해 유한을 야기하지 않는다. 향유의 내면성이 초월적 관계로부터 연역되지 않는 것처럼, 초월적 관계는 분리된 존재로부터 변증법적 안티테제로서 연역되지 않는다. 초월적 관계는 어떤 관계의 두 항들 사이의 구분과 그 결합이 짝을 이루듯이 주체성과 짝을 이루지 않는다. 분리의 운동은 초월의 운동과 동일한 평면에 있지 않다. 우리는 자아와 비-아의 변증법적 화해 바깥에, 재현의 영원함 속에 (또는 자아의 동일성 속에) 있다.

분리된 존재도 무한한 존재도 안티테제의 항들로 생산되지 않는다. 분리를 확실하게 하는 내면성은 (관계 개념에 대한 추상적 응수로서가 아니라) 자기 자신에 관해 절대적으로 닫혀 있는 존재를 생산해야 한다. 타인에 대한 대립으로부터 자신의 고립을 변증법적으로 도출해서는 안 된다. 그리고 이러한 닫힘이 내면성의 밖으로 나가는 출구를 막아서는 안 된다. 외재성이 내면성에게 말할 수 있고, 내면성에 자신을 계시할 수 있게 해야 한다. 분리된 존재의 고립이 단순한 대조를 통해 야기할 수 없는 예측 불가능한 운동 속에서 말이다. 그러므로 분리된 존재에서 외재적인 것을 향한 문은 열리는 동시에 닫혀야 한다. 따라서 분리된 존재의 닫힘은 충분히 두 가지 의미로 받아들여질 수 있어야 한다. 한편으로, 무한의 관념에 필수적인 내면성은 단순히 나타나는 것이 아니라 **실재적**이어야 한다. 내적 존재의 운명은 어떤 외재적인 것도 논박하지 못하는 자기중심적 무신론 속에서 추구되어야 한다. 내면성으로 하강하는 모든 운동들에서 자기로 하강하는 존재가 변증법의 순수한 유희를 통해, 그리고 추상적 상호 관계의 형식 아래서 외재성과 관계해서는 안 된다. 그러나 다른 한편, 향유에 의해 깊어지는 **내면성 자체 속**에서, 즉자적인 동물적 만족과는 다른 운명을 부추기는 이 타율성이 생산되어야 한다. 내면성의 차원이 쾌락의 비탈길을 따라 자기로 하강하는 동안에는(이 하강은 실제로 이 내면성의 차원을 깊어지게 할 따름인데), 이질적 요소의 출현을 통해 자신의 내면성을 부인할 수 없다고 해보자. 그럼에도 불구하고 이 하강에서 어떤 충돌이 생산되어야 한다. 그 충돌은 내재화의 운동을 전도시키지 않고 내적 실체의 짜임새를 깨뜨리지 않은 채 외재성과의 관계들을 재개할 기회를 주는 것이어야 한다. 내면성은 동시에, 닫히거나 열려야 한다. 그럼으로써 동물적 조건에서 떨어져 나올 가능성이 확실히 그려지는 것이다.

이러한 독특한 요구에 대해, 향유는 사실 자신의 근본적 안전성을 방해하는 불안전성을 통해 응답한다. 이 불안전성은 향유에 대한 세계의 이질성에서 기인하지 않는다. 그런 이질성은 자아의 지배력을 흔히 말하듯 곤경에 빠지게 할 것이다. 향유의 행복은 어떤 불안정보다도 강하지만, 불안정이 향유의 행복을 방해할 수 있다. 여기에 동물적인 것과 인간적인 것 사이의 괴리가 있다. 향유의 행복은 어떤 불안정보다도 강하다. 다음날의 불안정이 무엇이든, 살아감의 ─ 호흡하고 보고 감각하는 ─ 행복("1분만 더요, 사형 집행관님!")은 불안정 가운데 머문다. 이 불안정이라는 말은, 견딜 수 없을 지경까지 불안정으로 방해를 받아 세계로부터 도망치는 온갖 도피에도 해당하는 용어다. **우리는 삶을 피해 삶을 향한다.** 자살은 가능성으로서, 이미 타인과 관계를 맺고 있는 존재에게, 이미 **타인을 위한** 삶으로 고양된 존재에게 나타난다. 그는 이미 형이상학적 실존의 가능성이다. 이미 희생할 수 있는 존재만이 자살할 수 있다. 인간을 자살할 수 있는 동물로 정의하기에 앞서, 타인을 위해 살 수 있음이라고, 자기에 외재적인 타인에서 출발하여 **존재**할 수 있음이라고 정의해야 한다. 그러나 자살과 희생의 비극적 특성은 삶에 대한 사랑이라는 근본적 특성을 입증해 준다. 물질적 세계와 맺는 인간의 원초적 관계는 부정성이 아니라, 향유이고 삶의 수락이다. 세계가 적대적인 것으로, 즉 부정하고 정복해야 할 것으로 나타날 수 있는 것은 오직 이 수락과 관련해서다. 이 수락은 내면성 속에서는 넘어설 수 없는 것인데, 왜냐하면 이 수락이 내면성을 구성하기 때문이다. 향유 속에서 완전히 수락된 세계가 지니는 불안전성이 향유를 방해한다 해도, 그 불안전성은 삶의 근본적 수락을 없앨수 없을 것이다. 그러나 이 불안전성은 향유의 내면성에 어떤 경계境界를 가져다준다. 이 경계는 타인의 계시에서 오는 것도, 어떤 이질적 내용에서 오는 것도 아니다. 그것은 이를테면 무에서 오는 것이다. 그것은 (분리된 존재가 스스로 만족하고 스스로 충분함을 누리는 터전인) 요소가 이 분리된 존재에 이르는 방식에서 기인한다. 즉 그것은 요소를 연장하고 또 그 속에서 요소가 사라지는 신화적 두께에서 기인한다. 불안정성은 이렇듯 내적 삶 주위에 무의 가장자리를 그리면서 섬나라와 같은 내적 삶의 특성을 확고히 한다. 이 불안정성은 다음날에 대한 염려로서 향유의 순간 속에서 체험된다.

그러나 이렇게 해서 내면성 속에 한 차원이 열린다. 이 차원을 통해 내면성은 초월의 계시를 기다리고 맞아들일 수 있게 된다. 그 다음 날에 대한 염려 속에서, 감성이 지닌 본질적으로 불확실한 미래의 본래적 현상이 밝아 온다. 이 미래가 연기와 **유예**라는 자신의 의미 작용 속에서 출현하기 위해서는, 분리된 존재가 자신을 거둬들일 수 있어야 하고 재현물들을 가질 수 있어야 한다. **노동**은 이 의미 작용을 통해 미래의 불확실함과 불안정성을 지배하고 소유를 수립하면서, 경제적 독립의 형태로 분리의 모습을 그려 낸다. **거둬들임**recueillement과 **재현**은 **거주 안의 정주로서, 또는 집**으로서 생산된다. 그러나 집의 내면성은 삶이 영양을 섭취하는 향유의 요소들 가운데 치외법권extra-territorialité으로 만들어진다. 치외법권은 긍정적 면모를 가진다. 치외법권은 친밀함intimité의 안온함과 따뜻함 속에서 생산된다. 그것은 주관적 영혼의 한 상태가 아니라, 존재의 거처[1] 안에서의 한 사건 ──존재론적 질서의 한 감미로운 '퇴락' ──이다. 그 지향적 구조로 인해 안온함은 타인에서 출발하여 분리된 존재에 이른다. 타인은 스스로를 계시한다. 분명히, 그리고 자신의 타자성에 의해, 자아를 부정하는 충격 속에서가 아니라 안온함의 본래적 현상으로서 말이다.

이 책 전체가 드러내고자 하는 타자와의 관계는, A의 타자는 비-A이고 A의 부정이라는 모순의 논리학과 뚜렷이 구분될 뿐 아니라, 동일자가 변증법적으로 타자의 특성을 띠며 체계의 통일 속에서 타자와 화해한다는 변증법적 논리학과도 뚜렷이 구분된다. 얼굴의 맞아들임은 우선 평화롭다. 무한에 대한 가시지 않는 욕망에 응답하기 때문이다. 또 맞아들임에 대하여 전쟁 그 자체는 하나의 가능성일 뿐 결코 조건이 아니기 때문이다. 이 얼굴의 맞아들임은 본래적 방식으

---

1) '거처'라고 옮긴 'œcuménie'는 '거주하다'라는 뜻의 'oikeo' 혹은 '집'이나 '거처'를 의미하는 'oikos'에서 유래한 용어다. ──옮긴이

로는 여성적 얼굴의 안온함 속에서 생산된다. 이 안온함 속에서, 분리된 존재는 자신을 거둬들일 수 있다. 그리고 이 안온함 덕택에, 분리된 존재는 **터를 잡으며**habiter, 자신의 거주 속에서 분리를 성취한다. 정주habitation는, 그리고 인간 존재의 분리를 가능하게 하는 거주의 친밀함은, 이렇듯 타인의 최초의 계시를 전제한다.

그렇기에 얼굴 속에서 스스로를 계시하는 무한의 관념은 분리된 존재만을 **요구하지 않는다**. 얼굴의 빛은 분리에 필수적이다. 그러나 집의 친밀성을 정초함으로써, 무한의 관념은 대립과 변증법적 호소의 어떤 힘에 의해서가 아니라, 그 빛나는 여성적 친절에 의해서 분리를 부추긴다. 대립과 변증법적 호소의 힘은 초월을 종합으로 통합함으로써 초월을 파괴하고 말 것이다.

D. 거주

1. 정주

우리는 정주를 '유용한 것들' 가운데 한 '유용한 것'을 사용하는 일이라 해석할 수 있다. 집은, 못을 박기 위한 망치나 글쓰기 위한 펜처럼, 정주에 쓰이는 셈이다. 사실 집은 인간의 삶에 필수적인 사물들의 용구 집합에 속한다. 집은 악천후로부터 보호받는 데에, 적들이나 귀찮은 사람들로부터 숨는 데에 쓰인다. 그렇지만 인간의 삶을 유지하는 목적성들의 체계에서 집은 특권적 자리를 차지한다. 궁극적 목적의 자리는 아니다. 우리가 집을 목표로 추구할 수 있다 해도, 우리의 집을 '향유'할 수 있다 해도, 집은 자신의 본래성을 이 향유의 가능성으로 드러내지 않는다. 왜냐하면 모든 '유용한 것들'은, 그것들이 한 목적을 위해 수단으로 유용하다는 점 외에, 직접적 관심을 포함하기 때문이다. 실제로 나는 연장을 다루기를, 노동하기를, 연장을 사용하면서 성취하기를 **좋아한다**. 이 몸짓들은 물론 목적성의 체계 속에 끼어든다. 하지만 이 몸짓들의 목적은 고립된 이 몸짓들 그 자체가 일으키는 쾌락이나 고통보다 더 멀리 놓인다. 이 몸짓들은 어쨌든 삶을 채우거나 삶에 **영양을 준다**. 집의 특권적 역할은 인간 활동의 목적이 되는 데서 성립하는 것이 아니라, 인간 활동의 조건이 되는 데서, 그리고 이런 의미에서 시작이 되는 데서 성립한다. 자연이 재현될 수 있고 노동에 맡겨질 수 있기 위해, 또 자연이 다만 세계로 그려지기 위해 필요한 거둬들임은 집으로 성취된다. 인간은 사적 영역에서부터, 매번 피신할 수 있는 자기 집에서부터 세계로 오는 방식으로 세계 속에서 자신을 유지한다. 인간은 (자신이 이미 자리를 잡고 있을, 또 거기서부터 출발하여 매번 위험한 착륙을 다시 시작해야 할) 어떤 우주 공간으로부터 세계로 오는 것이 아니다. 그러나 인간은 세계 속에 난폭하게 내던져지고 내버려져 있지 않다. 밖과 안은 동시적이다. 인간은 친밀성에서 출발하여 바깥으로 나아간다. 다른 한편, 이 친밀성은 집 가운데 열리는데, 그 집은 이 바깥 가운데 위치한다. 건축물로서의 거주는 사실 대상들의 세계에 속한다. 그러나 이런 속함은 대상들에 대한 모든 고려가—비록 그 대상들이 건축물이라 하더라도—거주로부터 생산된다는 사실의 영향력을 없애지 못한다. 구체적으로 말해서, 거주가 객관적 세계 속에 위치하는 것이 아니라, 객관적 세계가 나의 거주와 관련해 위치 지어진다. 자신의 대상을, 또 자신이 놓여 있는 장소까지도 **선험적으로** 구성하는 관념론적 주체는, 엄밀하게 말해서 그런 것들을 선험적으로 구성하는 것이 아니다. 정확히 말하면 그 주체는 **사후에**après coup, 즉 구체적 존재로 그 속에 거주한 이후에 그것들을 구성한다. 주체의 이런 거주는 앎, 사유, 관념을 넘어서 있는데, 주체는 앎과 공통의 척도가 없는 거주함의 사건을 이것들 속에 —사후에— 가두고자 할 것이다.

향유에 대한 분석과 **~로 사는 삶**에 대한 분석은 존재가 경험적 사건들로, 그리고 그 사건들을 반성하거나 그것들을 '지향적으로' 겨냥하는 사유들로 해소되지 않는다는 점을 보여 주었다. 정주를 인간 신체와 건축물이 놓인 특정한 정황에 대한 의식화로 제시하는 것, 그것은 의식이 사물로 흘러간다는 점을 등한시하고 망각하는 것이다. 의식의 입장에서 이 흐름은 사물들의 재현에서가 아니라, 구체화의 특수한 지향성에서 성립한다. 우리는 이 지향성을, '세계에 대한 의식은 이미 그 세계를 **통한**à travers 의식이다'라고 정식화할 수 있다. 보이는 이 세계의 어떤 것은 그 봄의 본질적 기관이거나 수단이다. 머리, 눈, 안경, 빛, 램프, 책, 학교 따위가 그렇다. 노동과 소유의 문명 전체는 자신의 분리를 실행하는 분리된 존재의 구체화로서 생겨난다. 그러나 이러한 문명은 최초의 구체화를 의식의 육화로, 정주로, 즉 집의 친밀성으로부터 출발하는 실존으로 귀착시킨다. 관념론적 주체의 발상 자체는 구체화의 이런 넘쳐흐름을 잘못 인식한 데서 유래한다. 주체의 **대자**는 일종의 에테르 속에 자리를 잡았고, 주체의 자리 잡음은—그 자리 잡음을 포괄하는—자기에 의한 자기의 이 재현에 어떠한 것도 덧붙이지 않았다는 것이다. 관조는, 자신이 거주 그 자체를 구성한다는 관조의 주장(이 구성은 사후적인 것이다)과 더불어, 확실히 분리를 입증한다. 또는 한층 더 나아가, 분리의 생산에 필수 불가결한 한 계기가 된다. 그러나 거주는, 재현이 자신의 조건을 삼켜 버리는 특권적 조건 지어짐인 경우에조차, 재현의 조건들 가운데서 망각되지 않을 것이다. 이 삼킴은 오직 사후에만, 후험적으로만 이루어지기 때문이다. 세계를 관조하는 주체는 그러므로 거주의 사건을 전제한다. 요소들로부터(즉 직접적인 향유, 그러나 이미 그 다음날에 대해 불안해하는 향유로부터) 물러남을, 집의 친밀성 속으로 거둬들임을 전제한다.

집의 고립은 거둬들임을, 인간의 주체성을 마법과 같은 방식으로 일으키지도, '화학적 방식으로' 유발하지도 않는다. 항들을 전도시켜야 한다. 분리의 작업인 거둬들임이 거주 속의 실존으로, 경제적 실존으로 구체화하는 것이다. 자아는 자신을 거둬들이면서 실존하기 때문에, 경험적으로 집으로 피신한다. 건축물은 이런 거둬들임으로부터만 거주의 이 의미를 얻는다. 그러나 이 '구체화'는 감싸인 분절들을 그곳에 명시하기 위해 자신이 구체화하는 가능성만을 반영하는 것이 아니다. 집에 의해 구체적으로 **성취된** 내면성, 즉 거주를 통해 거둬들임의 행위로 나아가는 것 — 에너지 — 은 새로운 가능성들을 열어 준다. 거둬들임의 가능성이 새로운 가능성들을 분석적으로 포함하는 것은 아니다. 그 **에너지**에 본질적인 이 새로운 가능성들은 거둬들임의 가능성이 펼쳐질 때만 자신을 드러낸다. 이 거둬들임을, 이 친밀성을, 이 친밀성의 따뜻함이나 안온함을 현실화하는 정주가 어떻게 분리의 구조를 완성하는 노동과 재현을 가능케 하는가? 우리는 이 점을 곧 살펴볼 것이다. 먼저 중요한 것은 거둬들임 그 자체의, 그리고 그것이 체험되는 안온함의 '지향적 함축들'을 묘사하는 일이다.

2. 정주와 여성적인 것

그 용어의 일상적 의미에서 거둬들임이 가리키는 바는, **자기-자신**에 대해, 자신의 가능성들에 대해, 그리고 상황에 대해 더 큰 주의를 기울이기 위해서, 세계가 야기하는 직접적 반응들을 중지하는 것이다. 거

뒤들임은 직접적 향유에서 해방된 주의의 운동과 이미 일치한다. 이 때의 주의는 자신의 자유를 더 이상 요소들에 대한 수락으로부터 도출하지 않는다. 그렇다면 주의는 어디로부터 그 자유를 도출하는가? 어떻게 전적인 반성이, 결코 실존함의 **벌거벗은 사태**가 되지 못하는 한 존재에게 허용되겠는가? 어떻게 그런 반성이 그 실존이 삶인, 다시 말해 어떤 것으로 사는 삶인 한 존재에게 허용되겠는가? ~로 사는 삶인 삶 가운데서, 요소들을 향유하며 향유의 불안전성을 극복하는 데 몰두하는 그런 삶 가운데서 어떻게 거리가 생산되겠는가? 그렇다면 거 뒤들임은 무차별적 영역에, 공허에, 에피쿠로스의 신들이 머무는 존재의 이 간극들 중 하나에 머무는 것으로 귀착하는가? 이럴 경우 자아는 ~로 사는 삶으로서, ~에 대한 향유로서, 그를 먹이는 요소 속에서 그가 받아들이는 확증을 상실하게 될 것이다. 또 자아는 이 확증을 다른 곳에서 받아들이지도 못할 것이다. 그렇게 되지 않으려면 향유에 대한 거리가 존재의 간극들의 차가운 공허를 의미하는 대신, 삶이 잠기는 친밀한 친숙성으로부터 출발하는 내면성의 차원으로서 긍정적으로 체험되어야 하지 않겠는가?

세계의 친숙성은 이 세계에서 얻은 습관들로부터만 생기는 것이 아니다. 그 습관들은 세계의 꺼칠꺼칠함을 세계에서 제거해 주는 것이며, 생명체가 자신이 향유하고 자신을 먹이는 세계에 적응하는 정도를 보여 주는 것이지만 말이다. 친숙성과 친밀성은 사물의 면모 위에 퍼지는 안온함으로 생산된다. 그 안온함은 자연이 분리된 존재의 욕구들에 적합해져서, 분리된 존재가 곧바로 그런 자연을 향유하고, 또 이 향유 속에서 자신을 분리된 자로, 즉 자아로 구성하게 되는 것에 그치지 않는다. 그것은 이 자아에 대한 우애에서 비롯하는 안온함이기도 하다. 친숙성이 이미 전제하고 있는 친밀성은 **어떤 사람과의 친밀성**이다. 거둬들임의 내면성은 이미 인간 세계에서의 고독이다. 거둬들임은 맞아들임과 관련된다.

그러나 어떻게 고독의 분리가, 친밀성이 타인과 마주하는 가운데 생산될 수 있는가? 타인의 현존은 이미 언어이고 초월이 아닌가?

거둬들임의 친밀성이 존재의 거처에서 생산될 수 있기 위해, 타인의 현전은 자신의 고유한 조형적 이미지를 꿰뚫는 얼굴에서 스스로를 계시해야 할 뿐 아니라, 이러한 현전과 동시에 그 부재와 물러남에서 스스로를 계시해야 한다. 이러한 동시성은 변증법의 추상적 구성이 아니라, 분별성discrétion의 본질 자체다. 그 현전이 분별적으로는 부재인 타자, 그 부재로부터 진정한 의미의 환대하는 맞아들임 —이것이 친밀성의 장을 그려 낸다—을 성취하는 타자가 곧 여성이다. 여성은 거둬들임의 조건, 정주와 집의 내면성의 조건이다.

~로 사는 단순한 삶, 즉 요소들에 대한 자발적인 수락은 아직 정주가 아니다. 그러나 정주는 아직 언어의 초월이 아니다. 친밀성 안에서 맞아들이는 타인은 하나의 차원, 즉 높음의 차원에서 스스로를 계시하는 얼굴의 **당신**vous이 아니다. 그것은 친숙성의 **너**tu다. 그것은 가르침 없는 언어, 침묵하는 언어, 말 없는 이해, 비밀 안에서의 표현이다. 부버가 인간 사이의 관계 범주라고 한 '나-너'는 대화 상대자와 맺는 관계가 아니라, 여성적 타자성과 맺는 관계다. 이 타자성은 언어와는 다른 평면에 놓이며, 절단되고 더듬거리며 아직 초보적인 언어조차 전혀 재현하지 않는다. 반대로 이 현전의 분별성은 타인과 맺는 초

월적 관계의 모든 가능성들을 포함한다. 이 분별성이 이해되고 자신의 내면화 기능을 실행하는 것은 오직 인간의 충만한 인격성의 토대 위에서다. 그러나 정확히 말해 여성에게는 이 인격성이 내면성의 차원을 열어 주기 위해 보류될 수 있을 것이다. 그리고 바로 이것이 새롭고 환원 불가능한 가능성, 존재 속에서의 감미로운 퇴락, 자기 안에서의 안온함의 원천이다.

친숙성은 분리의 성취이고 분리의 에-너지/안에서의-힘én-ergie이다. 친숙성으로부터, 분리는 거주와 정주로 자신을 구성한다. 실존한다는 것은 따라서 거주한다는 것을 의미한다. 거주한다는 것은 누군가가 자기 뒤로 던진 돌과 같이 실존 속에 던져진 한 존재의 익명적 현실을 나타내는 단순한 사태가 아니다. 거주한다는 것은 거둬들임이고, 자기를 향해 옴이며, 피난처인 자기 집으로 물러남이다. 이것은 환대, 기다림, 인간적 맞아들임에 답한다. 인간적 맞아들임, 여기서는 말 없는 언어가 본질적 가능성으로 남아 있다. 여성적 존재의 이 침묵하는 오고 감은 자신의 발걸음으로 존재의 비밀스러운 두께를 울린다. 이것은 보들레르가 즐겨 그 낯선 애매함을 환기하곤 했던 동물적이고 고양이 같은 현존의 흐릿한 신비[1]가 아니다.

거주의 친밀성을 통해 구체화되는 분리는 요소들과 맺는 새로운 관계들을 그려 낸다.

---

1) 보들레르의 『악의 꽃』(Les fleurs du mal) 참조. 여기에 '고양이'(Le Chat)라는 제목의 시 두 편이 실려 있다. ─ 옮긴이

3. 집과 소유

집은 분리된 존재가 식물처럼 요소와 소통하게 하려고 분리된 존재를 땅에 뿌리내리게 하는 것은 아니다. 집은 땅, 공기, 빛, 숲, 도로, 바다, 강 등의 익명성에 대한 물러남 속에 있다. 집은 '길 위의 박공지붕'을 가지고[2] 있지만, 또한 자신의 비밀을 가지고 있다. 거주에서부터, 분리된 존재는 자연적 실존과 단절한다. 자연적 실존은 환경 속에 잠겨 있는데, 거기서 분리된 존재의 향유는 안정성 없이 움츠러든 채 염려로 전도된다. 분리된 존재는 가시성과 비가시성을 오가면서 언제나 내부로 향해 있다. 그의 집이나 구석진 장소 혹은 그의 텐트나 동굴은 내부로 향하는 입구다. 집의 원래 기능은 건물의 건축으로 존재의 위치를 정해 주고 자리를 찾게 하는 데에 있지 않다. 그 기능은 오히려 요소의 충만함을 깨뜨리는 데에, 이 '내'가 자기 집에 거주하며 자신을 거둬들이는 유토피아를 거기서 여는 데에 있다. 그러나 분리는, 내가 단순히 이 요소들에서 뿌리 뽑혀 있다는 듯이 나를 고립시키지는 않는다. 분리는 노동과 소유를 가능케 한다.

자아가 스스로를 내어 줄 수 있었던 몰아적extatique이고 직접적인—어떻게 보면 요소의 불확실한 심연으로 빨아들여진—향유는 집 속에서 연기되고 유예된다. 그러나 이런 중지는 요소들과 맺는 자아의 관계를 무화시키지 않는다. 거주는 자신이 분리되어 나온 요소에 대해 자기 식으로 열려 있다. 멀어지는 동시에 가까워지는 그 자체

2) avoir 'pignon sur rue': 잘 알려진 면모를 지니고 있다는 뜻이다. —옮긴이

로 애매한 거리에 대해, 창문은 그 애매성을 제거한다. 그리하여 지배하는 시선, 시선들에서 벗어나는 자의 시선, 관조하는 시선이 가능해진다. 요소들은 자아의 처분disposition——취하거나 내버리는——에 놓인다. 그럼으로써 노동은 요소들에서 사물들을 추출할 것이고 그렇게하여 세계를 **발견할 것이다**. 이 원초적 포착, 노동의 이 지배력은 사물들을 야기하고 자연을 세계로 변형시킨다. 이 지배력은 시선의 관조와 꼭 마찬가지로 자아가 자신의 거주 안으로 스스로를 거둬들인다는 것을 전제한다. 한 존재에게 자기 집을 짓게 하고 그에게 내면성을 열어주며 그것을 보장해 주는 운동은, 분리된 존재로 하여금 스스로를 거둬들이게 하는 운동 속에서 구성된다. 세계의 잠재적 탄생은 거주로부터 생산된다.

향유의 연기延期는 한 세계에——즉 상속인 없이 놓여 있지만 그것을 소유할 자의 처분에 맡겨진 존재에——접근 가능하게 한다. 여기에는 어떤 인과성도 없다. 세계는 추상적 사유 속에서 **결정된** 이 연기의 **결과로** 생겨나지 않는다. 향유의 연기는 이렇게 처분에 놓인다는 의미 외의 다른 어떤 구체적 의미도 갖지 않는다. 이 처분에 놓임은 향유의 연기를 성취하며 그것의 에-너지가 된다. 추상적인 사유에 의해서가 아니라 거주 안에서의 머묾에 의해 성취되는 존재 안에서의 새로운 상황이 이 에-너지의 전개에 필요하다. 거주 안에서의 이 머묾, 정주는 경험적 사실로서 부과되기에 앞서 모든 경험 방식을 조건 짓고, 관조에 부과되는 사태의 구조 자체를 조건 짓는다. 또 반대로 '자기-집에서의' 현존은 '대자'의 추상적인 분석이 그 현존에서 발견하는 외관상의 단순성을 넘어선다.

이어서 우리는 소유하고 획득하고 **내적인** 것으로 삼아야 할 세계와 더불어 집이 수립하는 관계를 그려 볼 것이다. 경제의 최초 운동은 사실상 자기중심적이다. 그것은 초월이 아니며 표현도 아니다. 내가 잠기는 요소들로부터 사물들을 추출하는 노동은 지속적 실체들을 발견하지만, 곧바로 그 지속적 존재의 독립성을 중지시킨다. 노동은 실체들을 이동 가능한 재화로, 운반 가능하고 예비로 떼어 놓아지며 집에 저장되는 재화들로 취하는 것이다.

소유를 정초하는 집은, 집이 거둬들이고 보관할 수 있는 이동 가능한 것들과 동일한 의미에서의 소유물은 아니다. 집이 소유되는 것은, 집이 이미 그 소유자를 환대하기 때문이다. 이것이 우리를 집의 본질적 내면성으로, 모든 정주자에 앞서 그 집에 정주하는 정주자로, 진정한 맞아들이는 자로, 맞아들이는 자 그 자체로, 즉 여성적 존재로 돌려보낸다. 여기서 관건은 모든 집이 **실제로** 여성을 전제한다는 경험적 진리 또는 반ᴿ-진리를 비웃음에 맞서 주장하는 일이 전혀 아니라는 점을 굳이 덧붙일 필요가 있을까? 여성적인 것은 이 책의 분석에서 내적 삶이 자리하는 지평의 주요한 지점들 중 하나로 마주치게 된 것이다. 그래서 어떤 거주지에는 '여성의 성'을 지닌 인간 존재가 없다는 경험적 사실이 거주에 열려 있는 여성성의 차원에는 아무런 변화도 주지 못한다. 이 여성성의 차원은 거주의 맞아들임 자체인 것이다.

4. 소유와 노동

세계로의 접근은 거주의 유토피아를 출발점으로 삼아 일대 공간을 두

루 돌아다니며 원초적 포획을 실행하는 운동 속에서 생산된다. 포착하고 가져오는 운동 속에서 생산되는 것이다. 요소의 불확실한 미래는 중지된다. 요소는 집의 네 벽 사이에 고정되고, 소유 안에서 진정된다. 요소는 거기서 사물로 나타난다. 이 사물은 아마도 평온함으로 정의될 수 있을 것이다. '정물'靜物; nature morte로서의 사물. 요소적인 것에 행해진 이러한 포착이 노동이다.

집으로부터 출발하는 사물들의 소유, 노동에 의해 생산되는 이 소유는 향유 속에서 비-아와 맺는 직접적 관계와 구분된다. 요소 속에 잠겨 있는 감성 ─잡지 않고 '소유하는' 감성─이 향유하는 획득 없는 소유와 구분되는 것이다. 향유 속에서 자아는 아무것도 떠맡지 않는다. 무엇보다도 자아는 ~로 산다. 향유를 통한 소유는 향유와 혼동된다. 어떠한 활동도 감성에 앞서지 않는다. 그러나 그 대신 향유함으로써 소유한다는 것, 그것은 또한 소유된다는 것이고, 요소의 가늠할 수 없는 깊이에, 불안정한 미래에 내맡겨진다는 것이다.

거주로부터 출발하는 소유는 소유된 내용 및 이 내용의 향유와 구분된다. 소유하기 위해서 포착하는 노동은 향유하는 자아를 고양시키지만 자아를 싣고 가는 요소 속에서 요소의 독립성을, 즉 요소의 존재를 중지시킨다. 사물은 이 포획prise 또는 파악/이해compréhension를, 이 존재론을 입증한다. 소유는 이 존재를 중립화한다. 재산으로서의 사물은 자신의 존재를 상실한 존재자가 된다. 그러나 이렇게 하여 소유는 중지에 의해 존재자의 존재를 함께-잡으며/이-해하며com-prendre 오직 그럼으로써 사물을 출현케 한다. 존재자의 존재를 포착하는 존재론─사물들과의 관계이며 사물들을 드러내는 존재론─은 땅에 사는 모든 거주자의 자발적이고 전前 이론적인 작업이다. 요소의 예측 불가능한 미래──요소의 독립성과 요소의 존재──소유는 그 독립성을 제어하고 중지시키며 연기한다. '예측 불가능한 미래'가 예측 불가능한 까닭은 미래가 봄의 범위를 넘어서 있기 때문이 아니라, 얼굴이 없으며 무 속으로 사라지는 미래가──기원 없는 불투명한 두께에서 오는, 악무한이나 한정되지 않는 것에서 오는, 아페이론에서 오는──요소의 가늠할 수 없는 깊이 속에 새겨지기 때문이다. 요소는 기원을 갖지 않는다. 왜냐하면 그것은 실체를 갖지 않으며 '어떤 것'에 결부되어 있지 않기 때문이다. 그것은 그 무엇에도 성질을 부여하지 않는 성질이다. 거기에는 어떤 좌표축이 지나갈 영점도 없다. 그것은 절대적으로 무규정적인 최초의 질료다. 존재의 이 독립과 요소적 비-아의 이 물질성을 소유를 통해 중지시키는 것은, 이 중지를 **사유하는 데로** 귀착하지 않는다. 또 어떤 공식의 결과로 그것을 얻는 데로 귀착하지도 않는다. 물질의 가늠할 수 없는 모호성에 접근하는 방식은 무한의 관념이 아니라 노동이다. 소유는 손의 고유한 운명인 소유물의 포획 또는 노동에 의해 성취된다. 손은 포착과 포획의 기관이다. 우글거림 속에서의 최초의 포획이자 눈먼 포획의 기관이다. 손은 요소로부터 추출된 사물들을 나와 나의 자기중심적 목적에 관계시킨다. 요소는 분리된 존재를 시작도 없고 끝도 없이 빠뜨리고 잠기게 한다. 그러나 요소적인 것과 욕구들의 목적성을 **관계시키는** 손이 사물들을 구성하는 것은 오직, 직접적 향유로부터 손의 포획을 분리시키고, 거주 가운데 그것을 놓아두며, 그것에 재산의 지위를 부여함으로써다. 노동은 획득의 에-너지 자체다. 노동은 거주 없는 존재에게는 불가능할 것이다.

손은 자신의 고유한 기능을 계획의 모든 실행에 앞서, 기획의 모든 투사에 앞서, 자기 집 외부로 이끌 모든 목적성에 앞서 성취한다. 엄밀하게 경제적인 손의 포착과 획득의 운동은, 이런 획득이 집의 내면성을 향한 복귀의 운동 속에 남겨 놓은 흔적들, '찌꺼기들' 그리고 '작업 결과들/작품들'ouvrages에 의해 은폐된다. 이 작업 결과들은 마을로, 논밭으로, 정원으로, 풍경으로 자신의 요소적 실존을 다시 시작한다. 최초의 그 의도 속에서의 노동은 이런 획득이고, 자기를 향한 이런 운동이다. 노동은 초월이 아니다.

노동은 자신이 사물들을 추출하는 바탕인 요소들에 스스로를 맞춘다. 노동은 물질을 원료로 포착한다. 이런 원초적 포획에서 물질은 자신의 익명성을 알리는 동시에 그것을 단념한다. 익명성을 알리는 것인 까닭은 노동이, 즉 물질에 대한 포획이 봄이 아니고 사유도 아니기 때문이다. 사유에서는 이미 규정된 물질이 무한과 관련하여 정의될 것이다. 물질은 포착 속에서는 정확히 말해 사실상 정의되지 않는 것으로 남아 있다. 또 그 말의 지적인 의미에서 파악 불가능한 incompréhensible 것으로 남아 있다. 그러나 물질은 자신의 익명성을 단념한다. 왜냐하면 노동의 원초적 포획은 동일시 가능한 것의 세계로 물질을 끌어들여 그 물질을 지배하며, 그 물질을 한 존재의—자신을 거둬들이고 자신을 동일화하며, 모든 시민적 자격에 앞서, 모든 자질에 앞서 그 자신으로부터만 비롯하는 그런 존재의—처분에 놓이게 하기 때문이다.

한정되지 않은 것을 노동을 통해 포획하는 것은 무한의 관념과 유사하지 않다. 노동은 무한의 관념에 호소하지 않고서 물질을 '한정한다'définir. 최초의 기술은 먼저 있던 '앎'을 실천에 옮기는 것이 아니라 물질을 직접 포획한다. 포착하거나 떼어 내는, 부수거나 빚는 손의 능력은 요소를 어떤 무한에, 그것과 관련하여 사물이 한정될 어떤 무한에 관련시키는 것이 아니라, 목표라는 의미의 한정된 끝fin에, 욕구의 목표에 관련시킨다. 향유가 요소 속에서 미심쩍어했던 헤아릴 수 없는 깊이는 노동에 복종한다. 노동은 미래를 지배하며, **그저 있음**의 익명적인 웅웅거림을, 향유 자체의 와중에서까지 불안정을 주는 요소적인 것의 통제 불가능한 소란함을 가라앉힌다. 물질의 이 헤아릴 수 없는 모호함이 노동에 나타나는 것은 저항으로서이지 대면으로서가 아니다. 하지만 그 저항은 저항의 관념이 아니다. 관념을 통해 스스로를 알리는 저항이거나 얼굴로서 스스로를 절대적으로 알리는 저항이 아니다. 오히려 물질의 모호함은 그것을 복종시키는 손과 이미 접촉하는 가운데, 잠재적으로 정복된 것으로 나타난다. 노동하는 자는 이 모호함을 극복할 것이다. 그것은 정면에서가 아니라, 이미 단념한 듯 손과 맞선다. 손은 그것의 약점을 찾는다. 이미 술수와 교묘함인 손은 우회적으로 그것에 다다른다. 노동은 이름 없는 물질의 헛된 저항에, 그 무의 무한에 닿는다. 그래서 노동은 결국 폭력이라 불릴 수 없다. 노동은 얼굴을 갖지 않는 것에, 무의 저항에 적용된다. 노동은 현상 속에서 작동한다. 노동은 오직 이교도 신들의 얼굴 없음만을 공격하여 그것의 무를 드러낸다. 천상의 불을 훔친 프로메테우스는 그 불경함 속에서의 교묘한 노동을 상징한다.

　노동은 요소의 무규정적 미래를 지배하거나 **무기한으로**sine die 중지시킨다. 노동은 사물들을 포착하여 존재를 이동 가능하고 집으로

운반 가능한 것으로 다룸으로써, 예측 불가능한 미래를, 우리에 대한 존재의 지배력이 알려진 미래를 자신의 처분하에 둔다. 노동은 이 미래를 자신을 위해 확보해 둔다. 소유는 존재를 그것의 변화에서 벗어나게 한다. 지속적 본질을 통해서 소유는 단지 마음의 상태로서 지속하는 것이 아니다. 소유는 시간에 대한 자신의 능력을, 그 누구에게도 속하지 않는 것에 대한, 즉 미래에 대한 자신의 능력을 확증한다. 소유는 노동의 산물을 시간 속에서 영속하는 것으로, 즉 실체로 정립한다.

사물들은 명확히 경계가 정해진 윤곽을 지닌 고체로서 나타난다. 탁자, 의자, 봉투, 공책, 펜 등 제작된 사물들과 더불어, 돌, 소금 알갱이, 흙덩어리, 얼음덩어리, 사과 등도 사물이다. 대상을 분리하고 대상의 면들을 그려 주는 이 형태는 사물을 구성하는 것으로 보인다. 한 사물이 다른 것과 구분되는 것은 간격이 그것들을 분리하기 때문이다. 그러나 어떤 사물의 부분은 그 나름의 사물이다. 예를 들면 의자의 다리나 등받이처럼. 그러나 그 다리의 어떤 한 조각 또한 사물이다. 그 조각이 다리의 이음매를 구성하지 않는다 해도 그렇다. 다리에서 떼어 내고 가져갈 수 있는 모든 것이 사물이다. 사물의 윤곽은 사물을 떼어 내고 다른 것 없이 그것을 이동시키며 가져갈 가능성을 표시한다. 사물은 **이동 가능**하다. 사물은 인간 신체에 대하여 어떤 균형을 유지한다. 이 균형이 사물을 손에 종속시킨다. 단지 그것의 향유에 종속시키는 것이 아니다. 손은 요소적 성질들을 향유로 인도하는 동시에, 미래의 향유를 위해 그것들을 취하고 보존한다. 손은 자신이 포획한 것을 요소에서 떼어 냄으로써, 형태를 가진 한정된 존재들, 즉 고체들을 드러냄으로써 세계를 그려 낸다. 형태 없는 것의 형태화ʟ'information de l'informe, 이것이 고체화이고, 포착 가능한 것의, **존재자**의 출현이다. 즉 성질들의 **지지대**의 출현이다. 그러므로 실체성substantialité은 사물의 감성적 본성에 있지 않다. 감성은 명사substantif 없는 '형용사', 순수한 성질, 지지대 없는 성질을 향유하는 향유와 합치하기 때문이다. 감성적인 것을 개념으로 고양시키는 추상이 감성적 내용에 결여되어 있는 실체성을 감성적인 것에 부여하지는 못할 것이다. 개념의 내용을 강조하는 것이 아니라, 노동에 의해 작동되는 원초적 포획을 거친 개념의 잠재적 탄생을 강조하는 경우라면 다르겠지만 말이다. 그럴 때는 개념의 이해 가능성은 소유를 생산하는 노동의 포착이 개념과 관계한다는 점을 가리킬 것이다. 사물의 실체성은 잡고 가져가는 손에 스스로를 내맡기는 사물의 고체성에 있다.

그러므로 손은 단지 우리가 힘의 어떤 양을 물질에 전달하는 돌출부가 아니다. 손은 요소의 무규정성을 관통하며, 요소의 예측 불가능한 놀라움들을 중지시키고, 그 놀라움들이 이미 위협하고 있는 향유를 연기시킨다. 손은 잡고 파악하며, 존재자의 존재를 인식한다. 손이 포착하는 것은 그림자가 아니라 먹이인 까닭이다. 동시에 손은 존재자의 존재를 중단시킨다. 그 존재가 손의 재산인 까닭이다. 게다가 중지되고 길들여진 이 존재는 그럼에도 불구하고 유지된다. 그것은 소비하고 소모하는 향유 속에서 소모되어 버리지 않는다. 일시적으로 그 존재는 지속적인 것으로, **실체**로 정립된다. 일정 범위에서는 사물들이란 먹을 수 없는 것, 즉 연장, 사용 대상, 노동 도구, 재화 따위다. 손은 사물을 **파악한다**comprendre.[3] 이는 손이 사물을 모든 측면에서 동시에 접촉하기 때문이 아니다(손은 사물을 사방에서 만지지 않는다). 그것은 손이 더 이상 감각 기관이나 순수한 향유, 순수한 감성이 아니라, 지배이고 통치이고 처분이기 때문이다. 이런 것들은 감성의 질서에 속하지 않는다. 포획과 획득의 기관인 손은 열매를 따지만, 열매를 입에서 멀리하여 간직하며 예비로 두고 집 안에 소유한다. 거주가 노동을 조건 짓는다. 획득하는 손은 자신의 포획으로 시달린다. 손은 그-스스로에 의해 소유를 정초하지 못한다. 한편으로 획득의 계획 자체는 거주의 거둬들임을 전제한다. 부트루[4]는 어딘가에서 소유는 우리의 신체를 연장시킨다고 말한다. 그러나 벌거벗은 신체로서의 신체는 최초의 소유물이 아니다. 그것은 여전히 가질 수 있는 것과 가질 수 없는 것의 바깥에 있다. 우리는 **정주함**으로써 우리를 감싸는 요소의 존재를 이미 중지시켰다. 그렇기에 우리는 우리의 신체를 뜻대로 할 수 있다. 나의 존재가 내면성과 외재성의 경계에 있는 집에 머묾에 따라, 신체는 나의 소유다. 집의 치외법권은 내 신체의 소유 자체를 조건 짓는다.

실체는 거주를, 다시 말해 그 용어의 어원학적 의미에서 경제économie를 지시한다. 소유는 대상 속에서 존재를 포착한다. 그러나 존재를 포착한다는 것은 곧 그것에 이의를 제기한다는 뜻이다. 소유는 존재를 내 집에 재산으로 놓으면서, 그것에 순수한 외양의 한 존재를, 한 현상적 존재를 부여한다. 내게 있거나 다른 사람에게 있는 사물은 그 자체로 있는 것이 아니다. 소유만이 실체와 접촉한다. 사물과 맺는

---

3) 95쪽의 각주 18 참조. 레비나스가 손이 사물을 사방에서 접촉하는 것은 아니라고 말하는 것은 'comprendre'의 어의와 관련이 있다. —옮긴이
4) 에밀 부트루(Émile Boutroux, 1845~1921), 프랑스의 철학자. 소르본대학교 교수를 지냈으며 신유심론의 입장에서 과학을 비판했다. —옮긴이

다른 관계들은 속성들에 이를 뿐이다. 유용한 것의 기능은 사물들이 담고 있는 가치로서, 자발적 의식에게 실체로서가 아니라 이 존재들의 속성들 가운데 하나로서 부과된다. 가치들로의 접근이나 사용, 조작, 제조 등은 소유에 의존한다. 잡고 획득하고 자기 집으로 가져오는 손에 의존한다. 소유와 상관적인 사물의 실체성은 그 사물이 절대적으로 현시되는 데서 성립하지 않는다. 사물들의 현시 속에서 사물들은 획득되고 주어지는 것이다.

사물은 그 자체로 있는 것이 아니기 때문에 교환될 수 있고, 따라서 비교될 수 있으며 양화될 수 있다. 또 그래서 자신의 자기동일성 자체를 이미 잃어버리고 돈에 반영될 수 있다. 또한 사물의 동일성이라는 것도 사물의 본래적 구조가 아니다. 그것은 우리가 물질로서의 사물에 접근하자마자 사라져 버린다. 소유권만이 향유의 순수한 성질 속에 영속성을 수립하지만, 이 영속성은 돈에 반영된 현상성 속에서 즉시 사라져 버린다. 재산, 사고파는 상품, 이런 것으로서의 사물은 귀속될 수 있고 교환될 수 있는 것으로, 따라서 돈으로 바뀔 수 있는 것으로, 돈의 익명성 속으로 흩어질 수 있는 것으로 시장에 드러난다.

그러나 소유 그 자체는 더 심오한 형이상학적 관계들을 지시한다. 사물은 획득에 저항하지 않는다. 이의를 제기하는 것은 다른 소유자들—우리가 소유할 수 없는 자들—이다. 바로 이 때문에 그들은 소유 그 자체를 바칠consacrer 수 있다. 결국 사물들의 소유는 대화로 귀착한다. 그리고 행동이란, 노동 위에서 다른 존재의 얼굴이 드러내는 절대적 저항을 전제하는 행동이란, 명령이고 말이다—또는 살해의 폭력이다.

5. 노동, 신체, 의식

세계를 사물들이 거기서부터 나타나는 지평으로, 유용한 것들로, 자신의 존재를 염려하는 실존의 용구 집합으로 해석하는 학설은, 거주가 가능하게 하는 내면성의 경계에서 일어나는 이런 자리 잡음을 알아보지 못한다. 연장 및 유용한 것의 체계에 대한 모든 조작과 모든 노동은 사물들에 대한 원초적 **포획**을, 소유를 전제한다. 내면성의 가장자리에 있는 집은 소유의 잠재적 탄생을 가리킨다. 세계는 가능한 소유물이며, 산업을 통한 세계의 모든 변형은 소유권 체제의 변화다. 소유는 밤 안에서, 원료의 **아페이론** 안에서 한 사물을 마치 기적처럼 포착함으로써 성취되는데, 이러한 소유가 세계를 발견하는 것은 거주로부터다. 사물의 포착이 아페이론의 밤 자체를 밝히는 것이지, 세계가 사물들을 가능하게 하는 것이 아니다. 다른 한편, 세계를 냉정한 관조에 제공된 스펙터클이라고 보는 지성주의적 발상도 마찬가지로 거주의 거둬들임을 알아보지 못한다. 거둬들임이 없다면, 요소의 끊임없는 웅웅거림은 포착하는 손에 맡겨질 수 없다. 거주의 거둬들임이 없이는 손으로서의 손이 요소에 잠겨 있는 신체 안에서 출현할 수 없기 때문이다. 관조는 인간 활동의 중지가 아니다. 관조는 카오스적인, 따라서 독립적인 요소의 중지 이후에 온다. 또 소유 그 자체를 의문시하는 타인과의 만남 이후에 온다. 어떤 경우든 관조는 손에 의해 포착된 사물의 동산화動産化를 전제한다.

앞선 고찰들에서 신체는 다른 대상들 사이의 한 대상으로서가 아니라 그 아래서 분리가 실행되는 체제 자체로서, 이 분리의 '어떻게'로서, 그리고 ─이렇게 말해도 좋다면 ─명사로서보다는 차라리 부사로서 나타났다. 마치 분리된 실존함의 진동 안에서 한 매듭이 본질적으로 생산되는 것과 같다. 이 매듭에서 내면화의 운동이, 그리고 요소들의 헤아릴 수 없는 깊이를 향하는 노동과 획득의 운동이 마주친다. 이것은 분리된 존재를 두 공허 사이에, 그 존재가 스스로를 다름 아닌 분리된 것으로 정립하는 '어떤 곳'에 위치시킨다. 이러한 상황을 더 자세히 끌어내고 기술할 필요가 있다.

시간도 염려도 없는 천국과 같은 향유 안에서는 능동성과 수동성의 구분이 수락 안에서 뒤섞인다. 향유가 먹고 사는 것은 전적으로 자신이 머물러 사는 바깥에 의해서지만, 향유의 수락은 향유의 주권souveraineté을 드러낸다. 이 주권은 어떤 바깥도 영향을 끼칠 수 없을 자기 원인의 자유에 낯설 뿐 아니라, 하이데거의 내던져져 있음 Geworfenheit에도 낯설다. 내던져져 있음은 그것을 제한하고 부정하는 타자에 잡힌 채, 관념론적 자유가 그러할 만큼 그 타자성으로 고통받는다. 분리된 존재는 숨 쉬고 보고 느끼는 즐거움 속에서 분리된다. 즉 만족해한다. 분리된 존재가 기쁨을 누리는 터전인 타자 ─요소들─는 애당초 그를 위해 있는 것도, 그에 반해 있는 것도 아니다. 어떤 떠맡음도 향유의 최초 관계를 특징짓지 못한다. 그 관계는 '타자'의 억압도 아니며 타자와의 화해도 아니다. 그러나 향유 속에서 진동하는 자아의 주권에서 특징적인 것은 환경에 잠긴다는 점, 그래서 숱한 영향을 받는다는 점이다. 이 영향의 본래성은, 향유의 자율적 존재가 자신이 달라붙어 있는 향유 자체 속에서 스스로가 그 자신이 아닌 것에 의해 규정된다는 점을 발견할 수 있다는 데에 있다. 그렇다고 해서 향유가 중단되거나 폭력이 생산된다는 것은 아니다. 향유의 존재는 환경의 산물로 나타난다. 하지만 그것은 충족적인 채 거기에 잠겨 있다. 토착성autochtone은 주권의 속성인 동시에 복종의 속성이다. 이 속성들은 동시적이다. 삶에 영향을 미치는 것이 달콤한 독처럼 삶에 스며든다. 삶은 소외된다. 그러나 고통을 겪음 속에서조차 소외는 내부로부터 삶에 다가온다. 삶의 언제나 가능한 이 전도는 제한된 자유 또는 유한한 자유라는 용어로 말해질 수 없다. 자유는 토착적 삶 속에서 작동하는 근원적 애매함의 가능성들 가운데 하나로 제시된다. 이 애매함의 실존이 신체다. 향유의 주권은 타자에 대한 의존으로 자신의 독립을 먹여 살린다. 향유의 주권은 배반의 위험을 무릅쓴다. 이 주권이 먹고 사는 타자성이 이미 그 주권을 낙원에서 추방해 버리는 것이다. 삶은 신체다. 그것은 자신의 충족성이 움트는 고유한 신체일 뿐 아니라, 물리적 힘들의 교차로, 즉 신체-효과coprs-effet다. 삶은 깊은 두려움으로 증언한다. 신체-주인이 신체-노예로, 건강이 병으로 이렇게 전도되는 것이 언제나 가능하다는 것을. **신체로 있다는 것**, 그것은 한편으로는 **스스로를 유지한다는** 것이고, 자기의 주인이라는 것이다. 그리고 다른 한편으로 그것은 땅 위에서 자신을 유지한다는 것이고, **타자** 안에 있다는 것이며, 그래서 자신의 신체로 인해 불편하다는 것이다. 그러나 반복하자면, 이 불편은 순수한 의존으로 생산되지 않는다. 이 불편은 행복을, 그것을 향유하는 자의 행복을 만든다. 존속하기 위해 내 실존에 필요한 것은 내 실존을 흥미롭게 한다. 나는 이 의존에서 이 즐거운 독립으로 나아간다. 그리고 나의 고통 겪음 자체 속에서 나는 내 실존을 내부로부터 이끌어 낸다. 자기와 다른 것 속에서 자기 집에 있다는 것,

자기 자신과 다른 것으로 살아가면서 자기 자신이라는 것, ~로 산다는 것은 신체적 실존 안에서 구체화된다. '육화된 사유'는 처음에는 세계에 작용하는 사유로서가 아니라, 욕구의 행복한 의존 속에서 자신의 독립을 확증하는 분리된 실존으로서 생산된다. 이 애매함 속에서 관건이 되는 것은 분리에 대한 두 연속적 관점이 아니다. 그것들의 동시성이 신체를 구성한다. 차례로 스스로를 드러내는 측면들 중 어느 것도 결정적이지 않다.

거주는 획득과 노동을 가능하게 함으로써 이 배반을 중지시키거나 연기시킨다. 삶의 불안전성을 극복하는 거주는 삶이 침몰할 위험에 놓이는 만기일을 끝없이 연기하는 것이다. 죽음에 대한 의식은 그 기한에 대한 본질적인 무지 속에서 죽음을 끝없이 미루는 의식이다. 노동하는 신체로서의 향유는 이런 최초의 연기에 자리 잡는데, 이 최초의 연기가 시간의 차원 자체를 연다.

진정한 인내이며 순수한 수동성인, 거둬들여진 존재의 고통은 동시에 이 고통 속에서의, 지속에 대한 열림이고 미룸이다. 인내 속에서는 패배의 임박함과 그것에 대한 거리가 공존한다. 신체의 애매성이 의식이다.

그러므로 화해시켜야 할 **이중성**이, 즉 고유한 신체와 물리적 신체가 있는 것이 아니다. 삶을 머물게 하고 연장시키는 거주, 삶이 노동을 통해 획득하고 사용하는 세계는 물질적 세계이기도 하다. 여기서 노동은 익명적 힘들의 놀이로 해석된다. 외적 세계의 힘들에게는 거주가 단지 연기일 뿐이다. 거처를 가진 존재가 사물과 구별되는 까닭은 오직 그 존재가 자신에게 유예를 허락하기 때문이다. '결과를 늦추기'

때문이다. 요컨대 노동하기 때문이다.

우리는 삶의 자발성에 대해 이의를 제기하지 않았다. 반대로 우리는 신체와 세계 사이의 상호 작용 문제를 정주로, '~로 사는 삶'으로 가져왔다. 이 '~로 사는 삶' 속에서 우리는 불가해하게 제한된, 자기 원인causa sui으로서의 자유의 도식을 더 이상 발견하지 못할 것이다. 삶을 머물게 하는, 또 삶이 **자기 집**에 있게 하는, **타자**와 삶이 맺는 관계로서의 자유는 유한한 자유가 아니다. 그것은 사실상 아무것도 아닌 자유다. 그런 자유는 삶의 부산물인 셈이다. 삶이 스스로를 상실할 위험에 놓이는 세계에 삶은 들러붙어 있다. 그리고 동시에, 이 들러붙음은 다름 아니라, 삶이 스스로를 방어하게 하고 자기 집에 있게 하는 것이다. 요소적 실재의 작은 고리인 이 신체는 세계를 포착게 하고 노동을 가능케 하는 것이기도 하다. 자유롭다는 것, 그것은 우리가 자유로울 수 있는 세계를 건설하는 것이다. 노동은 한 존재로부터 온다. 사물들 가운데 있으며 사물들과 접촉하는 사물인 한 존재로부터. 그러나이 접촉에서 그 존재는 자기 집에서부터 온다. 의식은 신체로 떨어지지 않는다. 즉 육화되지 않는다. 의식은 탈육화다. 또는 더 정확히 말해, 신체의 신체성을 미루는 것이다. 그것은 추상의 에테르 속에서 생산되지 않는다. 오히려 거주와 노동의 전적인 구체具體로서 생산된다. 의식을 갖는다는 것은 **존재하는 것**과 관계를 맺는 것이지만, 그러나 마치 **존재하는 것**의 현재가 아직 완전히 성취되지 않았다는 듯이, 또 그 현재가 거둬들여진 존재의 **미래**만을 구성한다는 듯이 관계하는 것이다. 의식을 갖는다는 것, 그것은 다름 아니라, 시간을 갖는다는 것이다. 그것은 미래를 예상하는 기투를 통해 현재의 시간을 넘쳐흐르는 것이 아니라, 현재 그 자체에 대해 거리를 갖는 것이고, 우리가 놓여 있는 요소에 대해, 아직 거기에 있지 않은 것과 관계를 맺듯 관계를 맺는 것이다. 정주의 모든 자유는 정주자에게 언제나 남아 있는 시간에 달려 있다. 환경의 통약 불가능한, 즉 파악 불가능한 틀이 시간을 남긴다. 자아가 맡겨지는 요소에 대한 거리가 자아의 거주 속에서 자아를 위협하는 것은 오직 미래에서다. 현재는 **당장은**pour le moment 위험에 대한 의식일 뿐이다. 즉 진정한 감정인 두려움일 뿐이다. 요소의 무규정성, 요소의 미래는 의식이 된다. 시간을 이용할 가능성이 된다. 노동은 존재에서 떨어져 나온 자유가 아니라 의지를 특징짓는다. 위협당한 존재, 하지만 위험을 예방하기 위해 시간을 처분하는 존재를 특징짓는다.

　존재의 일반경제에서 의지는 한 사건의 규정적인 것이 비-규정적인 것으로 생산되는 지점을 표시한다. 의지의 힘은 장애보다 더 강한 힘으로 전개되지 않는다. 의지의 힘은 장애와 부딪힘으로써가 아니라 장애에 대해 언제나 거리를 둠으로써, 자기와 장애의 임박 사이의 간극을 알아차림으로써 장애에 접근하는 데서 성립한다. 의욕함, 그것은 위험을 예방함prévenir이다. 미래avenir를 생각함concevoir, 그것은 미리-옴pré-venir이다.[5] 노동함, 그것은 자신의 실추失墜를 지연시킴이다. 그러나 노동은 신체의 구조를 갖는 존재에게만, 존재들을 포착하는 존재에게만 가능하다. 다시 말해, 자기 집으로 거둬들여지고 다

---

5) 'pré-venir'는 '미리' 또는 '앞서'(pré-) '오다'(venir)는 뜻이고 그래서 'prévenir'는 보통 '예방하다'라는 의미로 쓰인다. 여기서 이 말은 '미래'(avenir)가 'à venir', 즉 '와야 할' 것을 뜻하는 말로 풀이될 수 있다는 점과 어울려 쓰이고 있다. ─옮긴이

만 비-아와 **관계를 맺는** 존재에게서만 가능하다.

  그러나 우리가 나중에 설명하겠지만, 거주의 거둬들임에서 드러나는 시간은 노동에 자신을 내맡기지 않는 타자와의 관계를 전제한다. 즉 타인과의, 무한과의 관계를, 형이상학을 전제한다.

  신체로 인해 자아는 타자에 연루되나 신체로 인해 자아는 언제나 이편에서d'en deçà 온다는 신체의 이 애매성은 노동 속에서 **생산된다.** 노동은 이미 설명이 이루어진 사유에서나 간취되는, 원인들의 **연속된** 연쇄 속의 첫 번째 원인이 되는 데서 성립하는 것이 아니다. 또 노동은 목적에서부터 뒤로 소급해 가는 사유가, 우리와 합치한다는 이유로 우리와 가장 가까운 원인에서 멈추어 설 경우 작용할 법한 그런 원인이 되는 데서 성립하는 것도 아니다. 긴밀히 연결된 여러 원인들은 기계에 의해 그 본질이 표현되는 하나의 메커니즘을 이룬다. 기계의 톱니바퀴들은 서로 완벽하게 들어맞으며 균열 없는 연속성을 이뤄 낸다. 기계에 대해서 우리는 똑같은 권리로, 결과물이 최초 운동의 궁극적 원인/목적인cause finale이라고, 또 그 결과물이 이 최초 운동의 결과라고 말할 수 있다. 여기에 반해 기계를 작동시키는 신체의 운동, 못을 박으려 망치나 못을 향하는 손은 단순히 이 목적 —그것은 이 최초 운동의 궁극적 원인/목적인일 텐데— 에 대한 **작용인**cause efficiente이 아니다. 손의 운동에서 언제나 중요한 것은, 어느 정도로는, 그것이 수반하는 온갖 우연과 더불어 목표를 추구하고 **움켜잡는**attraper 것이기 때문이다. 신체가 작동시키는 기계나 메커니즘을 향해 신체가 벌려 놓고 거쳐 가는 이 거리는 멀 수도 가까울 수도 있다. 그 거리의 폭은 습관적인 몸짓 안에서 훨씬 좁혀질 수 있다. 그러나 그 몸짓이 습관적일 때조차, 습관을 인도하기 위해서는 능숙함과 수완이 필요하다.

　달리 말하자면, 사후에나 인과성의 용어로 진술될 수 있을 신체의 행동은, 그 말의 참된 의미로 목적인cause finale의 영향력 아래에서 행위하는 순간에 펼쳐진다. 이때 서로 자동적으로 풀려나서 이 거리를 메울 수 있을 매개물들은 아직 발견되지 않는다. 거기서 손은 모험을 무릅쓰고 나아가며, 그 목표의 움켜잡음은 **행운**이나 불운의 불가피한 몫과 더불어 이루어진다. 이것은 손이 자신의 시도를 그르칠 수 있다는 사태에서 기인한다. 손은 본질적으로 더듬기이고 거머쥠이다. 더듬기는 기술적으로 불완전한 행동이 아니라 모든 기술의 조건이다. 목적은 탈육화된 열망 속에서의 목적으로 간취되지 않는다. 그러한 목적은 원인이 결과의 운명을 고정시키듯, 그 열망의 운명을 고정시켜 버릴 것이다. 목적의 결정론이 원인의 결정론으로 바뀔 수 없다면, 그것은 목적을 품는 것이 목적의 현실화와 분리되지 않기 때문이다. 목적은 끌어당기지 않으며, 어떤 정도로든 불가피한 것이 아니다. 오히려 목적은 움켜잡는 것이다. 그래서 목적은 손으로서의 신체를 전제한다. 기관들을 부여받은 존재만이 기술적 목적성을, 목적과 도구 사이의 관계를 생각할 수 있다. 목적은 손이 실패할 위험을 무릅쓰고 추구하는 도달점이다. 손의 가능성으로서의 신체 ─ 신체의 신체성 전체는 손을 대신할 수 있다 ─ 는 도구를 향해 가는 이 운동의 잠재성 속에 실존한다.

　진정한 손의 작업이자 요소의 아페이론에 적합한 작업인 더듬기가 목적인의 모든 본래성을 가능하게 한다. 사람들은 말할 것이다. 만일 목적이 실행하는 끌어당김이 충격들의 연속적 계열로, 연속적 추진으로 완전히 환원되지 않는다면, 그것은 목적 관념이 이 충격들이 풀려나도록 이끌기 때문이라고. 그러나 그러한 목적 관념은, 최초의 충격이 주어지는 방식 속에서 나타나지 않는다면, 즉 허공 속으로 모험을 무릅쓰고 내밀어진 것으로 나타나지 않는다면, 부수적 현상이 되고 말 것이다. 사실 목적의 '재현'과 손의 운동은, 즉 정찰병을 앞세우지 않은 채 탐사되지 않은 거리를 가로질러 목적을 향해 투신하는 그런 손의 운동은, 단 하나의 동일한 사건을 구성한다. 또 그것은 한 존재를, 자신이 뿌리내린 세계의 품에 안긴 채 이 세계의 이편으로부터—**내면성의 차원**으로부터, 세계 속에 **정주하는**, 다시 말해 세계 속에서 자기 집에 있는 존재로부터—이 세계로 오는 한 존재를 정의해 준다. 더듬기는 존재로 통합됨과 동시에 존재의 틈새들 속에 거주하는 신체의 이러한 위치를 보여 준다. 모험을 무릅쓰고 거리를 넘어서야 할 처지에 언제나 놓여 있고 또 혼자서 스스로를 지탱해 나가는 신체의 위치를, 즉 분리된 존재의 위치를 보여 주는 것이다.

6. 재현의 자유와 증여

분리되어 있다는 것, 그것은 어딘가에 거주한다는 것이다. 분리는 자리함 안에서 긍정적으로 생산된다. 신체는 영혼에 우연한 것으로서 다다르지 않는다. 영혼이 연장延長 속에 끼어든다고? 이런 은유는 아무것도 해결하지 못한다. 신체의 연장 속에 영혼이 끼어든다는 것은 여전히 이해되어야 할 사항으로 남을 것이다. 신체가 여러 사물들 가운데 한 사물로 재현되어 나타나기는 하지만, 사실 신체는 공간적이지 않은 한 존재, 또 기학학적 연장이나 물리적 연장에 낯설지도 않은 한 존재가 분리되어 실존하는 **방식**이다. 신체는 분리의 체제^{régime}다. 거주가 자리하는 **어딘가**는 원초적인 사건으로서 생산되는데, 이 원초적 사건과 관련하여 물리적-기하학적 연장이 펼쳐지는 사건이 이해되어야 한다(거꾸로 [연장으로부터 거주가] 이해되어서는 안 된다).

재현적 사유는 자신이 스스로에게 재현한 바로 그 존재로 먹고살지만, 그러한 재현적 사유는 이 분리된 실존의 예외적 가능성에 속한다. 이론적 지향, 즉 자아의 기반에 의지, 욕망, 감정이 덧붙여져서 사유를 삶으로 변형시키는 것이 아니다. 엄격히 지성주의적인 테제는 삶을 재현에 종속시킨다. 의욕하기 위해서는 의욕하는 것을 미리 재현해야 하고, 욕망하기 위해서는 욕망의 목표를 재현해야 하며, 느끼기 위해서는 느낌의 대상을 재현해야 하고, 행위하기 위해서는 행해야 할 바를 재현해야 한다고 사람들은 주장한다. 그러나 어떻게 삶의 긴장과 염려가 냉정한^{impassible} 재현에서 생겨난다는 말인가? 그 반대의 테제도 못지않은 어려움을 낳는다. 현실에 대한 개입의 한정된 경우인 재현, 중지된 행위이자 주저하는 행위의 잔여인 재현, 행동의 불발인 재현이 과연 이론의 본질을 다 담아내는가?

대상에 대한 냉정한 관조로부터 행위에 필수적인 목적성을 도출하는 것이 불가능하다면, 재현이 공표하는 관조의 자유를 개입, 행위, 염려로부터 도출하는 것이 한결 쉬운 일일까?

게다가 재현의 철학적 의미는 재현이 행위에 단순히 대립한다는 것에 기인하지 않는다. 개입에 대립되는 냉정함이 재현을 충분히 특징짓는가? 사람들이 재현과 가까이 놓는 자유는 관계의 부재인가? 어떠한 것도 **타자**로 남아 있지 않는 역사의 도달점, 그러니까 공허 속에서의 주권인가?

재현은 조건 지어진다. 재현의 초월론적 바람[초월]은 재현이 구성하고자 하는 존재 속에 이미 뿌리박혀 있는 삶에 의해 부단히 반박된다. 그러나 재현은 현실 속의 이 삶을 재현으로 **사후**事後에 대체하고자 하며, 그리하여 이런 현실 자체를 구성하고자 한다. 우리는 재현에 의해 이룩되는 이 구성적 조건 지음을 분리를 통해 설명할 수 있어야 한다. 그 재현이 **사후**에 생산되는 것임이 틀림없다 하더라도 말이다. 이론적인 것은 사후적이라는 점에서, 본질적으로 회상이라는 점에서, 확실히 창조적인 것은 아니다. 그러나 이론적인 것의 비판적 본질—이편으로 거슬러 올라감—은 향유와 노동의 어떤 가능성과도 뒤섞이지 않는다. 이 비판적 본질은 흐름을 거슬러 상류로 향하는 새로운 에너지를 입증한다. 관조의 냉정함은 단지 피상적으로만 이 에너지를 표현할 뿐이다.

재현이 삶에 의해 조건 지어진다는 것, 하지만 이런 조건 지음은 사후에 뒤집힐 수 있다는 것—관념론은 영원한 유혹이라는 것—은 분리의 사건 자체에 기인한다. 분리는 어떤 경우건 공간에서 일어나는 추상적 단절로 해석되어서는 안 된다. 사후의 사태는, 구성적 재현의 가능성이 추상적 영원이나 순간에게 모든 사물을 측정하는 특권을 회복시켜 주지 못한다는 점을 확실히 보여 준다. 사후의 사태는 오히려, 분리의 생산이 시간과 결부되어 있다는 점을 보여 준다. 그리고 분리의 생산은, 시간 속에서 이루어지는 분리의 분절이 이처럼 분리의 생산 그 자체에서 생산되는 것이지 단지 부차적으로, 우리에게 대해서만 생산되는 것이 아니라는 점을 보여 준다.

구성적 재현의 가능성 ─ 그러나 이 가능성은 이미 전적으로 구성된 실재의 향유에 의존하는데 ─ 은 뿌리 뽑힘의 근본적인 특징을 가리킨다. 그 뿌리 뽑힘은 집으로 거둬들여진 자의 뿌리 뽑힘이다. 집에서 자아는 요소들에 잠겨 있으면서 스스로를 자연에 마주 놓는다. 내가 거기에 살고 내가 그것으로 사는 요소들은 또한 나와 맞서 있는 것이기도 하다. 이 세계의 한 부분을 한정해 막고 내가 향유하는 요소들에 문과 창문을 통해 접근하는 사태가, 사유의 치외법권과 주권을 세계에 앞서 ─ 그 사유는 이 세계 뒤에 오는데 ─ 실현한다. **뒤에 오면서 앞섬**antérieure postérieurement, 분리는 이런 식으로 '알려지는' 것이 아니라, 이런 식으로 생산된다. 회상은 바로 이런 존재론적 구조의 성취다. 자신이 출발한 지점 이편의 기슭을 스치며 돌아오는 늪의 물결, 추억을 조건 짓는 시간의 경련. 오직 이럼으로써, 나는 기게스처럼 남들에게 보이지는 않으면서 보고, 더 이상 자연에 의해 침범받지 않으며, 환경이나 대기 속에 더 이상 잠기지 않는다. 오직 이럼으로써, 집의 애매한 본질은 땅의 연속성에 난 틈들을 깊게 한다. 세계에 대한 하이데거의 분석들로 인해 우리는, 현존재를 특징짓는 '자기를 위해'[6] 가, 상황 속에서의 염려가 결국 모든 인간적 산물을 조건 짓는다는 생각에 익숙하게 되었다. 『존재와 시간』에서 집은 유용한 것의 체계와 떨어져 나타나지 않는다. 그러나 염려의 이 '자기를 위해'는 상황에서 빠져나옴 없이, 거둬들임 없이, 치외법권 없이, **자기 집에 있음** 없이 성취될 수

---

6) 하이데거의 원어는 'Um-zu'다. ─ 옮긴이

있는가? 본능은 자신의 상황으로 끼어든 채 거주한다. 더듬는 손은 모험을 무릅쓰고 허공을 가로지른다.

이 초월론적 에너지, 시간 그 자체인 이 연기, 이 미래는─여기서 기억은 과거 이전에 있던 과거를, "깊디깊은 옛날, 결코 다함이 없는 옛날"[7]을 포착할 것인데 ─어디로부터 나에게 오는가? 집 안으로 거둬들임이 이미 전제하는 에너지는 어디로부터 오는 것인가?

우리는 재현을 동일자가 타자에 의해 규정되지는 않으면서 동일자에 의해 타자가 규정되는 것이라고 정의했다. 이 정의는 항들이 서로 관련되면서 서로 제한하는 상호적 관계들로부터 재현을 배제했다. 내가 그것으로 사는 것을 스스로에게 재현한다는 것, 그것은 내가 잠기는 요소들에 외재적으로 남아 있다는 뜻이 될 것이다. 그러나 내가 잠기는 공간을 떠날 수 없다면, 내가 할 수 있는 것은 한 거주지로부터 다만 이 요소들에 **접근**하는 것, 사물들을 소유하는 것이다. 확실히 나는 ~로 사는 삶인 내 삶 가운데서 나를 거둬들일 수 있다. 다만, 소유를 규정하는 이 **거주함**의 부정적 계기, 잠김으로부터 나를 떼어 내는 거둬들임은 소유의 단순한 메아리가 아니다. 우리는 소유에서 사물들 곁의 현존에 대한 상응물을 볼 수 없다. 사물들의 소유가, 사물들 곁의 현존으로서, 사물로부터 물러남을 변증법적으로 포함하는 것처럼 볼 수는 없는 것이다. 사물로부터의 물러남은 새로운 사건을 함축한다. 나는 내가 그것으로 살지 않는 어떤 것과 관계해 왔어야 한다. 이 사건

---

7) 폴 발레리(Paul Valéry)의 시집 『매혹』(*Charmes*) 가운데 한 구절. "profond jadis, jadis jamais assez."─옮긴이

은 집 속에서 나를 맞아들이는 타인과의 관계이고, 여성적인 것의 분별적 현전이다. 그러나 내가 집의 맞아들임이 수립하는 소유 자체로부터 나를 해방시킬 수 있기 위해서는, 내가 사물들을 그 자체에서 볼 수 있기 위해서는, 즉 사물들을 나에게 재현하고 향유와 소유를 거부할 수 있기 위해서는, 내가 소유한 것을 **줄** 줄 알아야 한다. 이렇게 해서만 나는 비-아에 대한 나의 개입 위에 나를 절대적으로 놓을 수 있을 것이다. 그러나 이를 위해서 나는 나를 문제 삼는 타인의 분별적이지 않은 얼굴을 만나야 한다. 절대적 타자인 타인은 소유를 마비시킨다. 타인은 얼굴 속의 자신의 에피파니를 통해 이 소유에 이의를 제기한다. 타인이 나의 소유에 이의를 제기할 수 있는 것은, 그가 바깥으로부터가 아니라 높은 데서부터 내게 접근하기 때문이다. 동일자는 타자를 제거하지 않는 한 그를 지배할 수 없다. 그러나 이렇게 살해를 부정하는 넘어설 수 없는 무한이 알려지는 것은 바로 이 높이의 차원을 통해서다. 여기서 타인은 구체적으로 이 살해의 윤리적 불가능성을 통해 내게 온다. 나는 내 집을 그에게 열어 줌으로써 내 집에 출현하는 타인을 맞아들인다.

얼굴 속에서의 타인의 현현과 함께 일어나는 나에 대한 문제 제기, 우리는 이것을 언어라 부른다. 언어가 오는 높이, 우리는 그것을 가르침이라고 지칭한다. 소크라테스의 산파술은, 정신을 침해 또는 유혹함으로써(이것은 결국 같은 것인데) 관념들을 정신에 끌어들였던 교육술을 이겨 냈다. 산파술은 스승의 얼굴에 있는 높이인 무한의 차원 자체의 열림을 배제하지 않는다. 다른 기슭에서 오는 이 목소리는 초월 그 자체를 가르친다. 가르침은 외재성의 전적인 무한을 의미한다.

외재성의 전적인 무한은 먼저 생산되고 그다음에 가르침을 주는 것이 아니다. 가르침은 그 무한의 생산 자체다. 최초의 가르침이 가르치는 것은 그것의 외재성과 마찬가지인 이런 높이 자체, 즉 윤리다. 외재성의 또는 높이의 무한과 맺는 이런 교류commerce에 의해서, 직접적 약동의 소박함, 움직이는 힘으로 행사되는 존재의 소박함은 자신의 소박함을 수치스러워하게 된다. 소박함은 폭력임이 드러난다. 하지만 바로 그 때문에 새로운 차원에 놓인다. 무한의 타자성과 맺는 교류는 억견이 그렇게 하듯 상처를 입히지 않는다. 이 교류는 철학자가 용납할 수 없는 방식으로 정신을 제한하지 않는다. 제한함은 전체성 속에서만 생산되는 반면, 타인과 맺는 관계는 전체성의 천장을 부순다. 타인과 맺는 관계는 근본적으로 평화적이다. 타자는 하나의 다른 자유로서, 그러나 나의 자유와 유사한, 그래서 결국 내 자유에 적대적인 자유로서 내게 맞서지 않는다. 타인은 나의 자유만큼이나 자의적인 또 다른 자유가 아니다. 그렇지 않다면, 그 자유는 거기서 나를 분리시키는 무한을 이내 뛰어넘어 동일한 개념 아래 편입될 것이다. 타인의 타자성은, 정복하는 것이 아니라 가르치는 스승성maîtrise 속에서 현현한다. 가르침은 지배라 불리는 장르의 일종이 아니다. 전체성 가운데서 행해지는 헤게모니가 아니다. 그것은 전체성의 닫힌 원을 폭파시키는 무한의 현전이다.

재현은 자신을 먹이는 세계에 대한 자신의 자유를, 타인과 맺는 본질적으로 도덕적인 관계로부터 끌어낸다. 도덕은 자아의 관심사들을 질서 짓고 판단하기 위해 자아의 관심사들에 덧붙여지는 것이 아니다. 도덕은 자아 그 자체를 문제 삼고 그것이 자기와 거리를 두게 한다. 재현이 시작된 것은, 나의 폭력에 제공되지만 경험적으로 내 힘들을 빠져나가는 사물들의 현존 속에서가 아니라, 이런 폭력을 문제 삼는 나의 가능성 속에서다. 무한과 맺는 교류에 의해 또는 사회에 의해 생산되는 가능성 속에서다.

경계도 없고 어떤 부정성도 없는, 타자와 맺는 이 평화적 관계의 긍정적 전개는 언어 속에서 생산된다. 언어는 형식 논리의 구조들 속에서 훤히 드러날 수 있을 법한 관계들에 속하지 않는다. 언어는 거리를 가로지르는 접촉이고, 서로 접촉하지 않는 것과 맺는 관계, 빈 곳을 가로지르는 관계다. 언어는 절대적 욕망의 차원에 놓인다. 이 욕망에 의해 동일자는 타자와 관계하는데, 이 타자는 동일자가 단순히 잃어버렸던 것이 아니다. 접촉이나 시각은 올곧음의 원형적archétype 몸짓으로 부과되지 않는다. 타인은 처음에도 마지막에도, 우리가 포착하는 어떤 것이거나 우리가 주제로 삼는 어떤 것이 아니다. 그러나 진리는 봄에도, 포착함에도 있지 않다. 이런 것들은 향유의, 감성의, 소유의 양태들이다. 진리는 절대적 외재성이 자신을 표현하면서 자신을 현시하는 초월 속에, 이 외재성이 내놓는 기호들을 매 순간 다시 잡고 해독하는 데서 성립하는 운동 속에 있다.

그러나 얼굴의 초월은, 분리를 생산하는 경제를 타인에 대한 일종의 지복적 관조 밑에 놓는다는 듯이, 세계의 바깥에서 행해지지 않는다(이 관조는 바로 그런 점 때문에, 모든 관조에서 태동하는 우상숭배로 전도될 것이다). 얼굴로서의 얼굴에 대한 '봄'은 집에 머무는 특정한 방식이다. 덜 독특한 방식으로 말하자면, 경제적 삶의 특정한 형식이다. 어떤 인간적인 관계나 인간 간의 관계도 경제 바깥에서 행해질 수 없고, 빈 손이나 닫힌 집으로는 어떤 얼굴에도 접근할 수 없다. 타인에게 열린 집으로의 거둬들임 ——환대—— 은 인간적 거둬들임과 분리의 구체적이고도 최초인 사태다. 이 거둬들임은 절대적으로 초월적인 타인에 대한 욕망과 합치한다. 선택된 집은 뿌리내림의 정반대다. 선택된 집은 벗어남^{dégagement}을, 이 집을 가능케 했던 방황을 지시한다. 이 방황은 정착에 비해 **모자란 것**^{moins}이 아니라, 타인과 맺는 관계의, 또는 형이상학의 잉여다.

그러나 분리된 존재는 그의 에고이즘에, 다시 말해 그의 고립의 성취 자체에 틀어박힐 수 있다. 그리고 타인의 초월을 망각할 이 가능성 ——큰 탈 없이 자신의 집에서 모든 환대를(즉 모든 언어를) 몰아낼 가능성, 차아$^{le\ Moi}$에게 자기 안에 틀어박힘을 허용할 뿐인 초월적 관계를 자신의 집에서 몰아낼 가능성—— 이 분리의 절대적 진리를, 분리의 근본주의를 입증한다. 분리는 자신의 이면인 초월과 단지 상관적인 것은 아니다. 변증법적 방식으로 그런 것은 아니다. 분리는 긍정적 사건으로 성취된다. 무한과 맺는 관계는 자신의 거주 속으로 거둬들여진 존재의 다른 가능성으로 남아 있다. 집이 타인에 열릴 가능성은 닫힌 문 또는 닫힌 창문만큼이나 집의 본질에 본질적이다. 만일 자기 집에 틀어박힐 가능성이 (무신론 그 자체가 생산되듯) 내적 모순 없이 즉자적 사건으로 생산될 수 없다면(만일 그 가능성이 단지 경험적이고 심리적인 사태여야 한다면, 환상이어야 한다면), 분리는 근본적이지 않을 것이다. 기게스의 반지는 분리를 상징한다. 기게스는 타자들에게 현전함과 부재함 사이로 이동하면서, '타자들에게' 말하고 그 말에서 **빠**져나오면서 두 판 위에서 움직인다. 기게스는 인간의 조건 자체이고,

부정의의, 근본적인 에고이즘의 가능성이며, 게임의 규칙을 받아들일, 그러나 속일 가능성이다.

이 저작에서 전개되는 모든 것을 통해 우리는, 대립되는 기호들로부터 영향을 받는 실존의 사건들을 양가적 조건 속에서 다시 통일시키려는 개념화에서 벗어나고자 한다. 그런 개념화가 존재론적 위엄은 가질 수 있을지 모른다. 그러나 이러저러한 의미로 개입되는 사건 자체는 존재론적으로 아무것도 새롭게 명료화하지 못한 채 경험적인 것으로 머물게 될 것이다. 이 책에서 실천된 방법은 물론 경험적인 상황들의 조건을 찾는 데서 성립한다. 그러나 이 방법은 조건을 마련하는 가능성이 성취되는 이른바 경험적 전개들에, 다시 말해 **구체화**에 존재론적 역할을 맡긴다. 기초적 가능성의 의미, 즉 이 조건 속에서는 보이지 않는 의미를 명확히 하는 역할을 맡기는 것이다.

타인과의 관계는 세계의 바깥에서 생산되지 않고, 오히려 소유된 세계를 문제 삼는다. 타인과의 관계, 초월은 **타인**에게 세계를 말하는 데서 성립한다. 그러나 언어는 근원적인 공통화mise en commun를 성취하는데, 이 공통화는 소유와 관련되며 경제를 전제한다. **지금 그리고 여기**hic et nunc에서 사물을 떼어 내는 단어로부터 사물이 획득하는 보편성은, 언어가 놓이는 윤리적 전망 안에서 그 신비를 상실한다. **지금 그리고 여기**는 그 자체로, 사물이 포착되는 곳인 소유possession로 거슬러 올라가며, 타자에게 사물을 지시하는 언어는 원초적 박탈dépossession, 최초의 증여가 된다. 단어의 일반성이 공통의 세계를 수립한다. 일반화의 토대에 자리한 윤리적 사건은 언어의 심오한 지향이다. 타인과의 관계는 단지 일반화를 촉진하거나 일으키는 데 그치지 않는다. 또한 일반화에 계기와 기회를 제공하는 데(여기에는 어느 누구도 이의를 제기하지 않았다) 그치지 않는다. 타인과의 관계는 이런 일반화 자체. 일반화는 보편화다. 그러나 이 보편화는 감각 가능한 사물들이 관념적인 것의 **무인지대**no man's land로 편입되는 것이 아니며, 결실 없는 포기처럼 순전히 부정적인 것도 아니다. 그것은 타인에게 세계를 제공하는 것이다. 초월은 타인을 봄이 아니라 원초적인 증여다.

언어는 내게 선재先在하는 재현을 외재화하는 것이 아니다. 언어는 지금까지 나의 것이었던 세계를 공통의 것으로 만든다. 언어는 사물들을 새로운 에테르 속에 집어넣는 일을 **실행하는데**, 거기서 사물들은 이름을 얻고 개념이 된다. 이것은 노동 이상의 최초의 행동, 행동 없는 행동이다. 비록 말이 노동의 수고를 포함하더라도 그렇다. 육화된 사유로서의 언어가 우리를 세계 속으로, 모든 행동의 위험과 우연들 속으로 들어가게 하더라도 그렇다. 언어가 매 순간 노동을 넘어서는 것은 언어가 이 노동 자체로부터 즉각 만들어 내는 공여供與; offre의 관대함을 통해서다. 언어를 다른 행동들 가운데서 의미 있는 하나의 행동으로 제시하려는 언어에 대한 분석들은 세계의 이런 **공여**를 이해하지 못한다. 타인의 얼굴에 응답하거나 그에게 질문하는, 그래서 다만 의미 있음의 전망을 여는, 내용들의 이런 공여를 알지 못한다.

얼굴의 '봄'은 언어인 이 공여로부터 분리되지 않는다. 얼굴을 본다는 것은 세계에 대해 말하는 것이다. 초월은 광학이 아니라 최초의 윤리적 몸짓이다.

E. 현상들의 세계와 표현

1. 분리는 경제다

분리를 확립하면서 우리는 공간적 간격에 대한 경험적 이미지를 추상적 도식으로 바꾸지 않는다. 이 공간적 간격은 자신의 끝점들을 분리시키는 바로 그 공간을 통해 그 끝점들을 재결합한다. 분리란 이런 형식주의 바깥에서, 사건—생산되자마자 그 반대물과 같아지지 않는—으로 드러나야 한다. 분리된다는 것, 한 전체성과 맞물려 있지 않다는 것, 이것은 **어떤 곳**에, 집 안에 긍정적으로 존재한다는 것이고, 경제적으로 존재한다는 것이다. '어떤 곳'과 집은 분리가 생산되는 근원적 존재 방식인 에고이즘을 명백히 드러낸다. 에고이즘은 존재론적 사건이고 실질적인 찢김이지, 존재의 표면을 따라 흐르는 꿈, 그림자처럼 무시할 수 있는 그런 꿈이 아니다. 한 전체성의 찢김은 에고이즘의 떨림에 의해서만 생산될 수 있다. 이 떨림은 허상이 아니며, 이 떨림이 찢는 전체성이 어떤 것이든 간에 그것에 종속되지 않는다. 에고이즘은 삶이다. ~로 사는 삶이자 향유다. 요소는 향유를 만족시키지만 향유가 '어디도 아닌 데'서 길을 잃게 하며 향유를 위협한다. 그래서 요소들에 내맡겨진 향유는 거주로 물러난다. 내면성을 열게 하는 요소들 가운데 잠김, 행복하지만 옹색하게 땅 위에 머묾, 존재의 옥죔을 느슨하게 하며 세계에 대한 지배력^{maîtrise}을 확실하게 해주는 시간과 의식 —이렇듯 대립하는 운동들은 인간의 신체적 존재 속에서 재통합된다. 이 신체적 존재는 뜨거움과 차가움이라는 익명적 외재성에 노출되는 벌거벗음과 빈곤이지만, 자기 집의 내면성으로의 거둬들임이다. 그래서 이로 인해 신체적 존재는 노동과 소유가 된다. 일을 하는 ^{en œuvrant} 소유는 처음에는 타자로서 제공되는 것을 동일자로 환원해 버린다. 경제적 실존은, 그 실존이 가능케 하는 욕구의 무한한 확장에도 불구하고, (동물적 실존과 꼭 마찬가지로) 동일자 안에 머문다. 경제적 실존의 운동은 구심적이다.

하지만 작품은 이런 내면성을 바깥으로 내보이지 않는가? 분리의 껍질을 꿰뚫기에 이르지 않는가? 행동들, 몸짓들, 양식들^{manières}, 또 사용되고 제작된 대상들은 그것들을 만든 이에 대해 이야기해 주지 않는가? 물론 그렇다. 그러나 그것들이 작품들 저편에서 수립되는 언어의 의미 작용이라는 옷을 입었을 경우에만 그렇다. 작품을 통해 자아가 바깥으로 나오게 되는 것만은 아니다. 자아는 작품에서 물러나며 또 작품 속에서 굳어진다. 마치 자아가 타인에게 호소하지도 않고 응답하지도 않은 채, 자신의 활동 속에서 편안함과 친밀함을, 그리고 잠을 추구하는 것 같은 모습으로 말이다. 활동이 물질 속에 그려 내는 의미의 방향들은 즉시 모호함으로 뒤덮인다. 마치 활동이 자신의 구상을 추구하면서, 외재성을 **고려하지 않고** 어떤 주의도 기울이지 않는다는 듯이 말이다. 내가 바랐던 일을 시도하면서, 나는 그만큼이나 내가 바라지 않았던 것들을 실현해 내었다. 작품은 노동의 찌꺼기들 가운데서 출현한다. 노동자^{ouvrier}는 자신의 고유한 행동의 모든 가닥을 붙잡지 못한다. 그는 어떤 의미에서는 이미 놓쳐 버린 행위를 통해 자신을 외재화한다. 그의 작품들이 기호를 전해 준다 해도, 그 기호들은 노동자의 도움 없이 해독되어야 한다. 그가 이 해독에 참여한다면, 그는 말하고 있는 것이다. 또한 노동의 생산물은 양도할 수 없는 소유물이 아니다. 그것은 타인에 의해 침해될 수 있다. 작품들은 자아로부터 독립된 운명을 가지며, 작품들의 총체에 통합된다. 작품들은 교환될 수 있다. 즉 그것들은 돈의 익명성 안에 놓인다. 경제적 세계로의 통합은 작품들이 비롯하는 내면성을 끌어들이지 않는다. 이 내적 삶은 지푸라기의 불처럼 사라지지는 않지만, 경제 안에서 부여되는 실존 안에서 자신을 인식하지도 못한다. 이 점은 국가의 전제정치에 대해 개인이 갖는 의식을 통해 입증된다. 국가는 인격에 자유를 일깨우지만, 즉시 이런 자유를 침해한다. 작품들을 통해 자신의 본질을 실현하는 국가는 전제정치로 미끄러져 들어가며, 경제적 필요들을 거쳐 내게 낯선 것으로 되돌아오는 이런 작품들로부터 **나의 부재**를 입증한다. 작품에서 출발할 때, 나는 단지 연역될 뿐이어서 이미 잘못 이해되며, 표현된다기보다는 오히려 배반당한다.

그러나 더욱이 나는 타인의 작품들을 통해 타인에게 도달함으로써 분리의 껍질을 꿰뚫지도 못한다. 타인의 작품들은 내 작품과 마찬가지로 경제적 삶의 익명적 장에 내맡겨지는데, 거기서 나는 자기중심적이며 분리된 나를 유지한다. 노동과 소유를 통해, 다양한 것 속에서 동일자의 내 정체성을 갖추는 것이다. 타인은 기호를 보내지만 현전하지 않는다. 작품들은 타인을 상징한다. 삶과 노동의 상징성이 상징화하는 것은 이런 매우 독특한 의미 속에서다. 이 같은 의미를 프로이트는 우리의 모든 의식적 현시와 꿈에서 발견했다. 이런 의미는 모든 기호의 본질이며, 기호의 근원적 정의다. 그것은 감춤으로써만 드러난다. 이런 의미에서 기호들은 나의 내밀성을 구성하고 보호한다. 자신의 삶에 의해, 작품들에 의해 스스로를 표현하는 것, 이것은 정확히 말해 표현을 거부하는 것이다. 노동은 경제적인 것으로 남는다. 노동은 집에서 시작해 집으로 되돌아가는 오디세우스의 운동이다. 이 경우, 세계 속에서 겪은 모험은 복귀의 사건에 불과하다. 물론 어떤 절대적 방식으로는 상징성에 대한 해석이 추측된 의도까지 밝힐 수 있을 것이다. 하지만 우리는 이 내면 세계에 불법 침입처럼 침투하며, 부재를 몰아내지 못한다. 오직 말만이, 그러나 언어적 생산물의 그 두께로부터 빠져나온 말만이 이 부재를 끝낼 수 있다.

2. 작품과 표현

사물들은, 그 사물들이 의미를 갖게 되는 한 물음, 즉 **무엇인가?**^{quid?}라는 물음에 답하는 것으로서 드러난다. 이 물음은 명사와 형용사 — 분리될 수 없는 — 를 답으로 추구한다. 감각적이거나 지적이거나 한 내용이, 개념에 대한 한 '이해'가 이 탐구에 대응한다. 작품에서부터 접근할 때, 작품의 저자는 내용으로서만 자신을 나타내게 될 것이다. 이 내용은 작품들 자체가 통합되는 체계와 맥락으로부터 떼어 내질 수 없다. 또 그것은 체계 안에서 자신이 갖는 위치를 통해 물음에 답한다.

무엇이냐를 묻는다는 것, 그것은 **무엇으로서**를 묻는 것이다. 그것은 현현 그 자체를 파악하는 것이 아니다.

그러나 본질/무엇임quiddité을 묻는 물음은 누군가에게 제기된다. 응답해야 하는 자는 오래전부터, 무엇임을 묻는 온갖 물음에 앞선 한 물음에 응답하면서 이미 **스스로 현시되어**présenté 있다. 사실 '누구세요?'는 물음이 아니며, 어떤 앎으로 충족되지 않는다. 물음을 제기받은 자는 어떤 내용도 없이 **이미 스스로 현시되어** 있다. 그는 얼굴로서 **스스로 현시되어** 있다. 얼굴은 무엇임의 한 양상이나 물음에 대한 답이 아니라, 모든 물음에 선행하는 것의 상관물이다. 모든 물음에 선행하는 것은 그 나름의 물음이나 선험적으로 소유된 지식이 아니라 욕망이다. 욕망의 상관자인 이 **누구**qui, 물음을 제기받은 이 **누구**는 형이상학에서는 무엇임, 존재와 존재자, 그리고 범주들만큼이나 근본적이고도 보편적인 '개념'이다.

물론 이 **누구**는 대개의 경우 **무엇**이다. 우리는 "X 씨는 누구인가"라고 묻고, "그는 참사원 의장이다"라고, 또는 "그는 아무개 씨다"라고 답한다. 대답은 무엇임으로 제시되고, 관계들의 어떤 체계를 지시한다. 하지만 **누구?**라는 물음에 응답하는 것은 무엇도 지시하지 않으면서 **스스로를 현시하는** 한 존재자의 규정지을 수 없는 현전이다. 그렇지만 그는 다른 모든 존재자와 구별된다. **누구?**라는 물음은 얼굴을 향한다. 얼굴이라는 개념은 모든 재현된 내용과 구분된다. 누구라는 물음이 **무엇**이라는 물음과 동일한 의미에서 묻는 것이 아니라면, 그 까닭은 여기서 우리가 묻는 것과 우리의 질문을 받는 자가 일치하기 때문이다. 얼굴을 향한다는 것, 그것은 **누구**라는 질문을 이 질문에 대한 응답인 얼굴 자체에 제기하는 것이다. 응답하는 자와 응답된 것은 일치한다. 진정한 표현인 얼굴은 최초의 말을, 즉 의미하는 것le signifiant을 정식화한다. 그것은 우리를 응시하는 눈으로서, 자신의 기호의 첨점尖點에서 출현한다.

활동의 **누구**는 활동 속에서 **표현**되지 않으며, **현전**하지 않는다. 활동의 **누구**는 자신의 현현에 참석하는assister 것이 아니라, 거기서 기호 체계 속의 한 기호signe에 의해 의미화될signifié 뿐이다. 다시 말해, 정확하게는 자신의 현현에 부재로서 현현하는 존재로, 그 존재의 부재 속에서의 현현으로, 즉 현상으로 의미화될 뿐이다. 우리가 인간을 그가 만든 작품들로부터 이해할 때, 그는 이해된다기보다는 갑자기 붙잡히는surpris 셈이다. 인간의 삶과 인간의 노동은 인간에게 가면을 씌운다. 상징들, 이것들은 해석을 요구한다. 문제가 되는 현상성은 단지 인식의 상대성을 가리키는 것이 아니다. 그것은 하나의 **존재 방식**을 가리킨다. 거기서는 어떠한 것도 궁극적이지 않다. 모든 것은 기호이고, 자신의 현전에 부재하면서 현전한다. 이런 의미에서 모든 것은 꿈이다. 사물들의 외재성이 아닌 외재성을 통해 상징성이 사라지고 존재의 질서가 시작되며 날이 밝는다. 이날의 깊은 곳으로부터는 더 이상 어떤 새로운 날도 밝아 오지 않는다. 내적 실존에 결여된 것은, 내면성 및 그것의 상징성이 지닌 애매함들을 연장하고 확대하는 어떤 최상의 존재가 아니라, 모든 상징이 해독되는 질서다. 절대적으로 스스로를 현시하는 존재들에 의해, 즉 스스로를 표현하는 존재들에 의해 해독되는 질서다. 동일자는 절대자가 아니다. 자신의 작품에서 스스로를 표현하는 동일자의 실재는 그의 작품에 부재한다. 그의 실재는 그의 경제적 실존 속에 완전히 들어 있지 않다.

오직 타인에 접근함으로써만, 나는 나-자신에 참석한다. 나의 실존이 타자들에 대한 사유 속에서 구성된다는 뜻은 아니다. 타자들에 대한 사유 속에 반영되는 소위 객관적 실존, 또 내가 보편성, 국가, 역사, 전체성 속에서 헤아려지게 하는 객관적 실존은, 나를 표현하는 것이 아니라 오히려 은폐한다. 내가 맞아들인 얼굴은 나를 현상으로부터 다른 의미 속의 존재로 나아가게 한다. 대화 속에서 나는 타인의 질문에 노출되는데, 응답의 이 긴급성 ─ 현재의 날카로운 첨점 ─이 나를 책임을 위해 탄생시킨다. 책임을 지는 자로서의 나는 나의 궁극적 실재로 인도된다. 이 극단적 주의注意는 잠재적으로 있었던 것을 현실화하는 것이 아니다. 왜냐하면 이런 주의는 타자 없이는 생각될 수 없기 때문이다. 주의함은 타자의 부름을 전제하는 의식의 잉여를 의미한다. 주의함, 그것은 타자의 지배력maîtrise을 인정하는 것이고 그의 명령을 받아들이는 것, 더 정확히 말해 명령함의 명령을 타자에게서 받아들이는 것이다. '물 자체'로서의 나의 실존은 내 안에 무한 관념이 현전함과 더불어 시작된다. 이때 나는 나의 궁극적 실재 속에서 나를 찾는다. 그러나 이 관계는 이미 타인에게 봉사하는 데서 성립한다.

죽음은 이런 스승maître이 아니다. 언제나 미래이고 미지의 것인 죽음은 책임 앞에서의 두려움이나 도피를 야기한다. 용기는 죽음을 무릅쓴다. 용기는 자신의 이상을 다른 곳에 두며, 나를 삶에 끌어들인다. 모든 신화의 원천인 죽음은 오직 타인에게서 현존한다. 그리고 타인에게서만 죽음은 긴급하게 내게 나의 궁극적 본질을, 내 책임을 일깨운다.

만족의 전체성이 자신의 현상성을, 또 절대적인 것에 대한 자신의 부적합성을 드러내기 위해선, 불만족으로 만족을 대체하는 것으로는 충분치 않다. 불만족은 전체성의 지평들 속에 여전히 머문다. 이것은 욕구를 통해 자신의 만족을 기대하는 궁핍과도 같다. 부르주아의 내적 안락함과 거들먹거리는 태도만을 탐하는 천박한 프롤레타리아트와 마찬가지다. 만족의 전체성이 자신의 고유한 현상성을 고발하는 것은 외재성이 불시에 나타날 때다. 이 외재성은 채워지거나 방해받은 욕구들의 빈자리로 미끄러져 들어가지 않는다. 만족의 전체성이 자신의 현상성을 드러내는 것은, 욕구와 통약 불가능한 외재성이 이 통약 불가능성 자체를 통해 내면성을 깨뜨릴 때다. 이제 내면성은 자신이 불충분한 것임을 발견한다. 그렇다고 해서 이런 불충분함이 이 외재성에 의해 부과된 어떤 제한을 지시하는 것은 아니다. 또 이 내면성의 불충분함이 자신의 만족을 예감하거나 자신의 궁핍으로 고통받는 욕구들로 즉시 바뀌는 것도 아니다. 깨어진 내면성이 이 욕구들이 그려 내는 지평들 속에서 다시 봉합되는 것도 아니다. 이와 같은 외재성은 그러므로 분리된 존재의 불충분함을, 그러나 만족 가능하지 않은 불충분함을 드러낸다. 이것은 **실제로** 만족이 불가능할 뿐만 아니라, 만족이나 불만족의 모든 전망을 넘어서 있는 불충분함이다. 따라서 욕구들에 낯선 외재성은 희망으로가 아니라 이 불충분함 자체로 가득 찬 불충분함을 드러낼 것이다. 또 접촉보다 더 중요한 거리를, 소유보다 더 중요한 무-소유를, 빵이 아니라 굶주림 자체를 먹고 사는 굶주림을 드러낼 것이다. 이것은 어떤 낭만적인 몽상이 아니라, 이 연구[『전체성과 무한』]의 처음부터 욕망으로서 부과되었던 것이다. 욕망은 만족되지 않은 욕구와 일치하지 않는다. 욕망은 만족과 불만족 너머에 자리한다. 타인과 맺는 관계가, 또는 무한 관념이 욕망을 성취한다. 각자는 어떤 향락도 완수하거나 끝맺거나 잠재우지 못하는 타인에 대한 낯선 욕망 속에서 그것을 살아갈vivre 수 있다. 이런 관계 덕택에, 요소로부터 물러나 집으로 거둬들여진 인간은 한 세계를 재현한다. 이 관계로 인해, 즉 타인의 얼굴 앞에 현존함으로 인해, 인간은 자신이 살아 있다는 것을 영광스러운 승리로 삼아 스스로를 속이지 못한다. 그래서 인간은 동물과 달리 존재와 현상 사이의 차이를 알 수 있고, 자신의 현상성을, 자신의 충만함에 담긴 결함을, 욕구로 바뀔 수 없는 결함을 깨달을 수 있다. 충만함과 비어 있음 너머의 이 결함은 결코 채워질 수 없을 것이다.

3. 현상과 존재

분리된 존재의 주권적 내면성이 지닌 결함을 고발하는 외재성의 에피파니는, 내면성을 다른 부분에 의해 제한되는 한 부분으로 취급하여 전체성 속에 위치시키지 않는다. 우리는 욕망의 질서로 들어간다. 전체성을 지배하는 관계들로 환원할 수 없는 관계들의 질서로 들어간다. 자유로운 내면성과 그 내면성을 제한해야 할 외재성 사이의 모순은, 가르침에 대해 열린 인간 속에서 화해된다.

가르침이란 스승이 제자에게 제자가 아직 알지 못하는 것을 가져다줄 수 있는 대화다. 가르침은 산파술과 같은 방식으로 작동하지 않고, 계속해서 무한 관념을 내 안에 가져다 놓는다. 무한 관념은, 자기로부터 도출할 수 있는 것 이상을 담을 수 있는 영혼을 함의한다. 무한 관념은 외재적인 것과 관계할 수 있는 내재적 존재, 자신의 내면성을 존재의 전체성으로 여기지 않는 존재를 그려 낸다. 이 모든 작업은 소크라테스의 질서에 앞서는 데카르트의 질서에 따라 정신적인 것을 제시하고자 할 뿐이다. 소크라테스의 대화는 이미 대화하기로 결정된 존재들을 전제하며, 따라서 대화의 규칙들을 받아들인 존재들을 전제하는 까닭이다. 반면에 가르침은 레토릭 없는, 아첨과 유혹이 없는, 그래서 폭력이 없는 논리적 대화로 이끈다. 또 그러면서 가르침은 맞아들이는 자의 내면성을 유지한다.

내면성 안에 머물며 자신의 분리를 확증하는 향유의 인간은 자신의 현상성에 무지할 수 있다. 이러한 무지의 가능성이 가리키는 것은 의식의 한 열등한 정도가 아니라, 분리의 값어치 자체다. 참여로부터의 단절인 분리는 무한 관념으로부터 연역되었다. 따라서 단절인 분리는 또한 이 분리의 채워질 수 없는 심연 위에 놓인 관계다. 분리가 향유와 경제에 의해 묘사되어야 했다면, 그것은 인간의 지배력이 결코 타인과 맺는 관계의 단순한 이면이 아니었기 때문이다. 분리는 그 관계의 단순한 한 맞짝으로 환원되지 않는다. 타인과의 관계는 객관화하는 사유에 주어지는 관계들, 항들의 구별이 또한 항들의 통일을 반영하는 관계들과 같은 위상을 갖지 않는다. 자아와 타인 사이의 관계는 형식 논리가 모든 관계 속에서 다시 발견하는 그런 구조를 갖지 않는다. 항들은 그들이 놓여 있는 관계에도 불구하고 절대적인 것으로 남는다. 타인과 맺는 관계야말로 형식 논리의 이 같은 전복이 일어날 수 있는 유일한 관계다. 그러나 이로부터 우리는, 분리를 요구하는 무한 관념이 분리를 무신론에 이르기까지 요구하며, 이런 요구가 매우 심층적인 까닭에 무한 관념이 망각될 수도 있다는 점을 이해하게 된다. 초월의 망각은 분리된 존재 안에서 우연한 사건으로 생산되는 것이 아니다. 이러한 망각의 가능성은 분리에 필수적이다. 거리와 내면성은 관계의 재포획 속에 온전하게 남는다. 그리고 영혼이 열릴 때, 가르침의 경이로움 속에서, 그 가르침의 타동성은 스승과 제자의 자유보다 덜 진실되지도 더 진실되지도 않다. 분리된 존재가 그럼으로써 노동과 경제의 평면을 떠나게 되더라도 그렇다.

　우리는 분리된 존재가 스스로를 표현하지 않은 채 자신을 발견하는 계기, 분리된 존재가 나타나지만 그 나타남에 부재하는 이 계기가 현상의 의미에 아주 정확히 상응한다고 말했다. 현상이란 나타나지만 부재로 머무는 존재다. 현상은 겉모습이 아니다. 현상은 실재를 결여하고 있는 실재이며, 여전히 자신의 존재로부터 무한히 떨어져 있는 실재다. 작품 속에서 어떤 이의 의도를 간파했다 할 때, 우리는 그에게 궐석 재판을 한 셈이다. 존재는 (플라톤이 기록된 대화에 대해 말하듯) 그 자신을 구원하지 못했다. 대화 상대자는 자신의 고유한 계시에 **참석하지** 못했다. 우리는 그의 내면으로 파고들었으나 그의 부재 가운데 그렇게 했던 것이다. 우리는 그를, 도끼와 그림은 남겼지만 말은 남기지 않은 선사 시대의 인간처럼 이해했던 셈이다. 하지만 사태는, 말이 ─ 거짓말하고 숨기는 이 말이 ─ 소송 자료와 증거물을 해명하려면 소송에 절대 없어서는 안 되는 것같이 진행된다. 말만이 재판관들을 도와주고 assister 피고를 현전케 하는 것 같다. 오직 말에 의해서만, 상징의 경쟁하는 다양한 가능성들이 판결될 수 있고 진리를 낳을 수 있는 것 같다. 상징은 침묵과 어스름 속에서 상징 작용을 한다. 존재는 우리가 그 속에서 말하고 그것에 대해 말하는 세계다. 사회는 존재의 현전이다.

존재, 물 자체는 현상과 대비해, 감춰진 것이 아니다. 존재의 현전은 자신의 말 속에서 스스로를 현시한다. 물 자체를 감춰진 것으로 상정하는 것은, 물 자체와 현상의 관계가 현상과 겉모습의 관계와 같다고 가정하는 것이리라. 탈은폐의 진리는 기껏해야 겉모습 아래 감춰진 현상의 진리에 불과하다. 물 자체의 진리는 탈은폐되지 않는다. 물 자체는 스스로를 표현한다. 표현은 존재의 현전을 나타낸다. 표현은 단지 현상의 장막을 떼어 내는 것이 아니다. 표현은 그 자체로 얼굴의 현전이고, 그런 한에서 부름과 가르침이며, 나와의 **관계로 들어감**, 윤리적 관계다. 표현은 존재의 현전을 더 이상 기호signe에서 의미된 것 le signifié 으로 거슬러 올라감으로써 나타내지 않는다. 표현은 의미하는 자le signifiant를 현시한다. 의미하는 자, 기호를 주는 자는 의미화되지 않는다. 기호가 기호로서 나타날 수 있기 위해선 의미하는 자들의 사회 속에 있었어야 한다. 따라서 의미하는 자는 모든 기호에 앞서 그 자신에 의해 스스로를 현시해야 한다. 얼굴을 현시해야 한다.

사실상 말은 견줄 만한 것이 없는 현현이다. 말은 기표le signifiant 와 기의le signifé 로 나아가기 위해 기호에서 출발하는 운동을 완성하지 않는다. 말은 모든 기호가 닫은 것을 푼다. 기호가 의미된 것으로 이끄는 통로를 여는 바로 그 순간에, 의미하는 자를 의미된 것의 이 현현에 참석게 함으로써 그렇게 하는 것이다. 이 참석은, 다시 기호가 되고 마는 글로 써진 언어에 대한 말해진 언어의 잉여를 나타낸다. 기호는 무언無言의 언어고, 방해받은 언어다. 언어는 상징들을 체계들로 모으는 것이 아니라, 상징들을 해독하는 것이다. 그러나 타인의 이 본래적 현현이 이미 일어난 한에서, 한 존재자가 스스로 **현시되고** 스스로 구원된 한에서, 말로 된 기호가 아닌 다른 모든 기호들도 언어로 사용될 수 있다. 반대로, 말 그 자체가 말이 받아 마땅할 환영을 언제나 받는 것은 아니다. 왜냐하면 말은 말이 아닌 것을 포함하며, 유용한 것들이나 복장, 몸짓 등이 표현하듯이 표현할 수 있기 때문이다. 발음하는 방식을 통해, 스타일을 통해 말은 활동으로서 또 생산물로서 의미 작용을 한다signifier. 말과 순수한 말의 관계는, 필적학자들에게 제공된 글씨체와 독자에게 제공된 문자 표현 사이의 관계와 같다. 활동으로서의 말은 가구나 유용한 것들처럼 의미 작용을 한다. 그 말은 시선을 향한 시선이 지니는 전적인 투명성을, 모든 말의 바탕에 깔려 있는 대면의 절대적 **솔직함**을 갖지 못한다. 내가 만든 모든 산물에 내가 없듯이, 내 말의-활동에 나는 부재한다. 그러나 나는 마르지 않는 원천이다. 언제나 새로워지는 이 해독의 원천이다. 그리고 이 새로워짐이 바로 현전, 즉 내가 나-자신에 참석함이다.

인간의 실존이 내면성으로 남아 있는 한, 인간의 실존은 현상적인 것에 머문다. 언어를 통해 한 존재는 다른 존재에 대해 실존한다. 이 언어는 자신의 내적 실존 이상인 실존으로 실존하는 유일한 가능성이다. 한 인간을 나타내는 온갖 노동과 작품들에 대해 언어가 포함하는 잉여는, 살아 있는 인간과 죽은 인간 사이의 간격을 보여 준다. 그렇지만 역사가 인식하는 것은 죽은 인간뿐이다. 역사는 그가 남긴 작품이나 유산을 통해 그에게 대상적으로 접근한다. 자신의 내면성 속에 닫힌 주체성과 역사 속에서 잘못 이해된 주체성 사이에, 말하는 주체성의 참석이 있다.

현상적 실존의 기호들과 상징들의 세계로부터 일의적一義的 존재로 복귀하는 것은, 전체로 통합되는 데서, 지성이 생각하고 정치가 수립하는 전체로 통합되는 데서 성립하지 않는다. 그런 전체에서는 분리된 존재의 독립이 사라져 버리고 오인되며 억압된다. 외재적 존재로의 복귀, 일의적 의미에서의 ——어떠한 다른 의미도 감추지 않는 의미에서의 —— 존재로 복귀하는 것은 대면의 올곧음으로 들어가는 것이다. 이것은 거울 놀이가 아니라 나의 책임이다. 다시 말해 이미 의무를 진 실존이다. 책임은 한 존재의 중력 중심을 그 존재 바깥에 놓는다. 현상적이거나 내면적인 실존의 지양은 타인의 인정을 받는 데서가 아니라 타인에게 자신의 존재를 제공하는 데서 성립한다. 자기로 존재한다는 것, 그것은 스스로를 표현한다는 것이다. 다시 말해 이미 타인을 섬긴다는 것이다. 표현의 바탕은 선함이다. 그 자체로καθ'αύτό 존재한다는 것, 그것은 선하게 존재함이다.

A. 얼굴과 감성

얼굴은 시각에 주어지는 것이 아닌가? 얼굴로서의 에피파니는 어떤 점에서 우리의 모든 감각적 경험을 특징짓는 관계와는 다른 관계를 표시하는가?

지향성 관념은 감각이라는 관념을 위태롭게 했다. 이른바 순전히 질적이고 주관적인 상태, 모든 객관화와 무관하다는 이 상태로부터 구체적 소여의 특성을 빼앗아 버렸기 때문이다. 이미 고전적인 분석은 심리학적 관점에 입각해, 감각이 구성되었다는 특성을 가지고 있음을 보여 주었다. 다시 말해, 내성內省에 의해 포착할 수 있는 감각은 이미 지각이라는 점을 보여 주었다. 우리는 언제나 사물들 곁에서 우리를 발견한다. 색은 언제나 연장延長을 가지며 대상적이다. 드레스의 색, 잔디밭의 색, 벽의 색처럼. 소리 역시 그렇다. 지나가는 차의 소음이나 이야기하는 인간의 목소리처럼. 실제로 어떠한 심리학적인 것도 감각에 대한 생리학적 정의의 단순성과 일치하지 않을 것이다. 허공이나 우리의 영혼 속에 떠다니는 단순한 성질처럼 여겨지는 감각은 일종의 추상을 재현한다. 성질은 자신이 관계하는 대상 없이는 단지 상대적 의미에서만 성질의 의미를 가질 것이기 때문이다. 그림을 뒤집어 놓으면 우리는 칠해진 대상의 색을 색 그 자체로 볼 수 있다. (그러나 사실은 이미, 그것들을 담고 있는 캔버스의 색들로 보는 것이다.) 이 색들의 순전히 감성론적 효과가 대상으로부터의 이 같은 떼어 냄에서 성립하는 경우가 아니라면, 감각은 사유의 오랜 여정의 결과로 생겨난다고 해야 할 것이다.

그런데 감각에 대한 이러한 비판이 인식하지 못한 것은 감각적 삶이 향유로서 살아가는 지평이다. 삶의 이 같은 양태는 대상화에 따라 해석되어선 안 된다. 감성은 자신을 추구하는 대상화가 아니다. 본질상 만족된 것인 향유가 모든 감각을 특징짓는다. 감각의 재현적 내용은 감각의 정감적affectif 내용 속에서 용해되고 만다. 재현적 내용과 정감적 내용을 구분하는 것 자체가 결국 향유를 지각의 역동성과는 다른 역동성을 지닌 것으로 인식하는 것이다. 하지만 우리는 시각과 청각의 영역에서도 향유나 감각에 대해 말할 수 있다. 많이 보거나 들었을 때, 그래서 경험에 의해 드러난 대상이 순수한 감각의 향유 속에—또는 고통 속에—빠져 있을 때 그렇다. 이때 우리는 아무 지지대도 없는 성질 속에서인 듯 그 속에 잠겨서 산다. 이것은 감각 개념을 어느 정도 복권시킨다. 달리 말해서 감각은, 우리가 감각 속에서 객관적 성질들의 주관적 짝이 아니라 향유를 볼 때, '실재성'réalité을 회복한다. 향유는 의식의 결정結晶에 '앞선다'. 자아와 비-아非-我가 구분되어 주체와 대상으로 결정되는 데 '앞선다.' 이 결정은 향유의 궁극적 목적으로 끼어들지 않는다. 오히려 그것은 향유의 용어로 해석되어야 할 향유 생성의 한 계기로 일어난다. 감각들을 대상성의 선험적 형식들을 채우기 전의 내용들로 간주하는 대신, 감각들이 지니는 고유한sui generis (또 그 나름의 질적 특수성을 위한) 초월론적 기능을 인정해야 한다. 비-아의 선험적인 형식적 구조들이 반드시 객관성/대상성의 구조들인 것은 아니다. 감각론자가 감각에서 찾던 '지지대도 연장도 없는 성질'로 환원된 개별 감각의 특수성은, 성질들을 갖춘 한 대상의 도식으로 환원되지만은 않는 어떤 구조를 가리킨다. 감관들les sens은 대상화로 미리 규정되지 않는 어떤 의미un sens를 지닌다. 그 용어의 칸트적 의미에서 순수한 감성의 이러한 기능을 감성에서 등한시했기에, 그리고 경험 '내용'의 '초월론적 감성론'esthétique transcendantale을 감성에서 전적으로 무시했기에, 사람들은 일의적univoque 의미에서 비-아를 이른바 대상의 대상성으로 정립하게 되었다. 사실 사람들은 초월론적 기능들을 시각적이고 촉각적인 성질들에 배당한다. 그리고 다른 감관에서 비롯하는 성질들에는 보여지고 만져지는 대상──이것은 노동과 집으로부터 분리될 수 없는데──에 달라붙는 형용사의 역할만을 남겨 둔다. 탈은폐되고 발견되며 나타나는 대상인 현상, 그것은 보여지고 만져지는 대상이다. 다른 감각들은 참여하지 않은 채 대상의 대상성이 해석된다. 그 자신과 항상 동일한 대상성은 시각의 조망이나 만지는 손의 움직임 속에 세워지게 될 것이다. 성 아우구스티누스 이래 하이데거가 지적한 대로, 우리는 모든 경험에 무차별적으로 시각과 관련된 용어를 사용한다. 본다는 말이 보여짐과는 다른 의미를 포함할 때조차 그렇다. 또 우리는 잡음saisir과 관련된 용어 역시 이러한 특권적 의미로 사용한다. 관념과 개념은 무릇 경험과 일치한다.[1] 시각과 촉각에 기반한 경험에 대한 이러한 해석은 우연적인 것이 아니다. 그래서 그런 해석이 문명 속에 만연할 수 있는 것이다. 대상화가 시선 속에서 특권적인 방식으로 작동한다는 것은 이론의 여지가 없는 사실이다. 하지만 모든 경험에 형식을 부여하는 그것의 경향이 모호함équivoque 없이 존재 속에 기입되어 있는지는 확실치 않다. 향유로서의 감각에 대한 현상학이, 우리가 감각의 초월론적 기능이라 부를 수 있을 것에 대한 연구가 필요할 것이다. 이 초월론적 기능은 반드시 대상에 귀착하지 않으며, 그렇게 단순하게 보이는 것처럼 어떤 대상의 질적 특수화로 귀착하지도 않는다. 『순수이성비판』은 정신의 초월론적 활동을 발견함으로써, 대상에 귀착하지 않는 정신적 활동이라는 생각을 친숙한 것으로 만들어 주었다. 비록 칸트 철학에서는 문제의 그 활동이 대상의 **조건**을 구성한다고 여겨짐에 따라 이 혁명적 발상이 약화되었다 하더라도 그렇다. 감각의 초월론적 현상학은 감각에 상응하는 성질의 초월론적 기능을 특징지어 줌으로써 감각이라는 항으로의 복귀를 정당화해 줄 것이다. 고대의 감각 개념 ─여기에는 대상에 의한 주체의 변용affectation이라는 발상이 끼어들었다─ 이 근대의 소박한 실재론적 언어보다 이 초월론적 기능을 더 잘 환기해 줄 것이다. 우리는 대상화와 시각의 도식에 놓이지 않는 향유의 의미는 가시적 대상의 질적 규정 속에서 고갈되지 않는다고 주장했다. 우리는 앞 장에서 행한 모든 분석을 이러한 확신에 따라 이끌어 왔다. 우리의 분석은 또한, 재현은 오직 시선만의 작품이 아니라 언어의 작품이라는 생각에 의해 인도되었다. 하지만 시선과 언어를 구분하기 위해서

---

1) 관념(idée/idea)은 본다는 어원을 가진 말에서, 개념(concept)은 잡는다는 뜻에서 온 용어다. ─옮긴이

는, 즉 언어가 미리 전제하고 있는 얼굴의 맞아들임과 시선을 구분하기 위해서는, 시각의 특권을 더 자세히 분석할 필요가 있다.

플라톤이 말했듯이 시각은 눈과 사물의 바깥에 빛을 전제한다. 눈은 빛이 아니라 빛 속의 대상을 본다. 그러므로 시각은 '어떤 것'이 아닌 것과의 관계 가운데 세워지는 '어떤 것'과의 관계다. 우리는, 우리가 아무것도 아닌 것 속에서 사물을 만나는 한에서 빛 속에 있다. 빛은 어둠을 내쫓아 사물을 나타나게 하며, 공간을 비운다^{vider}. 빛은 공간을 빈 곳^{vide}으로 드러나게 한다. 접촉하는 손의 움직임이 공간의 '아무것도 아닌 것'을 가로지르는 한, 촉각은 시각과 닮아 있다. 그럼에도 불구하고 시각은 촉각에 대하여 이 빈 곳에 대상을 유지할 특권을, 근원에서 출발하듯 언제나 이러한 무에서 출발하여 대상을 받아들일 특권을 갖는다. 반면 촉각 안에서 이 무는 촉진觸診의 자유로운 운동에 나타난다. 이렇듯 시각과 촉각에서 존재는 무로부터 오는 것처럼 온다. 바로 여기에 이 감각들이 전통적 철학에서 차지하는 명성이 자리한다. 빈 곳으로부터의 이러한 옴은 그러니까 그 근원으로부터의 옴이다. 경험의 이 '열림' 또는 열림에 대한 이 경험은 대상성의 특권을 설명해 주며, **존재자들의 존재 자체와 일치하려는 대상성의 요구를 설명해 준다. 우리는 아리스토텔레스로부터 하이데거에 이르기까지 시각의 이러한 도식을 발견한다. 실존하지 않는 일반성의 빛 속에, 개별적인 것과 맺는 관계가 수립된다. 하이데거에서 **한 존재**가 아닌 — 하나의 '어떤 것'이 아닌 — 존재에 대한 열림은 일반적인 방식으로 '어떤 것'이 나타나기 위해 필요하다. 존재자가 존재한다는, 어떤 점에서는 형식적인 사태 속에, 존재자의 존재 작업이나 존재 실행 속에 ─존재자의 독립 자체 속에 ─존재자의 이해 가능성이 있다. 이렇게 하여 시각의 분절들이 나타난다. 여기서는 대상과 맺는 주체의 관계가 대상이 열림의 빈 곳 ─이것은 대상이 아닌데 ─과 맺는 관계에 종속된다. 존재자에 대한 이해는 다름 아니라 존재자를 넘어 열림으로 가는 데서 성립한다. 특수한 존재를 이해한다는 것은 그것이 채우지 못하는 밝은 장소로부터 그것을 포착하는 것이다.

그러나 이런 공간적 빈 곳도 하나의 '어떤 것', 모든 경험의 형식, 기하학의 대상, 나름의 보이는 어떤 것이 아닌가? 사실 선을 보기 위해서는 그 자취를 그려야 한다. 한계로 나아감이 무엇을 뜻하건 간에 직관적 기하학의 개념들은 보이는 사물들에서 출발한다. 이를테면 선은 어떤 사물의 한계이고, 평면은 어떤 대상의 표면이다. 기하학의 개념들은 어떤 것에서 출발하여 주어진다. 기하학의 개념들은 실험적 '개념들'인데, 이는 그 개념들이 이성과 충돌하기 때문이 아니라 오직 사물들로부터 출발해서만 시선의 대상이 되기 때문이다. 즉, 그 개념들은 사물들의 한계를 뜻한다. 그러나 밝은 공간은 이 한계들이 무에 이르기까지 약화되는 것을, 그 한계들의 사라짐을 포함한다. 공간을 채우는 모호함을 비워 버리는 빛으로 밝혀진 공간은 그 자체로 고찰해 볼 때 아무것도 아니다. 물론 이 빈 곳은 절대적인 무와 같지 않으며, 이것을 뛰어넘음은 초월함과 같지 않다. 그러나 빈 공간이 무와 구분된다고 할 때, 그리고 그 공간이 깊어지게 하는 거리가 (빈 공간을 가로지르는 운동이 고양시킬 수 있을 법한) 초월에 대한 요구를 정당화해 주지 않는다고 할 때, 그 공간의 '가득 참'은 빈 공간을 어떤 방식으로건 대상의 지위로 되돌리지 않는다. 이 '가득 참'은 다른 질서에 속한다.

빛이 어둠을 쫓아내는 공간 속에서 빛이 만드는 빈 곳이 특수한 대상이 전혀 없을 때조차 무와 같지 않다면, 이 빈 곳 자체는 **그저 있는**^{il y a} 것이다. 빈 곳은 단어의 유희에 힘입어 실존하는 것이 아니다. 규정할 수 있는 모든 사물의 부정은, 모든 부정 배후에서 그 부정의 정도에 전혀 영향받지 않고 거기에 무관한 비인격적 **그저 있음**을 다시 나타나게 한다. 무한한 공간들의 침묵은 무시무시하다. 이 **그저 있음**의 침입은 어떠한 재현과도 상응하지 않는다. 우리는 **그저 있음**의 현기증을 다른 곳에서 설명한 바 있다.[2] 요소의 요소적 본질은, 요소가 비롯하는 신화적인 얼굴-없음과 더불어 바로 그 현기증에 참여한다.

빛은 어둠들을 내쫓는 가운데 **그저 있음**의 끊임없는 유희를 중단시키지 않는다. 빛이 생산하는 빈 곳은, 대화에 앞서 그 자체로는 의미를 갖지 못하는 무규정적 두터움으로 머물며, 신화적 신들의 복귀를 여전히 이겨 내지 못한다. 그러나 빛 안에서의 시각은 바로, 이러한 끝없는 복귀의 공포와 **아페이론**의 공포를 망각할 가능성이며, 빈 곳인 이 무의 허울 앞에 자리할 가능성이고, 대상들의 근원으로부터인 듯 무로부터 대상들에 접근할 가능성이다. **그저 있음**의 공포로부터의 이러한 탈출은 향유의 만족 속에서 공표된다. 공간의 빈 곳은 절대적인 간격 ──이 절대적인 간격으로부터 절대적으로 외재적인 존재가 출현할 수 있는데 ──이 아니다. 공간의 빈 곳은 향유와 분리의 양상이다.

밝은 공간은 절대적인 간격이 아니다. 시각과 촉각의 관계, 재현과 노동의 관계는 본질적인 것으로 남는다. 시각은 포획으로 변한다.

---

2) 128~129쪽 각주 2 참조. ──옮긴이

시각은 전망과 지평에 열리며, 건널 수 있는 거리를 묘사하고, 손을 운동과 접촉에 초대하며 그것들을 확증한다. 소크라테스는 별이 빛나는 하늘을 보는 것을 높이에 대한 경험으로 간주하고자 했던 글라우콘을 비웃었다.[3] 대상들의 형식들은 손과 잡힘을 요구한다. 손에 의해 대상은 결국 파악되고 접촉되며 잡히고 가져와지며, 다른 대상들과 **관계**를 맺는다. 대상은 다른 대상들과의 **관계**에 의해 의미를 갖게 된다. 빈 공간은 이러한 관계의 조건이다. 빈 공간은 지평의 갈라진 틈이 아니다. 시각은 초월이 아니다. 시각은 시각이 가능하게 하는 **관계**에 의해 의미를 부여한다. 시각은 동일차 저편에 있는 절대적으로 다른 것, 즉 그 자체로 있는 어떠한 것도 열지 못한다. 빛은 주어진 것들 사이의 관계들을 조건 짓는다. 빛은 서로 가까이 있는 대상들의 의미 작용을 가능하게 한다. 빛은 대상들에 정면으로 접근하는 것을 허락지 않는다. 그 용어의 매우 일반적 의미에서, 직관은 관계들에 대한 사유에 대립하지 않는다. 직관은 이미 관계다. 시각인 직관은 사물들이 서로 이동하는 공간을 간취하기 때문이다. 공간은 너머로 이동하는 대신, 동일차 속에 있는 사물들의 **측면적**laterale 의미의 조건만을 확보해 준다.

본다는 것은 그러니까 언제나 지평에서 본다는 것이다. 지평에서 포착하는 시각은 한 존재를 모든 존재 너머로부터 만나는 것이 아니다. **그저 있음**에 대한 망각으로서의 시각은 본질적인 충족에, 감성의 수락에 기인한다. 향유에, 그리고 무한을 염려하지 않는 유한의 만족에 기인하는 것이다. 의식은 시각 속으로 도망치면서 그 자신으로 되

---

3) 플라톤, 『국가』, 527~530. ── 옮긴이

돌아간다.

그러나 다른 의미에서 빛은 자기의 근원이 아닌가? 자신의 존재와 외양이 일치하는 빛의 원천으로서, 불과 태양으로서 자기의 근원이 아닌가? 여기에는 확실히 절대적인 것과 맺는 전적인 관계의 모습이 있다. 그러나 그것은 모습일 뿐이다. 태양으로서의 빛은 대상이다. 낮의 시각 속에서 빛은 보게 하는 것이지 보이는 것이 아니라고 한다면, 밤의 빛은 빛의 원천으로서 보이는 것이다. 반짝임에 대한 시각 속에서 빛과 대상이 결합된다. 시각적 소여로서의 감각 가능한 빛은 다른 소여들과 다르지 않으며, 요소적이고 어두운 바탕에 대해 그 자체가 상대적인 것으로 머문다. 근본적 외재성에 대한 의식이 가능하기 위해서는, 다른 의미에서 절대적으로 그 자신으로부터 오는 것과의 관계가 필요하다. 빛을 보기 위해서는 빛이 필요하다.

과학은 감성의 주관적 조건을 초월하게 하지 않는가? 레옹 브룅슈비크가 자신의 저작에서 격찬했던 [정량적] 과학과 정성적qualitatif 과학을 구분한다 할지라도, 우리는 수학적 사유 그 자체가 감각과 단절하는지 아닌지 물을 수 있다. 현상학적 메시지의 요체에 따를 때, 우리는 여기에 부정적으로 답하게 된다. 물리-수학적 과학이 도달하는 실재는 자신들의 의미를 감각 가능한 것에서 출발하는 과정들에서 빌려 온다.

한 존재가 향유와 관계하지 않고 자기로부터 스스로를 제시하는 것은 전적인 타자성에 힘입어서다. 이런 타자성은 사물들을 우리에게 열어 주는 사물들의 **형식** 속에서 빛나지 않는다. 그 형식 아래서 사물들이 스스로를 숨기기 때문이다. 표면은 내부로 변형될 수 있다. 우리는 금속을 녹여 새로운 대상을 만들 수 있고, 궤짝의 나무를 대패로 밀고 톱으로 켜고 도끼로 잘라 테이블을 만들 수 있다. 감춰진 것은 열리고, 열린 것은 감춰진다. 이런 생각은 순진한 것으로 비칠지 모른다. 형식이 숨기는 사물의 내면성이나 본질이 공간적 의미로 취급되어야 한다는 식이 아닌가. 그러나 실제로 사물의 심층은 그 질료의 의미와 다른 의미를 가질 수 없다. 그리고 질료의 드러남은 본래 표면적이다.

서로 다른 표면들 사이에는 안쪽과 바깥쪽이라는 한층 깊은 차이가 있는 것처럼 보일 것이다. 표면이란 시선에 주어지는 것이고, 우리는 옷을 뒤집을 수 있다. 이것은 동전을 다시 주조하는 것과 마찬가지다. 그러나 이런 피상적인 생각으로부터 벗어나게 하는 것이 안쪽과 바깥쪽의 구분 아닌가? 이런 구분은 우리가 방금 일부러 언급한 것과는 다른 면을 가리키지 않는가? 바깥쪽이 사물의 본질에 해당하며, 그에 비해 실들이 보이지 않는 안쪽은 예속된 역할을 한다고 볼 수 있다. 하지만 프루스트는 귀부인의 드레스 소매의 안쪽이 대성당의 어두운 모퉁이와 같다고 감탄했다. 대성당의 모퉁이는 안쪽임에도 불구하고 전면前面; façade과 마찬가지의 기예로 만들어져 있다. 이 기예야말로 사물들에 **전면**의 자격을 부여한다. 이것에 의해 대상들은 보여질 뿐 아니라, 전시되는 대상들이 된다. 질료의 모호함은 전면을 갖지 않는 존재의 상태를 의미할 것이다. 건축물에서 빌려 온 전면 개념은 건축술이 아마 미술beaux-arts 가운데 최초의 것이리라는 점을 시사한다. 그러나 그 속에서 구성되는 것은 아름다움인데, 이 아름다움의 본질은 무관심indifférence이고 차가운 찬란함이며 침묵이다. 자신의 비밀을 간직하고 있는 사물이 자신의 기념비적 본질 속에, 자신의 신화 속에 갇힌 채로 노출되는 것은 전면을 통해서다. 신화 속에서 사물은 찬란함으로 빛나지만 자신을 내맡기지는 않는다. 전면은 마술처럼 자신의 우아함을 통해 매혹하지만, 스스로를 계시하지는 않는다. 초월적인 것이 감성과 대조를 이룬다면, 초월적인 것이 진정한 의미의 열림이라면, 초월적인 것을 보는 것이 존재의 열림 그 자체를 보는 것이라면, 그런 봄은 형식을 보는 것과 대조를 이루며, 관조의 용어로도 실천의 용어로도 말해질 수 없다. 그것은 얼굴이며, 그것의 계시가 말parole이다. 타인과 맺는 관계만이 초월의 차원을 도입하며, 우리를 그 용어의 감각적 의미에서의 경험, 즉 상대적이고 자기중심적인 경험과는 전적으로 다른 관계로 인도한다.

B. 얼굴과 윤리

1. 얼굴과 무한

존재들에 대한 접근은 그것이 시각과 관계하는 한에서 이 존재들을 지배하며 그 존재들에 힘을 행사한다. 사물은 **주어지고**, 내게 제공된다. 사물에 접근하면서 나는 동일자 속에서 나 자신을 유지한다.

얼굴은 포함되기를 거부하는 가운데 현전한다. 이런 점에서 얼굴은 파악될 수 없다. 다시 말해 포괄될 수 없다. 보여질 수도, 만져질 수도 없다. 시각적이거나 촉각적인 감각 속에서 자아의 정체성은 바로 내용이 되는 대상의 타자성을 감싸 버리기 때문이다. 이것이 바로 내용이 된다.

타인은 비교 속에서 종種들로—이것들이 궁극적인 것들이라 해도—드러나는 상대적 타자성을 지닌 타자가 아니다. 그런 종들은 상호적으로 배제하지만, 여전히 유類의 공통성 안에 놓인다. 자신들의 정의定義에 따라 서로를 배제하면서도 자신들의 유의 공통성을 통한 이 배제에 의해 서로를 요구하는 것이다. 반면에 타인의 타자성은 나와 그를 구분하는 어떤 성질에 의존하지 않는다. 그러한 본성의 구분은 타자성을 이미 없애 버리는 유의 공통성을 우리 사이에 함축할 것이기 때문이다.

그렇지만 타인이 차아를 순전히 그리고 단순히 부정하는 것만은 아니다. 전적인 부정 ―살인은 전적인 부정의 유혹이고 시도인데 ― 은 이전의 관계에 매인다. 타인의 표현 속에서 빛나는 타인과 나 사이의 이 관계는 수나 개념으로 귀착하지 않는다. 타인은 무한히 초월적인 자로, 무한히 낯선 자로 남는다. 타인의 얼굴에서 타인의 에피파니가 생산되고, 그런 가운데 타인의 얼굴은 내게 호소한다. 그러나 타인의 얼굴은 우리에게 공통적일 수 있는 세계와 단절한다. 그 잠재성들이 우리의 **본성**에 기입되는 세계, 우리의 실존을 통해 우리가 발전시키기도 하는 세계와 단절한다. 그러나 말은 절대적 차이에서 비롯한다. 더 정확히 말해, 절대적 차이는 특수화 과정에서 생산되지 않는다. 특수화 과정에서는 논리적 관계들의 질서가 유에서 종으로 내려가 그러한 관계들로 환원되지 않는 소여에 부딪힌다. 이렇게 맞닥뜨리는 차이는 자신과 대조를 이루는 논리적 위계에 결부된 것으로 남아 공통의 유의 토대 위에서 나타난다.

형식 논리의 용어로는 생각될 수 없는 절대적 차이는 오직 언어에 의해서만 수립된다. 언어는 유의 통일을 깨뜨리는 항들 사이의 관계를 성취한다. 항들인 대화 상대자들은 관계로부터 스스로를 사면하거나 관계 속에 절대적으로 머문다. 아마 언어는 존재나 역사의 연속성을 깨뜨리는 힘 자체로 정의될 것이다.

우리가 위에서 말했던 타인 현전의 이해 불가능한 특성은 부정적으로만 묘사되지 않는다. 이해 이상의 것인 **대화**discours는 본질상 초월적으로 머무는 것과 관계 맺는다. 우선은 초월적인 것을 제시하는 데서 성립하는 언어의 형식적 작업에 주목할 필요가 있다. 곧이어 더 깊은 의미가 밝혀질 것이다. 언어는 분리된 항들 사이의 관계다. 일자에게 타자는 물론 하나의 주제로서 자신을 현전시킬 수 있지만, 타자의 현전은 주제라는 그의 지위로 흡수되지 않는다. 타인을 주제로서 떠받치는 말은 타인을 포함하는 것처럼 보인다. 그러나 이미 말은 대화 상대자로서의 타인에게, 자신을 감쌌던 주제를 떠나 말해진 것의 배후에서 불가피하게 출현하는 타인에게 말해지는 것이다. 말은 그것이 침묵을 지킴에 불과하다 하더라도 말해진다. 그 침묵의 무게가 타인의 이 도피를 알려 준다. 타인을 흡수하는 인식은 내가 그에게 건네는 대화 가운데 즉시 자리 잡는다. 말함은 타인을 '존재하게 하는' 것이 아니라, 타인에게 간청하는 것이다. 말은 봄과 대조된다. 인식이나 시각 속에서는 보이는 대상이 분명히 어떤 행위를 규정할 수 있다. 하지만 그 행위는 '보여진 것'을 특정한 방식으로 전유하고, 보여진 것에 의미를 부여하면서 그것을 세계로 통합하고, 결국 그것을 구성한다. 대화 속에서는 나의 주제로서의 타인과 한순간 그를 붙잡는 듯이 보일 주제로부터 해방된 나의 대화 상대자로서의 타인 사이에서 불가피하게 틈이 드러나며, 이 틈은 내가 나의 대화 상대자에게 부여한 의미에 즉시 이의를 제기한다. 그렇게 해서 언어의 형식적 구조는 타인이 윤리적으로 침해받을 수 없음을 알려 주며, 어떠한 '신비로움'numineux의 기미도 없이 그의 '성스러움'을 알려 준다.

얼굴이 대화를 통해 나와의 관계를 유지한다는 사실이 동일차 속에 얼굴을 정렬시키는 것은 아니다. 얼굴은 그 관계 속에서 절대적인 것으로 남는다. 동일자 속에 자신이 사로잡혀 있음을 늘 의심하는 의식의 유아론적 변증법은 중단된다. 대화의 기초가 되는 윤리적 관계는 사실 그 빛줄기가 자아에서 출발하는 의식의 변종이 아니다. 윤리적 관계는 자아를 문제시한다. 이러한 문제시는 타자에서 출발한다.

동일자의 영역으로 들어가는 않는 존재의 현전, 그 영역을 넘쳐흐르는 현전은 무한이라는 자신의 '지위'를 확정한다. 이러한 넘쳐흐름은 항아리를 넘쳐흐르는 액체의 이미지와 다르다. 이 넘쳐흐르는 현전은 동일자의 **면전**에 자리함으로써 실현되기 때문이다. 진정한 마주섬opposition인 이 면전에 자리함은 오로지 도덕적 고소告訴 같은 것일 수 있다. 이 운동은 타자로부터 출발한다. 무한 관념, 즉 적은 것에 무한히 많이 담긴 것은 구체적으로 얼굴과의 관계relation라는 형태로 생산된다. 무한 관념만이 동일자와의 관계rapport에서 ─ 이런 관계에도 불구하고 ─ 타자의 외재성을 유지한다. 그 결과, 여기서 존재론적 논증과 유사한 결합 관계가 생산된다. 이 경우 한 존재의 외재성이 그 존재의 본질에 기입된다. 하지만 이렇게 결합되는 것은 추론이 아니라, 얼굴로서의 에피파니다. 절대적으로 다른 것에 대한 형이상학적 욕망은 지성주의(또는 외재성의 가르침을 신뢰하는 근본적 경험론)에 생명을 주는데, 이 욕망은 자신의 에-너지를 얼굴을 봄 속에 또는 무한 관념 속에 펼친다. 무한 관념은 나의 능력을 넘어선다(양적으로가 아니라, 우리가 나중에 살펴보겠지만, 내 능력들을 문제 삼음으로써 그렇게 한다). 무한 관념은 우리의 선험적 토대에서 비롯하는 것이 아니다. 무한 관념이야말로 진정한 경험이다.

칸트의 무한 개념은 이성의 이념으로, 이성의 요구들을 피안에

투사한 것으로 자리 잡는다. 이는 완성되지 않은 것으로 주어진 것을 이념적으로 완성하여 투사한 것이다. 그렇지만 여기서, 완성되지 않은 것은 무한의 특권적 **경험**과 만나지 못하며, 이러한 만남을 통해 자신의 유한함이 지니는 한계들을 끌어내지 못한다. 유한은 더 이상 무한과의 관계 속에서 생각되지 않는다. 오히려 무한이 유한을 전제한다. 무한은 이 유한을 무한히 확대한다. (비록 극한을 향한 이런 이행이나 이 같은 투사가 자신도 깨닫지 못하는 형식 속에서 무한 관념을 함축하고 있다고 하더라도, 아울러 데카르트가 무한 관념에서 도출했던 모든 귀결들과 이러한 투사 관념이 전제하는 모든 결론들을 지닌다 하더라도 그렇다.) 칸트적 유한함이 긍정적으로 서술되는 것은 감성에 의해서다. 이것은 하이데거적 유한함이 죽음을 향한 존재에 의해 다루어지는 것과 마찬가지다. 유한을 지시하는 이런 무한은 칸트 철학의 가장 반-데카르트적인 지점을, 나중에는 하이데거 철학의 가장 반-데카르트적인 지점을 나타낸다.

헤겔은 무한의 긍정성을 옹호하면서 데카르트에게로 돌아간다. 하지만 헤겔은 무한에서 모든 다수성을 배제하고, 무한을 '타자'의 배제로 설정한다. 무한과 관계를 유지할 수 있을, 그래서 무한을 제한하게 될 모든 '타자'를 배제해 버리는 것이다. 그 무한은 모든 관계를 포괄할 수 있을 뿐이다. 무한은 아리스토텔레스의 신과 같이 오직 자기와 관계한다. 비록 그것이 역사의 마지막에 이뤄지는 것이긴 하지만 말이다. 어떤 특수한 것이 무한과 맺는 관계는 이 특수한 것이 국가의 주권 속으로 들어가는 것에 해당한다. 특수한 것은 자신의 고유한 유한함을 부정함으로써 무한이 된다. 그러나 그 결과는 사적 개체의 항의를 질식시키는 데 이르지는 않는다. 분리된 존재가 비록 경험적이고 동물적인 것으로 취급된다 하더라도, 이 분리된 존재의 변호를 억누르는 데 이르지는 않는다. 분리된 존재를 이루는 개체는 자신의 이성이 원했던 국가가 폭정임을 체험한다. 그러나 그것의 비인격적 운명 속에서 개체는 더 이상 자신의 이성을 인식하지 못한다. 우리는 헤겔의 무한이 자신과 맞세워 포괄하는 유한함 속에서 요소들 앞에 선 인간의 유한함을, **그저 있음**에 의해 침범되는 인간의 유한함을 인식한다. 이 그저 있음은 얼굴 없는 신들에 의해 매 순간 관통되며, 노동은 이 얼굴 없는 신들에 대항하여 안정을 실현하기 위해 행해진다. 이 안정 가운데 요소들의 '타자'는 동일자로 자신을 드러낼 것이다. 그러나 절대적으로 다른 타자—타인—는 동일자의 자유를 제한하지 않는다. 동일자의 자유를 책임으로 불러옴으로써 타자는 동일자의 자유를 수립하고 그것을 정당화한다. 얼굴로서의 타자와의 관계는 알레르기를 치유한다. 이 관계는 욕망이고, 수용된 가르침이며, 대화의 평화적 마주섬이다. 무한에 대한 데카르트적 발상—무한에 의해 분리된 존재 속에 놓이는 '무한 관념'—으로 되돌아감으로써, 우리는 무한 관념의 긍정성을, 모든 유한한 사유에 앞서고 유한에 대한 모든 사유에 앞서는 무한 관념의 선행성을, 유한에 대한 무한 관념의 외재성을 다시 취한다. 이것이 분리된 존재의 가능성이었다. 무한 관념, 즉 자신의 내용에 의한 유한한 사유의 넘쳐흐름은 자신의 용량을 초과하는 것과 맺는 사유의 관계를 실행한다. 매 순간 사유가 부딪힘 없이 배우는 것과 맺는 사유의 관계를 실현한다. 이것이 우리가 얼굴의 맞아들임이라 부르는 상황이다. 무한 관념은 대화의 **마주섬** 속에서, 사회성 속에서 생산된다. 얼굴과 맺는, 내가 포함할 수 없는 절대적으로 다른, 그런 점에서 무한한 타자와 맺는 관계는, 그렇지만 나의 관념이다. 그것은 일종의 교류commerce다. 그러나 그 관계는 폭력 없이―이 절대적 타자성과의 평화 속에서―유지된다. 타자의 '저항'은 내게 폭력을 행사하지도 않고, 부정적으로 작용하지도 않는다. 타자의 저항은 긍정적 구조, 다시 말해 윤리적 구조를 지닌다. 타자의 최초의 드러남/계시는, 타자와 맺는 모든 다른 관계들 속에 전제되는 이 드러남은, 타자의 부정적 저항 속에서 타자를 포착하는 데서 성립하지 않는다. 또 계략을 통해 타자를 꾀는 데서 성립하지도 않는다. 나는 얼굴 없는 신과 싸우지 않고, 타자의 표현과 타자의 계시에 응답한다.

2. 얼굴과 윤리

얼굴은 소유를, 나의 능력들pouvoirs을 거부한다. 얼굴의 에피파니 속에서, 표현 속에서, 감각적인 것, 아직 포착 가능한 것은, 포획에 전적으로 저항하는 것으로 바뀐다. 이러한 변화는 새로운 차원이 열림으로써만 일어날 수 있다. 사실 포획에 대한 저항은 손으로는 도저히 깨뜨릴 수 없는 바위의 단단함이나 광대한 우주 속에 있는 별과의 거리처럼 극복 불가능한 저항으로 생산되는 것이 아니다. 얼굴이 세계에 도입하는 표현은 나의 능력들의 약함에 도전하는 것이 아니라, 내 능력의 능력에 도전한다. 사물들 가운데 여전히 사물로 있는 얼굴은 형식에 구멍을 낸다. 이 형식은 그럼에도 불구하고 얼굴에 경계를 정해준다. 이것이 의미하는 바를 구체적으로 말해 보자. 얼굴은 내게 말을 걸고 또 그럼으로써, 향유든 인식이든 실행되는 내 능력과는 아무런 공통의 척도가 없는 관계로 나를 초대한다.

그렇지만 이 새로운 차원은 얼굴의 감각 가능한 외양 속에서 열린다. 얼굴 형식의 윤곽들이 표현 속에서 지속적으로 열림으로 해서, 형식을 깨뜨리는 이 열림은 캐리커처 속에 가둬진다. 성스러움과 캐리커처의 경계에 있는 얼굴은 그래서 어떤 의미에서는 여전히 능력들에 주어진다. 그것은 오직 다음과 같은 의미에서다. 이 감성 가운데 열리는 깊이는 능력의 본성 자체를 변형시켜, 이제 그 능력은 포획하는 것이 아니라 죽일 수 있는 것이 된다. 살해는 여전히 감각적으로 주어진 것을 겨냥한다. 그렇지만 살해는 자기 앞에 주어진 것의 존재가 전유에 의해 **중지**될 수 없다는 점을 발견한다. 살해는 절대적으로 중립화 불가능한 소여 앞에 놓인다. 전유와 사용이 행하는 '부정'은 언제나 부분적인 것으로 남았다. 사물의 독립성에 이의를 제기하는 포획은 사물을 '나를 위해' 보존한다. 사물들의 파괴도, 추적도, 생명체의 절멸도 세계에 속해 있지 않은 얼굴을 노리지 못한다. 이런 것들은 여전히 노동의 소관이고, 목적성을 가지며, 필요에 응답한다. 살해만이 전적인 부정을 바란다. 노동과 사용에 의한 부정은 재현에 의한 부정처럼 포획이나 파악을 실현하고, 긍정에 의거하거나 긍정을 지향하며, 능력을 발휘한다pouvoir. 죽임은 지배하는 것이 아니라 무화하는 것이며 파악을 절대적으로 단념하는 것이다. 살해는 능력을 벗어난 것에 능력을 행사한다. 그것은 여전히 능력이다. 얼굴은 감각 가능한 것 속에서 표현되기 때문이다. 그러나 그것은 이미 무능impuissance이다. 왜냐하면 얼굴은 감각 가능한 것을 찢어 버리기 때문이다. 얼굴에서 표현되는 타자성은 전적인 부정에게 가능한 유일한 '질료'를 제공한다. 나는 내 능력들을 무한히 초과하는, 따라서 나의 힘에 대립되는 것이 아니라 나의 능력으로서의 능력 자체를 마비시키는 절대적으로 독립된 존재자만 죽이고자 할 수 있다. 타인은 내가 죽이고자 할 수 있는 유일한 존재다.

그러나 무한과 나의 능력들 사이의 이러한 불균형은 아주 거대한 장애물을 그것에 적용되는 힘에서 분리시키는 불균형과 어떤 점에서 다른가? 장애의 저항이 거의 없음을 드러내 주는 살해의 범속함 banalité을 내세우는 것은 소용없는 일일 것이다. 인간 역사에서 가장 범속한 이 사건은 예외적인 가능성에 상응한다. 그러한 가능성은 한 존재의 전적인 부정을 바라기 때문이다. 그것은 이 존재가 세계의 일부로서 소유할 수 있는 힘과 관련이 없다. 내게 주권적으로 **아니오**라고 말할 수 있는 타인은 칼끝이나 권총의 탄환에 내맡겨지며, 타인의 '대자'가 지니는 흔들리지 않는 견고함 전체는 그가 맞세우는 완강한 이 **아니오**와 더불어, 칼이나 총알이 그의 심장의 심실 또는 심방에 닿았다는 사실로 인해 지워져 버린다. 세계의 조직망 속에서 그는 거의 아무것도 아니다. 그러나 그는 투쟁으로 내게 맞설 수 있다. 다시 말해 자신에게 가해지는 힘에 저항의 힘을 맞세우는 것이 아니라, 그가 하는 반응의 **예측 불가능성** 자체를 맞세울 수 있다. 그럼으로써 그는 더욱 거대한 힘—평가 가능하며 그래서 결국 전체의 일부인 양 평가되는 에너지—으로가 아니라, 그 전체에 대한 자기 존재의 초월 자체로 나와 맞선다. 역량의 어떤 최상급으로가 아니라 바로 그의 초월의 무한으로 말이다. 살해보다 더 강한 이 무한은 이미 타인의 얼굴 속에서 우리에게 저항한다. 이 무한은 타인의 얼굴이고, 본래적 **표현**이며, '너는 살해할 수 없을 것이다'라는 최초의 말이다. 무한은 살해에 대한 무한한 저항으로 능력을 마비시킨다. 이 저항은 지속되는 것이고 없앨 수 없는 것으로, 타인의 얼굴 속에서, 무방비한 그 눈의 완전한 벌거벗음 속에서, 아무런 방비 없이, 초월적인 것이 절대적으로 열리는 벌거벗음 속에서 빛난다. 여기에 한 관계가 있다. 매우 큰 저항과 맺는 관계가 아니라, 절대적으로 **다름**의 어떤 것과 맺는 관계가 있다. 아무런 저항도 없는 것의 저항이, 윤리적 저항이 있다. 얼굴의 에피파니는 무한을 살해의 유혹으로부터 헤아릴 이와 같은 가능성을 불러일으킨다. 즉 전적인 파괴의 유혹으로서뿐 아니라 이 같은 유혹과 시도의 불가능성——이것은 순전히 윤리적 불가능성이다——으로서 헤아릴 가능성을 불러일으킨다. 만일 살해에 대한 저항이 윤리적인 것이 아니라 실재적인 것이라면, 우리는 지각 안에서 주체적인 것으로 귀착하는 모든 것과 더불어 그 저항에 대한 일종의 **지각**을 가지게 될 것이다. 우리는 투쟁에 대한 **의식**의 관념론 안에 남게 될 것이고, 타인과의 관계 속에는 머물지 못할 것이다. 그 관계는 투쟁으로 변할 수 있으나, 이미 투쟁 의식을 넘쳐흐른다. 얼굴의 에피파니는 윤리적이다. 이 얼굴은 투쟁으로 위협할 수 있으나, 그 투쟁은 표현의 초월성을 **전제한다**. 얼굴은 돌발적 사건인 투쟁으로 위협하지만, 이러한 위협은 무한의 에피파니를 고갈시키지 않으며, 무한이 건네는 최초의 단어를 정식화하지도 않는다. 전쟁은 평화를 전제하고, 타인의 앞선 현전을, 또 무-알레르기적인 현전을 전제한다. 전쟁은 만남의 최초 사건을 나타내지 않는다.

죽임의 불가능성이 단지 부정적이고 형식적인 의미만을 갖는 것은 아니다. 무한과의 관계 또는 우리 속에 있는 무한의 관념은 죽임의 불가능성을 긍정적으로 조건 짓는다. 무한은 나의 능력들을 마비시키는 윤리적 저항 속에 얼굴로서 자신을 제시하며, 자신의 벌거벗음과 비참함 속에서 무방비한 눈의 깊은 곳으로부터 자신을 견고하고 절대적으로 들어올린다. 이러한 굶주림과 비참함에 대한 이해가 타자의 근접성 자체를 수립한다. 그러나 이렇게 하여 드러나는 것은, 무한의 에피파니는 표현이고 대화라는 점이다. 표현과 대화의 원초적 본질은 그것들이 내적이고 감춰진 세계에 관하여 제공할 정보들에 있지 않다. 표현 속에서 존재는 그 자신을 스스로 현시한다. 자기를 현현하는 존재는 자신의 고유한 현현에 참석하고, 그렇게 함으로써 내게 호소한다. 이러한 참석은 어떤 이미지의 **중립성**이 아니다. 그것은 자신의 비참과 자신의 높이를 통해 나를 끌어들이는 간청이다. 내게 말한다는 것, 그것은 현현 속에서 불가피하게 조형적造形的; plastique이 되고 마는 바를 매 순간 극복한다는 뜻이다. 얼굴로 현현한다는 것은 현현되는 형식이자 순전히 현상적인 형식 너머로 **자신을 부과한다**는 뜻이고, 자신의 벌거벗음 속에서, 즉 자신의 비참함과 배고픔 속에서 어떠한 이미지로도 매개되지 않은 채 대면의 올곧음 자체로서, 현현으로 환원될 수 없는 방식으로 자신을 현시한다는 뜻이다. **욕망** 속에서 타인의 높이와 낮음Humilité을 향한 운동들이 뒤섞인다.

표현은 빛을 내는 존재로부터 부지불식간에 흩뿌려지는 찬란함처럼 빛나지 않는다. 그러한 찬란함이 아마 아름다움의 정의이리라. 자신의 현현에 참여하면서 스스로를 현현하는 것은 대화 상대자에게 간청하는 것이고 그의 응답과 질문에 자신을 노출시키는 것이다. 표현은 참인 재현으로 부과되지도 행위로 부과되지도 않는다. 참인 재현에 제공된 존재는 겉모습의 가능성으로 머문다. 내가 세계에 개입할 때 내게 침입하는 세계는 이른바 '자유로운 사유'에 맞서 아무것도할 수 없다. '자유로운 사유'는 이 개입을 중단시키거나 내적으로 그것을 거부하기조차 하여 감춰진 삶을 가능케 한다. 스스로를 표현하는 존재는 자기를 부과하지만, 그의 비참함과 그의 벌거벗음 ─ 그의굶주림 ─ 으로 내게 호소함으로써 그렇게 한다. 나는 그의 호소에 귀머거리가 될 수는 없다. 그러므로 자기를 부과하는 존재는 표현 속에서 나의 자유를 제한하는 것이 아니라 나의 자유를 증진시킨다. 나의선함을 불러일으킴으로써 그렇게 한다. 불가피한 존재의 중력이 모든웃음을 얼어붙게 하는 책임의 질서는 또한 불가피하게 자유가 요청되는 질서이기도 하다. 그래서 여기서는 존재의 돌이킬 수 없는 무게가나의 자유를 출현시킨다. 불가피한 것은 더 이상 운명적인 것의 비인간성이 아니라 선함의 엄격한 진지함을 갖는다.

표현과 책임 사이의 이와 같은 관계 덕택에, 언어의 이러한 조건또는 윤리적 본질 덕택에, 존재의 모든 탈은폐와 존재의 차가운 찬란함에 앞선 언어의 이런 기능 덕택에, 언어는 미리 존재하는 사유에 예속되지 않을 수 있다. 그렇지 못할 경우 언어는 외부로 번역을 하거나내적 운동들을 보편화하는 노예와 같은 기능만을 갖게 될 것이다. 얼굴의 현시는 참인 것이 아니다. 참인 것은 자신의 영원한 동시대적 짝인 참이-아닌 것을 지시하며, 불가피하게 회의주의자의 미소와 침묵을 만나게 되기 때문이다. 얼굴 속에서 이뤄지는 존재의 현시는 자신의 반대물을 위한 논리적 자리를 남겨 두지 않는다. 게다가 얼굴로서의 에피파니가 열어 놓는 대화에서 나는 침묵함으로써 대화에서 빠져 나갈 수 없다. 플라톤의 『국가』 1권에서 성난 트라시마코스가 시도했던(더욱이 성공하지도 못한 채) 것처럼 말이다. "인간을 먹을 것 없이 내 버려 두는 것은 어떤 상황으로도 무게를 덜 수 없는 잘못이다. 자발적인 것과 비자발적인 것의 구분은 여기엔 적용되지 않는다"라고 랍비 요하난은 말한다.[1] 인간의 굶주림 앞에서 책임은 오직 '객관적으로' 헤아려진다. 책임은 거부될 수 없다. 얼굴은 원초적 대화를 연다. 그 대화의 최초의 말은 어떤 '내재성'도 피하게 해주지 못하는 의무다. 이것은 대화로 들어올 것을 강제하는 대화고, 합리주의가 마음으로 호소하는 대화의 시작이다. 그것은 "들으려고도 하지 않는 사람들"[2]조차 설득하여 이성의 참된 보편성에 근거를 주는 '힘'이다.

존재 일반의 탈은폐에 대해 지식의 토대로서 또 존재의 의미로서 미리 존재하는 것은 스스로를 표현하는 존재자와의 관계다. 존재론의 평면에 앞서 윤리의 평면이 미리 존재하는 것이다.

3. 얼굴과 이성

표현은 어떤 이해 가능한 형식의 현현으로 생산되는 것이 아니다. 이해 가능한 형식은 항들 사이에서 항들을 연결하고 그 거리를 가로질러 부분들을 하나의 전체 속에 엮어 세운다. 이 같은 전체에서는 접합

---

1) 『탈무드 산헤드린』, 104b.
2) 플라톤, 『국가』, 327b.

되어 있는 항들이 이미 자신들의 의미를 그들의 공통성에 의해 만들어진 상황으로부터 빌려 오고, 이 공통성은 다시금 자신의 의미를 이 결합된 항들에 빚지게 된다. 이러한 '이해의 순환'은 존재 논리의 원초적 사건으로서 부과되지 않는다. 표현은 삼자$^{un\ tiers}$라야 볼 수 있는 이런 조정의 결과에 선행한다.

표현의 고유한 사건은 자기를 증언하면서 그 증언을 보증하는 데서 성립한다. 이 자기 증명은 얼굴로서만, 즉 말로서만 가능하다. 이런 증명은 이해 가능성의 시작을 생산한다. 최초성 자체를, 공국의 주권^{principauté}을, 왕의 지배권을 생산한다. 무조건적으로 명령하는 것을 생산한다. 원리^{principe}가 가능한 것은 오직 명령으로서다. 표현이 겪을 영향이나 표현이 유래할 무의식적 원천을 찾는 일은 일종의 조사를 전제할 것인데, 그 조사는 새로운 증언들에 이를 것이고, 그래서 결국 표현의 본래적 진실성에 다다를 것이다.

세계에 대한 생각들의 교환으로서의 언어는 그것이 수반하는 배후의 사유들과 더불어, 자신이 그려 내는 진실과 거짓의 변화들을 건너, 얼굴의 본래성을 전제한다. 이 본래성이 없다면, 언어는 행위들 중의 하나로 환원되고 그 행위의 의미는 끝없는 정신분석학이나 사회학을 우리에게 강요하여, 언어는 시작되지도 못할 것이다. 말의 밑바닥에 표현의 이러한 본래성이 존속하지 않는다면, 모든 영향과의 이러한 단절이 없다면, 모든 타협과 모든 오염에 낯선 말하는 자의 이러한 지배적 위치가 없다면, 대면의 이러한 올곧음이 있지 않다면, 말은 활동의 평면을 넘어서지 못할 것이다. 언어가 행위의 체계로 통합되고 도구로 이용될 수 있다고 해도, 말이 활동의 한 종류가 아닌 것은 명백하다. 말이 바로 이런 행위의 기능을 단념하고 자신이 지닌 표현의 본질로 돌아갈 때만 언어가 가능하다.

표현은 우리에게 타인의 내면성을 **주는** 데서 성립하는 것이 아니다. 스스로를 표현하는 타인은 정확히 말해 자신을 **주지** 않는다. 그 결과 타인은 거짓말할 자유를 보존한다. 그러나 거짓과 진실함은 이미 얼굴의 절대적 진정성authenticité을, 존재의 현시라는 특권적 사태를 전제한다. 이 특권적 사태는 진리와 비-진리의 양자택일에 낯설며, 참과 모든 참이 겪는 위험인 거짓 사이의 애매성을, 게다가 거기서 모든 가치들이 움직이게 되는 그런 애매성을 좌절시킨다. 얼굴 속에서의 존재의 현시는 어떤 가치의 지위를 갖지 않는다. 우리가 얼굴이라고 부르는 것은 바로 자기에 의한 자기의 이 예외적 현시다. 이러한 현시는 단순히 주어지는 실재의 현시와 공통의 척도를 갖지 않는다. 그런 실재들은 언제나 모종의 기만으로 의심받을 수 있고, 언제나 꿈일 가능성이 있다. 진리를 추구하기 위해 나는 스스로 자기 자신을 보증할 수 있는 얼굴, 그것의 에피파니 자체가 이를테면 영광의 말인 그런 얼굴과의 관계를 이미 간직하고 있다. 언어적 기호들의 교환으로서의 모든 언어는 이미 이러한 본래적 영광의 말을 지시한다. 언어적 기호는 어떤 사람이 어떤 것을 다른 어떤 사람에게 알리는 그곳에 놓인다. 그러므로 그것은 이미, 의미를 주는 자의 인증authentification을 전제한다.

윤리적 관계인 대면은 또한 우리가 신비적이라고 부를 법한 모든 관계와 대조를 이룬다. 신비적 관계 속에서는 본래의 존재가 현시되는 사건과는 다른 사건들이 이 현시의 순수한 진실성을 전복시키거나 승화시켜 버린다. 또 거기서는 도취적 양의성이 표현의 본래적 일의성을 풍성하게 만들어 버린다. 기도가 의식과 예배가 되고 말 듯, 대화는 주문이 되고 만다. 대화 상대자들은 자신들 밖에서 시작된 드라마 속의 한 역할을 수행하는 자신을 발견하게 된다. 반면에 대면 속에는 윤리적 관계와 언어의 이성적 특성이 놓여 있다. 어떤 두려움도 어떤 전율도 관계의 올곧음을 변화시킬 수 없다. 관계의 올곧음은 관계의 불연속성을 보존하며 융합을 거부한다. 관계의 올곧음 속에서 응답은 질문을 기피할 수 없다. 언어는 시적 활동과 대립한다. 시적 활동에서는 갖은 영향들이 부지불식간에, 그렇지만 의식적인 이 활동으로부터 생겨나, 하나의 리듬으로서 이 활동을 감싸고 현혹한다. 또 시적 활동 속에서 행동은 자신이 낳은 작품 자체에 의해 지탱되며, 예술가는 니체의 표현에 따르자면 디오니소스적인 방식으로 예술의 작품이 된다. 반면에 언어는 매 순간 리듬의 매력을 깨뜨리며, 주도권이 하나의 역할이 되고 마는 것을 막는다. 대화는 파열이자 시작始作이다. 대화는 대화자들을 도취시키고 앗아 가는 리듬의 파열이며, 그런 의미에서 산문이다.

절대적으로 다른 타자가 스스로를 현시하는 얼굴은 동일자를 부정하지 않으며, 억견이나 권위, 또는 마술과 같은 초자연적인 것이 그렇게 하듯 동일자에게 폭력을 행사하지도 않는다. 얼굴은 맞아들이는 자에 상응하는 것으로 남는다. 얼굴은 지상에 남는 것이다. 이런 현시가 진정한 비-폭력이다. 왜냐하면 얼굴의 현시는 나의 자유에 상처를 입히는 대신, 나의 자유에 책임을 요구하고 나의 자유를 수립하기 때문이다. 그럼에도 불구하고 비-폭력으로서의 얼굴의 현시는 동일자와 타자의 복수성을 유지한다. 얼굴의 현시는 평화다. 동일자와 경계선을 갖지 않는 절대적으로 다른 타자와 맺는 관계는 전체성 속의 동일자를 괴롭히는 알레르기에, 헤겔의 변증법이 의존하고 있는 바로 그 알레르기에 노출되지 않는다. 타자는 이성을 변증법적 운동으로 던져 버리는, 이성에 대한 스캔들이 아니라, 이성적인 최초의 가르침이자 모든 가르침의 조건이다. 이른바 타자성의 스캔들이란 동일자의 평온한 정체성과 그 자신을 확신하는 자유를 전제한다. 그런 자유는 망설임 없이 행해지며, 낯선 자는 그 같은 자유에 거북함과 제한을 가져다줄 따름이다. 모든 관여로부터 해방된 결점 없는 이 동일성은 자아 속에서 독립적이지만, 그럼에도 불구하고 자신의 평온함을 잃어버릴 수 있다. 타자가 그 동일성과 같은 평면에 출현하여 부딪히는 대신 그 동일성에 말을 거는 경우, 다시 말해 타자가 표현과 얼굴 속에서 자신을 내보이고 높이로부터 오는 경우에 말이다. 그래서 자유는 저항에 부딪힌 것으로서가 아니라, 자의적이고 죄를 범했으며 부끄러운 것으로서 제지된다. 그러나 자유는 자신의 유죄성 속에서 책임으로 고양된다. 우연성, 즉 비합리적인 것이 자유에 나타나는 것은 자유 밖의 타자에서가 아니라 자유 안에서다. 우연성을 구성하는 것은 타자에 의한 제한이 아니다. 그 자체로 정당화되지 않는 에고이즘이 우연성을 이룬다. 초월과 맺는 관계인 타인과의 관계——자신의 내재적 운명이 지닌 난폭한 자발성을 문제 삼는 타인과의 관계——는 내 안에 있지 않던 것을 내 안에 도입한다. 그러나 내 자유에 가해지는 이 '행동'이 바로 폭력과 우연성을 끝장내며, 이런 의미에서 또한 이성을 수립한다. 어떤 내용을 한 정신에서 다른 정신으로 옮기는 일이 폭력 없이 이루어지려면 선생이 가르치는 진리가 애당초 학생 안에 있어야 한다고 주장하는 것은, 산파술을 그 정당한 사용 너머로 외삽外揷하는 것이다. 내 안에 있는 무한 관념―이것은 용기容器를 넘쳐흐르는 내용을 함축하는데―은 합리주의와 단절하지 않은 채 산파술의 선입견과 단절한다. 무한 관념은 정신을 침해하기는커녕 비폭력 자체를 조건 짓기 때문이다. 다시 말해, 윤리를 세우기 때문이다. 이성에게 타자는 변증법적 운동 속으로 이성을 던져 버리는 스캔들이 아니라 최초의 가르침이다. 무한 관념을 받아들이는―자기로부터 도출할 수 없기에 받아들이는―존재는 산파술이 아닌 방식으로 가르침을 받는 존재다. 그 자신의 실존함 자체가 가르침을 이렇게 끊임없이 받아들이는 데서, 자기를 끊임없이 넘쳐흐르는 데서 (즉 시간에서) 성립하는 존재다. 생각한다는 것은 무한 관념을 갖는다는 것 또는 가르침을 받는다는 것이다. 이성적 사유는 이런 가르침을 지시한다. 우리가 정의定義에서 출발하는 논리적 사유의 형식적 구조만을 다루는 경우에조차 무한은―개념들은 이 무한과 관련하여 자신을 경계 짓는데―막상 정의될 수 없을 것이다. 결국 무한은 새로운 구조의 '앎'으로 귀착한다. 우리는 이 앎을 얼굴과 맺는 관계로 확정하고자 하며, 이 관계의 윤리적 본질을 보여 주고자 한다. 얼굴은 데카르트의 합리주의를 뒷받침했던 신적 진리성처럼 명증을 가능케 하는 명증이다.

4. 대화는 의미 작용을 수립한다

언어는 이렇게 이성적 사유의 기능을 조건 짓는다. 언어는 이성적 사유가 존재 안에서 시작하게 해주며, 말하는 자, 즉 자신의 고유한 이미지와 그 언어적 기호들의 모호함을 끊임없이 해체함으로써 스스로를 현시하는 자의 얼굴 안에 의미 작용의 최초의 정체성을 제공한다. 언어는 사유를 조건 짓는다. 이것은 자신의 물리적 물질성 속의 언어가 아니라, 타인에 대한 동일자의 태도인 언어다. 이 언어는 타인의 재현으로 환원될 수 없고, 사유의 의도로도 환원될 수 없으며, ~에 대한 의식으로도 환원될 수 없다. 왜냐하면 그것은 어떠한 의식도 포함할 수 없는 것과 관계하기 때문이다. 타인의 무한과 관계하기 때문이다. 언어는 의식의 내부에서 작용하지 않는다. 언어는 타인으로부터 내게 오며, 의식을 문제 삼으면서 의식 속에 반향된다. 이러한 점이 의식으로 환원될 수 없는 사건을 구성한다. 의식에서는 모든 것이 내부로부터 돌출한다. 고통의 낯섦조차 그렇다. 언어를 정신의 태도로 간주하는 것은 언어를 탈육화하는 데로 귀착하지 않는다. 오히려 그것은 언어의 육화된 본질을 정확히 고려하는 데 이르며, 관념론의 초월론적 사유가 지닌 구성적이고 자기중심적인 본성에 대해 언어가 갖는 차이를 고려하는 데 이른다. 대화의 본래성은 구성적 지향성과 관련해, 순수한 의식과 관련해, 내재성의 개념을 파괴한다. 의식 안의 무한 관념은 이 의식을 넘쳐흐른다. 의식의 육화는 더 이상 마비적인 것이 아닌 영혼에게 새로운 능력들을 제공한다. 맞아들임의 능력을, 증여의 능력을, 가득 찬 두 손의 능력을, 환대의 능력을 제공한다. 그러나 육화가 성취한 존재론적 구조를 가리키지 않은 채 이 육화를 언어의 최초 사태로 간주할 경우, 언어는 활동과 동일시되고 말 것이다. 즉 사유를 신체성으로 연장하고 **나는 생각한다**를 나는 할 수 있다로 연장하는 것과 동일시되고 말 것이다. 이런 식의 생각이 현대 철학의 한 부분을 지배하는 고유한 신체 또는 육화된 사유라는 범주의 전형으로 이용되었음은 분명하다. 우리가 그 중요성을 과소평가할 수 없을 언어의 그 모든 실천적 측면에도 불구하고, 이 책이 제시하는 테제는 언어와 활동, 표현과 노동을 근본적으로 분리하는 데서 성립한다.

이성의 출현 가운데 나타나는 대화의 근본적 기능은 아주 최근까지 잘못 알려졌다. 말의 기능은 이성에 대한 의존 속에서 이해되어 왔다. 말은 사유를 반영한다고 말이다. 말에서 다른 기능을 찾은 것은 유명론이 최초였다. 말을 이성의 **도구**로 본 것이다. 사유된 내용을 의미하기보다 사유 가능하지-않은 것을 상징하는 단어의 상징적 기능——이러한 상징성은 의식적이고 직관적인 일정 수의 소여들과의 연합이 되었다. 자족적이고 사유를 요구하지 않는 연합에 이르게 되었다. 사유는 일반적 대상을 향하지 못하는 반면 언어는 일반적 대상을 지시하는 것처럼 보였는데, 이론은 사유와 언어의 이러한 틈을 설명하는 것 이외의 목표를 갖지 않았다. 후설의 비판은 단어를 이성에 완전히 복종시키는 가운데 이러한 틈의 명백한 특성을 보여 주었다. 단어는 창窓이다. 만일 단어가 막幕을 이룬다면, 그것은 거부되어야 한다. 하이데거에게서 후설의 세계어mot espérantiste는 역사적 실재의 색채와 무게를 지닌다. 그러나 그것은 이해 과정에 결부된 것으로 남는다.

언어주의에 대한 불신 탓에 이성적 사유는 표현의 온갖 **작동**과 관련하여 이론의 여지가 없는 우위에 이른다. 그 작동들은 기호들의 체계 격인 랑그langue에 사유를 끼워 넣거나 아니면 이 기호들의 선택을 주관하는 한 언어에 사유를 연결시킨다. 언어 철학의 현대적 탐구들을 통해 우리는 사유와 말이 깊이 연대하고 있다는 발상에 친숙해졌다. 그 가운데서도 메를로-퐁티는 (말을 말하기 전에 말을 사유한다는) 탈육화된 사유와, 말의 세계를 구성한다는 사유, 언제나 초월론적인 작동 속에서 이미 의미 작용들로 구성된 세계에 말을 덧붙인다는 사유가 일종의 신화라는 점을 특히, 누구보다도 잘 보여 주었다. 사유는 이미 기호들의 체계로, 한 민족이나 문명의 랑그로 마름질되어, 이 작동 자체의 의미 작용을 받아들이는 데서 성립한다. 사유가 제멋대로 진행되는 것은 사유가 이전의 재현이나 이 의미 작용들로부터 또는 분절되어야 할 어구들로부터 출발하지 않는 한에서다. 그러한 사유는 따라서 신체의 '나는 할 수 있다' 속에서 작동하는 셈이다. 사유는 거기서, 그러니까 이 신체를 자신에게 재현하거나 구성함에 앞서서 작동한다. 의미 작용은 의미 작용을 사유했던 사유 자체를 잡아채는 것이다.

그러나 언어가, 기호들의 체계로의 의뢰가 왜 사유에 필수적인가? 대상은—지각된 대상조차도—의미 작용을 하기 위해 왜 이름이 필요한가? 의미를 갖는다는 것은 무엇인가? 이 육화된 언어로부터 얻어진 의미 작용이 이 모든 개념 작용 속에서 '지향적 대상'으로 남아 있지 않는 것은 아니다. 구성적 의식의 구조는 말하거나 쓰는 신체의 매개를 거친 이후에 자신의 모든 권리를 되찾는다. 재현에 대한 의미 작용의 잉여는 스스로를 현시하는 새로운—구성적 지향성과 관련해 새로운—방식 속에 있지 않은가? '신체의 지향성'에 대한 분석이 그 비밀을 고갈시키지 못하는 그런 방식 속에 있지 않은가? 기호의 매개가 의미 작용을 구성하는 것은, 그것이 대상적이고 정태적인 재현 속에 상징적 관계의 '운동'을 도입하기 때문인가? 그러나 이 경우 언어는 우리를 '사물들 그 자체'로부터 떼어 놓는다는 새로운 의심을 받게 될 것이다.

긍정해야 할 것은 그 반대다. 기호의 매개가 의미 작용을 형성하는 것이 아니라, 의미 작용이 기호의 기능을 가능케 한다(의미 작용의 원초적 사건이 대면이다). 언어의 원초적 본질은, 나와 타자들에게 그 본질을 탈은폐해 주고 언어에 의지하여 사유를 세우는 신체적 작동 속에서가 아니라 의미의 현시 속에서 추구되어야 한다. 그렇다고 해서 대상들을 구성하는 초월론적 의식으로 되돌아가는 것은 아니다. 우리가 방금 환기한 언어 이론은 정당한 엄격함으로 이러한 초월론적 의식에 반대한다. 왜냐하면 의미 작용들은 이론에, 즉 초월론적 의식의 구성적 자유에 현시되지 않기 때문이다. **의미 작용의 존재는 구성적 자유 자체를 윤리적인 관계 속에서 문제 삼는 데서 성립한다.** 의미란 타인의 얼굴이며, 단어에 대한 모든 의뢰는 이미 언어의 원초적 대면 내부에서 일어난다. 단어에 대한 모든 의뢰는 최초의 의미 작용을 하는 지성을 전제한다. 그러나 이 지성은─'~에 대한 의식'으로 해석되기에 앞서─사회성이고 의무다. 의미 작용, 그것은 무한이다. 하지만 무한은 초월론적 사유에 현시되지 않으며, 의미 있는 활동에 현시되지도 않는다. 무한은 타인에게서 현시된다. 타인은 나와 마주하며 나를 의문시하고 무한이라는 그의 본질로 내게 **의무를 지운다.** 우리가 의미 작용이라고 부르는 이 '어떤 것'은 존재 속에서 언어와 더불어 출현한다. 언어의 본질이 타인과의 관계이기 때문이다. 이러한 관계는 우체통에 넣도록 만들어진 대상에 주소가 덧붙여지는 것과 같은 방식으로 내적 독백에 덧붙여지는 것이 아니다. 그 내적 독백이 메를로-퐁

티의 '신체적 지향성'에 해당하는 것이라 해도 마찬가지다. 얼굴에 나타나는 존재를 맞아들임, 사회성의 윤리적 사건, 이것은 이미 내적 대화를 명령한다. 그리고 얼굴로서 생산되는 에피파니는 다른 모든 존재들처럼 구성되는 것이 아니다. 그 이유는 다름 아니라 그것이 무한을 '계시하기' 때문이다. 의미 작용, 그것은 무한, 즉 타인이다. 이해 가능한 것은 개념이 아니라 지성이다. 의미 작용은 **의미 부여**Sinngebung에 선행한다. 의미 작용은 관념론을 정당화하는 대신, 그것의 한계를 지시한다.

어떤 점에서 의미 작용과 지각의 관계는 상징과 상징화된 대상의 관계와 같다. 상징은 의식에 주어진 소여가 그 소여가 상징하는 존재와 합치하지 않음을 가리킨다. 즉, 상징은 자신에게 결여된 존재—이 존재가 알려지는 것은 정확히 그것의 부재가 체험되는 속에서다—를 욕구하고 갈망하는 의식을 가리킨다. 그러므로 상징은 행위를 압박하는 능력을 지시한다. 의미 작용은 그러한 상징과 닮아 있다. 겨누어진 존재에 의해, 겨누는 의도가 넘쳐흐르는 것과 같다. 그러나 여기서는 무한의 고갈될 수 없는 잉여가 의식의 현실l'actuel을 넘쳐흐른다. 무한의 이 같은 흘러넘침, 즉 얼굴은 의식의 용어나 빛과 감각적인 것을 지시하는 메타포로는 더 이상 말해질 수 없다. 얼굴을 맞아들이는 의식을 문제 삼는 것이 바로 얼굴의 윤리적 요구다. 의무의 의식은 더 이상 의식이 아니다. 왜냐하면 그것은 의식을 타인에게 복종시키는 가운데 자신의 중심에서부터 떼어 내기 때문이다.

만일 대면이 언어에 근거를 준다면, 만일 얼굴이 최초의 의미 작용을 가져오고 의미 작용 자체를 존재 속에 수립한다면, 언어는 단지 이성에 봉사하는 것이 아니라 그 자체가 이성이다. 비인격적 적법성이라는 의미에서의 이성은 대화를 고려하도록 허용하지 않는다. 그런 이성은 대화 상대자들의 복수성을 흡수해 버리기 때문이다. 그런 이성은 유일한 것이어서 다른 이성에게 말을 할 수 없다. 개별적 의식에 내재하는 이성은 분명 자연주의적 방식에 따라, 이 의식의 본성을 규제하는 법들의 체계로 생각될 수 있다. 의식은 모든 자연적 존재들이 그렇듯 개별화되지만, 더욱이 자기-자신으로 개별화된다. 그래서 의식들 간의 일치는 동일한 방식으로 구성된 존재들 간의 유사성으로 설명될 것이며, 언어는 하나의 의식에서 다른 의식으로 유사한 사유들이 깨어나게 하는 기호들의 체계로 환원될 것이다. 그러므로 우리는 보편적 질서에 개방적이며 자연주의 심리학의 모든 위험들을 무릅쓰는 이성적 사유의 지향성을 무시할 필요가 있다. 자연주의 심리학에 맞선 『논리 연구』 1권의 논증들은 여전히 타당하다.

사람들은 이런 귀결 앞에서 후퇴하여 '현상'에 다시 순응하기 위해, 이성을 존재 안에서 실현되는 이념적 질서의 내적 정합성이라 부를 수 있다. 개별적 의식 속에서 습득되거나 확립되는 이 이념적 질서는, 그 개별적 의식이 개체와 자기성이라는 자신의 특수성을 단념하고 절대적 주체라는 자신의 역할을 '나는 생각한다'를 통해 영구적으로 실행하는 본체적 영역으로 물러나든가, 처음에는 자신이 간취하거나 구성하는 것처럼 보인 국가의 보편적 질서로 흡수되어 버리는 데 따라 존재 안에서 실현된다. 이 두 경우에 언어는 이성에 근본적으로 적대적인 개별적 의식의 자기성을 해소하는 역할을 하는 셈이다. 즉, 개별적 의식을 더 이상 말하지 않는 '나는 생각한다'로 변형시키든가, 아니면 언어의 고유한 대화 속으로 개별적 의식이 사라지게 하든가 해서 말이다. 이 대화 속에서 국가로 편입된 그것[3]은 자아로 남는 대신, 즉 역사를 심판하는 대신, 역사의 심판을 감내할 수밖에 없을 것이다.

그러한 합리주의에는 이제 어떠한 사회성도 존재하지 않는다. 다시 말해, 그 관계의 항들이 관계로부터 풀려나는 그런 관계가 더 이상 존재하지 않는다.

헤겔주의자들은 비인격적 법 앞에서 개체가 느끼는 폭정에 대한 의식을 인간의 동물성 탓으로 돌릴 수 있을 것이다. 그러나 헤겔주의자들은 이성적 동물이란 것이 어떻게 가능한지, 자기 자신의 특수성이 어떻게 관념의 단순한 보편성에 의해 영향을 받을 수 있는지, 에고이즘을 어떻게 단념할 수 있는지 이해시킬 필요가 있지 않을까?

반대로 만일 이성이 언어 속에 산다면, 만일 대면의 맞섬 속에 최초의 합리성이 빛난다면, 만일 최초의 이해 가능한 것, 최초의 의미 작용이 얼굴 안에서 자신을 현시하는(즉 내게 말을 거는) 지성의 무한이라면, 만일 의미 작용이 이성의 비인격적 구조에 의해 정의되는 것이 아니라 이성이 의미 작용에 의해 정의되는 것이라면, 만일 사회성이 이런 비인격적 구조들의 출현에 앞선다면, 만일 보편성이 나를 응시하는 눈 속에서 인간성의 현전으로 군림한다면, 만일 그래서 결국 사람들이 이 시선에 의해 내 책임이 소환되고 내 자유가 책임과 자기 증

---

3) 이 '그것'(il)은 문법상 성(性)의 불일치에도 불구하고 맥락상 개별적 의식(la conscience individuelle)을 가리켜야 할 것으로 보인다. ——옮긴이

여로서 바쳐진다는 점을 환기한다면, 사회의 다원성은 이성의 고양 속에서 사라지지 않을 것이다. 사회의 다원성이 이성의 조건이 될 것이다. 이성이 수립하게 될 것은 내 안의 비인격적인 것이 아니라, 사회를 가능케 하는 차이-자체이다. 이 자아는 향유 속에서 분리된 자로 출현한다. 하지만 그의 분리는 무한이 **존재**할 수 있기 위해 그 자체로 필수적이었다. 그리고 무한의 무한함은 '마주함'으로 성취된다.

5. 언어와 객관성

의미 있는 세계는 **타인**이 있는 세계다. 타인으로 인해, 내가 향유하는 세계는 의미 작용을 하는 주제가 된다. 사물들은 합리적 의미 작용을 얻지만, 그것은 단지 단순한 사용으로부터 얻는 것은 아니다. 내가 사물들과 맺는 관계에는 타자가 연결되어 있기 때문이다. 사물을 가리키는 경우, 나는 그것을 타인에게 가리킨다. 가리키는 행위는 내가 사물들과 맺는 향유 및 소유의 관계를 수정하며, 사물들을 타인의 전망 속에 놓는다. 그러므로 기호를 사용하는 일은 사물들과의 직접적 관계를 비직접적 관계로 대체한다는 사태에 한정되지 않는다. 그것은 사물들을 제공 가능한 것으로 만들며, 사물들을 나의 사용에서 떼어 내고 양도하여 외재적인 것이 되게 한다. 사물을 가리키는 단어는 사물들이 나와 타자들 사이에 공유된다는 점을 입증한다. 대상의 객관성은 사용과 향유의 중지 —여기서 나는 사물들을 소유하지만 떠맡지는 않는데 —에서 도출되지 않는다. 그 객관성은 소유를 문제 삼게 하는 언어의 결과로 생겨난다. 이러한 구출^{dégagement}은 사물이 타자의 영역으로 들어간다는 긍정적 의미를 갖는다. 사물은 주제가 된다. 주제화한다는 것, 그것은 말을 통해 타인에게 세계를 제공하는 것이다. 따라서 대상에 대한 '거리'는 이렇게 하여 대상의 공간적 의미 작용을 넘어선다.

　　이 객관성은 상관적임이 드러난다. 고립된 주체에 있는 어떤 특징과 상관적이 아니라 타인과 맺는 주체의 관계와 상관적이다. 객관화는 언어의 작업 자체에서 생산되는데, 거기서 주체는 소유된 사물들로부터 떼어 내진다. 마치 주체가 자기 자신의 실존 위를 떠도는 듯한, 주체가 그 실존에서 떼어 내진 듯한, 주체가 실존한다는 실존이 아직 완전히 자기 자신의 실존에 도달하지 못한 듯한 꼴이다. 이것은 세계에 대한 모든 거리보다 더 근본적인 거리다. 주체는 자기의 고유한 존재로부터 '거리를 두고' 있는 자신을 발견해야 한다. 주체가 여전히 존재 속에 있게 하는 집으로부터도 거리를 취해야 한다. 왜냐하면 부정은 그것이 세계의 전체성을 향할 때도 전체성에 내적인 것으로 남기 때문이다. 객관적 거리가 깊어지기 위해서는, 주체가 존재 속에 있으면서도 존재 속에 있지 않아야 한다. 어떤 의미로 주체는 아직 태어나지 않았어야 하며, 자연 속에 있지 않아야 한다. 객관성을 갖춘 주체가 아직 완전히 **존재하지 않는** 것이라 할 때 이 '아직 아님', 즉 행위와 관련한 이 역량의 상태가 가리키는 것은 존재보다 못한 것이 아니라 시간이다. 대상에 대한 의식 ─ 주제화 ─ 은 자기에 대한 거리에 의거하는데, 자기에 대한 이 거리는 시간 이외의 것일 수 없다. 또는 시간은 자기의식에 의거한다고 해도 좋다. 우리가 자기의식 속에서 '자기에 대한 자기의 거리'를 '시간'으로 인식한다는 조건하에서 말이다.

오직 시간만이 '아직 아님'을 가리킬 수 있다. 그렇지만 이 '아직 아님'은 어떤 '모자란 존재'가 아니다. 시간은 오직 무한의 고갈될 수 없는 미래로서만, 즉 언어의 관계 자체 속에서 생산되는 것으로서만, 존재로부터 또 죽음으로부터 동시에 멀어질 수 있다. 주체는 자신이 소유한 것을 타자에게 가리키면서, 즉 말하면서 자신의 실존 위를 떠돈다. 그러나 주체가 이러한 박탈이 요구하는 자기에 대한 자유를 획득하는 것은 타자의 무한을 맞아들임으로부터다. 주체는 결국 자유를——결여나 제한에서가 아니라 무한 관념의 잉여에서 비롯하는——욕망으로부터 얻는다.

언어는 대상들의 객관성과 그것들의 주제화를 가능케 한다. 이미 후설은 사유의 객관성이 모든 사람들에게 유효하다는 사실에서 성립한다고 주장했다. 그러므로 객관적으로 안다는 것은, 타자들의 사유에 대한 참조를 이미 포함하는 방식으로 내 사유를 구성한다는 뜻이 될 것이다. 그러니까 내가 소통하는 것은 이미 타자들의 함수로 구성된다. 말을 함으로써 나는 내게 객관적인 것을 타인에게 전하는 것이 아니다. 객관적인 것은 오직 소통을 통해서만 객관적이 된다. 그러나 후설에게서 이런 소통을 가능케 하는 타인은 무엇보다 모나드적인 사유를 위해 구성된다. 객관성의 기초는 순수하게 주관적 과정 속에서 구성된다. 이렇듯 타인으로부터 절대적으로 독립적인 방식으로 정립되는 코기토에서 철학을 시작한다면——이런 시작은 데카르트와 반대되는 것인데——피할 수 없는 난점이 있다. 우리는 타인과의 관계를 윤리로 정립함으로써 이런 난점을 극복해 낸다.

실제로 데카르트의 코기토는 「제3성찰」의 끝부분에서 나타나는 데, 이 코기토는 무한으로서의 신적 실존의 확실성에 입각해 있다. 코기토의 유한함 또는 의심이 제기되고 생각되는 것은 이 확실성과 관련해서다. 이런 유한함은, 현대인들이 그렇게 하듯 무한에 기대지 않고, 이를테면 주체의 필멸성에서부터 출발해서 규정될 수는 없을 것이다. 데카르트적 주체는 그 자신에 외재적 관점을 자기에게 부과하고, 거기서부터 자기를 포착해 낼 수 있었다. 첫 번째 과정에서 데카르트가 자기에 대한 의심할 수 없는 의식을 자기를 통해 얻는다면, 두 번째 과정 ─ 반성에 대한 반성 ─에서는 이 확실성의 조건들을 알아차린다. 이런 확실성은 코기토의 명석판명함에서 유래한다. 그러나 확실성 그 자체가 추구되는 것은 이 유한한 사유에 무한이 현전하기 때문이다. 유한한 사유는 이 현전이 없다면 자신의 유한함을 알지 못할 것이다. "…… 유한한 실체보다 무한한 실체 속에 더 많은 실재가 있다는 것은 명확하다. 유한자인 내가 나 자신을 알기 전에 무한에 대한 생각이 내게 이미 주어져 있었음에 틀림없다. 그렇지 않다면 내가 회의하고 욕망한다는 사실을 어떻게 알 수 있는가. 다시 말해, 나보다 더 완벽한 존재자의 관념이 내 속에 있고, 그와 나를 비교하여 내 본성의 부족함을 알 수 있는 그런 관념이 이미 내 속에 존재하고 있지 않았다면, 내게 본성상 결여된 어떤 것이 있다는 것을, 그리고 내가 완전하지 않다는 사실을 내가 어떻게 알 수 있는가?"(ed. Paul Tannery, *Œuvres de Descartes*, vol. VII, pp. 45~46).[4]

무한 속에서의 사유의 자리 ─ 무한이 그것을 창조했고 거기에

---

4) 레비나스는 라틴어 원문을 인용하고 있다. ─옮긴이

무한 관념을 주었는데 ──가 추론이나 직관에 의해 발견되는가? 추론이나 직관은 주제들만 정립할 수 있다. 무한은 주제화될 수 없을 것이다. 추론과 직관 사이의 구별은 무한에 접근하는 데 적합하지 않다. 무한은 유한에 현전하면서도 유한 외부에 현전하는 이중 구조 속에 있다. 이런 무한과의 관계는 이론에 낯설지 않은가? 우리는 거기서 윤리적 관계를 보았다. 후설이 코기토에서 자기 외부에 어떠한 버팀목도 없는 주관성을 본다고 할 때, 그런 코기토는 무한 관념 그 자체를 구성하며 무한 관념을 스스로에게 대상으로 주게 된다. 데카르트에게서는 무한의 비-구성이 문을 열어 놓는다. 유한한 코기토가 신의 무한을 참조하는 것은 신에 대한 단순한 주제화로 성립하는 것이 아니다. 나는 나 스스로 모든 대상을 헤아리고 포함한다. 무한 관념은 내게 대상이 아니다. 존재론적 논증은 이러한 '대상'을 존재로, 내 고려에서 독립된 것으로 바꾼다. 신, 그것은 타자다. 만일 사유함이 대상을 지시하는 데서 성립한다면, 무한에 대한 사유는 사유가 아님을 믿어야 한다. 무한에 대한 사유가 긍정적으로 의미하는 것은 무엇인가? 데카르트는 그런 질문을 제기하지 않는다. 어떻든 분명한 것은 무한에 대한 직관이 합리주의적 의미를 간직한다는 점, 그리고 그런 직관은 결코 내적 감정을 가로지르는 신의 침입이 되지 않을 것이라는 점이다. 데카르트는 ──그는 관념론자나 실재론자보다 더 나은데 ──내면성으로 환원될 수 없는, 그렇지만 내면성에 폭력을 행사하지도 않는 전적인 타자성과의 관계를 발견한다. 그것은 수동성 없는 수용성이며, 자유들 간의 관계다.

「제3성찰」의 마지막 단락은 우리를 무한과의 관계로 데려간다.

무한과의 관계는 사유를 가로지르고 사유를 넘쳐나서 인격적 관계가 된다. 관조는 찬양, 숭배 그리고 즐거움으로 변한다. 이제 문제가 되는 것은 여전히 알려지고 주제화되는 '무한한 대상'이 아니라, 위엄majesté 이다. "여기서 잠깐 머물러 신 자체를 관조하고, 그 속성들을 조용히 헤아려 보고, 이 찬란한 빛의 아름다움을, 거기에 눈이 부신 내 정신 이 견딜 수 있는 데까지 응시하고, 찬양하고, 숭배하는 것이 옳다고 생 각한다. 왜냐하면, 신의 위엄에 대한 이 관조 속에만 내세의 더할 나위 없는 정복淨福이 있음을 우리는 신앙에 의하여 믿는 터이지만, 또한 그 와 같이 지금도 이와 같은 관조에 의하여, 물론 비교가 안 될 만큼 덜 완전한 것이긴 하나, 이 세상에서 우리가 얻을 수 있는 가장 큰 만족을 누릴 수 있음을 우리는 경험하기 때문이다."[5]

이 단락이 우리에게 보여 주는 것은 문체의 장식이나 종교에 대한 신중한 경의가 아니다. 앎에 의해 인도되는 무한 관념이 얼굴로서 다가오는 위엄으로 이렇게 바뀌었다는 점이 표현되고 있는 것이다.

6. 타인과 타자들

얼굴의 현시 ―표현―는 이전에는 닫혀 있던 내적 세계를 탈은폐하 여 이해하거나 포착해야 할 새로운 영역을 덧붙이는 것이 아니다. 얼 굴의 현시는 오히려 말이 이미 우리 속에 공통적으로 놓는 주어진 것 위로 나를 부른다. 우리가 준 것, 우리가 포착한 것은 현상으로 환원된

---

5) 레비나스는 라틴어 원문을 인용하고 있다. ―옮긴이

다. 현상은 발견되고 포획에 제공되며, 소유 안에서 중지되는 실존을 이어 간다. 반대로 얼굴의 현시는 나를 존재와의 관계 속에 둔다. 현상성으로 환원될 수 없고 실재 없는 실재로 이해되는 이 **존재의 실존함**은, 연기할 수 없는 긴급함 속에서, 응답을 요구하는 긴급함 속에서 실현된다. 이 응답은 주어진 것이 일으키는 '반응'과 다르다. 반응이란 그때 내가 사물에 관련해 취하는 자세가 그렇듯, '우리 사이에' 남아 있을 수 없기 때문이다. 여기 '우리 사이에서' 일어나는 모든 것은 모든 사람을 응시하며, 모두를 응시하는 이 얼굴은 공적 질서의 충만한 빛 속에 놓인다. 설령 내가 대화 상대자와 사적 관계를 또 은밀함을 공모하는 가운데 공적 질서로부터 스스로를 분리시킨다 해도 그렇다.

얼굴의 현전으로서의 언어는 선호된 존재와 공모함을 야기하지 않으며, 보편적인 것을 잊은 자기 충족적 '나-너' 관계를 불러들이지 않는다. 언어는 그 솔직함 가운데서 사랑의 은밀함을 거부한다. 그런 은밀함 속에서 언어는 자신의 솔직함과 의미를 잃어버리고 웃음이나 달콤한 속삭임으로 변한다. 제삼자는 타인의 눈 속에서 나를 응시한다. 언어는 정의正義다. 먼저 얼굴이 있고 그 뒤에 얼굴이 표현하거나 현현케 하는 존재가 정의를 염려하게 되는 것이 아니다. 얼굴로서의 얼굴의 에피파니가 인류humanité를 연다. 얼굴은 얼굴의 벌거벗음 속에서 가난한 이와 낯선 이의 궁핍을 내게 제시한다. 내 능력에 호소하는 이 가난과 추방은 나를 겨눈다. 그러나 그것들은 내 능력에 스스로를 주어진 것으로서 내맡기지 않고, 얼굴의 표현으로 남는다. 가난한 이, 낯선 이는 평등한 자로서 제시된다. 이 본질적 가난 속에서 그의 평등성은 **제삼자**를 지시하는 데서 성립한다. 이렇듯 제삼자는 우연한 만남에 현전하며, 타인은 그의 비참함 가운데서 제삼자에게 이미 봉사하고 있다. 그는 나와 **결합**한다. 그러나 그는 봉사하기 위해 나를 그와 결합시키며, 스승으로서 내게 명령한다. 이 명령은 내가 나 스스로 스승인 한에서만 내게 관련되는 명령이고, 결국 내게 명령하라고 명령하는 명령이다. 너는 **우리** 앞에 자리 잡는다. **우리**가 된다는 것, 그것은 공동의 일을 놓고 서로 '떼밀거나' 보조를 맞추는 것이 아니다. 얼굴의 현전 ─ 타자의 무한 ─ 은 궁핍이며, 제삼자(다시 말해, 우리를 응시하는 모든 인류)의 현전이고, 명령하도록 명령하는 명령이다. 이런 이유로, 타인과의 관계 또는 대화는 나의 자유를 의문시하는 것이자, 내게 책임을 요구하는 타자에게서 오는 부름이며, 객관적이고 공통적인 세계를 진술함으로써 나를 에워싸는 소유를 벗어던지게 하는 말이다. 또한 그것은 설교이고 권고이며 예언적 말이기도 하다. 예언적 말은 본질적으로 얼굴의 에피파니에 응답하고, 모든 대화를 배가시킨다. 도덕적 주제들에 대한 대화로서가 아니라, 본질적으로 얼굴의 에피파니에 의해 일어나는 대화의 환원 불가능한 계기로서 그렇게 한다. 얼굴은 나를 응시하는 눈을 통해 제삼자와 인류 전체의 현전을 입증한다. 모든 사회적 관계는 분로分路처럼, 이미지나 기호의 어떤 매개도 없이 얼굴의 표현만을 통해 동일자에 대한 타자의 현시로 거슬러 올라간다. 사회를 유사한 개체들을 병합시키는 유와 비슷한 것으로 놓는다면, 사회의 본질을 놓치고 만다. 물론 생물학적 유로서의 인간의 유는 실존한다. 사람들은 전체로서의 세계 속에서 실행할 수 있는 공통의 기능 덕택에 자기들에게 공통의 개념을 사용할 수 있다. 그러나 언어 ─ 여기서 대화 상대자들은 절대적으로 분리된 채로 남는

데 ─ 에 의해 수립되는 인간의 공통성은 유의 통일을 구성하지 않는다. 그 공통성은 인간들의 친족관계^{parenté}라고 말해진다. 모든 인간이 형제라는 사실은 그들이 가진 유사성에 의해서도, 공통의 원인에 의해서도 설명되지 않는다. 인간이 공통의 원인에 의해 설명된다면, 그들은 자신에게 각인된 동일한 자국을 지시하는 메달처럼, 공통된 원인의 결과가 되고 말 것이다. 개인들은 인과성에 신비스러운 방식으로 참여할 수 있을 것이고, 인과성은 마찬가지로 신비스러운 결과를 통해 연대 현상을 규정할 수 있을 것이다. 그러나 아버지됨^{paternité}은 이런 인과성으로 환원되지 않는다.

절대적으로 낯선 자로서 나를 응시하는 얼굴과 마주하는 나의 책임 ─ 얼굴의 에피파니는 이 두 계기와 일치하는데 ─ 이 형제애^{fraternité}의 원초적 사태를 구성한다. 아버지됨은 인과성이 아니다. 그것은 아버지의 단일성과 일치하고 또 일치하지 않는 어떤 단일성의 수립이다.[6) 이 불-일치는 구체적으로 형제라는 나의 처지에서 성립하며, 내 곁에 다른 단일성들을 함축한다. 그래서 나로서의 나의 단일성은 존재의 충족성과 나의 부분성을, 즉 얼굴로서의 타자와 마주하고 있는 나의 처지를 한꺼번에 보여 준다. 이러한 얼굴의 맞아들임(맞아들임은 이미 얼굴에 대한 나의 책임이며, 그 결과 맞아들임 속에서 얼굴은 높이의 차원으로부터 내게 다가오고 나를 지배하는데) 속에서 평등함이 수립된다. 다시 말해 평등함은 타자가 동일자에게 명령하고 책임 속에서 그에게 스스로를 계시하는 그곳에서 생산된다. 그렇지 않다면

---

6) 뒤의 422쪽을 보라.

평등함은 추상적 관념이나 단어에 불과할 것이다. 우리는 평등함을 얼굴의 맞아들임으로부터 떼어 놓을 수 없다. 평등함은 얼굴의 한 계기다.

인간적인 것의 지위는 형제애를, 또 인간 유라는 발상을 함축한다. 형제애는 유사성에 의해 병합된 인류 개념과 근본적으로 대립된다. 데우칼리온이 등 뒤로 던진 돌들에서 나와 에고이즘의 싸움 끝에 하나의 인간 도시에 이른 잡다한 가족의 다수성 개념과 근본적으로 대립된다. 인간의 형제애는 이렇듯 이중의 면을 지닌다. 형제애는 그 논리적 지위가 유 안에 있는 궁극적 차이들의 지위로 환원되는 않는 개체성들을 함축한다. 그들의 독특성은 저마다 자기 자신을 지시하는 데서 성립한다(다른 개체와 공통의 유를 가지고 있는 개체는 이것과 더없이 거리가 멀다). 다른 한편으로 인간의 형제애는, 마치 유의 공통성은 충분히 가깝지 않다는 듯이, 아버지의 공통성을 함축한다. 올곧음 속에서 얼굴은 나의 맞아들임에 스스로를 현시한다. 사회는 이러한 올곧음, 즉 진정한 근접성에 상응하기 위해 형제애적 공동체가 되어야 한다. 일신론은 이와 같은 인간의 혈연관계를 의미한다. 즉 일신론은 얼굴 속에서, 높이의 차원에서, 자기에 대한 그리고 타인에 대한 책임 속에서 타인의 접근에까지 인간의 종種이 거슬러 올라간다는 생각에 의미를 준다.

7. 개인 간의 비대칭성

세계 너머에서 오지만 인간의 형제애에 나를 개입시키는 얼굴의 현전은 떨리고 두렵게 만드는 신비스러운 본질로 나를 짓누르지 않는다. 관계에서 풀려나면서도 이 관계 속에 있음은 말함으로 귀착한다. 타인은 그의 얼굴 속에서 단지 **출현하지 않는다.** 행동에 복종하고 자유의 지배에 복종하는 하나의 현상으로서 나타나지 않는다. 타인은 자신이 들어가는 바로 그 관계로부터 무한히 멀어진 채, 자신을 단번에 절대적으로 현시한다. 차이는 스스로를 관계로부터 해방시키지만, 절대적으로 분리된 존재와의 관계 속에서 그렇게 한다. 얼굴 속에서 타인은 나를 향한다. 이 얼굴은 얼굴의 재현으로 흡수되지 않는다. 정의를 외치는 얼굴의 비참함을 듣는 것은 어떤 이미지를 자신에게 재현하는 데서 성립하는 것이 아니다. 그것은 스스로를 책임질 수 있는 자로, 얼굴 속에서 스스로를 현시하는 존재 이상의 그리고 그 존재 이하의 자로 동시에 정립하는 데서 성립한다. 이하라고 말하는 이유는, 얼굴이 나의 의무를 요구하고 나를 심판하기 때문이다. 얼굴 속에서 스스로를 현시하는 존재는 높이의 차원, 초월의 차원에서 내게 온다. 거기서 타인은 방해물이나 적과는 다르게 나와 대립하지 않으면서 스스로를 낯선 이로 현시할 수 있다. 이상이라고 말하는 이유는, 나로서의 내 자리가 이러한 타인의 본질적인 비참함에 응답할 수 있는 데서, 내게서 자원들을 발견하는 데서 성립하기 때문이다. 그의 초월성 속에서 나를 지배하는 타인은 또한 낯선 이, 고아 그리고 과부다. 나는 그들에게 의무가 있다.

타인과 나의 이러한 차이들은 한편으로는 '나'에, 다른 한편으로는 타자로서의 타인에 내재해 있을 서로 다른 '속성들'에 의존하는 것이 아니다. 서로 만나게 되는 순간 그들의 정신이 취하게 될 다른 심리 상태에 의존하는 것도 아니다. 그러한 차이들은 나-타인의 상황 conjoncture에서, '자기로부터' '타인'으로 향하는 존재의 불가피한 **방향** 에서 유래한다. 이 방향은 항들에 대해, 즉 이 상황에 자리하고 있으며 또 이 방향 없이는 출현할 수 없는 항들에 대해 우선적이다. 이 방향의 우위가 현재 작업의 테제들을 요약해 준다.

존재는 **먼저 존재**하고 그다음에 분열함으로써 어떤 다양성에 자리 잡게 되는 것이 아니다. 그런 다양성에서는 모든 항들이 자신들 사이에 상호적 관계를 유지할 것이고 그럼으로써 자신들이 유래하는 전체성을 인정하게 될 것이다. 그리고 이와 같은 전체성 속에서는 자기에 대해 실존하는 존재가, 다른 나의 면전에 자리하는 내가 생산되기도 할 것이다(이런 사건들은 그 사건들 바깥에 있는 비인격적 담론에 의해 설명될 수는 있을 것이다). 나로부터 타인을 향하는 이 방향, 그것에 대해 이야기하는 언어조차 이 방향으로부터는 떠나지 못한다. 언어는 자아가 자신의 정체성을 끌어오고 타인이 자신의 타자성을 끌어올 어떤 상관관계 앞에 놓여 있지 않다. 언어의 분리는, 결합이 단순히 분리에 대한 메아리를 이루는 에테르적 공간 속에 있는 두 존재의 현전을 나타내지 않는다. 분리는 우선, **어딘가에서 어떤 것**으로 사는, 즉 향유하는 한 존재의 사태다. 자아의 정체성은 자아의 에고이즘으로부터 자아에게 온다. 이 에고이즘에서 향유는 고립된 자기 충족을 성취하며, 얼굴은 에고이즘에게 무한──이로부터 이 고립된 자기 충족이 분리되는데──을 가르친다. 이 에고이즘은 물론 타자의 무한함에 기초하고 있다. 타자의 무한함은 분리된 존재 안에서 무한 관념으로 생산됨으로써만 성취 가능하다. 확실히 타자는 이런 분리된 존재를 요청한다. 하지만 이러한 요청은 한 상관물을 부르는 것으로 환원되지 않는다. 이 요청은 자기로부터 도출되는 존재, 다시 말해 분리된 채 남아 있는 존재의 한 과정에 자리를 준다. 이 존재는 자신을 야기한 부름 자체에 대해 스스로를 닫을 수 있지만, 또한 무한의 이 얼굴을 에고이즘의 모든 자원들로 맞아들일 수 있다. 즉 경제적으로 맞아들일 수 있다. 말은 동질적이거나 추상적인 환경 속에 세워지는 것이 아니라, 도움과 줌이 필요한 세계 속에 세워진다. 말은 하나의 나를 전제한다. 이 나는 자신의 향유 속에서 분리된 실존이며, 다른 기슭에서 오는 얼굴과 그의 목소리를 빈손으로 맞아들이지 않는 실존이다. 전체화를 거부하지만 형제애와 대화로 나타나는 존재 안의 다수성은 본질적으로 비대칭적인 '공간'에 놓인다.

8. 의지와 이성

대화가 사유를 조건 짓는다. 최초의 이해 가능한 것은 개념이 아니라 지성intelligence이기 때문이다. 이 지성으로부터 얼굴은 '너는 살해할 수 없을 것이다'라고 말하면서 침범할 수 없는 외재성을 진술한다. 대화의 본질은 윤리적이다. 이러한 테제를 진술하면서 우리는 관념론을 거부한다.

관념론적으로 이해 가능한 것은 일관된 이념적 관계들의 체계를 구성한다. 그런 체계를 주체 앞에 제시한다는 것은 주체를 이 질서에 편입시키고 주체를 이 이념적 관계들로 흡수하는 것과 같다. 주체는 지성의 태양 아래 마르지 않는 그 어떤 자체적인 자원도 갖고 있지 않다. 주체의 의지는 이성이고, 주체의 분리는 환상이다. (환상의 가능성이 지성적인 것이 마르게 할 수 없는 주관적 원천, 최소한 지하의souterrain 그러한 원천의 실존을 입증해 주기는 하지만.)

그 극한까지 나아간 관념론은 모든 윤리를 정치로 환원시킨다. 타인과 나는 이념적 계산의 요소들로 기능하며, 이러한 계산으로부터 자신들의 실재 존재를 받아들이고, 모든 부분에서 그것들을 관통하는 이념적 필연성들의 지배 아래 서로 접근하게 된다. 타인과 나는 체계 안에서 계기의 역할을 수행하지, 근원의 역할을 수행하지 않는다. 정치 사회는 한 체계가 지닌 분절들의 다수성을 표현하는 복수성으로 나타난다. 목적들의 왕국에서 개인들은 물론 의지로 정의된다. 그러나 여기서 정의되는 의지는 스스로가 보편자에 의해 영향을 받게 하는 의지다. 이 의지는 자신이 —비록 실천적이더라도— 이성이기를 바란다. 이런 목적들의 왕국 속에서 다수성은 사실 행복의 희망 위에서만 세워진다. 이른바 행복의 동물적 원리가 정신들의 사회에서 다원론을 지탱한다. 의지가 실천적 이성이라 해도, 그런 의지를 묘사하는 데는 이 원리가 불가피하다.

다수성이 없는 이러한 세계 속에서 언어는 모든 사회적 의미 작용을 상실하며, 대화 상대자들은 서로를 욕망함으로써가 아니라 보편적인 것을 욕망함으로써 자신들의 단일성을 포기한다. 여기서 언어는 이성적 제도들을 구성하는 것에 해당할 것이다. 이런 제도 속에선 비인격적 이성이 객관적이 되고 효과적이 된다. 이런 이성이 말하는 개인들 속에서 이미 작동하고 있고, 그 개인들의 효과적 실재를 이미 담지하고 있는 것이다. 각각의 존재는 모든 타자로부터 떨어져 있지만,

각자의 의지 또는 자기성은 시작부터 보편적인 것 또는 이성적인 것을 의욕하는 데서, 즉 자신의 특수성 자체를 부정하는 데서 성립한다. 대화라는 자신의 본질을 성취함으로써, 즉 보편적으로 일관된 대화가 됨으로써, 언어는 단번에 보편적 국가를 실현할 것이다. 다수성은 이 보편적 국가로 흡수되어 버리고, 여기서 대화는 대화 상대자가 없이 완성되어 버린다.

존재 안에서의 복수성 또는 개인의 단일성을 유지하기 위해 의지와 지성entendement, 의지와 이성을 형식적으로 구분하는 것은 아무 소용이 없다. 그런 구분을 통해 사람들은 명석한 관념들에 달라붙거나 보편적인 것에 대한 존경을 통해서만 결정되는 의지만을 선한 의지로 여기려 결심한다. 의지가 어떻게 해서든 이성을 열망할 수 있다면, 그 의지는 이성, 즉 스스로를 추구하고 스스로를 만드는 이성인 것이다. 스피노자나 헤겔에게서 의지는 자신의 참된 본질을 드러낸다. 관념론의 궁극적 지향이 목표로 삼는 의지와 이성의 이러한 동일화에, 헤겔이나 스피노자의 관념론이 주관적인 것 또는 상상적인 것으로 격하한 인간성의 모든 감정적 경험이 대립된다. 이 같은 대립의 유익함은 체계와 이성을 거부하는 개체의 항의 자체 속에 있지 않다. 즉 개체의 자의—따라서 정합적 대화가 설득을 통해 침묵하게 할 수 없는—속에 있지 않다. 오히려 그 유익함은 바로 이 대립이 살아가게 하는 긍정 속에 있다. 사실 이 대립은 존재에 눈을 감는 데서 성립하는 것도 아니며, 그렇게 미친 듯 벽에 머리를 부딪쳐, 존재 안에서의 자신의 결점, 자신의 비참함, 자신의 추방에 대한 의식을 자기 안에서 극복하고, 굴욕을 절망적인 자부심으로 변형시키는 데서 성립하는 것도 아니다. 이 대립은 잉여에 대한 확신을 갖는다. 충만하거나 변함없는 또는 행위 속의 존재에 대해, 그 존재로부터 분리된, 그래서 그것을 욕망하는 한 실존이 받아들이는 잉여에 대한 확신을 갖는다. 즉 **무한과 맺는 사회성에 의해 생산되는 잉여에 대한,** 무한의 무한함을 성취하는 끊임없는 과잉에 대한 확신을 갖는다. 이성과 의지의 동일시에 대한 저항은 자의 속에서 만족되지 않는다. 자의는 자신의 부조리나 부도덕성에 의해 이런 동일시를 즉시 정당화해 버리고 말 것이다. 그 동일시에 대한 저항은, 영원부터 성취된, 자기 자신만을 생각하는 존재라는 이념이 욕망의 갱신, 즉 사회성의 갱신을 가능케 하는 생명과 생성에 대한 존재론적 시금석으로 사용될 수 없다는 확신에서 나온다. 삶은 단지 존재의 감소, 하락으로, 또는 맹아나 잠재성으로 이해되지 않는다. 개체적인 것과 개인적인 것은 그것들을 만들어 낸다는 보편적인 것으로부터 독립된 가치를 지니며, 그것과 독립하여 작용한다. 게다가 이 보편적인 것에서 출발해서는 개체의 실존이나 개체가 출현하는 존재의 하락 따위가 설명될 수 없다. **개체적인 것과 개인적인 것은 무한이 무한으로서 생산될 수 있기 위해서 필요하다.**[7] 삶을 존재의 함수로 다룰 수 없음은 베르그송이나 하이데거에게서 강하게 나타난다. 베르그송에서 지속은 더 이상 부동의 영원성을 그것의 하락을 통해 모방하지 않으며, 하이데거에게서 가능성은 더 이상 가능태^{δύναμις}로서 기능^{έργον}을 지시하지 않는다. 하이데거는 행위를 향하는 역량의 이런 목적성에서 삶을 떼어 놓는다. 존재 이상의 것 또는 존재 위의 것

---

7) 다음 C장의 5절 '의욕의 진리' 참조.

이 있을 수 있다는 생각은 창조 관념 속에서 표현된다. 신에게서 창조란 자기로 영원히 만족하는 존재를 넘어선다. 그러나 존재 위의 존재라는 이런 발상은 신학에서 비롯하지 않는다. 이런 발상이 아리스토텔레스에서 유래하는 서양 철학 속에서 아무 역할도 수행하지 않았다 하더라도, 플라톤의 선 관념은 결과적으로 어떤 동양적 지혜로 돌아갈 필요가 없는 철학적 사유의 위엄을 존재 위의 존재라는 발상에 보증해 준다.

주체성이 존재의 결여된 양태일 뿐이라면, 의지와 이성 간의 구분은 사실 의지를 자의로, 내 안에서 잠자는 배아적 또는 잠재적 이성에 대한 순수하고 단순한 부정으로, 따라서 이 나에 대한 부정으로, 자기 자신에 대한 폭력으로 여기는 데로 귀착하고 말 것이다. 반대로 주체성이 절대적으로 다른 타자 또는 타인과의 관계 속에서 분리된 존재로 확정된다면, 다시 말해 얼굴이 최초의 의미 작용, 즉 합리적인 것의 출현 자체를 가져온다면, 의지는 자신이 파악할 수 없음이 당연하지만 그 속에서 자신이 사라지지도 않는 지성적인intelligible 것과 근본적으로 구분될 것이다. 이 지성적인 것의 이해 가능성intelligibilité은 다름 아닌 윤리적 행동 속에, 다시 말해 책임 속에 자리 잡기 때문이다. 지성적인 것이 의지를 책임에 끌어들인다. 의지는 자신이 의욕할 의미 속에서 이 책임을 떠맡는 데 자유롭다. 의지는 이 책임 그 자체를 자유롭게 거부하지 못하며, 의미 있는 세계 —타인의 얼굴이 의지를 이 세계 속으로 끌어들였는데 —를 자유롭게 무시하지 못한다. **얼굴의 맞아들임 속에서 의지는 이성에 열린다.** 언어는 존재들에게 공통적인 사유를 산파술로 일깨우는 데 그치지 않는다. 언어는 모든 것에 공통적인 이성의 내적 성숙을 촉진하지도 않는다. 언어는 가르치며, 사유 속에 새로움을 도입한다. 새로운 것을 사유 속으로 도입하는 것, 무한 관념, 이것이 이성의 작업 자체다. 절대적으로 새로운 것, 그것이 타인이다. 합리적인 것은 경험된 것에 대립하지 않는다. 절대적 경험, 결코 선험적이지 않은 경험, 그것이 이성 자체다. 본래 그 자체로, 말할 수 있으며 어떤 방식으로든 대상으로 부과되지 않는 자, 그것이 타인이다. 이러한 타인을 경험의 상관물로 발견하면서 우리는 경험이 가져다주는 **새로움**과 정신에 대한 오래된 소크라테스적 요구를 화해시킨다. 어떠한 것도 유린할 수 없는 정신, 라이프니츠가 모나드에 창을 불허함으로써 계승하는 그런 정신에 대한 요구를 말이다. 윤리적 현전은 타자적이면서 폭력 없이 부과된다. 말과 더불어 시작하는 이성의 활동, 즉 주체는 자신의 단일성을 포기하는 것이 아니라 자신의 분리를 확증한다. 주체는 자신의 고유한 대화 속에서 사라지기 위해 거기로 들어가지 않는다. 주체는 변호로 머문다. 합리적인 것으로의 이행은 탈개체화가 아니다. 그 이행은 언어이기 때문이다. 즉 얼굴을 통해 주체에게 말하는 존재에 대한 응답이기 때문이다. 인격적 응답만을, 다시 말해 윤리적 행위만을 용인하는 존재에 대한 응답이기 때문이다.

C. 윤리적 관계와 시간

1. 다원론과 주체성

거주와 경제처럼 구체적인 것 안에서 실현되는 분리가 떼어 내진 외재성, 절대적 외재성과의 관계를 가능하게 한다. 이러한 관계, 즉 형이상학은 얼굴 속에 나타나는 타인의 에피파니에 의해 본래적으로 실현된다. 분리는 절대적 항들, 그렇지만 관계 속에 있는 항들 사이에서 깊어진다. 이 항들은 자신들이 유지하는 관계로부터 스스로 풀려난다. 항들은 그 관계가 그려 낼 법한 전체성을 위해 자신을 포기하지 않는다. 그래서 형이상학적 관계는 다수적 실존함을, 다원론을 실현한다. 하지만 만일 이 관계의 형식적 구조가 관계의 본질을 고갈시킨다면, 그와 같은 관계는 다원론을 실현하지 못할 것이다. 관계 속에 위치한 존재들이 그런 관계로부터 스스로를 풀려나게 할 수 있는 힘이 무엇인지 설명할 필요가 있다. 이런 힘은 분리된 항들 각각에게 풀려남의 다른 의미를 가져다준다. 형이상학적인 차le Métaphysicien는 형이상학적인 것le Métaphysique과 동일한 의미에서 절대적이지 않다. 형이상학적인 것이 형이상학적인 차에게 오는 높이의 차원은 말하자면 공간의 어떤 비-동질성을 가리킨다. 수적 다수성과는 다른 근본적 다수성이 거기서 생산될 수 있다. 수적 다수성은 전체화에 무방비 상태로 남는다. 다수성이 존재의 질서 속에서 생산될 수 있기 위해선, **탈은폐**로 충분치 않다(탈은폐 속에서 존재는 현현하기만 하지 않는다. 거기서 존재는 자신을 실현하거나 노력하거나 수행하거나 통치한다). 탈은폐의 **생산**이 진리의 차가운 광채 안에서 빛나는 것으로 충분치 않다. 이 광채 속에서 다양한 것들은 이 광채가 요구하는 파노라마의 시선에 통합된다. 관조 그 자체는 이 같은 전체성으로 흡수되며, 바로 그렇게 하여 객관적이고 영원한 존재를 수립한다. 푸시킨의 표현에 따르면 "자신의 영원한 아름다움으로 빛나는 무심한 자연"[1]을 수립하는 것이다. 거기서 상식sens commun은 존재의 원형을 인식한다. 또 철학자가 보기에 그것은 자신의 위엄을 전체성에 부여해 준다. 인식의 주체성은 이 전체성을 깨뜨릴 수 없다. 이 전체성은 스스로를 주체 속에서 반성하거나 주체를 반성한다. 객관적인 전체성은 자신을 발가벗은 상태에 놓음에도 불구하고, 즉 타자에게 출현함에도 불구하고, 모든 **타자에 배타적인 채로 머문다**. 아마 관조는 존재가 하나임을 그치지 않은 채 드러나는 과정으로 정의될 수 있을 것이다. 이런 과정이 명령하는 철학은 다원론을 억압한다.

다수성이 유지될 수 있기 위해선, 존재와 일치를 추구할 수 없는 주체성 ──주체성은 바로 이 존재에서 생산되는데── 이 다수성 속에

---

1) 푸시킨의 시 「떠들썩한 거리를 걷다가」(Brozhu li ya vdol' ulits shumnykh)의 마지막 구절로 보인다. ──옮긴이

서 생산되어야 한다. 존재는 스스로를 계시하는 것으로서, 즉 그 존재 자체 속에서, 존재에 접근하는 자아를 향해 흐르는 것으로서, 하지만 자아를 향해 무한히 마르지 않고 흐르는 것으로서, 소모되지 않은 채 불타는 것으로서 실현되어야 한다. 그러나 우리는 이러한 접근을 인식하는 주체가 반성되고 흡수되어 버리는 인식으로 여겨서는 안 된다. 그렇게 해서는 인식이 지향하는 전체적 반성에 의해 존재의 외재성이 즉시 파괴되어 버릴 것이다. 또 전체적 반성의 불가능성이 인식하는 주체의 유한함이라고 부정적으로 설정되어서는 안 된다. 즉, 죽을 수밖에 없으며 이미 세계에 개입되어 있고 진리에 이르지 못하는 주체의 유한함이라고 설정되어서는 안 된다. 오히려 그것은 사회적 관계의 **과잉**으로 설정되어야 한다. 여기서 주체성은 ~의 면전에, 이 맞아들임의 올곧음 속에 머물며, 진리에 의해 헤아려지지 않는다. 사회적 관계는 그 자체는 어떤 하나의 관계, 존재 가운데서 생산되는 다른 관계들 중의 한 관계가 아니다. 그것은 존재의 궁극적 사건이다. 내가 어떤 진술을 하고 전체적 반성을 전제하면서 그 진술의 진리를 주장할 때, 내가 한 바로 그 언급은 대면 관계의 극복 불가능한 특징을 논박한다. 그럼에도 불구하고 그런 진리를 언급한다는 사실, 그런 진리를 타인에게 말한다는 사실로 인해, 나의 이 언급은 대면 관계의 특징을 확증해 준다. 그러므로 다수성은, 전체적 반성의 불가능 속에, 자아와 비아를 하나의 전체 속에 뒤섞어 버리는 것의 불가능성 속에 놓인 객관성을 전제한다. 이런 불가능성은 부정적인 것이 아니다. (부정적인 것은 불가능성을 여전히 관조된 진리의 이상과 관련시킬 것이다.) 이 불가능성은 자신의 높이로부터 나를 지배하는 타자의 에피파니가 지닌 잉여에서 기인한다.

다원론을 이렇게 정초하는 것은 복수성을 구성하는 항들을 고립 속에 고정시키지 않는다. 이와 같은 정초는 항들을 흡수해 버릴 전체성에 대항해 항들을 유지시키는 가운데, 그 항들을 교류나 전쟁 속에 남겨 둔다. 어떠한 순간에도 그 항들은 자신들의 원인으로 설정되지 않는다. 그런 설정은 그 항들에게서 모든 수용성과 활동성을 제거해 버릴 것이고, 각각의 항들을 그 내면성 속에 가둬 버릴 것이며, 존재의 틈 속에 사는 에피쿠로스의 신들처럼, 또는 예술의 사이-시간[2] 속에서 움직이지 못하는 신들처럼 그 항들을 고립시킬 것이다. 그와 같은 신들은 간극의 가장자리에, 결코 생산되지 않는 미래의 문턱에 영원히 남겨진다. 이런 신들은 텅 빈 눈으로 서로를 응시하는 조각상들, 기게스와는 반대로 노출되지만 보지는 못하는 우상들과 같다. 분리에 대한 우리의 분석은 다른 전망을 열어 준다. 그렇지만 이 다수성의 원초적 형식은 전쟁으로도 교류로도 생산되지 않는다. 전쟁과 교류는, 얼굴과 얼굴에서 나타나는 존재의 초월을 미리 전제한다. 전쟁은 서로를 제한하는 존재들의 다수성이라는 경험적 사태로부터——불가피하게 타자를 제한하는 일자의 현존이, 즉 폭력이 이 제한과 일치한다는 구실 아래——도출되지 않는다. 제한은 그 자체로 보아 폭력이 아니다. 제한limitation은 부분들이 상호적으로 한정되는se définir 전체성 속

---

2) "La réalité et son ombre", *Temps modernes*, November 1948 참조[「실재와 그 그림자」. 이 논문은 Emmanuel Levinas, *Les Imprévus de l'histoire*, Montpellier: Fata Morgana, 1994에 재수록되어 있다.——옮긴이].

에서만 생각될 수 있다. 한정/정의définition는 전체성으로 병합된 항들의 정체성에 폭력을 가하는 것과 거리가 멀다. 한정/정의는 이런 정체성을 확증해 준다. 한계limite는 전체 속에서 분리시키고 결합한다. 상호적으로 제한하는 개념들로 분할된 실재는 이러한 분할 자체를 통해 전체성을 형성한다. 적대적 힘들의 놀이처럼, 세계는 하나의 전체를 형성한다. 세계는 완성된 과학적 사유 속에서 독특한 공식으로부터 연역된다. 또는 그렇게 연역되어야 한다. 사람들이 힘들 또는 개념들의 적대라고 부르고 싶어 하는 것은 하나의 주관적인 전망을, 그리고 의지들의 다원론을 전제한다. 이 전망이 수렴하는 지점은 전체성의 부분을 형성하지 않는다. 자연에서의 폭력은 이렇듯 하나의 실존을, 정확히 말해 다른 실존에 의해 제한되지 않는 실존을, 전체성의 바깥에서 스스로를 유지하는 그런 실존을 지시한다. 그러나 하나의 전체성으로 통합됨을 수용할 수 있는 존재들에 의한 폭력의 배제는 평화와 같지 않다. 전체성은 평화가 함축하고 있는 존재들의 다수성을 흡수해 버린다. 전쟁할 수 있는 존재들만이 평화에 이를 수 있다. 전쟁은 평화처럼, 전체성의 부분들과는 다른 방식으로 구조화된 존재들을 전제한다.

그러므로 전쟁은 **타자**에 대한 **일자**의 논리적 대립과 다르다. 논리적 대립에 의해서 일자와 타자는 파노라마식의 포괄적 전체성 속에서 정의되며, 이 전체성으로부터 일자와 타자는 자신들의 대립 자체를 유지한다. 반면에 전쟁 속에서 존재들은 전체성에 속하기를 거부하며, 공동성을 거부하고, 법을 거부한다. 어떠한 경계도 하나를 다른 것 속에 붙들어 두지 못하며, 그것을 정의하지 못한다. 그 존재들은 스스로를 전체성을 초월하는 것으로 내세운다. 각자가―전체 속에서의 자신의 자리에 의해서가 아니라 자신의 **자기**에 의해서 ─자신의 정체성을 확보하면서 말이다.

전쟁은 적대자의 초월을 전제한다. 전쟁은 인간에게 행해진다. 전쟁은 영광으로 둘러싸이고, 영광의 결과를 거두게 한다. 전쟁은 언제나 다른 곳에서 오는 현전을, 얼굴 속에 나타나는 존재를 겨눈다. 전쟁은 사냥도, 요소와의 투쟁도 아니다. 가장 잘 수립된 계산을 뒤집어엎는, 적이 보존하고 있는 가능성 ─이것은 분리를, 전체성의 파열을 나타낸다. 이 전체성을 가로질러 적들은 서로에게 이른다. 전사들은 위험을 무릅쓴다. 어떤 병참학도 승리를 보장해 주지 못한다. 전체성 안에서 힘들의 유희가 낳는 결과를 결정해 주는 계산들이 전쟁을 좌우하지 못한다. 전쟁은 최상의 자기 확신과 최상의 위험이 이루는 경계에 처한다. 전쟁은 전체성에 외재적인 존재들, 따라서 서로 접촉하지 않는 존재들 사이의 관계다.

그러나 전체성을 구성할, 다시 말해 전체성을 재구성할 준비가 된 존재들 사이에서는 불가능한 폭력이, 분리된 존재들 사이에서는 과연 가능하겠는가? 어떻게 분리된 존재들이 하나의 관계를 유지할 수 있겠는가? 설사 그 관계가 폭력이라 할지라도. 전쟁을 통해 전체성을 거부하는 것이 관계를 거부하는 것은 아니다. 왜냐하면 전쟁에서 적들은 서로를 찾기 때문이다.

분리된 존재들 사이의 관계는, 만일 그 항들이 실체로, 각각의 존재가 **자기 원인**causa sui으로 놓이게 된다면, 사실 부조리할 것이다. 왜냐하면 아무런 행동의 실마리도 제공하지 않는 순수한 활동인 그런 항들은 어떠한 폭력도 겪을 수 없을 것이기 때문이다. 그러나 폭력의 관계는 그 관계가 가진 완전히 형식적 상황의 수준에 머물지 않는다. 폭력의 관계는 관계 속에 있는 항들로 규정된 어떤 구조를 함축한다. 폭력은 붙잡을 수 있는 동시에 모든 포획에서 빠져나가는 존재만을 겨눈다. 폭력을 겪는 존재 속에 이런 살아 있는 모순이 없다면, 폭력적인 힘의 전개는 노동으로 환원되고 말 것이다.

분리된 존재들 사이의 관계가 가능하기 위해서는 다수를 이루는 항들이 부분적으로는 독립적이어야 하고, 또 부분적으로는 관계를 맺고 있어야 한다. 이렇게 해서 유한한 자유라는 개념은 반성에 회부된다. 그러나 무엇으로부터 이런 개념이 형성되는가? 한 존재가 부분적으로 자유롭다고 말하는 것은, 그 존재에 실존하는, 자기 원인인 자유로운 부분과 자유롭지 못한 부분 사이의 관계 문제를 곧바로 제기하는 것이다. 자유로운 부분이 자유롭지 못한 부분 속에서 방해받는다고 대꾸하는 것은 우리를 동일한 난점으로 무한정 되돌리고 만다. 어떻게 자기 원인인 자유로운 부분이 자유롭지 못한 부분으로부터 발생하는 어떤 것을 겪을 수 있는가? 따라서 자유의 유한함은, 고유한 인과성을 지닌 부분과 외적 원인들에 종속하는 부분으로 나누어진, 자유로운 존재라는 실체 안의 어떤 한계를 뜻해서는 안 된다. 독립 개념은 인과성과는 다른 곳에서 파악되어야 한다. 독립은 **자기 원인**이라는 생각과 같을 수 없을 것이다. 더욱이 자기 원인이라는 생각은 우리의 탄생이 우리가 선택하지 않은 것이며 선택할 수 없는 것이라는 관념(현대 사유의 위대한 드라마)에 의해, 무정부적anarchique 세계 속에, 즉 근원이 없는 세계 속에 의지가 놓인다고 보는 탄생 관념에 의해 논박되었다.

전체성을 구성하지 않는 관계 속에서, 전쟁 중인 존재들은 그러므로 자유에 의해—우리가 거기에 제한을 가정하자마자 모순적임이 드러나는 추상에 의해—묘사될 수 없다.

타자에 독립적이면서도 동시에 타자에 제공되는 존재는 시간적 존재다. 이 존재는 연기延期 자체인 자신의 시간을 피할 수 없는 죽음의 폭력에 맞세운다. 유한한 자유가 시간 개념을 이해 가능하게 하는 것이 아니다. 유한한 자유라는 개념에 의미를 부여하는 것이 바로 시간이다. 시간이 뜻하는 것은 바로, 죽을 수밖에 없는—폭력에 바쳐진—존재의 모든 실존이 죽음을 향한 존재가 아니라, '아직 아님'이라는 사실이다. 이 '아직 아님'은 죽음에 대항하는 존재 방식이다. 피할 수 없는 죽음의 다가옴 가운데서도 죽음에 대하여 물러남이다. 전쟁의 와중에 우리는 죽음에서 멀어지는 자에게, **당장은** 완벽하게 실존하는 자에게 죽음을 가한다. 존재를 그의 죽음으로부터 분리시키는 시간의 실재, 죽음에 대하여 진지를 구축하는 존재의 실재가 이렇게 전쟁 가운데서 인식된다. 다시 말해 의식적 존재의, 또 그 내면성의 실재가 또한 인식되는 것이다. 자기 원인인 또는 자유인 존재들이라면 죽지 않을 것이고, 귀먹고 부조리한 일종의 증오 속에서 서로 다투지 않을 것이다. 폭력에 바쳐지는 것밖에 없고 필멸하는 것밖에 없는 경우라고 해도, 이 존재들은 어떠한 것도 어떠한 것에 대립하지 않는 세계 속에서, 그 시간이 영원 속으로 분해되어 버릴 세계 속에서 죽어 있게 될 것이다. 죽을 수밖에 없는, 그러나 시간적인 존재, 의지 속에서 포착되는 존재라는 이 개념—이것이 우리가 전개해 나갈 개념이다—은 **자기 원인**의 관념으로 이끄는 모든 인과성과 근본적으로 구분된다. 이 존재는 폭력에 노출되지만, 또한 폭력에 대립된다. 폭력이 존재에 이르는 것은 한 주권적 자유에 이르는 사건으로서가 아니다. 폭력이 이 존재를 포획하고 있다는 것, 이 존재가 죽을 수밖에 없다는 것은 원초적 사태다. 자유 그 자체는 여기서 단지 시간을 통한 연기에 불과하다. 관건은 유한한 자유——여기서는 능동성과 수동성의 독특한 혼합이 생산될 텐데——가 아니다. 문제는 원초적으로 아무것도 아닌 자유, 죽음 속에서 타자에게 바쳐지는 자유, 그러나 그 속에서 시간이 이완^{détente}으로 출현하는 자유다. 자유 의지는 유한한 자유라기보다는 이완되고 유예된 필연성이다. 이 이완 또는 팽창은 일종의 연기다. 그 연기 덕택에 아무것도 아직 결정적이지 않고 아무것도 완성되지 않는다. 이것은 겹으로 주름 잡힌 차원에 놓인 수완으로, 이 겹주름의 차원에는 불가피한 것이 임박해 있다.

영혼과 영혼이 관장하는 신체의 접촉은 공허 속에서 가해진 타격의 무–접촉으로 전도된다. 힘들로 요약되지 않는 적의 수완을 계산해야 한다. 하지만 어떻게 계산할 것인가? 게다가 나의 수완은 불가피한 것을 연기하는 것이다. 성공하려면, 타격은 적이 부재하는 곳에서 가해져야 한다. 피하려면, 적이 나를 건드리는 지점에서 물러나는 일이 긴요하다. 율리시스의 재주인 계략과 매복이 전쟁의 본질을 구성한다. 이러한 수완은 신체의 실존 자체 속에 기입된다. 수완은 유연성, 즉 부재와 현전의 동시성이다. 신체성은 그 존재의 현전이 그가 현전하는 순간 자체에 연기되는 한 존재의 실존 양태다. 순간의 긴장^{tension} 속에서의 이 팽창^{distension}은——현전하는 동시에 아직 와야 할——타자로부터 나를 분리시키는 무한한 차원으로부터만, 타인의 얼굴이 여는 차원으로부터만 올 수 있다. 전쟁은 자신의 죽음을 연기하는 존재가 폭력에 바쳐질 때만 생산될 수 있다. 전쟁은 대화가 가능했던 곳에서만 생산될 수 있다. 대화가 전쟁 그 자체의 기초를 이룬다. 게다가 폭력은 단지 어떤 사물을 다루듯 타자를 다루는 것을 목표로 삼지 않는다. 이미 살해의 경계에 닿아 있는 폭력은 한정 지어지지 않은 부정에서 연유한다. 폭력은 현전만을, 그 자체로 무한한——내 힘들의 장으로 끼어듦에도 불구하고 무한한——현전만을 겨눌 수 있다. 폭력은 얼굴만을 겨눌 수 있다.

그러므로 자유가 타인의 초월을 설명하는 것이 아니라, 타인의 초월이 자유를 설명한다. 나에 대한 타인의 초월, 그것은 무한하기에 타인에 대한 나의 초월과 동일한 의미를 갖지 않는다. 전쟁이 수반하는 위험은 신체와 신체가 맞서는 상황에서 그 신체들을 분리시키는 거리를 헤아린다. 그를 굴복시키는 힘들에 구속되어 있고 권력에 노출되어 있는 타인은 예견할 수 없는 자로, 즉 초월적인 자로 남아 있다. 초월은 부정적으로 묘사되는 것이 아니라, 살해의 폭력에 대한 얼굴의 도덕적 저항 속에서 긍정적으로 나타난다. 타인의 힘은 이제부터 이미 도덕적이다. 자유는, 비록 전쟁의 자유라 하더라도, 전체성 바깥에서만 나타날 수 있다. 그러나 이 '전체성 바깥'은 얼굴의 초월에 의해 열린다. 자유를 전체성 가운데서 생각하는 것은 자유를 존재 안에 있는 무규정의 지위로 환원하는 것이며, 전체성으로 무규정의 '구멍들'을 틀어막고 심리학으로 자유로운 존재의 법칙들을 탐구함으로써, 곧바로 자유를 전체성으로 통합하는 것이다!

전쟁의 기초가 되는 관계는 타자와의 비대칭적 관계다. 타자는 무한하며 시간을 연다. 타차는 초월적이며 주체성을 지배한다(타차가 나에 대해 초월적이라는 것과 같은 의미에서 자아가 타자에 대해 초월적인 것은 아니다). 그러나 이와 같은 타자와의 비대칭적 관계는 대칭적 관계처럼 보일 수 있다. 얼굴의 윤리적 에피파니는 응답을 요청하는 데서 성립한다(전쟁의 폭력과 전쟁의 살의를 품은 부정만이 이 응답을 침묵으로 돌리려 애쓸 수 있다). 얼굴은 '좋은 의도'로, 그리고 전적으로 플라톤적인 선의로 만족하지 않는다. '좋은 의도'와 '전적으로 플라톤적인 선의'는 우리가 사물들을 향유하는 곳에서, 그것들을 박탈하거나 제공할 수 있는 곳에서 우리가 취하는 태도의 잔여일 뿐이다. 그렇게 하여 자아의 독립성이, 또 절대적 타자에 관한 자아의 입장이 역사와 정치 속에서 나타날 수 있게 된다. 인격적[3] 관계의 비대칭성이 지워지는 질서, 자아와 타자가 교류 속에서 상호 교환될 수 있게 되는 질서, 특수한 인간, 즉 유적 인간의 개체화가 역사 안에서 나타나 나와 타자를 대신하게 되는 질서 ──이런 질서 가운데 분리가 둘러싸이고 마는 것이다.

분리는 이 같은 모호함 속에서 지워지지 않는다. 분리의 자유가 어떤 구체적 형태 아래서 상실되며, 또 그런 자유가 자신의 상실 속에서도 어떤 의미에서 유지되고 다시 출현할 수 있는가를 이제 보여 주어야 한다.

---

3) 원문에는 'impersonnel'로 되어 있는데, 'personnel'이나 'interpersonnel'의 오기인 듯하다. 영어판은 'interpersonal'로 옮기고 있다.──옮긴이

2. 교류, 역사적 관계 그리고 얼굴

일하는œuvrant 자로서의 의지는 분리된 존재의 **자기 집에 있음**chez soi 을 확인해 준다. 그러나 의지는 자신의 작품/제작물œuvre 속에서 표현 되지 못한 채로 남아 있다. 그의 작품은 의미 작용을 갖지만, 무언無言 으로 남는다. 의지는 노동 속에서 실행된다. 그런 노동은 명백히 사물 들에 추가되지만, 의지는 즉시 사물에서 떠난다. 왜냐하면 작품은 상 품의 익명성을 띠기 때문이다. 봉급 생활자인 노동자ouvrier 자신은 이 익명성 속에서 사라질 수 있다.

분리된 존재는 물론 자신의 내면성에 스스로를 가둘 수 있다. 그 럴 경우 사물들은 그 내면성과 절대적으로 충돌할 수 없을 것이다. 에 피쿠로스적 지혜는 이런 진리로 산다. 그러나 의지는 자신의 작품을 통해 타인에게 노출된다. 의지 속에서 존재는 자신의 존재를 움직이 게 하는 온갖 실들을 어떤 방식으로든 움켜잡음으로써 스스로를 실행 한다. 의지의 실행은 사물처럼 보이게 되어 ─의지의 신체가 사물들 의 세계 속에 끼어든 것이긴 하지만─, 신체성은 최초의 자기 소외가 나타나는 존재론적 영역을 그려 낸다. 동시에 바로 이 사건에 의해 자 기는 요소들의 미지적인 면에 맞서 자신의 독립성을 확신하게 된다. 즉 자기에 대한 자신의 소유나 자신의 안정성을 확보하는 것이다. 무 신론에 해당하는 의지는 나에게 행사되는 영향력 또는 보이지 않는 그물 속에서 나를 붙잡는 영향력을 거부하듯 타인을 거부하며, 자아 를 사로잡는 신을 거부하듯 타인을 거부한다. 이 의지는 단절의 능력 이기라도 한 것처럼 이 같은 소유에서, 이 같은 신들림에서 벗어난다.

그런데 이와 같은 의지는 자신의 작품을 통해 타인에게 스스로를 내맡긴다. 이 작품은 그렇지만 의지의 내면성을 확보해 줄 수 있다. 그래서 내면성은 분리된 존재의 실존을 고갈시키지 않는다.

사람들은 **숙명**fatum 관념을 통해 모든 영웅적 행위가 역할 중에 감내하는 전환을 설명해 왔다. 영웅은 스스로가 자신의 영웅적 의도들을 넘어서는 드라마에서 어떤 역할을 하고 있음을 발견한다. 이런 의도들은 드라마와 대립함으로써 이 의도에 낯선 구상들의 성취를 앞당긴다. 숙명의 부조리는 주권적 의지를 좌절시킨다. 사실 낯선 의지 속에 기입되는 일은 작품을 매개로 생산된다. 작품은 그것의 작자로부터, 작자의 의도들로부터, 또 그의 소유로부터 분리되고 다른 의지가 그 작품을 차지한다. 그 존재를 우리의 소유로 이끄는 노동은 사실상 그것을 포기하고, 자기 능력들의 주권 가운데서 스스로를 타인에게 일정한 방식으로 내맡기게 된다.

모든 의지는 자신의 작품으로부터 분리된다. 행위의 고유한 운동은 미지의 것에 이르는 데서 성립하며, 그 모든 결과들을 측정할 수 없게 하는 데서 성립한다. 미지의 것은 실제적 무지의 결과가 아니다. 행위가 흘러들어 가는 미지의 것은 모든 지식에 저항하며, 빛 속에 놓이지 않는다. 이는 그 미지의 것이 타자로부터 작품이 받아들이는 의미를 나타내기 때문이다. 타자는 내게서 내 작품을 빼앗을 수 있고, 그것을 취하거나 구입할 수 있으며, 그렇게 해서 내 행동 자체를 좌우할 수 있다. 나는 부추김에 노출된다. 작품은 내게서 처음 만들어질 때부터 이 같은 낯선 **의미 부여**Sinngebung에 헌신한다. 작품은 내가 볼 수 없기에 예견할 수도 없는 역사에 바쳐진다. 중요한 것은 작품의 이런 도달

점은 내 능력의 본질 속에 기입되며, 내 곁에 있는 다른 사람들의 우연
적 현존의 결과로 생겨나지 않는다는 점이다.

능력은 자신의 고유한 도약과 완전히 뒤섞이지 않으며, 끝까지
자신의 작품과 함께하지도 않는다. 분리는 생산자와 생산물 사이에
서 깊어진다. 생산자는 어느 순간 더 이상 **따라가지** 않고 뒤로 물러난
다. 생산자의 초월은 도중에 머문다. 스스로를 표현하는 존재가 표현
의 작품에 인격적으로 참석하는 표현의 초월성과는 달리, 생산은 작
자의 부재 속에서 작품의 작자를 조형적 형식으로서 입증해 준다. 생
산물의 이러한 비표현적 특성은 생산물의 시장가격 속에, 그 생산물
이 타자들에 적합하다는 사실 속에, 타자들이 생산물에 제공할 의미
를 그 생산물이 띨 가능성 속에, 생산물을 발생시키는 컨텍스트와 전
적으로 다른 컨텍스트 속으로 그 생산물이 들어갈 가능성 속에 긍정
적으로 반영된다. 작품은 타인의 **의미 부여**와 맞서 싸우지 않으며, 작
품을 생산했던 의지를 이의 제기와 오해에 노출시킨다. 작품은 낯선
의지의 계획들에 동참하며, 스스로가 적응하도록 놓아둔다. 살아 있
는 의지의 의욕vouloir은 이러한 굴복을 **연기시키며**, 그 결과 타인과 타
인의 위협에 맞서 의욕한다. 그러나 자신이 원하지 않았던 역사 속에
서의 역할을 의지가 수행하는 이 방식은 내면성의 한계들을 드러낸
다. 의지는 역사가에게만 나타날 사건들 속에 자신이 포획되어 있음
을 발견하는 것이다. 역사적 사건들은 작품들 속에서 이어진다. 의지
들은 작품들 없이는 역사를 구성하지 못할 것이다. 순수하게 내적인
역사는 없다. 의지 각각의 내면성이 조형적으로만—생산물의 침묵
속에서—나타나는 역사는 경제적 역사다. 역사 속의 의지는 자신의

작품으로부터 해석되는 인물로 굳어진다. 이런 작품 속에서는 사물들을 생산하고 사물들에 의존하는, 그러나 작품을 타인에게 넘겨주는 이 의존과 맞서 싸우는 의지의 본질적 면이 흐릿해진다. 말하는 존재 속에서 의지가 낯선 의지에 맞서 자신의 작품을 다시 잡고 보호하는 정도만큼, 역사에 필수적인 뒤로 물러섬이 부족해진다. 역사의 지배는 결과물들인 실재들의 세계 속에서 시작된다. 그 세계는 '완성된 작품들'의 세계며, 죽은 의지들의 유산이다.

그러므로 의욕의 존재 전체가 자기의 내부에서 작용하지는 않는다. 독립적 자아의 용량은 자신의 고유한 존재를 포함하지 않는다. 의욕은 의욕을 빠져나간다. 작품은 언제나 어떤 의미에서는 실패한 행위다. 나는 내가 하고자 하는 것과 전적으로 같지 않다. 그런 까닭에, 작품에 나타나는 의지의 모습으로부터, 의지의 행동이나 생산물에 나타나는 의지의 모습으로부터 의지를 파악하는 정신분석학이나 사회학에는 무한정한 연구 영역이 있다.

자신의 작품을 박탈당한 의지에 적대적인 질서, 그래서 의욕이 스스로가 변질되어 있음을 발견하게 되는 질서는 낯선 의지들에 기인한다. 작품은 다른 의지들에게 의미를 지닌다. 작품은 타자에 봉사하면서 때로 그 작자에게 대항할 수 있다. 자신의 작품에서 멀어진 의지의 결과가 얻게 되는 '반대-의미'는 살아남은 의지에 달려 있다. 부조리한 것도 누군가에게는 의미가 있다. 운명은 역사에 선행하지 않고 역사를 뒤따른다. 운명, 그것은 사료 편찬가들의 역사다. 운명은 해석하는 살아남은 자들, 즉 죽은 자들이 남긴 작품들을 이용하는 살아남은 자들의 이야기다. 이러한 사료 편찬과 폭력과 굴복을 가능케 하는 역사적 물러남의 거리는 의지가 자신의 작품을 완전히 잃어버리는 데 필요한 시간에 의해 측정된다. 사료 편찬이 이야기하는 바는, 죽은 의지들이 남긴 작품을 살아남은 자들이 전유하는 방식이다. 사료 편찬은 정복자들, 즉 살아남은 자들이 수행하는 찬탈에 의존한다. 그것은 노예 상태에 맞서 싸우는 삶을 잊은 채로 굴종을 이야기한다.

의욕이 그 자신에서 빠져나간다는 사실, 의욕이 자신을 포함하지 않는다는 사실은 타자들이 그 작품을 빼앗고, 소외시키고, 획득하고, 구매하고, 훔칠 가능성에 값한다. 의지 그 자체는 이렇듯 타자들에게 마치 사물인 것같이 의미를 지닌다. 물론 역사적 관계에서 의지는 사물에 접근하듯 다른 의지에 접근하지 않는다. 이 관계는 노동의 특징을 이루는 관계와 유사하지 않다. 작품/제작물들과의 관계는 교류와 전쟁 속에서 노동자와의 관계로 남아 있다. 그러나 그를 사들이는 금이나 그를 살해하는 검을 통해 우리는 타인에게 정면으로 다가가지 않는다. 교류/상업은 익명적 시장을 향하며, 전쟁은 대중에게 행해진다. 비록 그것들이 한 초월의 간극을 가로지른다 해도 말이다. 물질적 사물들, 빵과 포도주, 옷과 집은 검의 끝처럼 의지의 '대자'pour soi를 좌우한다. 유물론이 포함하는 영원한 진리의 몫은 인간 의지가 자신의 제작물들에 의해 포획된다는 사실에서 연유한다. 칼끝—물리적 실재—은 세계로부터 의미 있는 활동을, 주체를, '대자'를 몰아낼 수 있다. 이 대단한 진부함은 그럼에도 불구하고 매우 놀라운 것이다. 자신의 행복 속에서 흔들리지 않는 의지의 대자는 폭력에 노출된다. 자발성은 **시련을 겪으며**, 자신의 반대물로 선회한다. 칼은 무기력한 존재와 접촉하는 것이 아니며, 금은 사물이 아니라 의지를—의지로서,

'대자'로서, 모든 공격에 면역이 되었어야 마땅했을 의지를——유혹한다. 폭력은 의지를 인정하지만 그것을 구부린다. 위협과 유혹은 작품과 의지를 분리시키는 틈으로 미끄러지면서 작용한다. 폭력, 그것은 부패다. 위협이고 유혹이다. 여기서 의지는 스스로를 배반한다. 의지의 이러한 지위가 신체인 것이다.

신체는 한 사물의 범주들을 넘어선다. 하지만 그것은 '고유한 신체'——나는 이 고유한 신체를 내 자발적 행위 속에서 다루며 또 이 고유한 신체를 통해 행위할 수 있다——의 역할과 일치하지는 않는다. 수단으로 변하고 또 수단에서 저항으로 변하는 신체적 저항의 애매성은 자신의 존재론적 오만을 설명하지 못한다. 신체는 자신의 활동 자체에서, 자신의 대자에서, 사물로 다룰 수 있는 사물로 전도된다. 우리가 신체는 건강과 병 사이에 있다고 말하면서 구체적으로 표현하는 것이 바로 이것이다. 신체를 통해 우리는 인격적 개인의 '대자'를 무시할 뿐 아니라 학대할 수 있다. 우리는 그것을 모욕할 뿐 아니라 강제할 수 있다. 스가나렐[4]은 두들겨 맞으면서 "난 당신이 좋다면 아무래도 괜찮아"라고 말한다. 우리는 신체에 대하여 생물학적인 관점과 신체를 내면으로부터 고유한 신체로 보는 '관점'을 연속적으로 또 완전히 독립적으로 취하지 않는다. 신체의 본래성은 두 관점의 동시성에 있다. 이것이 죽음으로 나아가는 시간 그 자체의 역설이고 본질이다. 의지는 사물로서, 사물들에 의해, 칼끝이나 세포 화학에 의해(어떤 살인자로

---

4) 몰리에르가 1660년 발표한 희곡 「스가나렐」(Sganarelle)의 주인공으로 아내가 남과 정을 통했다고 망상하는 인물.——옮긴이

인해 또는 의사의 무능력으로 인해) 타격을 입는다. 그러나 의지는 스스로 유예를 부여하고 연기延期로 죽음-에-맞섬으로써 그 접촉을 미룬다. 본질적으로 침범 가능한 의지는 그 본질에 배반을 담고 있다. 의지는 침범 불가능한 그 특성을 확증해 줄 것 같은 자신의 위엄 속에서 공격받을 수 있을 뿐 아니라, 의지로서 강제되고 굴종될 여지를, 노예의 영혼이 될 가능성을 안고 있다. 금과 위협은 의지가 자신의 생산물을 팔도록 강요할 뿐 아니라, 자신을 팔도록 강요한다. 달리 말해, 인간의 의지는 영웅적이지 않다.

의지의 신체성은 에고이즘의 구심적 운동 속에서 타자들에게 스스로를 노출시키는 자발적 능력의 이 애매함으로부터 이해되어야 한다. 신체는 의지의 존재론적 영역이지 대상이 아니다. 신체 속에서 표현은 빛날 수 있으며, 의지의 에고이즘은 대화가 되고 진정한 의미의 대립이 된다. 이와 동시에 신체는 타인의 계산 속으로 자아가 들어감을 보여 준다. 이렇게 하여 의지들의 상호 작용, 즉 역사가 가능해진다. 각자가 **자기 원인**으로 정의되는 의지들 사이의 상호 작용이 가능해지는 것이다. 순수한 능동성에 기초한 행동이 이런 능동성 속에 수동성을 전제하는 탓이다. 신체의 존재론적 영역이 나타내는 이 애매함을 정초해 주는 죽지 않을 수 없음의 문제는 나중에 다루기로 하자.

그러나 의지의 전적인 독립은 용기 가운데 실현되지 않는가? 용기, 다시 말해 죽음을 응시하는 능력은 언뜻 보기엔 의지의 전적인 독립을 성취하는 것처럼 보인다. 자신의 죽음을 받아들인 자는 살인자의 폭력에 노출된 상태에 머물지만, 낯선 의지에 합치하는 것을 끝까지 거부하지 않는가? 타인이 이 죽음 자체를 바라는 경우가 아니라면,

그렇다고 말할 수 있을지 모른다. 타인이 죽음 자체를 바라는 경우, 이 의지는 합치를 거부함에도 그 행위의 결과에 의해, 바로 자신의 **작품**에 의해, 낯선 의욕에 만족을 준다. 목숨을 건 싸움을 하는 극단적인 상황에서 낯선 의욕에 동의하기를 거부하는 것은 이런 적대적 의욕에 주어지는 만족으로 뒤바뀔 수 있다. 그러므로 죽음을 받아들이는 것은 타인의 살해 의지에 확실하게 저항하도록 해주지 못한다. 낯선 의지와의 절대적 불일치는 이 계획들의 성취를 배제하지 않는다. 삶으로 타인에게 봉사하기를 거부하는 것은 죽음으로 타인에게 봉사하는 것을 배제하지 않는다. 의욕하는 존재는 자신의 의욕에 의해 그 실존의 운명을 완전히 결정짓지 못한다. 이 운명이 필연적으로 비극을 함축하는 것은 아니다. 낯선 의지에 단연코 대립하는 것은 아마 미친 짓일 것이기 때문이다. 우리는 타인에게 말할 수 있고 그를 욕망할 수 있지 않은가.

타인의 계획은 사물의 법칙처럼 내게 현시되지 않는다. 타인의 계획은 의지가 미리 계산할 수 있을 문제의 소여로 바뀔 수 없는 것임이 드러난다. 낯선 의지를 거부하는 의지는 이 낯선 의지를 절대적으로 외재적인 것으로, 자신에 내재하는 사유로 번역될 수 없는 것으로 인식하지 않을 수 없다. 아무런 제한이 없는 내 사유가 어디까지 확장되든, 타인은 나에 의해 포함될 수 없다. 타인은 사유될 수 없다. 그는 무한하며, 무한한 것으로 인식된다. 이런 인식은 새롭게 사유로서가 아니라, 도덕으로서 생산된다. 타자를 전적으로 거부하는 것, 즉 노예 상태보다는 차라리 죽음을 택하고 자신의 실존을 무화시켜 외재적인 것과 모든 관계를 끊어 버리려는 의욕은, 자신을 표현하지 못하는 작품, 자신이 부재한 그런 작품(작품은 말이 아니기에)이 이 낯선 계산 방식에 기입되는 것을 막을 수 없다. 의지의 작품은 이 낯선 계산 방식에 도전하지만, 바로 그 의지의 최상의 용기에 의해 이 계산 방식을 인정하게 되는 것이다. 주권적이며 그 자신을 고집하는 의지는 자신이 무시하고자 하는 낯선 의지를 자신의 작품을 통해 확증하며, 타인에 의해 '놀림당하는' 스스로를 발견한다. 이렇게 하나의 지평이 현현한다. 이 지평에서, 의지는 참여와 단절하였음에도 그 자신이 끼어들어 있음을 발견한다. 이 지평에는, 의지가 행한 최상의 발의發意가 의지에 거슬러 비인격적 형태로 그 존재와 단절한 채 새겨져 있게 된다. 의지는 죽음으로써 타인으로부터 도망치고자 하는 그의 노력 가운데 타자를 인정하게 되는 것이다. 의지가 노예 상태를 피하기 위해 스스로 결심하는 자살은 '상실'의 괴로움을 떠나지 못한다. 이런 죽음은 모든 작위作爲의 부조리를 보여 주는 것이 아닐 수 없다. 맥베스는 자신의 패배와 죽음의 와중에서 세계가 파괴되길 바란다("and wish th' estate o' th' world were now undone"). 한 걸음 더 나아가 맥베스는 죽음의 무가 아예 세계가 창조되지 않았을 때 지배적이었던 그런 공허와 같은 것이기를 바란다.

그렇지만 의지가 작품과 분리되는 속에서, 또 의지가 실행되는 가운데 의지를 위협하는 가능한 배반 속에서, 의지는 이 배반을 의식하고 그럼으로써 이 배반과 거리를 둔다. 이렇듯, 자기에 충실하기에 어떤 점에서는 의지는 불가침의 것으로 남으며, 자신의 고유한 역사에서 빠져나와 스스로를 갱신한다. 내적 역사란 없다. 의지의 내면성은 한 법정에 따르는 것으로 정립된다. 이 법정은 의지의 의도들을 검사한다. 그 법정 앞에서 의지의 존재 의미는 의지의 내적 의욕과 전적으로 일치하게 된다. 의지의 의지작용volition들은 의지를 짓누르지 않는다. 의지가 스스로를 개방하는 이 법정으로부터 용서가 비롯한다. 즉, 역사를 지우고 해방시키고 해체시키는 역량이 비롯한다. 이렇게 하여 의지는 의지의 충실성과 배반 사이를 움직이는데, 이 동시적 두 가지가 의지 능력의 독창성 자체를 그려 낸다. 그러나 충실성은 배반을 망각하지 않는다. 그리고 종교적 의지는 타인과 맺는 관계로 남는다. 충실성은 회개와 기도——이런 특권적인 말 속에서 의지는 자기에 대한 자신의 충실성을 추구한다——에 의해 획득되며, 의지에게 이런 충실성을 보장해 주는 용서는 바깥으로부터 의지에게 온다. 따라서 내적 의욕의 정당함, 자신이 제대로 이해되지 못했다는 내적 의지의 확신은 여전히 외재성과의 관계를 드러낸다. 의지는 외재성의 서임과 용서를 기다린다. 의지는 그것을 외적 의지로부터 기다린다. 그러나 의지는 이를 더 이상 충격이 아니라 심판으로 받아들이게 될 것이다. 이러한 외재성은 의지들의 적대에서 벗어난, 역사에서 벗어난 외재성이다. 정당화와 용서의 이 같은 가능성은 종교적 의식意識——여기서 내면성은 존재와 일치하는 경향이 있는데——으로서의 가능성이다. 이런 가능성은 내가 상대하여 말할 수 있는 타인의 면전에서 열린다. 타인을 타인으로서 맞아들이는 한에서, 말은 타인에게 노동의 생산물을 제공하거나 바친다. 따라서 말은 경제와 무관하게 작용하지 않는다. 이렇게 하여 우리는, 자신의 작품으로부터 분리되며 그것에 의해 배반당한 의지적 힘의 다른 극단을, 즉 표현을 보게 된다. 이 표현은 그럼에도 불구하고 비표현적 작품을 지시한다. 역사로부터 자유로운 의지가 역사에 참여하게 되는 것은 이런 작품을 통해서다.

　　의지 속에서 동일자의 동일성은 자기에 대한 자신의 충실성과 자신의 배반 속에서 실행된다. 이런 의지는 경험적 우연의 결과가 아니다. 경험적 우연이라면 그것은 여러 존재들의 다수성 가운데 놓이게 될 한 존재일 테고, 이 존재들은 그 한 존재의 정체성을 문제 삼을 것이다. 의지는 배반과 충실성이라는 이 이중성을 죽지 않을 수 없다는 자신의 본성 속에 포함하며, 이런 본성은 의지의 신체성 속에서 생산되거나 실행된다. 하나의 전체가 여러 부분들로 단순히 분할된다는 것을 가리키지 않고, 또 존재들의 간극들 속에서 각각 대자적으로 살아 있는 여러 신들을 단순히 통일한 것을 지시하지도 않는 다수성——이와 같은 다수성이 성립하는 존재는 죽지 않을 수 없음과 신체성을 요구한다. 그렇지 않다면 제국주의적 의지가 전체를 재구성하든가, 필멸하지도 불멸하지도 않는 물리적 신체처럼 하나의 블록이 형성되든가 할 것이기 때문이다. 죽지 않을 수 없는 의지 안에서의 죽음의 유예, 즉 시간은 실존 양태이며, 타인과의 관계로 들어간 분리된 존재의 현실이다. 시간의 이런 간격을 출발점으로 삼아야 한다. 여기서 의미 있는 삶이 행해진다. 우리는 이런 의미 있는 삶을 영원성의 이상에 비추어 재단함으로써 그것의 지속과 이해관심들을 부조리하거나 환상적인 것으로 인식해서는 안 된다.

3. 의지와 죽음

온갖 철학적이고 종교적인 전통 속에서 죽음은 무로의 이행이라거나 새로운 장식 속에서 연장되는 다른 실존으로의 이행이라고 해석된다. 우리는 존재와 무의 양자택일 속에서 죽음을 생각한다. 우리 이웃의 죽음이 이런 양자택일을 믿게 만든다. 실제로 그들은 경험적 세계 속에서 실존함을 중단해 버린다. 이 세계로 보면 그것은 사라짐이나 떠남을 의미한다. 우리가 무로서의 죽음에 더 심오하게 그리고 어떤 선험적인 방식으로 접근하는 것은 살해의 열정 속에서다. 이 열정의 자발적 지향은 무화를 노린다. 카인이 아벨을 살해했을 때, 그는 죽음에 대하여 바로 이러한 앎을 가지고 있었음에 틀림없다. 죽음을 무와 동일시하는 것은 살해를 통해 타자를 죽이는 데 적합하다. 그런데 거기서 나타나는 무는 동시에 일종의 불가능성으로 나타난다. 사실 내 도덕적 의식 바깥에서는 타인이 자신을 타인으로 나타낼 수 없을 것이다. 타인의 얼굴은 내가 무화시키는 것이 도덕적으로 불가능함을 표현한다. 금지는 물론 순수하고 단순한 불가능성과 같은 것이 아니다. 금지는 스스로가 금지하는 바로 그 가능성을 전제한다. 사실은 금지가 가능성을 전제하는 것이 아니라, 금지 자신이 이미 그 가능성 속에 놓여 있다. 금지는 사후에 거기에 덧붙여지는 것이 아니다. 그것은 내가 없애고자 하는 눈의 깊은 곳에서, 마치 무덤 속에서 카인을 응시하는 눈처럼 나를 응시한다. 그러므로 살해 속에서의 무화 운동은 순수하게 상대적인 의미를 갖는다. 세계 내부에서 시도된 부정이 한계에 이르는 셈이다. 무화 운동은 사실 우리를 그것에 대해 아무것도 말할 수 없는 질서로, 존재 —불가능한 무의 안티테제인— 조차 말할 수 없는 질서로 이끈다.

여기서 우리가 존재와 무의 양자택일이 궁극적인 것이 아니라는 듯 죽음을 무 아니면 존재에 놓는 사유의 진리에 이의를 제기한다고 사람들은 놀랄지 모르겠다. 우리는 **배중률**에 이의를 제기하는 것인가?

그러나 내 고유한 죽음과 나의 관계는 나를 이런 양자택일의 어떤 항으로도 편입되지 않는 범주 앞에 놓는다. 이 궁극적 양자택일의 거부는 내 죽음의 의미를 포함한다. 내 죽음은 유비에 의해 타자들의 죽음으로부터 연역되지 않는다. 내 죽음은 내가 내 존재에 대해 가질 수 있는 두려움 속에 기입된다. 위협적인 것에 대한 '인식'은 타인의 죽음에 대한 모든 추론적 경험에 선행한다. 자연주의 언어로 이것은 죽음에 대한 본능적 인식이라 일컬어진다. 위협을 정의하는 것은 죽음에 대한 지식이 아니다. 죽음의 위협이 근원적으로 성립하는 것은, 따라서 ─이렇게 표현해도 좋다면─ '죽음에 대한 앎'이 운위되고 명료해지는 것은, 죽음이 임박해서다. 즉 죽음이 돌이킬 수 없이 접근해 오는 데서다. 두려움이 이 접근의 운동을 잰다. 위협의 임박은 미래의 분명한 시점에서 오지 않는다. **미지의 마지막**Ultima latet. 궁극적 순간의 예측 불가능한 특성은 경험적 무지에 기인하지 않고, 더 위대한 지성이라면 극복해 낼 수 있을 우리 지성의 제한된 지평에 기인하지도 않는다. 죽음의 예측할 수 없는 특성은 죽음이 어떤 지평에도 처해 있지 않다는 데서 온다. 죽음은 포획되지 않는다. 죽음은 투쟁이 남겨 놓는 기회를 내게 남겨 두지 않은 채 나를 붙잡는다. 상호적 투쟁에서라면 나는 나를 붙잡는 것을 포착하니까 말이다. 죽음 속에서 나는 절대적 폭력에, 암흑 속의 살해에 노출된다. 그러나 사실을 말하자면, 이 투쟁 속에서 이미 나는 비가시적인 것과 싸운다. 투쟁은 우리가 그 결말을 미리 알 수 있고 계산할 수 있는 두 힘들의 충돌과 혼동되지 않는다. 투쟁은 이미 또는 여전히 **전쟁**이다. 전쟁에서는 맞서 있는 두 힘들 사이에 초월의 간극이 입을 벌린다. 이런 초월을 가로질러 우리가 맞이하지도 않은 죽음이 다가와서 우리를 후려친다. 초월의 사건 자체로부터 분리될 수 없는 타인은, 죽음이, 아마도 살해가 비롯하는 영역 속에 놓인다. 죽음이 찾아오는 이례적 시간은 누군가가 정해 놓은 운명의 시간처럼 다가온다. 적대적이고 악의적인 역량들, 나보다 더 현명하고 교활한 역량들, 절대적으로 다르며 그래서 적대적일 뿐인 그런 역량들은 그렇기에 비밀스럽다. 원시적 심성에서 죽음은 결코 자연스러운 것이 아니며, 레비-브륄에 따르면, 마술적 설명을 요구한다. 이렇듯 죽음은 그 부조리함 가운데 인격들 사이의 질서를 간직하며, 이 질서 속에서 어떤 의미 작용을 하게 된다. 내게 죽음을 주는 사물들, 노동에 복종하며 손에 잡을 수 있는 사물들, 위협이라기보다는 차라리 장애물인 사물들은, 기회를 노리고 습격을 하는 악한 의욕의 잔여로서, 악의를 지시한다. 죽음은 저 너머에서^{d'au-delà} 나를 위협한다. 공포를 주는 미지의 것, 두려움을 주는 무한한 공간의 침묵은 타자로부터 온다. 그리고 이 타자성은 다름 아닌 절대적인 것으로서, 악의적 계획이나 정의의 심판을 통해 내게 타격을 준다. 죽음의 고독은 타인을 사라지게 하지 않는다. 오히려 그 고독은 적의^{敵意}의 의식에 머물며, 같은 이유로, 여전히 타인에, 그의 우정에, 그의 치료에 호소하게 한다. 의사는 죽을 수밖에 없는 인간 본성의 한 선험적 요소^{principe}다. 죽음은 누군가에 대한 공포 속에서 다가오며 또 누군가에 희망을 걸게 한다. "신^{l'Eternel}은 죽이기도 하고 살리기도 한다."[5] 사회적 상황은 위협 속에서 유지된다. 사회적 상황은 위협을 '무의 무화'로 변형시켜 버릴 불안 속으로 가라앉지 않는다. 공포로 죽음을 대하는 존재 속에서 나는 무와 마주하고 있지 않다. 나는 오히려 **나에 대항해**contre moi 있는 것과 마주해 있다. 살해는 죽음의 여러 경우들 중 하나라기보다 죽음의 본질과 분리되지 않는다는 듯이, 죽음의 접근은 타인과 맺는 관계 양태들 중의 하나로 머문다는 듯이 말이다. 죽음의 폭력이 가하는 위협은 전제정치처럼, 낯선 의지에서 유래하는 것처럼 다가온다. 죽음 속에서 성취되는 필연성의 질서는 전체성을 규제하는 결정론의 냉혹한 법칙과 유사하지 않다. 오히려 그것은 타인에 의한 내 의지의 소외와 닮아 있다. 물론 중요한 문제는 죽음을 설명하는 원시적(또는 진화된) 종교 체계 속에 죽음을 도입하는 것이 아니라, 죽음이 의지에 반해 지니고 있는 위협의 배후에서 죽음이 인격들 사이의 질서를 지시하고 있음을 보여 주는 것이다. 죽음은 이 질서의 의미 작용을 없애지 못한다.

사람들은 죽음이 언제 올 것인지 알지 못한다. 무엇이 올 것인가? 죽음은 무엇으로 나를 위협하는가? 무로? 아니면 다시 시작함으로? 나는 알지 못한다. 내가 나의 죽음 이후를 알 수 없다는 이 불가능성 속에, 마지막 순간의 본질이 있다. 몽테뉴가 말했듯, 나는 "우리의 능력 범위를 넘어서는"[6] 죽음의 순간을 절대로 포착할 수 없다. **미지의 마지막**—그것은 내 삶의 모든 순간들과 다르다. 내 삶은 내 탄생과 죽음 사이에서 펼쳐지며, 상기되거나 예상될 수 있기 때문이다. 내 죽음은 내가 어떤 형태하에서든 내 능력을 행사할 수 없는 순간으로부터

---

5) 「사무엘 상」, 2장 6절. —옮긴이
6) 몽테뉴, 『수상록』, 1권 4장의 한 구절. —옮긴이

온다. 나는 죽음에서 어떤 장애물과 충돌하는 것이 아니다. 그 충돌에서 최소한 내가 접촉하는 장애물과, 내가 극복하거나 견뎌 냄으로써 내 삶으로 통합해서 그 타자성을 중지시키는 그런 장애물과 충돌하는 것이 아니다. 죽음은 신비로서 내게 접근하는 위협이다. 죽음의 비밀이 죽음을 규정한다. 죽음은 떠맡겨질 수 없는 채 접근해 온다. 그래서 내 죽음과 나를 분리시키는 시간은 감소하는 동시에 그치지 않고 감소하여, 내 의식이 결코 뛰어넘을 수 없는 최후의 간격 같은 것을 포함한다. 이 간격 속에서 어떤 도약이 ─ 모종의 방식으로, 죽음으로부터 나를 향해 ─ 생산될 것이다. 길의 마지막 끝은 나 없이 이뤄질 것이다. 죽음의 시간은 상류로 흐른다. 자아는 미래를 향한 자신의 기투 속에서 임박함의 운동에 의해, 순수한 위협에 의해 전복되는 자신을 발견한다. 이 순수한 위협은 절대적 타자성으로부터 내게로 온다. 에드거 앨런 포의 단편[7]에서처럼. 거기서는 화자를 가둔 벽들이 계속 조여 오고, 그 바람에 화자는 눈으로 죽음을 체험한다. 그 눈은 시선으로서, 자기 앞에 언제나 어떤 연장延長을 갖지만, 또한 자아에게 무한한 미래의 한 순간이 끊임없이 접근하는 것을 지각한다. 그 자아는 이 미래를, **미지의 마지막**을 기다린다. 그러나 그 자아는 역류하는 운동 속에서 무한히 작지만 넘을 수 없는 이 거리를 지워 버리게 될 것이다. 최종 순간에서 나를 분리시키는 거리를 가로지르는 운동의 이 같은 개입은 시간적 간극을 공간적 거리로부터 구분해 준다.

　그러나 임박은 위협인 동시에 연기다. 임박은 시간을 짓누르며

---

7) 「함정과 진자」(The Pit and the Pendulum)를 가리킨다. ─ 옮긴이

시간을 남겨 둔다. 시간적으로 존재한다는 것은, 죽음을 향해 존재하는 동시에 여전히 시간을 갖는다는 것, 죽음에 대항해 존재한다는 것이다. 임박 가운데 위협이 내게 영향을 미치는 그런 방식 속에서 나는 위협에 의해, 또 두려움의 본질에 의해 문제 삼아진다. 이것은 어떤 순간과의 관계다. 그 순간의 예외적인 특성은, 그것이 무나 재탄생의 문턱에 있다는 사태에 기인하는 것이 아니라, 삶 속에서 그 순간이 모든 가능성의 불가능성이라는 사태에 기인한다. 이 불가능성은 전적인 수동성의 충격이다. 이에 비해 능동성으로 변하는 감성의 수동성은 멀리서만 수동성을 모방할 따름이다. 그러므로 죽음과 나의 관계인 내 존재에 대한 두려움은 무에 대한 두려움이 아니라 폭력에 대한 두려움이다. (따라서 내 존재에 대한 두려움은 타인, 즉 절대적으로 예측할 수 없는 것에 대한 두려움으로 연장된다.)

심리적인 것과 물질적인 것의 상호 작용이 자신의 원초적 형식 아래 드러나는 것은 죽을 수밖에 없음 속에서다. 심리적인 것을 대자나 자기 원인으로 놓고 물리적인 것을 '타자'의 함수인 진행 과정으로 놓는 데서 출발하는 심리적인 것과 물리적인 것의 상호 작용은, 이 관계 속에 있는 항들이 귀착하는 추상으로 인해 한 문제를 제기한다. 죽을 수밖에 없음은 구체적이고 원초적인 현상이다. 죽을 수밖에 없음은, 아직 타인에게 맡겨지지 않은 대자, 따라서 사물이 아닌 대자를 설정하지 못하게 막는다. 본질적으로 죽을 수밖에 없는 대자는 사물을 재현할 뿐만 아니라, 그것들을 감내한다.

그러나 의지가 죽을 수밖에 없고, 검의 칼날과 독의 화학 성분 그리고 굶주림과 목마름에서 오는 폭력에 영향받기 쉽다고 해도, 또 의지가 건강과 병 사이에서 자신을 유지하는 신체라 해도, 이것은 의지가 단지 무에 둘러싸여 있기 때문은 아니다. 이 무는 그 너머에 적대적 의지가 자리 잡고 있는 어떤 간극이다. 나는 위협당하는 수동성이지만, 내 존재에서 무에 의해 위협당할 뿐 아니라, 내 의지에서 한 의지에 의해 위협당한다. 내 행동 속에서, 내 의지의 대자 속에서, 나는 낯선 의지에 노출된다. 죽음이 삶으로부터 모든 의미를 제거해 버릴 수 없는 것은 이 때문이다. 이것은 파스칼식 유희^{divertissement}의 결과 덕택이 아니며, 그 말의 하이데거적 의미에서 일상적 삶의 익명성 속으로 퇴락한 결과 탓도 아니다. 내가 그에 대해 능력을 행사할 수 없고 내 세계의 **일부**를 형성하지도 않는 적이나 신은 여전히 나와 관계 속에 머물며 나에게 의욕함을 허락한다. 그러나 이때의 의욕은 자기중심적이지 않은 의욕, 욕망의 본질로 스며드는 의욕이다. 이 욕망의 중력 중심은 욕구의 자아와 합치하지 않는다. 그것은 타인을 위한 욕망이다. 죽음이 소급해 닿는 살해는 냉혹한, 그러나 인간적 관계들의 층위에 따른 세계를 드러낸다. 의지는 이미 자기의 배반이며 소외지만, 이 배반을 연기시킨다. 의지는 죽음을 향해 가지만, 죽음은 언제나 미래다. 의지는 죽음에 노출되지만, **당장**은 아니다. 이런 의지는 타인을 위해 존재하는 시간을, 그래서 죽음에도 불구하고 의미를 다시 발견하는 시간을 갖는다. 타인을 위한 이 실존, 타자에 대한 이 욕망, 자기중심적 중력으로부터 해방된 이 선함은 인격적 특성을 보존한다. 한정된 존재는 자신의 시간을 소유한다. 그 존재는 폭력을 연기시키기 때문이다. 다시 말해, 죽음 너머에, 의미 있는 질서가 존속하기 때문이다. 그로 인해 대화의 모든 가능성이 벽에 머리를 부딪힌 절망적 타격들로 환원되지 않기 때문이다. 위협당한 의지가 용해되는 욕망은 더 이상 의지의 능력들을 방어하지 않고, 그 의지 자체의 외부에 자신의 중심을—죽음이 그 의미를 떼어 버릴 수 없는 선함으로서—갖는다. 우리는 앞으로 이 점을 보여 주어야 할 것이다. 그 과정 중에, 죽음에 대항하는 의지의 존재가 자신에게 허용하는 시간 속에서 의지가 포착하는 다른 기회를, 즉 제도들의 설립을 끌어내면서 말이다. 이 제도들을 통해 의지는 죽음 너머에서 의미 있는 세계를, 그러나 비인격적인 세계를 확증하게 된다.

4. 의지와 시간: 인내

인간의 의지가 영웅적이지 않음을 주장하면서, 우리는 인간적 비겁을 논한 것이 아니라 자신의 고유한 실패에 직면해 있는 용기의 불안 정성précarité을 보여 주었다. 이 점은 스스로를 실행하면서 자신을 배반하는 의지의 본질적 필멸성/죽을 수밖에 없음에 의해 드러났다. 그러나 이 실패 자체 속에서, 우리는 시간의 경이로움을, 이 실패가 미래화되며 연기됨을 간파했다. 의지는 하나의 모순을, 즉 모든 외적 공격에 대해 면제된다는 면과 이 불가침의 주권이 영속적으로 잘못을 범한다는 면 사이의 모순을 병합한다. 전자의 면에서 의지는 창조되지도 않고 필멸하지도 않는 것으로, 모든 양적 힘을 넘어선 힘을 타고난 것으로 정립되기까지 한다(다름 아닌 이 점을 입증하는 것이 자기의식이다. 자기의식 속에서 존재는 침해받을 수 없게 피신한다. "나는 영원히 요동치 아니하리라."[8]). 후자의 면에서 의지적 존재는 유혹, 선전, 고문의 기술에 내맡겨지기에 이른다. 의지는 전제적 압력과 부패에 굴복할 수 있다. 저항하려고 의지가 펼치는 에너지의 양만이, 또는 의지에 대해 행사되는 에너지의 양만이 비겁과 용기를 구분해 주는 것처럼 보인다. 의지가 자신의 열정을 이겨 냈을 때, 의지는 가장 강한 열정으로서 뿐 아니라, 모든 열정 위에서 그 자신에 의해 스스로를 규정하는 것으로, 침해될 수 없는 것으로 나타난다. 그러나 굴복했을 때, 의지는 영향력에 노출된 것으로, 전적으로 조작 가능하고 순수하고 단순하게 그 성분들로 분해되는 자연의 힘으로 드러난다. 자신의 자기의식 속에서 의지는 침해당한다. 의지의 '사유의 자유'는 퇴색된다. 애초부터 적대적인 힘들의 압력은 경향적인 것으로 현상하고 만다. 일종의 전도顚倒 속에서 의지는 그 경향들의 경사傾斜에 대한 의식까지 잃어버린다. 의지는 침해 불가능성과 쇠퇴를 오가는 이러한 한계에 머문다.

이 전도는 죄보다 더 근본적이다. 그것은 의지를 의지라는 그것의 구조 자체 가운데서, 근원과 동일성이라는 그것의 품격 가운데서 의지를 위협하기 때문이다. 그러나 동시에 이러한 전도는 무한히 덜 근본적이다. 왜냐하면 그것은 단순히 위협할 뿐이고 무한히 유예되기 때문이며, 의식이기 때문이다. 의식은 폭력에 대한 저항이다. 의식은 폭력을 예방하는prévenir[9] 데 필요한 시간을 남겨 두기 때문이다. 인간의 자유는 미래avenir에, 늘 아직 최소한인 미래에, 자신의 부-자유로부터의 미래에, 의식 속에 거주한다. 의식은 여전히 남아 있는 시간을

---

8) 「시편」, 30편 6절.──옮긴이
9) 245쪽 각주 5 참조.──옮긴이

가로지르는 임박한 폭력에 대한 예견이다. 의식적이라는 것은 시간을 갖는다는 것이다. 미래를 예상하고 앞당김으로써 현재를 넘쳐 나는 것이 아니라, 현재에 대해 거리를 갖는 것이다. 도래할$^{à\ venir}$ 존재로서의 존재와 관계하는 것이고, 이미 존재의 압박을 겪으면서도 존재에 대해 거리를 유지하는 것이다. 자유롭다는 것은 폭력의 위협 아래로 자신이 떨어지는 것을 예방하기 위한 시간을 갖는 것이다.

한정된^{défini} 존재, 즉 전체 속에서의 자신의 자리에 의한 자기동일적인 존재, 자연적^{naturel} 존재(왜냐하면 탄생$^{naissance10)}$이란 앞서 존재하고 보다 오래 살아남는 하나의 전체로 들어감을 기술하는 것이기에)는, 시간 덕택에 아직 자신의 종국에 도달하지 않고, 자기로부터 거리를 유지한다. 그것은 아직 예비로 남으며, 존재의 현관에 머물고, 선택되지 않은 탄생의 운명 이편에 남고, 아직 완수되지 않는다. 이러한 의미에서 자신의 탄생에 의해 한정된 존재는 자신의 본성^{nature}에 관해 어떤 위치를 취할 수 있다. 한정된 존재는 배후의 배경을 처리할 수 있고, 이런 점에서 완전히 태어난^{né} 것은 아니며, 자신의 정의^{定義}나 자신의 본성에 앞선 것으로 남는다. 순간은 현재를 형성하기 위해 다른 것에 연결되지 않는다. 현재의 동일성은 순간을 중지시키는 가능한 것들의 고갈될 수 없는 다수성으로 쪼개진다. 그리고 이것은 한정된 어떤 것으로도 마비시키지 못하는 주도권에 의미를 준다. 또 그것은 위로에 의미를 준다. 생각해 보라. 어떻게 단 한 방울의 눈물이 ─비록 말라 버렸다 해도─ 잊힐 수 있겠는가? 어떻게 보상이 가장 낮은 가

---

10) 66쪽 각주 2 참조. ─옮긴이

치라도 가질 수 있겠는가? 만일 보상이 순간 그 자체를 수정하지 못한다면, 만일 그것이 자신의 존재 속에서 순간을 빠져나가게 하지 못한다면, 만일 눈물 속에서 빛나는 괴로움이 '한동안'en attendant 실존하는 것이 아니라면, 만일 그것이 아직 잠정적인 한 존재로부터 실존하는 것이 아니라면, 만일 현재가 완성된 것이라면, 어떻게 보상이, 가장 낮은 가치라도 가질 수 있겠는가?

늘 미래인 악이 현재 ─ 의식의 한계 ─ 가 되는 특권적 상황은 이른바 물리적 고통에 이르게 된다. 우리는 거기서 존재에 몰아넣어진 자신을 발견한다. 우리는 고통을 몰아넣어지고 부딪힌 사태를 **동반하는** 불쾌한 감각으로만 알고 있지 않다. 그런 사태가 고통 그 자체며, 접촉의 '출구 없음'이다. 무릇 고통의 첨예함은 고통에서 달아날 수 없음에서, 자기 자신에 대항해 자기 자신을 지킬 수 없음에서 성립한다. 그것은 생기 있는 모든 원천에 대해 유리됨에서 성립한다. 물러서는 것의 불가능성. 여기서 두려움 속의 의지가 다만 미래에 부정된다는 사태가, 능력을 거부하는 무엇이 임박해 있다는 사태가 현재 속에 기입된다. 여기서 타자는 나를 움켜쥐며, 세계는 의지에 영향을 미치고 의지를 건드린다. 고통 속에서 실재는 의지의 즉자en soi에 작용하는데, 의지의 즉자는 절망스럽게도 타인의 의지에 전적으로 복종하는 것으로 변한다. 고통 속에서 의지는 병으로 망가진다. 두려움 속에서 죽음은 여전히 미래적이며, 우리로부터 떨어져 있다. 고통은 반대로, 의지를 위협하는 존재의 극단적 근접성을 의지 속에서 실현한다.

그러나 자아가 사물로 변하는 이 사태에 우리는 여전히 참석한다. 우리는 사물이면서 동시에 우리의 사물화로부터 거리를 둔다. 이것은 포기로부터 최소한으로 먼 포기다. 고통은 애매한 것으로 남는다. 고통은 이미, 의지의 대자에 작용하는 악의 현재지만, 의식으로서는 언제나 아직 악의 미래다. 고통에 의해 자유로운 존재는 자유롭기를 그친다. 그러나 자유롭지-못한 이 존재는 여전히 자유롭다. 고통은 고통에 대한 의식 자체로 인해 이 악에 대해 멀리 떨어져 머문다. 그 결과 고통은 영웅적인 의지로 변할 수 있다. 이런 상황에서 운동의 모든 자유를 박탈당한 의식은 현재에 대해 최소한의 거리를 보존한다. 이 궁극적 수동성은 그렇지만 안간힘을 다해 행위와 희망으로 변화한다. 이 같은 수동성이 '인내'다. 이것은 감내하는 수동성이며, 그렇지만 지배력maîtrise 그 자체. 인내를 통해 개입 가운데서 해방이 성취된다. 이것은 역사를 조감하는 관조의 무감각도 아니고, 자신의 가시적 객관성 속에서의 되돌려지지 않는 개입도 아니다. 두 입장은 융합한다. 내게 폭력을 가하며 나를 붙잡는 존재는 아직 내 위에 있지 않다. 그 존재는 미래로부터 계속해서 위협한다. 그 존재는 아직 내 위에 있지 않으며 의식적일 뿐이다. 그러나 극단적 의식 속에서 의지는 새로운 의미에서의 지배력에 이른다. 여기서 죽음은 더 이상 의지를 건드리지 못한다. 극단적 수동성은 극단적 지배력이 된다. 의지의 에고이즘은 더 이상 자기를 강조하지 않는 실존의 기슭에 놓인다.

자유에 대한 최고의 시련은 죽음이 아니라 고통이다. 증오는 이 점을 매우 잘 안다. 증오는 붙잡을 수 없는 것을 붙잡고자 하며, 아주 높은 곳에서 고통을 통해 모욕하고자 한다. 고통 속에서 타인은 순수한 수동성으로 실존한다. 그러나 증오는 이 수동성을 그것을 증언해야 하는 현저하게 능동적인 존재 안에서 의욕한다. 증오가 타인의 죽음을 언제나 욕망하는 것은 아니다. 달리 말해, 최소한 증오는 죽음을 최고의 고통으로 가하는 경우에만 타인의 죽음을 욕망한다. 증오하는 자는 증오받는 존재가 증인이 되는 고통의 원인이 되고자 한다. 고통을 가하는 것은 타인을 대상의 지위로 환원하는 것이 아니다. 오히려 그것은 타인을 그의 주체성 속에서 화려하게 유지하는 것이다. 고통 속에서 주체는 자신의 사물화를 알아야 한다. 하지만 이를 위해선 주체가 주체로 남아 있어야 한다. 증오하는 자는 이 둘을 원한다. 이로부터 만족을 모르는 증오의 특성이 나온다. 증오가 만족되는 것은 바로 증오가 만족되지 않을 때다. 타인은 대상이 됨으로써만 증오를 만족시킬 수 있기 때문이다. 하지만 타인은 결코 충분히 대상이 될 수 없다. 왜냐하면 사람들은 그의 퇴락을 요구함과 동시에 그의 온전한 의식과 그의 증언을 요구하기 때문이다. 여기에 증오의 논리적 부조리가 있다.

의지의 최고의 시련은 죽음이 아니라 고통이다. 인내 속에서, 그 포기의 한계에서 의지는 부조리에 빠지지 않는다. 왜냐하면 의지가 떠받치는 폭력은 무—이 무는 탄생에서 죽음으로 흘러가는 시간의 영역을 순수하게 주관적인 것으로, 내적인 것으로, 헛된 것으로, 무의미한 것으로 환원해 버릴 것인데—의 저편에서, 전제정치처럼 타자로부터 오기 때문이다. 그러나 같은 이유로 그것은 의미 작용에서 뚜렷이 부각되는 부조리로 생산된다. 폭력은 대화를 중단시키지 않는다. 모든 것이 냉혹하지는 않다. 이렇게 해서만 폭력은 인내 속에서 용인될 수 있는 것으로 남는다. 폭력은 내가 **어떤 사람**에 **의해** 그리고 **어떤 사람을 위해** 죽을 수 있는 세계 속에서만 생산된다. 이러한 것은 죽음을 새로운 맥락 속에 위치시키며, 그로부터 그 개념을 변형시켜, 내 죽음이라는 사태로부터 죽음의 개념에 오는 파토스적인 것을 비워 낸다. 달리 말해, 인내 속에서 의지는 자신의 에고이즘의 껍질을 꿰뚫는다. 그리고 의지는 그 중력의 중심을 자신의 바깥에 놓아, 그 무엇도 제한하지 못하는 욕망과 선함으로서 의욕하려 하는 것이다.

이 분석은 나중에 번식성fécondité의 차원 — 결국 이 차원으로부터 인내의 시간 자체가 도출되는데 — 을 이끌어 낼 것이다. 또 이제 우리가 살펴볼 정치적인 것의 차원도 이 분석에서 끌려 나온다.

5. 의욕의 진리

의지는 주관적이다. 의지는 자신의 모든 존재를 붙잡지는 못한다. 왜냐하면 자신의 능력을 절대적으로 빠져나가는 사건이 죽음과 더불어 의지에 도래하기 때문이다. 죽음은 종말로서가 아니라 최후의 폭력과 소외로서 의지의 주관성에 자국을 남긴다. 그렇지만 인내 속에서 의지는 **누군가에 대항하는** 삶, **누군가를 위한** 삶으로까지 옮겨 간다. 이런 인내 속에서 죽음은 더 이상 의지를 건드리지 못한다. 그러나 이러한 면제는 **진리로운** 것인가 아니면 단순히 주관적인 것인가?

이런 문제를 제기하면서 우리는 내적 삶에 대립하는 실재 영역의 실존을 전제하지는 않는다. 내적 삶은 어쩌면 일관성 없고 환상적일지 모른다. 우리는 내적 삶을 부대 현상이나 겉모습으로가 아니라 존재의 **사건**으로, 존재의 경제 안에서 일어나는, 무한의 생산에 필수 불가결한 차원의 열림으로 제시하고자 한다. 환상의 능력은 사유의 단순한 일탈이 아니라 존재 자체 안에서의 유희다. 그것은 존재론적 영역을 가지고 있다. 변호의 지평 속에서 내적 삶이 유지된다. 그리고 여기서 관건은 어떤 방식으로건—내적 삶을 부대 현상으로 다시 환원하지 않으려고—이 변호의 지평을 극복하는 일이 아니다. 하지만 변호는 그 자신으로부터—정확히 말해, 죽음 속의 그 자신을 회피함으로써—그 자신이 죽음을 모면한다는 어떤 확증을 불러오지 않는다. 변호는 심판을 요구한다. 그 심판이 던져 줄 빛 아래서 창백해지거나 일관성 없는 그림자처럼 도망치기 위해서가 아니다. 그 반대로 정의를 획득하기 위해서. 심판은 변호의 사건을 그 본연의 원래 운동 속에서, 무한의 생산에 불가결한 운동 속에서 확증해 줄 것이다. 죽음에 의해 그 자발성과 지배력을 부인당하는 의지, 죽음에 의해 역사적 맥락 속에서, 다시 말해 역사적 맥락으로 남은 작품들 속에서 질식되는 의지는, 심판 아래에 놓이고자 하며 심판으로부터 자신의 고유한 증언에 입각한 진리를 받아들이고자 한다. 변호를 지배하지만 변호를 침묵으로 위축시키지 않는 그런 심판 아래 놓이기 위해 의지가 진입하는 이 실존은 어떤 것인가? 무한과 관련하여 위치를 잡아 주는 행위인 심판은 필연적으로 그 원천을 심판받는 존재의 바깥에서 취하지 않는가? 심판은 타자와 역사로부터 오지 않는가? 그런데 타자는 의지를 전형적으로 소외시킨다. 역사의 평결은 자신이 심판하는 존재에게 더 이상 말하지 못하는 살아남은 자가 내린다. 의지는 이 살아남은 자에게 현상하며, 이 살아남은 자에게 결과와 작품으로서 제공된다. 이렇듯 의지는 죽음에 대항해 자신을 확증하려고 심판을 받으려 하지만, 심판은 역사의 심판으로서, 의지로서의 의지를 살해하고 만다.

정의를 추구하고 거부하는 이 변증법적 상황은 구체적 의미를 지닌다. 의식의 기초적 사태를 일으키는 자유는 즉각 자신의 부질없음을 드러낸다. 그것이 마비 환자의 자유와 같은 것임을, 조산아早產兒와 같은 것임을 드러낸다. 자유에 대해 헤겔이 행한 위대한 성찰은 선한 의지가—자신을 실현하기 위한 수단들을 사용하지 못하는 한—그 자체로는 참된 자유가 아니라는 점을 이해하게 해준다. 의식 속에 신의 보편성이 있다고 선언하는 것, 서로 분열하여 싸우는 인민들이 사실상 이러한 보편성을 부인하고 있는데도 모든 것은 완성되었다고 생각하는 것, 이것은 볼테르 같은 이의 무종교를 준비하는 일일 뿐 아니라, 이성 그 자체를 해치는 일이다. 내면성은 보편성을 대체할 수 없다. 자유는 정치적이고 사회적인 제도들 바깥에서 실현되지 않는다. 이 제도들은 자유가 피어나고 숨 쉬는 데 필요한, 그리고 아마 자생적으로 번식해 나가는 데 필요한 신선한 공기에 접근할 수 있도록 자유에게 문을 열어 준다. 정치적이지 않은 자유란, 그런 자유의 지지자들이나 수혜자들이 사실 정치적 진화의 진전된 단계에 속한다는 점으로 인해, 환상임이 설명된다. 자유롭고자 하는 생각이 아닌 자유로운 실존은 자연과 사회의 특정한 조직을 전제한다. 죽음보다 더 강한 고문의 고통들은 내적 자유를 소멸시킬 수 있다. 죽음을 받아들인 사람조차 자유롭지 않다. 그다음 날의 불안정성, 굶주림과 목마름은 자유를 비웃는다. 물론 고문의 와중에 고문의 이유들을 이해하는 것은, 배신에도 불구하고 또 예상되는 사태의 악화에도 불구하고, 그 유명한 내적 자유를 다시 세운다. 그러나 이러한 이유들 자체도 역사적 진화의 혜택과 제도들의 혜택을 받은 자들에게만 나타난다. 부조리와 부조리의 폭력에 내적 자유를 대립시키기 위해서는 교육을 받아야 하는 것이다.

그러므로 자유가 실재를 깨무는 것은 오직 제도들에 힘입어서다. 자유는 법들이 기입되는 석판에 새겨진다. 자유는 제도적 실존의 이상감象嵌에 의해 실존한다. 자유는 써진 텍스트에서 연유한다. 이 텍스트는 물론 파괴될 수 있지만 지속 가능하다. 인간의 외부인 그곳에서 인간을 위한 자유가 보존되는 것이다. 폭력과 죽음에 노출되는 인간의 자유는 베르그송의 도약élan에 의해서처럼 단번에 자신의 목표에 도달하지 못한다. 인간의 자유는 인간 자신의 배반을 피해 제도들로 피신한다. 역사는 종말론이 아니다. 도구를 만드는 동물은 자신의 동물적 조건 ─ 여기서 그의 도약은 단절되고 깨어지는 것처럼 보이는데 ─ 으로부터 해방된다. 이때 인간은 침해될 수 없는 의지인 자기로부터 자신의 목표로 나아가는 대신 도구들을 만들어서, 넘겨줄 수 있고 넘겨받을 수 있는 사물들에 자신의 미래 행동 능력들을 고정시킨다. 이렇듯 정치적이고 기술적인 실존은 의지에 의지의 진리를 보증하며, 오늘날 얘기하듯 의지를 객관적인 것으로 만든다. 선함에 이르지 못한 채, 의지에서 자신의 에고이스트적 무게를 비워 내지 못한 채 말이다. 죽지 않을 수 없는 의지는 세계에서 폭력과 살해를 내쫓음으로써, 다시 말해 시간의 혜택으로 종국을 언제나 조금 더 늦춤으로써 폭력에서 빠져나갈 수 있다.

객관적 심판은 이성적 제도들의 실존에 의해 선언된다. 이 제도들에서 의지는 죽음에 맞서 또 자신의 고유한 배반에 맞서 자기를 지킨다. 객관적 심판은 의지를 객관적 의미 작용으로 환원하는 보편적 법들에 주체적 의지를 복종시키는 데서 성립한다. 죽음의 연기 또는 시간이 의지에 남겨 두는 유예 속에서, 의지는 제도에 의탁한다. 그렇게 하여 의지는, 법들의 보편성이 의지에 보증해 주는 동등함 속에서, 공공의 질서에 의해 반성된 것으로 실존한다. 그렇게 하여 의지는, 마치 죽어 버린 듯이, 마치 자신의 유산遺産에 의해서만 의미를 준다는 듯이 실존한다. 마치 의지에서 1인칭으로 실존하는 모든 것, 즉 주체적 실존은 자신이 지닌 동물성의 여파일 뿐이라는 듯이 실존하는 것이다. 그러나 의지는 여기서 다른 전제정치를, 이미 인간에 낯선, 소외된 작품들의 전제정치를 알게 된다. 이 소외된 작품들은 견유학파의 오랜 향수를 다시 일깨운다. 보편적인 것의, 그리고 비인격적인 것의 전제정치가 존재한다. 짐승스러운 것과는 다른 비인간적 질서가 실존한다. 이런 질서에 맞서 인간은 자신이 (그 속으로 그가 들어가는) 전체성으로 환원될 수 없는 독특성임을, 그런 전체성에 외재적인 독특성임을 스스로 확증한다. 인간은 종교적 질서를 열망한다. 개체에 대한 인정을 통해 자신의 독특성과 관련시켜 주는 그런 종교적 질서를 열망한다. 이 종교적 질서는 즐거움의 질서다. 그것은 고통의 중단이나 고통의 안티테제가 아니며, (처해 있음Befindlichkeit에 대한 하이데거의 이론이 그렇게 여기듯) 고통 앞에서의 도망침도 아니다. 역사의 판결은 언제나 궐석으로 내려진다. 이 심판에 의지가 부재한 것은 거기서는 의지가 3인칭으로만 출현하기 때문이다. 이런 대화에서 의지는, 이미 단일성과 시초의 자세를 상실한, 이미 말을 상실한 간접적 대화에서처럼 나타난다. 1인칭의 말, 즉 직접적 대화는 보편적 심판의 객관적 지혜에는, 또는 그 심판이 행하는 조사의 단순한 소여에는 무용하다.

그런데 이런 직접적 대화는 바로, 더 이상 어떠한 덧붙임도 허용하지 않는 것 —보편적 지혜의 대상—에 덧붙여지는 소여를 끊임없이 가져오는 데서 성립한다. 그러므로 이러한 말은 심판의 다른 말들과 뒤섞이지 않는다. 이 말은 의지를 의지의 소송에 출두/현전시키며, 소송의 변호로서 생산된다. 주체성이 심판에 출두하는 것은 주체성에 진리를 보증해 주는데, 이 출두는 순전히 수적인 현전의 행위가 아니라 변호다. 변호하는 자리에 선 주체성은 완벽하게 스스로를 유지할 수 없으며 죽음의 폭력에 허점을 보인다. 자기와 맺는 자신의 관계에서 자신을 완벽하게 유지하기 위해서는, 주체성이 변호 저편에서 자신의 심판을 의욕할 수 있어야 한다. 극복되어야 하는 것은 죽음의 무가 아니라 수동성이다(의지는 죽지 않을 수 없는 것으로서, 절대적 주의를 기울이거나 절대적 경계를 할 수 없는 것이자 필연적으로 기습당하는 것으로서, 살해에 노출되는 것으로서 이 수동성에 노출된다). 그러나 바깥으로부터 자신을 볼 가능성은, 내가 그 가능성을 위해 탈인격화라는 값을 치러야 한다면, 더 이상 진리를 포함하지 못한다. 자신의 사유에 몰두하고 자신의 대화로 들어가기 위해서는, 주체성이 존재 안에서 절대적으로 자신을 유지하는 출발점이 되는 이 심판 속으로, 사유하는 자아의 독특성과 단일성이 가라앉아 버려서는 안 된다. 심판은 심판 속에서 스스로를 방어할 수 있는 의지를 대상으로 삼아야 한다. 자신의 변호를 통해 자신의 소송에 현전할 수 있는 의지를, 일관된 대화의 전체성 속으로 사라지지 않는 의지를 대상으로 삼아야 한다.

역사의 심판은 가시적인 것 안에서 진술된다. 역사적 사건들이야말로 진정으로 가시적인 것이며, 그것들의 진리는 명백함에서 생산된다. 가시적인 것은 전체성을 형성하거나 전체성으로 향한다. 가시적인 것은 변호를 배제한다. 변호는, 그 주체성 자체의 지양할 수 없고 포함할 수도 없는 현재를 전체성에 매 순간 끼워 넣는 가운데, 전체성을 해체한다. 심판은——주체성은 이 심판에 변호적으로 출두해 있어야 하는데——역사의 명백함에 반하여(만일 철학이 역사의 명백함과 일치한다면, 철학에 반하여) 성립되어야 한다. 역사가 최후의 결정에 대한 그것의 권리——주체성에게 이것은 필연적으로 부당하며 불가피하게 잔인한 것인데——를 마지막 단어까지 상실하도록 비가시적인 것이 현현되어야 한다. 그러나 비가시적인 것의 현현은 비가시적인 것이 가시적인 것의 지위로 이행함을 의미하지 않을 것이다. 비가시적인 것의 현현은 명백함으로 귀착하지 않는다. 비가시적인 것의 현현은 주체성에 남겨진 선함 속에서 생산되며, 그래서 주체성은 단순히 심판의 진리에 복종하게 되지 않고 오히려 이 진리의 원천이 된다. 비가시적인 것의 진리는 그것을 말하는 주체성에 의해 존재론적으로 생산된다. 사실 비가시적인 것은 '잠정적으로 비가시적인 것'이 아니다. 피상적이고 성급한 눈으로 보기에 비가시적으로 남아 있는 것도 아니며, 더 주의 깊고 더 세심한 조사가 가시적으로 만들 수 있는 것도 아니다. 또는 영혼의 감춰진 운동들처럼 표현되지 못한 채 남아 있는 것이거나, 우리가 근거 없이 또 게으르게 신비라고 확언하는 것도 아니다. 비가시적인 것, 이것은 침해다. 역사가 아무리 이성적으로 전개된다 해도 이 침해는 가시적 역사의 심판으로부터 불가피하게 결과한다. 역사의 용맹한 심판, '순수이성'의 용맹한 심판은 냉혹하다. 이러한 심판의 보편적 규범은 단일성을 침묵게 한다. 이 단일성 속에 변호가 자리 잡으며, 이 단일성으로부터 변호가 자신의 논증들을 도출하는데 말이다. 스스로를 전체성으로 정돈하는 비가시적인 것은 주체성을 침해한다. 왜냐하면 본래 역사의 심판은 모든 변호를 가시적 논증들로 해석하는 데서, 독특성의 —이 독특성에서 가시적 논증들이 도출되며, 어떤 논증도 이 독특성을 극복할 수 없는데 —고갈 불가능한 원천을 말려 버리는 데서 성립하기 때문이다. 독특성은 전체성에서 자리를 발견할 수 없기에 그렇다. 신의 심판이라는 생각은 비가시적이고 본질적인 이 침해를 고려하는 심판의 한계 관념을 나타낸다. 이 침해는 독특성에 대한 심판에서(비록 그것이 이성적 심판이며 보편적 원칙으로부터 이끌려진 것이고 그래서 가시적이며 명백한 심판이라 해도) 비롯한다. 그것은 다른 한편으로는, 변호의 목소리와 반란을 자신의 위엄으로 침묵시키지 않은 근본적으로 분별적인 심판이다. 신은 비가시적인 것을 보며, 보여짐 없이 본다. 사람들은 이러한 상황을 신의 심판이라 부를 수 있으며, 단순히 주관적으로가 아니라 진리롭게 의욕하는 의지는 여기에 복종한다. 그러나 어떻게 이러한 상황이 구체적으로 성취되는가?

역사의 심판, 가시적인 것에 대한 심판의 결과로 생겨나는 비가시적 침해가 만일 울부짖음과 이의 제기로만 나타난다면, 만일 그 침해가 내 안에서 느껴진다면, 그것은 심판에 앞선 주체성을 입증해 주거나 심판에 대한 거부를 증언해 줄 것이다. 그렇지만 비가시적인 침해가 타인의 얼굴 속에서 나를 응시하고 나를 고발할 때, 그것은 심판 자체로서 생산된다. 타인의 얼굴의 에피파니 자체는 이렇게 겪는 침해로부터, 이방인, 과부 그리고 고아의 지위로부터 만들어진다. 죽음에 대한 의지의 두려움이 살해를 저지름에 대한 두려움으로 바뀔 때, 의지는 신의 심판 아래 있게 된다.

그러므로 심판받는 것은 평결을 듣는 데서 성립하지 않는다. 평결은 보편적 원리로부터 비인격적이고 무자비하게 공표될 뿐이다. 그런 목소리는 심판에 종속된 존재의 직접적 대화를 중단시킬 것이고, 변호를 침묵케 할 것이다. 반면에 변론을 듣는 심판은 자신이 심판하는 의지의 독특성을 실제로 확증해야 할 것이다. 험험함에 의해서는 아니다. 험험함은 심판 속의 결함을 가리킬 것이다. 심판에서 이뤄지는 독특성의 고양은 바로 심판이 불러일으키는 의지의 무한한 책임 속에서 생산된다. 심판이 내게 응답하라고 독촉하는 만큼, 심판은 내게 부과된다. 진리는 독촉에 대한 이 응답 속에서 이룩된다. 독촉은 독특성을 찬양한다. 그것은 바로, 독특성이 무한한 책임에 맡겨지기 때문이다. **책임의 무한은 그것의 현실적 광대함을 표현하는 것이 아니라, 자신이 떠맡는 데 따라 늘어나는 책임의 증대를 표현한다.** 의무들은 성취됨에 따라 커진다. 내가 내 의무를 더 잘 성취할수록, 나는 더 적은 권리들을 갖는다. 내가 더 정당할수록, 나는 더 죄가 있다. 향유 속에서 우리가 보았던 자아는, 자신의 실존이 그 둘레를 맴도는 중심을 따로—그 자체로—갖는 분리된 존재로 출현한다. 자아는 이 중력을 자신에서 비우는 가운데 자신의 독특성 속에서 확증된다. 자신을 끝없이 비우며, 자신을 비우는 바로 이 끊임없는 노력 속에서 확증되는 것이다. 우리는 이 노력을 선함이라고 부른다. 책임의 이러한 넘쳐흐름이 생산되는 우주의 한 지점이 가능하다는 것, 아마 이 가능성이 결국 자아를 규정할 것이다.

그러므로 나의 자의적이고 부분적인 자유를 문제 삼는 정의 속에서, 나는 단지 합의할 것을 요구받지 않는다. 동의하고 떠맡기를 요구받지 않는다. 보편적 질서로 순전히 그리고 단순히 진입했음을 확인하도록, 나의 포기를, 변호의 종국을 확인하도록 요구받지 않는다. 그런 경우에 변호의 잔류분은 동물성의 잔여나 여파로서 해석되고 말것이다. 사실 정의는 그것의 보편성의 균등함 속에서 나를 포괄하지 않는다. 정의는 정의의 직선ligne droite을 넘어서도록 내게 독촉한다. 어떤 것도 그래서 이런 진행의 끝을 표시할 수 없다. 법의 직선 뒤에서는 선함의 땅이 무한하게 또 탐험되지 않는 곳으로 펼쳐지며, 독특한 현전의 모든 자원들을 요구한다. 그러므로 나는 객관적 법에 의해 고정된 모든 한계 너머에서 책임을 지는 자로서 정의에 반드시 필요하다. 자아는 하나의 특권 또는 선출이다. 존재 속에서 법의 직선을 가로지를 가능성, 즉 보편적인 것 너머에서 자리를 발견할 유일한 가능성, 그것은 내가 되는 것이다. 이른바 내적이고 주관적인 도덕성은 보편적이고 객관적인 법이 수행할 수는 없는 기능을, 그렇지만 그것이 요구하는 기능을 수행한다. 진리는 주관적인 것 속에 **존재**할 수 없듯, 전제정치 속에서도 **존재**할 수 없다. 진리가 **존재**할 수 있는 것은, 한 주체성이 진리를 말하라고 부름받은 경우뿐이다. "먼지가 당신을 찬송하고 당신의 진리를 선포할 것"[11]이라고 다윗 왕이 외쳤던 것과 같은 의미에서 말이다. 무한한 책임으로 부름은 주체성을 그것의 변호론적 자리 속에서 확증한다. 주체성이 지닌 내면성의 차원은 주체적 지위

---

11) 「시편」, 30편 9절.—옮긴이

에서 존재의 지위로 돌아간다. 심판은 더 이상 주체성을 소외시키지 않는다. 왜냐하면 심판은 주체성을 객관적 도덕성의 질서로 편입시키거나 그 속에서 용해시키는 것이 아니라, 주체성에게 그 자체로 깊어짐의 차원을 허락하기 때문이다. '나'라고 말하는 것, 즉 변호를 추구하는 환원 불가능한 독특성을 긍정하는 것은, 어느 누구도 나를 대체할 수 없고 나를 해방시킬 수 없는 그런 책임들에 대한 특권적 자리를 소유한다는 것을 의미한다. 회피할 수 없음, 이것이 자아다. 변호의 인격적 특성은 자아가 나로서 성취되는 이 선출 속에서 유지된다. 나로서의 자아의 성취 그리고 도덕성 ─이것은 존재 안에서 유일하고 동일한 과정을 구성한다. 도덕성은 평등함에서 태어나지 않는다. 도덕성은 무한한 요구들, 즉 가난한 자, 이방인, 과부와 고아에 봉사하라는 요구가 우주의 한 지점으로 수렴한다는 사태 속에서 발생한다. 오직 이렇게 해서, 도덕성에 의해 우주 속에 나와 타자들이 생산된다. 욕구와 의지의 양도 가능한 주체성은 이미 스스로를 소유한다고 주장하지만, 죽음은 그것을 비웃는다. 주체성은 선출에 의해 변형된 자신을 발견한다. 선출은 주체성을 그 내면성의 자원들로 향하게 하면서 주체성을 서임한다. 무한한 자원들 ─이것은 성취된 의무의 끝없는 넘쳐흐름 속에, 더 큰 책임들에 의한 넘쳐흐름 속에 있다. 그러므로 인격적 개인은 자신이 객관적 심판 속에서 확증됨을 알게 되며, 더 이상 전체성 속의 자기 자리로 환원되지 않는다. 그러나 이러한 확증은 개인의 주체적 경향들에 아첨하고 그의 죽음에 대해 개인을 위로하는 데서가 아니라, 타인을 위해 실존하는 데서 성립한다. 즉 자신을 문제 삼는 데서, 또 죽음보다 죽임을 더 두려워하는 데서 성립한다. 이것은 죽음의 도약salto mortale이다. 인내는 (그리고 여기에 고통의 의미가 있는데) 이미 이 위험한 영역을 열고 이미 헤아리지만, 진정한 의미의 독특한 존재—하나의 나—만이 이것을 성취할 수 있다. 의욕의 진리는 심판 아래로 의욕이 들어가는 것이지만, 이 심판 아래로 들어감은 무한한 책임들로 부름받은 내적 삶의 새로운 방향 속에 있는 것이다.

정의는 독특성 없이는, 주체성의 단일성 없이는 불가능할 것이다. 이 정의에서 주체성은 형식적 이성으로 나타나는 것이 아니라 개체성으로 나타난다. 형식적 이성이 존재로 육화하는 것은 존재가 그의 선출됨을 상실하고 모든 타자들과 같아지는 한에서다. 형식적 이성은 역사의 가시적인 것 아래 심판의 비가시적인 것을 전제할 힘을 갖지 못하는 존재에서만 육화된다.

내적 삶의 깊어짐은 더 이상 역사의 증거들에 의해 인도되지 않는다. 내적 삶의 깊어짐은 위험에, 자아의 도덕적 창조에 건네진다. 역사보다 더 광대한 지평들에, 또 역사 자체가 심판되는 지평들에 건네진다. 객관적 사건들과 철학자들이 내놓은 명증은 그 지평들을 숨길 수 있을 뿐이다. 만일 주체성이 변호 없이 진리 속에서 심판될 수 없다면, 만일 심판이 주체성을 침묵으로 환원하는 것이 아니라 주체성을 찬양한다면, 선善과 사건들 사이에 불일치가 있어야 한다. 더 정확히 말해 그 사건들이 비가시적 의미를 가져야 한다. 주체성만이, 독특한 존재만이 이 비가시적 의미를 결정할 수 있다. 역사의 심판 저편에 놓인다는 것, 진리의 심판 아래에 놓인다는 것은, 표면상의 역사 배후에 신의 심판이라 불리는 다른 역사를, 그러나 마찬가지로 주체성을 잘못 인식하면서 전제하는 것이 아니다. 신의 심판 아래 놓인다는 것은 주체성을, 법 너머의 도덕적 지양으로 불러내진 주체성을 찬양하는 것이다. 이렇게 불려 온 주체성은 진리 안에 있다. 왜냐하면 이 주체성은 그 존재의 한계들을 지양하기 때문이다. 나를 심판하는 신의 이 심판은 동시에 나를 확증한다. 그러나 이 확증이 이뤄지는 것은 바로 나의 내면성 속에서다. 내 내면성의 정의가 역사의 심판보다 강하다. 한 소송에 출두하는 자아로 구체적으로 존재한다는 것 —이것은 주체성의 모든 자원들을 요구하는데— 은, 자아로서는 역사의 보편적 심판 저편에, 침해당한 자의 이 침해를 목도할 수 있다는 뜻이다. 그 침해는 보편적 원리들에서 비롯하는 심판 자체 속에서 불가피하게 생산된다. 진정으로 비가시적인 것, 그것은 보편적 역사가 특수한 것들에 가하는 침해다. 단지 이성의 육화로가 아니라 나로 존재한다는 것, 그것은 바로 침해받은 자의 침해를, 또는 얼굴을 볼 수 있다는 것이다. 내게 부과된 심판 속에서 내 책임이 깊어지는 것은 보편화의 질서에 속하지 않는다. 보편적 법의 정의 저편에서, 자아는 선하게 존재한다는 사태로 인해 심판 아래로 들어선다. 선함은 타인을 나 자신보다 더 중시하는 그런 방식으로 존재 안에 놓이는 데서 성립한다. 따라서 선함은 죽음에 의해 그 능력들의 소외에 노출된 자아가 죽음에 대해 있지 않을 가능성을 포함한다.

내적 삶은 존재의 진리에 의해, 그 진리에 필수적인 심판의 진리 속에서 실존하는 존재에 의해 찬양된다. 철학자를 유혹하는 역사의 가시적 판단에 어떤 것이 은밀하게 대립할 수 있는 그런 차원으로서 찬양되는 것이다. 그러나 이 내적 삶은 모든 가시성을 거부할 수는 없다. 의식의 심판은 역사의 정지arrêt 너머의 실재를 참조해야 한다. 역사의 정지 또한 정지이고 끝이기 때문이다. 그러므로 진리는 선함을 조건 짓고 얼굴의 초월을 조건 짓는 무한한 시간을 궁극적 조건으로 요구한다. 자아가 삶을 이어 가는 주체성의 번식성은 신의 심판의 은밀한 차원인 주체성의 진리를 조건 짓는다. 그러나 이 조건을 실현하기 위해서는 시간의 무한한 선線이 주어지는 것으로는 충분치 않다.

'아직 아님'의 현상이 뿌리내리고 있는 시간의 최초 현상으로 거슬러 올라갈 필요가 있다. 아버지됨paternité으로 거슬러 올라갈 필요가 있는 것이다. 이 아버지됨 없이는 시간은 영원의 이미지일 뿐이다. 이 아버지됨 없이는 가시적 역사의 배후에서 진리가 현현하는 데 필수적인 시간이 불가능하게 될 것이다(그러나 그것은 시간으로 남는다. 다시 말해, 그 자신 속에 위치하는 자기동일적인 현재와 관련하여 자기를 시간화한다). 생물학적 번식성은 여기서 관건인 아버지됨의 한 형태일 뿐이다. 아버지됨은 시간의 근원적 실행으로서, 인간들에게서는 생물학적 삶 위에서 지탱되지만, 이 생물학적 삶을 넘어 살아나갈 수 있다.

4부 | 얼굴 너머

타인과의 관계가 분리를 무효화하는 것은 아니다. 타인과의 관계는 전체성 가운데서 출현하지 않으며, 또 전체성을 수립하여 나와 타자를 거기에 통합하지도 않는다. 대면의 상황은 주체성이 흡수되어 버릴 보편적 진리의 실존을, 나와 타자가 일치의 관계로 들어간다고 생각하기에 충분할 그런 보편적 진리의 실존을 더 이상 미리 전제하지 않는다. 이 마지막 지점에서 다음과 같은 전도된 테제를 옹호할 필요가 있다. 나와 타자의 관계는 항들의 **비동등성** 속에서 시작한다. 이 항들은 다른 항에 대해 초월적이다. 이 관계에서 타자성은, A에 대한 B의 타자성이 단순히 A의 정체성과는 다른 B의 정체성에서 생겨난다는 것과 같이 타자를 형식적으로 규정하지 않는다. 여기서 타자의 타자성은 타자가 지닌 정체성의 결과로 생겨나는 것이 아니다. 오히려 타자의 타자성이 그의 정체성을 구성한다. 즉, 타자는 타인이다. 타인으로서의 타인은 높음의 차원과 낮아짐 ─ 영광스러운 낮아짐 ─ 의 차원에 자리한다. 타인은 가난한 자, 낯선 자, 과부와 고아의 얼굴을 지니는 동시에 나의 자유를 서임하고 정당화하도록 요청받은 스승의 얼굴을 지닌다. 이 비동등성은 우리를 헤아릴 제삼자에게 나타나는 것이 아니다. 비동등성은 바로, 나와 타자를 포괄할 수 있는 제삼자의 부재를 의미한다. 그래서 원초적 다수성은 그 다수성을 구성하는 대면에서 확인된다. 비동등성은 독특한 다수들에게서 생산되는 것이지, 이 수에 외재적이며 그 다수를 셈할 법한 어떤 존재에게서 생산되는 것이 아니다. 비동등성은 홀로 그것을 없애 버릴 수 있을 외재적 관점이 불가능하다는 이 사실 속에 있다. 여기서 수립되는 관계 ─가르침, 지도력, 타동성의 관계─는 언어이며, 이것은 말하는 자에게서만, 따라서 그 스스로 마주하는faire face 자에게서만 생산된다. 언어는 동일자와 타자를 지배하는 비인격적 사유에 덧붙여지지 않는다. 오히려 비인격적 사유가 동일자로부터 타자로 나아가는 운동 속에서, 따라서 단지 비인격적인 것이 아닌 인격 간의 언어 속에서 생산되는 것이다. 대화 상대자들에게 공통적인 질서는, 한 사람이 세계와 자신의 소유를 타자에게 주는 데서 성립하는 긍정적 행위에 의해 수립된다. 또는 한 사람이 타자 앞에서 자신의 자유를 스스로 정당화하는 데서 성립하는 긍정적 행위에 의해, 즉 변호에 의해 수립된다. 변호는 맹목적으로 자기를 긍정하지 않고 미리 타인에게 호소한다. 변호는 극복 불가능한 그것의 양극성에 자리 잡은, 이성의 원초적 현상이다. 독특성으로서의 대화 상대자들, 개념들로 환원되지 않는 대화 상대자들이 의사소통을 주관한다. 개념은 대화 상대자들이 그들의 세계를 전달하거나 타인의 정당화에 호소하는 가운데 구성하는 것이다. 이성은 이 독특성 또는 이 특수성을 개념화에 제공된 개체들로서 전제하지 않는다. 즉 자기동일적인 것을 되찾기 위해 자신들의 특수성을 스스로 벗어던지는 그런 개체들로서 전제하지 않는다. 이성은 이 독특성이나 특수성을 다름 아닌 대화 상대자들로서, 즉 대체 불가능하며 자신들의 유類 안에서 하나뿐인 존재들로서, 얼굴들로서 전제한다. '이성이 나와 타자 사이의 관계를 창조한다'라는 명제와 '타자가 나를 가르침이 이성을 창조한다'라는 명제의 차이는 순수하게 이론적인 것이 아니다. 국가의 전제정치에 대한 의식은, 비록 그 국가가 이성적이라 하더라도, 이 차이를 현실적인 것으로 만든다. 인식의 세 번째 유형에서 인간이 도달하는 비인격적 이성은 인간을 국가 바깥에 남겨 두는가?[1] 비인격적 이성은 모든 폭력으로부터 인간을 보호하는가? 비인격적 이성은 이 강제가 인간에게서 오직 동물적인 것만을 제약한다고 인정하게 하는가? 차아의 자유는 고립된 존재의 자의가 아니며, 모든 사람에게 부과되는 합리적이고 보편적인 법과 고립된 존재의 일치도 아니다.

나의 자의적 자유는 나를 응시하는 눈 속에서 그 자유의 부끄러움을 읽는다. 그 자유는 변호적이다. 다시 말해, 그것은 이미 본래적으로, 타인의 심판과 관계한다. 내 자유는 타인의 심판을 초래하지만, 그 심판은 그럼으로써 내 자유에 일종의 제한으로서 상처를 입히지 않는다. 따라서 나의 자유는 모든 타자성을 침해로 여기는 개념화에 반하는 것으로 드러난다. 내 자유는 단순히 감소된 **자기 원인**이 아니다. 또는 흔히 말하는 유한한 **자기 원인**이 아니다. 이 자유는 부분적으로 부정되더라도 전적으로 부정당한 꼴이 될 것이기 때문이다. 나의 변호적 입장 때문에, 내 존재는 실재 그대로 나타나도록 불러내지지 않는

---

1) 스피노자가 상상지(想像知)와 추론지(推論知)에 이어 거론하는 제3종의 인식, 즉 신 또는 세계에 대한 이성적 직관지(直觀知)를 염두에 둔 언급으로 보인다. ─옮긴이

다. 즉, 내 존재는 의식 속에 나타난 모습과 같지 않다.

그러나 나의 존재는 내가 비인격적 이성의 명목으로 타자들에 대해 있던 그런 것이 아닐 것이다. 만약 내가 역사 속의 내 역할로 환원된다면, 나는 내가 내 의식에 나타날 때 착오를 범하듯이 잘못 알려진 채로 남게 된다. 역사 안에서의 실존은 내 바깥에 나의 의식을 위치시키는 데서, 나의 책임을 파괴하는 데서 성립한다.

자기가 자기 바깥에서 자기에 대한 의식을 갖는 인간성의 비인간적 면모는 폭력의 의식 속에 거주한다. 폭력의 의식은 자기에 내재적이다. 개체로서의 자신의 편파성partialité을 단념하는 것이 전제정치에 의한 것인 양 강요된다. 게다가 만일 개체의 개체화 원리로 이해되는 개체의 편파성이 불일치의 원리라면, 도대체 어떤 마술이 불일치하는 것들을 단순히 더함으로써 군중의 무질서한 소음이 아닌 비인격적 합치의 대화를 낳는다는 것인가? 그러므로 나의 개체성은 이성이 덧붙여져야 할 편파성, 동물적 특수성의 적대적 압력들이 서로 대립하는 모순에서 비롯한 동물적 편파성과는 완전히 다르다. 내 개체성의 독특성은 그것이 지닌 이성의 수준 자체에 존재한다. 그 독특성은 변호다. 다시 말해 내게서 타자들로 향하는 인격적 대화다. 나의 존재는 대화 속에서 타자들에 대해 스스로를 생산하는 가운데 생산된다. 내 존재는 타자들에게 계시되는 바로 그것이다. 하지만 내 존재는 자신의 계시에 참여하고 참석한다. 나는 역사가 내게 내리는 심판 아래 역사 속에서 나를 생산함으로써 **진리롭게** 존재한다. 그러나 이 심판은 내가 현전하는 가운데 내려지는 심판이다. 다시 말해 내게 발언을 허용하는 가운데 내려지는 심판이다. 우리는 위에서 이 같은 변호적 대화의 귀결을 선함에서 보았다. (발언의 권리 없이) '역사 속에 나타나는 것'과 자신의 고유한 나타남에 참석하면서 타인에게 나타나는 것 사이의 차이가 또한 나의 정치적 존재와 나의 종교적 존재를 구분해 준다.

내 종교적 존재 안에서 나는 **진리롭게** 존재한다. 죽음이 이 존재에 도입하는 폭력은 진리를 불가능하게 하는가? 죽음의 폭력은 주체성을 침묵으로 환원하지 않는가? 주체성이 없으면 진리는 진술되지 않을 것이며 존재할 수도 없을 것이다. 달리 말해—이 책의 설명에서 자주 이용되었던 말이자 나타남과 존재를 포괄하는 말로 표현하자면—주체성이 없으면 진리는 **생산될** 수 없을 것이다. 변호를 침묵으로 환원하는 이성의 폭력에 반기를 든 주체성이 침묵을 받아들일 뿐 아니라 스스로 자기를 단념할 수 있는 경우가 아니라면 말이다. 폭력 없이 그렇게 단념할 수 있고 스스로 변호를 중단할 수 있는 경우가 아니라면 말이다. 그런 경우는 자살도 아니고 체념도 아니며, 오히려 사랑일 것이다. 전제정치에 복종하는 것, 비록 이성적일지라도 변호를 중단시키는 그런 보편적 법에 굴복하는 것은 내 존재의 진리를 해치는 것이다.

따라서 우리는 얼굴에서 타인의 에피파니를 전제함과 동시에 초월하는 하나의 지평을 보여 줄 필요가 있다. 이 지평에서 자아는 죽음을 넘어서 자신을 지탱하며, 또한 자기로의 복귀로부터 자기를 회복한다. 이러한 지평이 사랑과 번식성의 지평이다. 여기서 주체성은 이 운동들의 함수로 정립된다.

A. 사랑의 애매성

초월의 형이상학적 사건 — 타인의 맞아들임, 환대 — 욕망과 언어 — 은, 사랑으로서 성취되지 않는다. 그러나 대화의 초월은 사랑과 연결되어 있다. 우리는 어떻게 해서 사랑에 의해 초월이, 동시에, 언어보다 더 그리고 덜 나아가게 되는지를 보여 줄 것이다.

사랑은 개인 이외의 다른 항을 갖지 않는 것일까? 개인은 여기서 특권을 향유한다. 사랑의 지향은 타인을 향하고, 친구, 자녀, 형제, 애인, 부모를 향한다. 그러나 사물, 추상, 책 등도 마찬가지로 사랑의 대상이 될 수 있다. 이것이 타인을 향하는 초월인 사랑이 한 본질적 측면에 의해 우리를 내재성 자체의 이편으로 되던지는 이유다. 사랑은 존재가 스스로 그 자신을 묶어 놓은 어떤 것을 찾는 운동이다. 존재는 찾음의 주도권을 갖기조차 전에, 또 그가 그것을 발견하는 곳이 외재성임에도 불구하고 그것에 자신을 묶어 놓는다. 이 진정한 모험은 또한 예정豫定이며, 선택되지 않았던 것의 선택이다. 타인과의 관계로서의 사랑은 이 근본적 내재성으로 환원될 수 있으며, 모든 초월을 벗어던질 수 있고, 같은 본성의 존재만을, 영혼의 자매만을 찾을 수 있고, 근친상간으로 나타날 수 있다. 사랑이란 유일한 존재의 두 반쪽

이 다시 결합하는 것이라는 플라톤의 『향연』에 나오는 아리스토파네스의 신화는, 이 모험을 자기로 되돌아감이라고 해석한다. 향유는 이런 해석을 정당화한다. 향유는 내재와 초월의 경계에 놓이는 한 사건의 애매성을 부각시킨다. 이 욕망——끊임없이 되던져진 운동, 결코 충분한 미래가 아닌 미래를 향한 끝이 없는 운동——은 욕구들 중 가장 이기적이고 가장 냉혹한 것으로서 깨어지며 또 충족된다. 마치 사랑에 빠진 초월의 아주 커다란 대담함이 욕구의 이편에서 거부됨으로써 대가를 치르는 듯한 꼴이다. 그러나 이 이편en deçà 자체는 그것 [욕망]이 데려가는 곳의 고백할 수 없는 심오함들에 의해, 사랑이 존재의 모든 힘들에 행사하는 신비한 영향에 의해 예외적 대담함을 목도한다. 사랑은 욕구로 선회하면서도 타인과의 관계로 남는다. 그리고 이 욕구는 여전히 타자의, 사랑받는 이의 전적인 초월적 외재성을 전제한다. 그러나 사랑은 또한 사랑받는 자 너머/저편으로 나아간다. 이 것이 얼굴 너머에서 오는, **아직 존재하지 않는** 것에서 오는, 결코 충분한 미래가 아닌 미래로부터, 가능한 것보다 더 먼 미래로부터 오는 희미한 빛이 얼굴을 통과하는 이유다. 그 용어에서 거의 모순적인 초월적인 것의 향유, 즉 사랑은 감각으로 해석되는 에로틱한 말 속에서도, 초월적인 것에 대한 욕망으로 사랑을 끌어올리는 정신적 언어에서도 진리롭게 말해지지 않는다. 타인이 자신의 타자성을 완전히 보존하면서 욕구의 대상으로 나타날 가능성, 또는 타인을 향유할 가능성, 스스로를 대화의 이편과 저편에 동시에 놓을 가능성, 대화 상대자에 닿으면서 동시에 그를 지나치는 대화 상대자에 대한 이 위치, 욕구와 욕망, 육욕과 초월의 이 동시성, 고백 가능한 것과 고백 불가능한 것의 접점,

이것이 에로틱한 것의 본래성을 이룬다. 이런 의미에서 그것은 진정
으로 **양의적인 것이다.**

B. 에로스의 현상학

사랑은 타인을 향한다. 사랑은 타인의 약함 가운데서 타인을 향한다. 여기서 약함이란 어떤 속성의 열등한 정도를 나타내지 않으며, 나와 타자에 공통된 규정의 상대적 부족함을 나타내지도 않는다. 속성들의 현시에 앞서, 그 약함은 타자성에 타자성의 자격을 준다. 사랑한다는 것, 그것은 타인을 위해 두려워하는 것이고, 타인의 약함에 도움을 주는 것이다. 이 약함 속에서, 사랑받는 이인 연인이 여명 속에서처럼 몸을 일으킨다. 연인의 에피파니, 곧 여성적인 것은 대상과 너^{Toi}에 덧붙여지려고 오지 않는다. 이 대상과 너는, 형식논리학이 아는 유일한 영역인 중립적인 것에 미리 주어지거나 그 중립적인 것과 맞닥뜨리는 것들이다. 사랑받는 이의 에피파니가 만들어 내는 것은 부드러움의 그가 지닌 부드러움의 **체제**^{régime}와 더불어 있는 일자일 따름이다. 부드러움의 **방식**은 극단적 연약함에서, 상처받기 쉬움에서 성립한다. 부드러움은 존재와 비존재의 경계에서 드러난다. 그 존재가 빛살같이 흩어지는 안온한 열기처럼, "무성한 잠들로 젖은 바람결에 나부끼는" 「목신牧神의 오후」의 님프들의 "엷은 살색"처럼, 탈개체화하면서 자신의 고유한 존재의 무게를 경감시키는, 이미 스러짐이고 실신인 것, 자신을 드러내는 와중에서 자기로 도망치는 것, 이런 것이 부드러움이다. 이 도망침 속에서, 타자는 다른 차다. 즉 타자는 그에게 너무나 거칠고 너무나 상처를 주는 이 세계에 낯선 자인 것이다.

그럼에도 불구하고 이 극단적 연약함은 또한 '겉치레 없고' '에두름 없는' 실존의 경계에 매달린다. '의미함-없는'non-signifiant 날것인 두께의 경계에, 상궤를 넘는 극물질성의 경계에 매달린다. 이 극한의 표현들은 은유보다 더 잘 물질성의 절정을 나타낸다. 극물질성이란 인간적인 것의 단순한 부재를, 이를테면 바위와 모래가 쌓인 달의 풍경을 가리키는 것이 아니다. 그것은 또한 그 자신보다 한술 더 뜨는 물질성을, 찢겨진 자신의 형식들 아래서 입을 벌리고 있는 물질성을, 상처와 폐허 속의 것들을 가리키지도 않는다. 극물질성이 지시하는 것은 상궤를 벗어난 현전의 노출증 환자와 같은 벌거벗음이다. 그것은 얼굴의 솔직함보다 더 멀리서처럼 다가오는, 마치 그 자신이 비밀의 금지를 강요했던 것인 양 이미 신성을 모독하는profanant, 또 완전히 세속화된profané 그런 현존의 벌거벗음이다. **본질적으로 감춰진 것이 의미 작용 없이 빛을 향해 던져진다.** 이것은 무가 아니라, 아직 존재하지 않는 것이다. 이 비실재성은 파악 가능한 것으로서 실재의 문턱에 제공되지 못하며, 그 은밀함은 하나의 존재에 이른 인식 형이상학의 사건을 그려 내지 못한다. '아직-존재하지-않는-것'은 이것 또는 저것이 아니다. 은밀함은 이 비-본질의 본질을 고갈시킨다. 자신을 생산하는 외설impudeur 가운데서 밤의 삶을 고백하는 은밀함. 이 밤의 삶은 단지 빛을 빼앗긴 낮의 생활과 같은 것이 아니다. 그것은 고독하고 내적인 삶의 단순한 **내면성**, 그러나 자신의 억눌림을 극복하기 위한 표현을 찾으려는 단순한 내면성과 같지 않다. 밤의 삶은 부끄러움-pudeur 을, 자신이 극복하지는 못한 채 그 신성함을 모독해 버린 부끄러움을 지시한다. 비밀은 나타나지 않으면서 나타난다. 그것은 비밀이 반만 나타나거나, 유보된 것들과 함께 나타나거나, 혼동 속에서 나타나기 때문이 아니다. 은밀한 것과 드러난 것의 동시성은 분명히 **신성모독/ 세속화**profanation를 규정한다. 비밀은 양의적인 것 속에서 나타난다. 그 러나 양의적인 것 —본질적으로 에로틱한 것인— 을 허용하는 것이 신성모독이지, 그 역은 아니다. 사랑에서는 극복될 수 없는 부끄러움 이 파토스적인 것을 이루어 낸다. 선정적 벌거벗음이 제시되는 가운 데 언제나 감행되는 외설은, 환자의 나체를 검사하는 의사의 지각처 럼 앞서 있는 중립적 지각에 덧붙여지는 것이 아니다. 에로틱한 벌거 벗음이 생산되는 —현시되고 존재하는— 방식은 외설과 신성모독 의 본래적 현상들을 그려 낸다. 그 현상들이 여는 도덕적 관점들은 상 궤를 넘는 이러한 노출증 —존재의 생산으로서의— 이 개방하는 독 특한 차원 안에 이미 자리 잡는다.

부드러움의 표면 아래 감춰진 차원에 존재하는 이 깊이로 말미암 아, 부드러움이 상냥함과 동일시될 수 없다는 점을 지나는 길에 언급 해 두자. 그렇지만 상냥함은 부드러움과 닮았다. 이 연약함이, 그리고 비-의미함non-signifiance의 무게 —형태 없는 실재의 무게보다 더 무 거운 이 무게—가 빚어내는 동시성, 또는 이 둘의 양의성을 우리는 **여성성**이라고 부른다.

여성성의 이 약함 앞에서 사랑하는 이가 보이는, 순수한 동감同 感; compassion도 아니고 무감각impassibilité도 아닌 움직임은 동감에 만족해하며, 애무의 만족감으로 흡수된다.

접촉으로서의 애무는 감성이다. 그러나 애무는 감성적인 것을 초월한다. 애무가 감각된 것을 넘어서, 감관들보다 더 멀리 나아가 감각한다는 말은 아니다. 애무가 어떤 숭고한 양식糧食을 취한다는 얘기도 아니다. 이 궁극의 감각된 것과의 관계 속에서, 허기의 지향——이런 지향은 약속된, 이 허기에 주어지는 양식을 향해 나아가며, 마치 애무가 자신의 고유한 허기를 먹고 사는 것처럼 허기가 깊어지게 한다——을 온전히 보존하는 가운데 그렇게 한다는 얘기도 아니다. 애무는 아무것도 포착하지 못하는 데서, 자신의 형식으로부터 끊임없이 도망쳐 미래——결코 충분치 않은 미래——를 향하는 것을 갈구하는 데서, 마치 **아직 존재하지 않는** 듯이 빠져나가 버리는 것을 갈구하는 데서 성립한다. 애무는 **찾고,** 애무는 파헤친다. 이것은 탈은폐의 지향성이 아니라 탐색의 지향성이다. 즉 비가시적인 것으로 나아감이다. 특정한 의미에서 애무는 사랑을 **표현하지만,** 그러나 사랑을 말하지 못하는 무능력으로 고통받는다. 애무는 이 표현 자체에 대한 허기를, 끊임없이 커 가는 허기 가운데서 갖는다. 그러므로 애무는 그 자신의 한계보다 더 멀리 가며, 존재자 너머를 향하고, 미래까지를 노린다. 정확히 말해 **존재자로서** 이미 존재의 문을 두드리는 미래를 노린다. 애무를 부추기는 욕망은 자신의 만족 속에서 다시 태어나고, 어떤 방식으로는 **아직 존재하지 않는** 것에서 영양을 취하며, 우리를 여성의 처녀성으로, 결코 범해지지 않은 것으로 다시 데려간다. 애무는 적의를 품은 자유를 지배하려 하지 않는다. 그것을 자신의 대상으로 삼고자 하거나 그 자유에게서 동의를 짜내려 하지도 않는다. 애무는 한 자유의 동의나 저항 너머에서 탐색을 한다. 아직 존재하지 않는 것을, '아무것도 아닌 것보다 덜한 것'을, 미래의 저편에 갇혀 있고 잠들어 있는, 따라서 예상할 수 있는 가능한 것과는 전혀 다르게 잠들어 있는 것을 찾는다. 애무 속에 스며드는 신성모독은 이 부재의 차원이 가진 근원성에 적합하게 반응한다. 부재는 추상적 무의 공허와는 다르다. 부재는 존재를 지시하지만 자신의 방식에 따라 그렇게 한다. 미래의 '부재들'이 미래가 아니라는 듯이, 똑같은 수준의 또 일률적 형식의 미래일 순 없다는 듯이. 예상은 가능한 것들을 포착한다. 애무가 추구하는 것은 하나의 전망 속에, 그리고 포착할 수 있는 것의 빛 속에 놓이지 않는다. 관능적인 것, 진정으로 부드러운 것이자 애무와 상관적인 것, 즉 사랑받는 것은, 생리학적 사물인 육체와도, '나는 할 수 있다'의 그 고유한 신체와도, 신체-표현, 즉 신체의 현시에 참석하는 것, 다시 말해 얼굴과도 혼동되지 않는다. 어떤 면에서는 아직 감각적 관계인 애무 속에서, 육체는 이미 자신의 형식 자체를 벗어던지고 에로틱한 벌거벗음으로 드러난다. 부드러움의 관능 속에서 육체는 존재자의 지위를 떠난다.

사랑받는 이는 한꺼번에 포착 가능하지만 그의 벌거벗음 가운데서 무구하다. 그는 대상과 얼굴을, 따라서 존재자를 넘어서 있다. 그는 처녀성 속에 있다. 본질적으로 침범할 수 있지만 침범 불가능한 여성적인 것, 즉 '영원한 여성적인 것'은 순결함이다. 즉 처녀성의 부단한 재시작이며, 향락^volupté의 접촉 자체 속에서는 만져질 수 없는 것이다. 그것은 현재 속에 있는 미래다. 자신을 정복하려는 자에 맞서 자신의 사물화와 객관화를 거부하는 자유로서 그런 것이 아니다. 여성적인 것은 오히려 비-존재의 경계에 있는 연약함이다. 이 비-존재 속에는 사라져 버리는 것, 더 이상 존재하지 않는 것뿐만 아니라 아직 존재하지 않는 것이 놓인다. 처녀는 포착 불가능한 자로, 살해 없이 죽어가는 자로, 기절해 버리는 자로, 자신의 미래로 물러나는 자로, 예상할 수 있는 모든 가능한 것 너머에 있는 자로 머문다. 그저 있음의 익명적 웅웅거림인 밤의 한편에 에로틱한 것의 밤이 펼쳐진다. 불면의 밤 뒤에, 감춰진 것의 밤, 은밀한 것의 밤, 신비한 것의 밤, 에로스에 의해 발견되는 동시에 에로스를 거부하는 처녀의 땅이 펼쳐진다. 이것은 신성모독을 말하는 다른 방식이다.

애무는 인격적 개인이나 사물을 향하지 않는다. 애무는 마치 의지도 없고 심지어 저항조차 없는 비인격적 꿈속에서처럼 흩어져 버리는 한 존재 속에서 자신을 잃어버린다. 이 존재는 수동성이고, 이미 동물적이거나 유아적인 익명성이다. 온통 이미 죽음에 닿은 익명성이다. 부드러움의 의지는 자신의 사라짐을 거쳐 생산된다. 마치 자신의 죽음을 알지 못하는 동물성 속에 뿌리내린 듯이, 요소적인 것의 거짓된 안정성 속에 잠긴 듯이, 자신에게 일어나는 것을 알지 못하는 유아적인 것 속에 잠긴 듯이. 그러나 또한 아직 존재하지 않는 것의, 존재하지 않는 것의 현기증 나는 깊이, 한 관념이나 기획이 존재와 더불어 유지하는 혈족관계를 존재와 더불어 갖지 못하는 비-실존의 현기증 나는 깊이, 어떤 명목으로든 존재하는 것의 화신이라고 행세하지 못하는 비-실존의 현기증 나는 깊이다. 애무는 '존재자'의 지위를 더 이상 갖지 않는 부드러움을 향한다. 이것은 "수와 존재"[1]를 벗어나 있는 것이어서, 어떤 존재자의 성질도 아니다. 부드러움은 한 방식을 가리킨다. 즉 어느 누구의 땅도 아닌 곳no man's land에 머무는 방식을, 존재와 아직-존재하지-않음 사이에 머무는 방식을 가리킨다. 이 방식은 의미 작용처럼 신호를 보내지 않는다. 어떤 식으로건 빛을 비추지 않는다. 그것은 사라지고 실신한다. 그것은 상처받기 쉬운 것으로, 죽을 수밖에 없는 것으로 생산되는 사랑받는 이의 본질적 약함이다.

그러나 분명히 하자. 그 부드러움의 점차적 사라짐과 실신을 통해, 주체는 가능한 것의 미래를 향해 스스로를 기투하지 않는다. 이 아직-존재하지-않는-것은, 내가 실현할 수 있는 모든 것이 이미 압박해 오며 빛 속에서 번쩍이고 내 예상에 자신을 내맡기며 내 능력들을 촉발하는 그런 동일한 미래 속에 정렬되지 않는다. 이 아직-존재하지-않는-것은 다른 가능한 것들보다 더 멀리 있을 뿐인 가능한 것이 분명 아니다. 애무는 **행동하지** 않으며, 가능한 것을 포착하지도 못한다. 애무가 강제로 대하는 비밀은 애무를 하나의 경험으로 알려 주지 않는다. 이 비밀이 자아와 자기의 관계, 자아와 비-아의 관계를 뒤흔든다. 무정형의 비-아는 자아를 절대적 미래로 데려간다. 거기서 자아는 빠져나가며 주체라는 자신의 자리를 잃는다. 그의 '지향'은 더 이상 **빛**을, 의미 있는 것을 향하지 않는다. 온전한 정념인 이 지향은 수동성에, 고통에, 부드러움의 점차적 사라짐에 공감한다. 그것은 이 죽음으로 죽고 이 고통으로 고통받는다. 감동attendrissement[2]이고 고통 없는 고

---

1) 보들레르의 시 「심연」(Le Gouffre)의 한 구절이다. 일본어판 옮긴이 주 참조(エマニュエル・レヴィナス, 『全体性と無限—外部性についての試論』, 合田正人 訳, ポリロゴス叢書, 1989, 399面, 495面). ──옮긴이
2) 마음이 부드러워져서 함께 느끼고 움직이게 된다는 뜻. ──옮긴이

통인 이 지향은 이미 자신의 고통에 만족해하면서 스스로를 달랜다. 감동은 만족되는 연민이며 쾌락이고 행복으로 변하는 고통, 즉 향락이다. 이런 점에서 향락은 이미 에로틱한 욕망 속에서 시작하며 매 순간 욕망으로 남는다. 향락은 욕망을 채우기 위해 오지 않는다. 향락은 이 욕망 자체다. 향락이 안달하는 것일 뿐 아니라 안달 자체인 것은 바로 이 때문이다. 향락이 안달을 호흡하며 헐떡이고, 그것의 끝남에 당혹해하는 것은 바로 이 때문이다. 향락은 종말로 나아감이 없이 나아가는 까닭이다.

신성모독/세속화인 향락은 감춰진 것을 감춰진 것으로서 발견한다. 이렇듯 형식논리학에서라면 모순으로부터 생겨난다 할 법한 상황에서 한 예외적 관계가 성취된다. 즉 발견된 것은 발견 속에서 자신의 신비를 상실하지 않고, 감춰진 것은 베일을 벗지 않으며, 밤은 흩어지지 않는다. 신성모독인 발견은 비록 외설의 형태 아래서지만 부끄러움에 놓인다. 발견된 은밀한 것은 탈은폐된 것의 지위를 획득하지 않는다. 여기서 발견한다는 것은 비밀을 탈은폐한다기보다는 유린한다는 것을 의미한다. 이 유린은 자신의 뻔뻔함에서 회복되지 못하는 유린이다. 신성모독의 수치羞恥는 발견된 것을 면밀히 조사할 수도 있을 눈을 내려 깔게 한다. 에로틱한 벌거벗음은 말로 표현할 수 없는 것을 말하지만, 이 말로 표현할 수 없는 것은 표현에 낯선 신비한 대상이 그 대상을 농락하고자 하는 명료한 말과 분리되듯 말함으로부터 분리되지 않는다. '말함'dire이나 '현현함'의 방식 그 자체는 발견하는 가운데 감추고, 말로 표현할 수 없는 것을 말하면서 말하지 않으며, 들볶고 부추긴다. 단지 말해진 것이 아닌 '말함'은 양의적이다. 양의적인 것은 말parole의 두 의미 사이에서 작동하는 것이 아니라, 말과 말의 포기 사이에서, 언어의 의미함과 여전히 침묵이 은폐하는 선정적인 것의 비-의미함 사이에서 작동한다. 세속적 향락, 그것은 보지 않는다. **봄 없는 지향성**, 발견은 빛을 만들지 않는다. 이 발견이 발견하는 것은 **의미 작용**으로서 제공되지 않으며, 어떠한 지평도 비추지 않는다. 여성적인 것은 얼굴 너머로 가는 얼굴을 나타낸다. 사랑받는 이의 얼굴은 에로스가 세속화하는 비밀을 **표현하지 않는다**. 사랑받는 이의 얼굴은 표현함을 중단시킨다. 달리 말해, 그것이 표현하는 것은 표현함에 대한 이 거부, 대화의 또 정숙함의 이 종말, 현전들의 질서의 급작스러운 이 중단뿐이다. 여성적 얼굴 속에 나타나는 표현의 순수함은 향락적인 것의 양의성에 의해 이미 흐려진다. 표현은 정숙지 못함으로 전도된다. 그것은 아무것도 아닌 것보다 덜 말하는 양의성과 이미 아주 가깝다. 그것은 이미 웃음이고 익살이다.

이런 의미에서 향락은 순수한 경험이다. 어떤 개념으로도 바뀌지 않으며 맹목적으로 경험으로 남아 있는 그런 경험이다. 신성모독/세속화 ─ 감춰진 것이 감춰진 것으로서 계시되는 것 ─ 는 지향성으로 환원 불가능한 존재 모델을 이룬다. 지향성은 실천 속에서조차 객관화한다. 왜냐하면 지향성은 '수와 존재'를 떠나지 않기 때문이다. 사랑은 자신에게 예측 불가능한 존재의 평면을 열어 줄 그런 정감적 요소들과 결합된 인식으로 환원되지 않는다. 사랑은 어떤 것도 포착하지 못하며, 개념에 도달하지 못한다. 사랑은 **도달하지 못한다**. 사랑은 주관-객관 구조도, 나-너 구조도 갖지 않는다. 에로스는 대상을 고정시키는 주체로도, 가능한 것을 향한 기-투pro-jection로도 성취되지 않는다. 에로스의 운동은 가능한 것 너머로 가는 데서 성립한다.

에로틱한 벌거벗음의 비-의미함은, 형식 없는 물질의 모호성이 예술가의 형식에 선행하듯, 얼굴의 의미에 선행하지 않는다. 그것은 자신 배후에 이미 형식들을 갖고 있다. 그것은 미래에서 온다. 즉 가능한 것들이 반짝이는 미래 너머에 위치한 미래에서 온다. 왜냐하면 얼굴의 순결한 벌거벗음은 에로틱한 노출증 속에서도 사라지지 않기 때문이다. 분별적이지 못함 ──여기서도 얼굴은 신비하고 형언할 수 없는 것으로 남아 있는데 ──은 바로, 이 분별적이지 못함의 상궤를 넘는 과도함에 의해 입증된다. 얼굴의 솔직함을 지닌 존재만이 선정적인 것의 비-의미함 속에서 '발견'될 수 있다.

의미 작용과 관련한 지점들을 상기해 보자. 의미 작용의 최초 사태는 얼굴 속에서 생산된다. 이것은 얼굴이 어떤 것과 **관련한** 의미 작용을 받아들인다는 뜻이 아니다. 얼굴은 그 자신에 의해 의미화한다. 얼굴의 의미 작용은 **의미 부여**Sinngebung에 선행한다. 의미 있는 행동은 얼굴의 빛 속에서 이미 출현한다. 얼굴은 빛이 보여지는 빛을 퍼뜨린다. 우리는 얼굴을 설명할 필요가 없다. 왜냐하면 모든 설명은 얼굴로부터 시작되기 때문이다. 달리 말해, 타인과의 사회 ──이것은 **그저 있음**의 부조리한 웅웅거림이 끝남을 나타내는데 ──는 의미를 부여하는 **나의 작품**으로서 구성되지 않는다. 사유의 지향과 상관적인 의미의 현상이 출현하기 위해서는, 이미 타인을 위해/에 대해pour 있음이 필요하다. 단지 제작함이 아니라 실존함이 필요하다. 타인을-위해-존재함은 어떤 목적성을 암시해서는 안 된다. 또 그것은 미리 주어진 입장을 함축하거나 내가 어떤 것인지 모르는 가치에 대한 가치 부여를 함축하지 않는다. 타인을 위해 있음, 그것은 선한 있음이다. 물론 타인이라는 개념이 나라는 개념에 비해 어떤 새로운 내용을 갖고 있지는 않다. 그러나 타인을-위한-존재는 서로 합치되게 이해할 수 있는 개념들 사이의 관계가 아니며, 한 자아에 의한 한 개념의 개념화도 아니다. 그것은 나의 선함이다. 타인을 위해 실존하면서, 내가 나를 위해 실존하는 것과는 다르게 실존한다는 사실, 이것이 도덕성 그 자체다. 도덕성은 모든 면에서 타인에 대한 나의 인식을 포괄한다. 또 도덕성은 이 최초의 인식 이외의 타인에 대한 평가에 의해 타인에 대한 인식으로부터 도출되는 것이 아니다. 초월로서의 초월이 '도덕적 의식'이다. 형이상학이 초월함에서 성립한다면, 도덕적 의식은 형이상학을 성취한다. 앞선 모든 논의를 통해서 우리는 얼굴의 에피파니가 외재성의 근원이라는 점을 설명하고자 했다. 의미 작용의 최초 현상은 외재성과 일치한다. 외재성은 의미함 자체다. 오직 얼굴만이 자신의 도덕성 안에서 외재적이다. 얼굴은 이 에피파니 속에서, 내용을 입은 하나의 형식으로서가 아니라, 하나의 이미지로서가 아니라, 그 배후에 더 이상 아무것도 없는 원리의 벌거벗음으로서 빛난다. 죽은 얼굴은 형식이 되고 죽음의 마스크가 된다. 죽은 얼굴은 보게 하는 대신 자신을 드러낸다. 그러나 바로 그럼으로써 죽은 얼굴은 더 이상 얼굴로 나타나지 않는다.

우리는 이를 다음과 같이 다른 방식으로 말할 수 있다. 외재성은 존재자를 존재자로 정의하며, 얼굴의 의미 작용은 존재자와 의미하는 자의 본질적 일치에 기인한다고 말이다. 의미 작용은 존재자에 덧붙여지지 않는다. 의미함은 자신을 기호로 현시하는 것과 같지 않다. 오히려 그것은 스스로를 표현하는 것, 다시 말해 스스로를 인격으로 현시하는 것과 같다. 기호의 상징성은 이미 표현의 의미 작용을, 얼굴을 전제한다. 얼굴 속에서 진정한 존재자가 스스로를 현시한다. 그리고 모든 신체는 얼굴처럼 표현할 수 있다. 이를테면 손이나 어깨의 구부러짐이 그렇다. 존재자의 원초적 의미함——존재자가 인격으로 현시됨 또는 존재자의 표현——은, 즉 자신의 조형적 이미지 바깥으로 끊임없이 분출하는 존재자의 방식은, 구체적으로는 전적인 부정의 유혹으로서, 또 타자로서의 타자의 살해에 대한 무한한 저항으로서 생산된다. 이것은 무방비한 눈의 힘든 저항 속에서, 가장 부드럽게 또 가장 노출되어 존재하는 것의 힘든 저항 속에서 생산된다. 존재자로서의 존재자는 도덕성 안에서만 생산된다. 모든 의미 작용의 원천인 언어는 무한의 현기증 속에서 태어난다. 그것은 얼굴의 올곧음 앞에서 포착하며, 살해를 가능하게 할 수도 불가능하게도 할 수 있다.

'너는 살해하지 못할 것이다'라는 원리, 얼굴의 의미함 자체는, 에로스가 세속화하는 신비, 부드러움의 여성성에서 알려지는 신비와 반대되는 것으로 보인다. 얼굴 속에서 타인은 자신의 탁월함을, 그가 내려오는 높이와 신성의 차원을 표현한다. 그의 온화함 속에서 그의 힘과 그의 권리가 움튼다. 여성성의 약함은 어떤 의미에선 아직 존재하지 않는 것에 대한 연민을 초래하며, 외설 속에서 스스로를 노출하는, 또 이런 노출에도 불구하고 자신을 드러내지 않는 것에 대한, 다시 말해 신성모독 되는 것에 대한 불경을 초래한다.

그러나 불경은 얼굴을 전제한다. 요소들과 사물들은 존경과 불경 바깥에 있다. 얼굴이 감지된 뒤에야 벌거벗음이 선정적인 것의 비-의미함을 얻을 수 있다. 여성적 얼굴은 이 밝음과 이 어둠을 다시 결합한다. 여성적인 것은 그 속에서 흐림이 밝음을 포위하고 이미 밝음에 침입해 있는 얼굴이다. 에로스의 반사회적 나타남 속의 이 관계는 사회적인 것을 지시할──비록 그것이 부정적 지시라 해도──것이다. 여성성이 얼굴을 이렇게 전도시키는 가운데──얼굴을 지시하는 이 탈형상화^{défiguration} 속에서──비-의미함이 얼굴의 의미함 속에 자리한다. 얼굴의 의미함 속에서의 비-의미함의 이 현전 또는 의미함에 대한 비-의미함의 이 지시가 여성적 아름다움의 본래적 사건, 아름다움이 여성적인 것에서 취하는 빼어난 의미의 사건이다. 여기서 얼굴의 순결과 정숙함은, 여전히 떠밀려 있으나 이미 아주 가까운, 그리고 곧 다가올 외설적인 것의 경계에 처한다. 이 본래적 사건은 아름다움이 여성적인 것에서 취하는 각별한 의미를 지닌다. 그러나 예술가는 색깔이나 돌 따위의 차가운 재료를 마름질함으로써 이 의미를 '무게 없는 우아함'³⁾으로 바꾸어 버린다. 아름다움은 조용한 현존, 비상^{飛上}의 주권이 되며, 정초되지 않은 까닭에 기초 없는 실존이 된다. 예술의 미적인 것은 여성적 얼굴의 아름다움을 **전도시킨다**. 그것은 미래의 흐릿한 깊이를, 여성적 아름다움이 알려주면서 감추는 '무보다 모자란 것'(그리고 어떤 세계도 아닌 것)의 흐릿한 깊이를 이미지로 대체한다. 예술의 미적인 것은 날아오름 속에서 그 자신으로 환원된, 그리고 자신의 심오함을 앗겨 버린 아름다운 형식을 제시한다. 예술의 모든 작품은 회화이고 조상^{彫像}이다.

---

3) '무게 없는 우아함'(grâce sans pesanteur)이라는 표현은 시몬 베유(Simone Weil)의 『중력과 은총』(*La pesanteur et la grâce*)을 염두에 둔 것이라고 한다. 일본어판 옮긴이 주 참조(エマニュエル・レヴィナス, 『全体性と無限』, 406面, 495面).──옮긴이

순간 속에서 또는 순간의 주기적인 회귀 속에서 움직임을 잃어버린 것들이다. 시는 여성적 삶을 리듬으로 대체한다. 아름다움은 무차별한 재료를 덮는 형식, 그리고 신비를 은닉하지 못하는 형식이 되어 버린다.

이렇듯 에로틱한 벌거벗음은 전도된 의미 작용인 셈이다. 잘못 의미하는 의미 작용, 열정과 밤으로 바뀌는 밝음, 자신을 표현하기를 멈춘 표현인 셈이다. 이 표현은 스스로가 표현하고 말하기를 단념했다는 것을 표현하며, 침묵의 양의성으로 가라앉는다. 이것은 의미가 아니라 노출을 말하는 말이다. 여기에 에로틱한 벌거벗음의 선정성 자체가 있다. 암시로 가득 찬 마녀들의 셰익스피어적 모임[4]에서 터져 나오는 웃음이 있다. 이것은 모든 진지함의 부재인 듯, 말의 모든 가능성의 부재인 듯, 말들의 정숙함 저편에 놓인다. 이 웃음은 '양의적 이야기들'의 웃음이다. 이 속에서 웃음의 메커니즘은 예컨대 베르그송이 『웃음』*le rire*에서 도출했던 그런 희극의 형식적 조건들에만 속하지 않는다. 거기에 더하여 진지함이 완전히 결여된 한 질서로 우리를 이끄는 내용이 있다. 사랑받는 이는 내 의지와 다투는 의지로나 내 의지에 종속하는 의지로 내게 맞서지 않는다. 오히려 진리로운 말을 하지 않는 무책임한 동물성으로 내게 맞선다. 책임 없는 아이의 지위로 회귀하는 사랑받는 이 —아양을 떠는 이 머리, 이 젊음, '조금은 바보 같은' 순수한 삶—는 인격이라는 자신의 지위를 단념해 버렸다. 얼굴은 무뎌지고, 그의 비인격적이고 비표현적인 중립성 속에서 애매성과 더

---

4) 셰익스피어가 마법사를 등장인물로 내세우는 희곡으로는 『폭풍』(The Tempest)이 있다.─옮긴이

불어 동물성으로 연장된다. 타인과의 관계들은 놀이가 된다. 사람들은 어린 동물과 그러하듯이 타인과 논다.

따라서 선정적인 것의 비-의미함은 물질의 멍청한 무관심성과 같지 않다. 표현을 상실한 것에 대한 표현의 이면처럼, 선정적인 것의 비-의미함은 바로 그런 식으로 얼굴을 지시한다. 자신의 얼굴 속에서 스스로를 동일적인 것으로 현시하는 존재는, 세속화된 비밀과 관련하여 자신의 의미 작용을 상실하고 양의성을 작동시킨다. 양의성은 여성적인 것의 에피파니를 구성한다. 우선 대화 상대자, 협력자, 그리고 최고로 지적인 스승으로서의 여성적인 것이 있다. 이것은 자신이 속해 있는 남성적 문명에서 남성들을 종종 지배했을 정도다. 동시에 문명 사회의 불가침 규범에 따라 여성으로 취급되는 사태 앞의 여성이 있다. 전적인 올곧음이자 솔직함인 얼굴은 자신의 여성적 에피파니 속에서는 암시와 함축들을 숨긴다. 얼굴은 어떤 정확한 의미로 나아가지 않은 채, 공허 속에서 암시를 하며 무보다 모자란 것을 가리키면서, 자신의 고유한 표정 아래 몰래 웃는다.

이 계시의 폭력은 바로 이 부재의, **아직 아닌** 것의, 무보다 모자란 것의 **힘**을 표시한다. 이런 것들은 뻔뻔하게도 그것의 부끄러움에서, 감춰진 것이라는 자신의 본질에서 뿌리 뽑힌 것들이다. 미래보다 더 먼 **아직 아님**, 시간적인, 또 무 속의 단계들을 입증하는 **아직 아님**. 그리하여 **에로스**는 모든 기투와 역동성 너머의 황홀이며, 근원적으로 분별적이지 못함이고, 신성모독이다. 그것은 빛남과 의미 작용으로 **이미 실존하는** 것의 탈은폐가 아니다. **에로스**는 그래서 얼굴 너머로 나아간다. 얼굴은 다른 얼굴의 마스크와 같이 그것의 정숙함으로 어떤 것을 다시 덮어씌우지 않을 것이다. 에로틱한 벌거벗음의 외설스러운 모습이 얼굴을 무겁게 한다. 얼굴에 던져지는 무-의미의 그림자 속에서 기괴한 무게를 받는 것이다. 이는 다른 얼굴이 그 얼굴 뒤에서 출현하기 때문이 아니라, 감춰진 것이 자신의 부끄러움에서 떼어 내지기 때문이다. 이 감춰진 것은 어떤 감춰진 존재자이거나 존재자의 어떤 가능성이 아니다. 감춰진 것은 아직 존재하지 않는 것이며, 따라서 본질 quiddité을 완전히 결여한 것이다. 사랑은 단순히, 가장 에두르는 또는 가장 직접적인 길을 통해, 너le Toi로 이끌리지 않는다. 사랑은 사람들이 너를 만나는 방향과는 다른 방향을 향한다. 감춰진 —결코 충분히 감춰지지 않은—것은 인격적인 것 너머에 그것의 이면처럼 있다. 그것은 빛에 반발하며, 존재와 무의 유희에 외재적인 범주다. 그것은 가능성을 넘어서 있다. 절대적으로 포착 불가능하기 때문이다. 가능성 너머의 그 방식은 사랑하는 사람들의 사회가 보이는 비-사회성 속에서 나타난다. 자신을 내맡기면서도 스스로를 내주기 거부하는 가운데 나타난다. 스스로를 내주기 거부하는 이 사태가 향락을 이룬다. 향락은 자신의 고유한 굶주림으로 양육되며, 현기증 속에서, 감춰진 것이나 여성적인 것에, 비-인격적인 것에 다가선다. 하지만 인격적인 것은 이 향락에 빠지지 않을 것이다.

보편화에 근본적으로 반발하는 사랑하는 이들이 향락 속에서 수립하는 관계는 사회적 관계와는 완전히 다르다. 이 관계는 제삼자를 배제하며 내밀함에 머문다. 둘만의 고독으로, 닫힌 사회로, 전형적인 비-공적 관계로 머문다. 여성적인 것, 그것은 타차다. 그것은 사회에 반발하며, 둘이 이루는 사회의, 내밀한 사회의, 언어 없는 사회의 구성원이다. 그것의 내밀함을 기술해 보는 것이 좋겠다. 비-의미함과 더불어 향락이 유지하는, 견줄 것 없는 이 관계는 하나의 복합체를 이룬다. 이러한 복합체는 이 아니오$^{ce\ non}$를 되풀이하는 데로 귀착하지 않는다. 오히려 그것은 말하자면 미래와 **아직 있지 않은** 것(이것은 단순히 가능한 것의 지위로 남는 한 존재자가 아닌데)을 규정하는 긍정적 특징들로 귀착한다.

향락은 사회적인 것으로 환원될 수 없기에, 즉 향락은 비-의미함에 이르고 또 이 비-의미함은 향락을 말하고자 하는 언어의 이 정숙지 못함에서 나타나기에, 사랑하는 사람들은 마치 그들이 세계 속에 홀로 있는 것처럼 고립된다. 단지 세계를 부정하는 것이 아닌, 단지 세계를 망각하는 것이 아닌 이 고독. 향락이 성취하는 **감각하는 자와 감각되는 자의 공통 행위**는 그 둘이 이루는 사회를 닫고 가두며 봉인해 버린다. 향락의 비-사회성은 긍정적으로 볼 때 감각하는 자와 감각되는 자의 공통성이다. 타자는 단지 감각된 것에 그치지 않는다. 타자는 감각된 것 속에서 스스로를 감각하는 자로 확립한다. 같은 느낌이 나와 타자에게 실질적으로 공통적일 수 있다는 듯이. 하지만 이것은 두 명의 관찰자가 하나의 공통된 풍경을 바라보는 방식, 또는 두 명의 사유자가 하나의 공통된 생각을 가지는 그런 방식이 아니다. 여기서는 동일한 객관적 내용이 공통성을 매개하지 않는다. 이 공통성은 결코 감각함의 유비에 기인하지 않는다. 그것은 감각함의 동일성에 기인한다. '주어진' 사랑이 '받아들여진' 사랑을 지시하는 사태, 사랑에 대한 사랑, 즉 향락은 반성처럼 두 번째 단계의 감정이 아니다. 오히려 그것은 자발적 의식처럼 직접적이다. 내밀하지만 상호주관적으로 구조화되어 있기에, 그것은 하나의 의식에 이르도록 스스로를 단순화하지 않는다. 타자는 향락 속에서 나이며 또 내게서 분리된다. 감각함의 이 공통성 가운데서 생겨나는 타자의 분리가 향락의 예리함을 이룬다. 향락의 향락적인 것은 타자의 길들여진, 객관화된, 사물화된 자유가 아니라, 그의 길들여지지 않은 자유다. 나는 객관화된 타자의 자유를 결코 욕망하지 않는다. 그러나 욕망되는 향락적 자유는 타자의 얼굴이 지닌 밝음 속에 있지 않고 모호함 속에 있다. 은밀함이 지닌 악덕 속에 있는 셈이다. 달리 말해, 그 자유는 발견 가운데 은밀한 것으로 유지되는 미래에, 바로 그 때문에 신성모독/세속화일 수밖에 없는 미래 속에 있다. 어떤 것도 소유만큼 에로스에서 더 멀진 않다. 타인을 소유하는 가운데 나는, 그가 나를 소유하는 한에서 그를 소유한다. 노예인 동시에 주인으로 말이다. 향락은 소유 속에서 소멸될 것이다. 그러나 다른 한편, 향락의 비인격성은 우리가 사랑하는 사람들 사이의 관계를 상보성으로 생각하는 것을 금한다. 그러므로 향락은 타인을 향하는 것이 아니라 그의 향락을 향한다. 향락은 향락에 대한 향락이며, 타자의 사랑에 대한 사랑이다. 그렇기에 사랑은 우정의 특정 경우를 재현하는 것이 아니다. 사랑과 우정은 다만 다르게 느껴지는 것이 아니다. 사랑과 우정의 상관물은 다르다. 우정은 타인을 향한다. 사랑은 존재자의 구조를 갖지 않는 것을, 그러나 무한한 미래를 갖는 것을, 자식을 낳아야 하는 것을 추구한다. 타인이 나를 사랑할 경우에만 나는 충분히 사랑할 수 있다. 이는 내가 타인의 인정을 필요로 하기 때문이 아니라, 나의 향락이 그의 향락을 즐기기 때문이다. 또 그것은 동일화의 견줄 수 없는 이 정황 속에서, 이 **이동-실체화**trans-substantiation 속에서, 동일차와 타자가 혼동되기 때문이 아니라, 바로, 가능한 모든 기획을 넘어서, 모든 의미 있고 지적인 능력을 넘어서, 이 둘이 아이를 낳기 때문이다.

사랑함이 사랑받는 이가 내게 품는 사랑을 사랑하는 것이라면, 사랑함은 또한 사랑 속에서 자신을 사랑하는 것이고 그렇게 하여 자기로 되돌아가는 것이다. 사랑은 양의성 없이 초월하지 않는다. 사랑은 함께하는 만족이다. 사랑은 쾌락이고 둘의 에고이즘이다. 그러나 이 만족 속에서 사랑은 꼭 그만큼 자기에게서 멀어진다. 사랑은 어떤 의미 작용도 명확히 밝히지 못하는 타자성의 심오함—노출되고 세속화된 심오함—위에서 현기증을 겪는다. 타자인 동시에 나 자신인 아이와의 관계—아이에 대한 갈망—는 이미 향락 속에서 그려지며, 아이 그 자체 속에서 성취된다(그 종말 속에서 소진되지 않고 그 만족 속에서 누그러지지 않는 욕망이 성취될 수 있게 되는 셈이다). 우리는 여기서 하나의 새로운 범주 앞에 선다. 존재의 문 뒤에 있는 것 앞에, 아무것도 아닌 것보다 더 모자란 것—에로스는 이것을 그것의 부정성에서 떼어 내고 세속화하는데—앞에 선다. 이때 초점이 되는 것은 불안의 무와는 다른 무, 즉 아무것도 아닌 것보다 더 모자란 것의 비밀 속에 묻혀 있는 미래의 무다.

C. 번식성

비밀을 유린하는 신성모독이 얼굴 저편에서 더 심오한 다른 자아를, 이 얼굴이 표현할 다른 자아를 '발견'하는 것은 아니다. 그것은 아이를 발견한다. 전적인 초월, 즉 이동-실체화의 초월에 의해 자아는 아이 속에서 하나의 타자다. 아버지됨은 자기의 동일화로 머문다. 그러나 또한 그 동일화 속에서의 구별로 머문다. 이것은 형식 논리에서는 예측 불가능한 구조다. 헤겔은 그의 초기 저작에서 아이는 부모이다라고 말할 수 있었다.[1] 또 셸링은 『세계의 역사』^{Weltalter}에서 신학적 필요에 따라, 존재의 동일성으로부터 자식됨^{filialité}을 연역할 수 있었다.[2] 아버지가 아이를 소유하는 사태는 아버지됨 속에서 성취되는 관계의 의미를 고갈시키지 않는다. 거기서 아버지는 그 자식의 몸짓들 속에서뿐 아니라 자식의 실체와 자식의 단일성 속에서 스스로를 되찾는다. 내 아이는 낯선 이(「이사야서」, 49장)지만, 그 아이는 단지 내게 속하는 것

---

1) 헤겔, 『기독교의 정신과 그 운명』, 조홍길 옮김, 철학과현실사, 2003, 150쪽 이하 「신의 아들과 사람의 아들」 참조. — 옮긴이
2) 셸링의 이 책은 미완성의 유고로 1811년에 출판된 판본과 1813년에 출판된 판본이 있는 데, 우리말로는 아직 번역되지 않았다. — 옮긴이

이 아니다. 왜냐하면 그는 나이기 때문이다. 그것은 자기에 낯선 나다. 내 아이는 단지 내 작품이나 내 창조물이 아니다. 피그말리온처럼 내가 내 작품이 살아나는 것을 보아야 한다 해도 그렇다. 향락 속에서 갈구된 아들은 행동에 주어지지 않으며, 능력들에 부적합한 것으로 남는다. 어떤 예상도 그를 재현하지 못하며, 오늘날 흔히 말하는 대로 그를 기투하지도 못한다. 발명되거나 창조된 기투, 이례적이고 새로운 기투는 설명하고 이해하려는 고독한 머리에서 나온다. 기투는 빛으로 귀착하며 외재성을 관념으로 바꾼다. 그래서 사람들은 그 능력을 권리상 내 관념들로 귀착하는 세계 안에서의 현전으로 정의할 수 있다. 그런데 가능한 것 너머에서, 기투들 너머에서 아이의 미래가 도래하기 위해서는, 여성인 타인과의 만남이 필요하다. 이 관계는 무한 관념이 묘사되었던 관계와 닮아 있다. 즉 나는 빛이 비치는 세계를 나 자신에 의해 설명하듯이, 이 관계를 나 자신에 의해 설명할 수 없다. 이 미래는 아리스토텔레스의 배아(존재보다 모자란 것, 모자란 존재)도 아니고, 존재 그 자체를 이루지만 미래와의 관계를 주체의 힘으로 변형시키는 하이데거의 가능성도 아니다. 내 것인 동시에 내 것이 아닌 것, 나 자신의 가능성이지만 또한 타자의, 사랑받는 이의 가능성, 이것이 나의 미래다. 이 미래는 가능한 것의 논리적 본질로 편입되지 않는다. 가능한 것들에 대한 능력으로 환원될 수 없는 이런 미래와의 관계를 우리는 번식성이라고 부른다.

　번식성은 동일적인 것의 이중성을 포함한다. 번식성은 내가 포착할 수 있는 모든 것, 즉 내 가능성들을 가리키지 않는다. 그것은 동일 차의 미래가 아닌 내 미래를 가리킨다. 번식성은 새로운 화신avatar이 아니다. 다시 말해 그것은 어떤 역사가 아니며, 동일성의 잔여에서, 가느다란 실로 지탱되는 동일성에서 일어날 수 있는, 화신들의 연속성을 보증해 줄 내게서 일어날 수 있는 사건들이 아니다. 그렇지만 번식성은 여전히 나의 모험이며, 결국 불연속성에도 불구하고 매우 새로운 의미에서 나의 미래다. 향락이 자아를 황홀경 속에서 탈인격화하는 것은 아니다. 향락은 언제나 욕망으로 남아 있고 언제나 모색한다. 향락은 내 안에 있는 자신의 기원과 단절하고 다른 항으로 흡수되어 버림으로써 그 항 속에서 소멸하지 않는다. 비록 향락이 완전히 내게로 돌아오지 않는다 해도, 내 늙음과 내 죽음에게로 돌아오지 않는다 해도 말이다. 주체로서의 또 능력들의 담지자로서의 자아는 자아 '개념'을 고갈시키지 않으며, 주체성, 기원, 동일성이 생산되는 모든 범주들을 지배하지도 않는다. 무한한 존재, 즉 언제나 다시 시작하는 존재 ─ 또 주체성이 없이는 다시 시작할 수 없기에 주체성을 간과할 수 없는 존재 ─ 는 번식성의 형태로 생산된다.

아이와의 관계, 다시 말해 능력이 아닌 번식성인 타자와의 관계는 절대적 미래 또는 무한한 시간과의 관계를 수립한다. 나이기도 할 이 타자는 가능한 것의 비결정성을 갖지 않는다. 그런 비결정성은 결정되어 있지 않다고 하지만, 이 가능한 것을 붙잡는 자아의 고정성의 흔적을 간직한다. 능력 속에서, 가능한 것의 이 비결정성은 자아의 **반복**을 배제하지 않는다. 자아는 이 결정되지 않은 미래를 모험하는 와중에 제자리로 되돌아오며, 자기에 고정되고, 초월이 단순한 환상임을 고백한다. 즉 자유가 그리는 것이 운명일 뿐임을 고백한다. 프로테우스가 취하는 다양한 형태들은 그를 그의 동일성에서 해방시키지 못한다. 번식성에서는 이 반복의 지루함이 멈춘다. 자아는 달라지며 젊어진다. 그러나 그것의 의미와 방향을 그 존재에 부여할 자기성^{ipséité}이, 이렇게 자기를 단념하는 가운데 상실되는 것은 아니다. 번식성은 늙음을 생산하지 않고서 역사를 지속시킨다. 무한한 시간은 늙어 가는 주체에게 영원한 삶을 가져다주지 않는다. 아이의 고갈될 수 없는 젊음들로 구획되어 세대들의 불연속성을 통하는 것이 더 낫다.

번식성 속에서 자아는 빛의 세계를 초월한다. 그저 있음의 익명성으로 용해되는 것이 아니라 빛보다 더 멀리, 다른 곳으로 나아간다. 빛 속에 처함, 잡기에 앞선 잡음인 봄, 이것은 아직 '무한히 있음'이 아니다. 그것은 자기에게, 더 늙은 자기에게 돌아오는 것이다. 다시 말해 자기로 막혀 있는 것이다. 무한히 존재한다는 것은 언제나 기원에 속하는 자아의 형태로 생산됨을 의미한다. 하지만 이때의 자아는 자신의 실체를 새롭게 하는 것에 장애를 느끼지 않는 자아다. 이 장애가 자신의 동일성 자체에서 기인하는 것이라 해도 그렇다. 철학적 개념으로서의 젊음은 이렇게 정의된다. 번식성 속에서 자식과의 관계는 우리를 빛과 꿈의, 인식과 능력의 이 닫힌 연장 속에서 유지하지 않는다. 자식과의 관계는 절대적으로 다른 것의 시간을, 능력을 가진 자의 실체 자체의 변화를, 그의 이동-실체화를 분절하여 이어 준다.

무한한 존재는 분리된 존재에 갇힌 가능성이 아니라는 사실, 오히려 무한한 존재는 결국 사랑받는 이의 타자성에 호소하여 번식성으로 생산된다는 사실, 이것은 범신론의 헛됨을 보여 준다. 번식성 속에서 인격적 자아가 나름의 셈을 찾는다는 사실은, 비인간적이고 익명적이며 중립적인 성스러운 것의 초월이 인격적 개인들을 무나 탈자^{脫}

로 위협하는 그런 테러의 종말을 가리킨다. 존재는 다수로, 동일자와 타자로 나뉘어 생산된다. 이것이 존재의 궁극적 구조다. 이것은 사회이고, 또 바로 그런 까닭에 그것은 시간이다. 우리는 이렇게 파르메니데스의 존재의 철학을 떠난다. 철학 그 자체는 이 시간적 성취의 한 계기를, 언제나 한 타자에게 건네지는 한 대화를 이룬다. 우리가 설명하고 있는 것은 이것을 읽고자 하는 독자에게 전해진다. 초월은 시간이며 타인을 향한다. 그러나 타인은 종점이 아니다. 그는 욕망의 운동을 중지시키지 않는다. 욕망이 욕망하는 타자는 여전히 욕망이며, 초월은 초월하는 자를 향해 초월한다. 여기에 이동–실체화로서의 아버지됨의 참된 모험이 있다. 이 덕택에 우리는 주체의 불가피한 늙음 속에서 이뤄질 가능한 것의 단순한 갱신을 넘어설 수 있다. 타인을 위함인 초월, 얼굴의 상관물인 선함은, 선함의 선함이라는 더 깊은 관계를 정초한다. 번식성을 낳는 번식성은 선함을 성취한다. 선물을 부과하는 희생 저편에서, 그것은 선물의 능력의 선물을, 아이의 수태를 성취한다. 우리가 이 책의 첫 부분에서 욕구에 대립시켰던 욕망, 결여가 아닌 욕망, 분리된 존재의 독립이자 그의 초월인 욕망이 여기서 성취된다. 만족함으로써 또 그래서 자신이 욕구임을 인정함으로써가 아니라 스스로를 초월함으로써, 욕망을 낳음으로써 말이다.

D. 에로스 속의 주체성

사랑하는 이와 사랑받는 이가 합치하는 것인 향락은 그들의 이중성을, 즉 동시적인 융합과 구별을 먹고 산다. 이중성을 유지한다는 사실이 의미하는 것은, 사랑 속에서는 사랑하는 자의 에고이즘이, 획득된 사랑에서 인정의 증언을 거둬들이기 **바란다는** 것이 아니다. 누군가가 나를 사랑하는 것을 사랑함은 **지향이** 아니다. 그것은 자신의 향락을 생각하고 그래서 스스로를 감각된 것의 공통성에 외적인 것으로 여기는 주체의 사유가 아니다(향락을 느끼는 두뇌를 일반화할 수 있음에도 불구하고, 사랑하는 이들을 향락으로 이끄는 상호성의 욕망에도 불구하고, 사유하는 주체는 그렇게 여긴다). 향락은 주체 그 자체를 변형시켜, 주체가 자신의 정체성을 능력의 자기 주도권에서가 아니라 자기가 받은 사랑의 수동성에서 얻게 한다. 이 주체는 정념과 혼미이며, 주도권intiative이라기보다는 계속해서 어떤 신비로 들어감initiation이다. 에로스는 개체를 기반과 주체로 간주하는 상부 구조로 해석될 수 없다. 향락 속의 주체는 단지 자기 자신의 자기로서만이 아니라 타자의 자기(이것이 대상이나 주체를 의미하는 것은 아니다)로서 자신을 다시 발견한다. 관능적인 것과의 관계, 부드러움과의 관계가 이 자기를 끊임없이 나타나게 한다. 주체의 혼미는 주체의 자기 지배력에 떠맡겨지지 않는다. 오히려 그것은 주체의 감동attendrissement이며, 그의 나약화effémination이다. 영웅적이고 남성적인 자아는 이것을 '진지한 사물들'과 대조를 이루는 사물들 중의 하나로 기억하게 될 것이다. 에로틱한 관계 속에는 자리 잡음에서 비롯하는 주체성의 특징적 역전이 존재한다. 남성적이고 영웅적인 자아가 역전되는 것이다. 이 자아는 자신을 정립하는 가운데 **그저 있음**의 익명성을 중단시켰고 빛을 여는 실존의 양태를 규정했던 그런 자아다. 빛 속에서는 자아의 가능성들의 유희가 행해지고, 이 유희 속에서 자아의 형태로 존재에서의 기원이 생산된다. 존재는 여기서 한 전체성의 규정으로서가 아니라 끊임없는 재시작으로서, 따라서 무한한 것으로서 생산된다. 그러나 주체 안에서 이뤄지는 기원의 생산은 능력을 농락하는 노화와 죽음의 생산이다. 자기로 회귀하는 자아는 스스로를 동일자로 재발견하며, 그의 모든 재시작에도 불구하고 고독하게 제자리로 다시 떨어진다. 그는 되돌릴 수 없는 한 운명만을 그려 낼 따름이다. 자기 소유는 자기에 의한 막힘이 된다. 주체는 스스로를 자기 자신에게 부과하고, 마치 소유물처럼 자기 자신을 끌고 다닌다. 스스로를 정립하는 주체의 자유는 바람처럼 자유로운 존재의 자유와 같지 않다. 스스로를 정립하는 주체의 자유는 책임을 함축한다. 이것은 놀라운 일이다. 어떤 것도 책임의 비자유보다 더 자유에 대립하는 것은 없다. 자유와 책임의 일치가 자아를 이룬다. 이 자아는 자기를 이중화하며, 자기에 의해 막히는 자아다.

에로스는 이 막힘으로부터 벗어나게 하고, 자아가 자기로 회귀하는 것을 멈추게 한다. 에로스 속에서 자아가 타인과 결합하면서도 사라지지 않는다면, 자아는 더 이상 작품을 생산하는 것이 아니다. 그것이 피그말리온의 작품처럼 제 아무리 완벽한 것이라 해도, 그런 작품은 죽은 것이어서, 자아를 그 모험의 끝에 자아가 이르게 되는 늙음 가운데 홀로 내버려 둔다. 에로스는 단지 대상들과 얼굴들 너머로 주체의 사유를 확장하는 것이 아니다. 에로스는 **아직 존재하지 않는** 미래, 또 내가 단지 포착할 것일 뿐 아니라 내가 바로 그것일 하나의 미래를 향한다. 에로스는 율리시스처럼 온갖 모험을 거쳐 자신의 섬으로 되돌아오는 주체의 구조를 더 이상 갖지 않는다. 자아는 복귀 없이 도약하며, 한 타자의 자기로서 발견된다. 자아의 쾌락, 자아의 고통은 그 타자의 쾌락에 대한 쾌락이거나 그의 고통에 대한 고통[1]이다. 하지만 그것이 공감이나 동정에 의한 것은 아니다. 자아의 미래는 자아가 새롭게 해야 할 과거로 다시 떨어지지 않는다. 그것은, 재현이나 능력들을 떠받치는 데서가 아니라 번식성 속에서 절대적으로 초월하는 데서 성립하는 이 주체성을 통해, 절대적 미래로 남는다. '번식성의 초월'은 지향성의 구조를 갖지 않는다. 왜냐하면 그것은 자아의 능력들 속에 거주하지 않기 때문이며, 여성적인 것의 타자성이 그것과 연합하기 때문이다. 에로틱한 주체성은 감각하는 것과 감각된 것의 공통 행위 속에서, 한 타자의 자기로서 구성된다. 또 그렇기에 그것은 그 타자와의 관계 가운데서, 얼굴과의 관계 가운데서 구성된다. 이 공통성에는 물론 양의성이 작용한다. 즉 타자는 나 자신에 의해 체험된 것

---

1) 원문에는 'plaisir'(쾌락)로 되어 있으나 맥락상 'douleur'(고통)를 잘못 쓴 것으로 보인다.—옮긴이

으로, 내 향유의 대상으로 나타난다. 그것은 에로틱한 사랑이, 우리가 이미 말했듯이, 욕망의 너머와 욕구의 이편 사이에서 동요하기 때문이며, 에로틱한 사랑을 향유하는 것이 삶의 다른 모든 쾌락과 즐거움 가운데 자리를 갖기 때문이다. 그러나 에로틱한 사랑은 또한 모든 쾌락 너머에, 모든 능력 너머에, 타자의 자유와 맞서는 모든 투쟁 너머에 자리한다. 왜냐하면 사랑에 빠진 주체성은 이동실체화/초실체화transsubstantiation 자체이기 때문이다. 그리고 두 실체 사이의 비견할 것이 없는 이 관계 —여기서 **실체들 너머**가 드러나는데 —는 아버지됨 속에서 해소되기 때문이다. 이 '실체들 너머'는 자아를 확증하기 위해 능력에 제공되지 않는다. 그러나 이것은 비인격적인, 중립적인, 익명적인, 인격 이하나 인격 이상의 존재 안에서 생산되지도 않는다. 이 미래는 여전히 인격적 개인을, 그렇지만 미래가 그로부터 해방되는 인격적 개인을 지시한다. 이 미래는 아이이고, 어떤 의미에서는 나의 것이며, 더 정확히 말하자면 나이다. 하지만 나 자신은 아니다. 이 미래는 내 과거로 다시 떨어져 내 과거와 결합하여 어떤 운명을 그려 내지 않는다. 번식성의 주체성은 더 이상 동일한 의미를 갖지 않는다. 욕구로서의 **에로스**는 논리적 의미에서 그 자신과 동일적인 주체에 매여 있다. 그러나 에로틱한 것이 번식성을 통해 미래를 불가피하게 지시하는 사태는 근본적으로 다른 구조를 드러낸다. 주체는 단지 자신이 행할 모든 것이 아니다. 주체는 타자성과 관련해 타자를 주제로 소유하는 사유의 관계를 유지하지 않는다. 주체는 타인을 호명하는 말의 구조를 갖지 않는다. 주체는 **그 자신**으로 머무는 가운데 그 자신과 다르게 될 것이다. 그러나 옛것과 새로운 화신에 공통된 잔여를 통해 그렇게 되는 것은 아니다. 가능한 것과 얼굴을 넘어서 있는 번식성이 야기하는 이런 변화와 자기동일화가 아버지됨을 이룬다. 아버지됨 속에서, 채워질 수 없는 욕망으로—다시 말해 선함으로—유지되는 욕망이 성취된다. 이 욕망은 만족됨으로써 성취될 수는 없다. 욕망을 위해 스스로를 성취한다는 것은 선한 존재를 낳는 것, 선함의 선함이 되는 것과 같다.

에로스로부터 생산되는 주체성의 동일성 구조는 우리를 고전 논리의 범주들 밖으로 이끈다. 물론 자아는 탁월한 동일성으로서 종종 동일성 밖에서, 스스로의 윤곽을 그 자아의 배후에서 그리는 자아로 이해되어 왔다. 사유는 자신에게 귀를 기울인다. 뮤즈, 정령, 소크라테스의 다이몬, 파우스트의 메피스토펠레스는 자아의 깊은 곳에 말을 건네며 자아를 인도한다. 그렇지 않은 경우라도, 절대적 시작의 자유는 비인격적인 것과 중립적인 것의 교활한 형식들에 복종하는 것임이 드러난다. 헤겔의 보편자, 뒤르켐의 사회 현상, 우리의 자유를 좌지우지하는 통계적 법칙들, 프로이트의 무의식, 하이데거에서 실존자를 지탱하는 실존. 이 모든 개념들은 자아의 다양한 능력들 사이의 대립을 나타내는 것이 아니다. 오히려 그것들은, 필연적으로 자아에 대립하는 것은 아니지만 적과 같은 자세를 취할 수 있는 낯선 원리가 자아 배후에 현존함을 나타낸다. 테스트 씨[2]는 이 영향력들에 대립한다. 그는 자신의 배후에서 행동하도록 하는 인격성이나 실체 없이, 이 모든

---

2) 폴 발레리가 1896년 발표한 단편소설 「테스트 씨와의 저녁」(La Soirée avec Monsieur Teste)의 주인공으로 추정된다. 순수 정신의 경지를 추구하는 인물.—옮긴이

주도권들의 절대적 기원으로 남아 **오직** 나이기만을 바란다. 우리가 테스트 씨의 이 절대적 나와 구분되는 주체 개념을 도입해야 한다 하더라도, 우리의 논의들은 자아 배후의 자아, 즉 의식적 자아에 알려지지 않고 자아에 새로운 장애를 안겨 주는 그런 자아를 긍정하는 데로 향하지 않는다. 자아는 바로 자기 자신으로서, 여성성 속의 타인과의 관계를 통해 자신의 동일성에서 해방되며, 기원으로서의 자기로부터 출발하여 다르게 있을 수 있다. 자아의 형태 아래서, 존재는 무한히 다시 시작하는 것으로, 엄밀히 말해 무한한 것으로 생산될 수 있다.

번식성의 개념이 지시하는 것은 종이라는 관념, 자아를 하나의 우발적 사건으로 취급하는 전적으로 객관적인 종 관념이 아니다. 달리 말해, 종의 통일unité ——이런 표현을 쓰고 싶다면 ——은 자신의 존재가 실행되는 기원의 사건을 포기하지 않는 자아의 욕망에서 끌려나온다. 번식성은 자아의 드라마를 이룬다. 번식성 개념을 통해 획득되는 상호주관적인 것은, 자아가 자기로 되돌아오는 비극적 자아성 égoïté을 벗어던지는 동시에, 그럼에도 불구하고 순전히 그리고 단순히 집합적인 것으로 용해되지 않는 하나의 지평을 연다. 번식성은 다수성에 대립되는 것이 아니라 그 용어의 정확한 의미에서 다수성을 '낳는' 그런 통일을 증언한다.

E. 초월과 번식성

고전적 개념 작용에서 초월 관념은 스스로 모순된다. 초월하는 주체는 자신의 초월에서 스스로를 탈취한다. 주체는 스스로를 초월하지 않는다. 만일 초월이 특성, 풍토 또는 수준의 변화로 귀착하는 대신, 주체의 동일성 자체를 끌어들인다면, 우리는 그 실체의 죽음을 목격하게 될 것이다.

물론 우리는 죽음이 초월 그 자체가 아닌지 물어볼 수 있다. 이 세계의 요소들에서, 즉 이 세계의 단순한 화신들에서 변화는 단지 영속적 항을 변형시키는 것이라 볼 수 있다. 다시 말해, 변화는 이 영속적 항을 보전하고 전제하는 것이라 할 수 있다. 만일 그렇다면, 이런 요소들 가운데서 죽음은 이동실체화/초실체화라는 생성의 예외적 사건을 나타내는 것이 아니겠는가? 이 이동실체화/초실체화는 무로 회귀하지 않은 채, 자기동일적 항을 존립시키는 것과는 다른 방식으로 자신의 연속성을 보증해 준다. 그러나 이것은 초월이라는 '문제적 개념'을 정의하는 것과 마찬가지일 테고, 그 개념은 우리 논리의 법정을 흔들어 버릴 것이다.

사실 우리의 논리는 일차와 존재 사이의 끊을 수 없는 관계에 의존한다. 이 관계는 반성에 부과되는 관계다. 왜냐하면 우리는 언제나 한 실존하는 일자 안에서 실존함을 고려하기 때문이다. 존재로서의 존재는 우리에게 모나드다. 서양 철학에서 다원론pluralisme은 실존하는 주체들의 복수성pluralité으로만 나타난다. 다원론은 결코 이 실존자들의 실존함 속에서 출현하지 않는다. 존재들의 실존에 외적인, 이 복수의 것le pluriel은 계산하는 주체에게 수數로서 주어지며, '나는 생각한다'의 종합에 이미 종속되어 있다. 단일성unité만이 존재론적 특권을 보존한다. 양量은 모든 서양 형이상학에서 피상적 범주로 경멸받는다. 초월 그 자체 또한 결코 심오한 것이 되지 못할 것이다. 초월은 **존재 사건의 외부에 '단순한 관계'로 자리한다. 의식은 실존함의 유형 자체로 나타나는데, 거기에는 다수의 것le multiple이 존재**한다. 하지만 그것은 종합에 의해 **더 이상 존재하지 않게** 된다. 결국 실존함 속에서 초월은 단순한 관계로서, 존재보다 모자란 것이다. 대상은 주체의 사건으로 변한다. 인식의 요소인 빛은 우리가 마주치는 모든 것을 우리 것으로 만든다. 인식이 탈자적인 의미 작용을 취할 때, 즉 레옹 브륑슈비크에서처럼 정신적 자아가 자신을 거부하는 가운데 자신을 정립하며, 관대하게도 자신의 에고이즘을 부정하는 가운데 자신의 인격성을 확증할 때, 인식은 스피노자적 통일/단일성에 이른다. 이 통일과 관련하여 보면 자아는 하나의 사유일 뿐이다. 그래서 이른바 초월의 운동은 상상적 유배에서부터 되돌아오는 것으로 축소되어 버린다.

생성의 철학은 실존함을 안정된 것의 영속성에 고정시키는 대신 시간이라고 해명함으로써 초월을 해치는 일자의 범주에서 벗어나고자 한다. 미래의 분출이나 기투는 초월한다. 단지 인식에 의해서가 아니라 존재의 실존함 자체에 의해서 초월한다. 실존함은 실존자의 단일성으로부터 자신을 해방시킨다. 존재를 생성으로 대체하는 것, 이것은 무엇보다도 존재를 **존재자** 바깥에서 고려하는 것이다. 지속 속에서의 순간들의 상호 침투, 미래에 대한 개방, '죽음을 향한 존재'——이것들은 단일성의 논리에 들어맞지 않는 실존함을 표현하는 수단들이다.

존재와 일자의 이 분리는 가능한 것의 복권을 통해 이뤄진다. 가능성은 아리스토텔레스적 행위의 통일/단일성에 더 이상 기대지 않은 채, 자신의 잠재성dynamisme이 지닌 다수성 자체를 은닉한다. 지금까지 이 잠재성은 성취된 행위 옆에서는 가난한 것이었지만, 이제부터는 그 행위보다 더 풍부한 것이 된다. 그러나 가능한 것은 즉시 능력과 지배로 전도된다. 그것으로부터 솟아오르는 새로움 속에서 주체는 자신을 인식한다. 주체는 거기서 자신을 재발견하고 그것을 지배한다. 주체의 자유는 하나인 자신의 역사를 기술하며, 그의 기획projet들은 자신이 주인이고 노예인 한 운명을 그려 낸다. 실존하는 일자가 능력의 초월 원리로 남는다. 역량에 목말라 있고 자신을 신성화하고자 하며 그 결과 고독하도록 운명 지어진 인간이 이 초월의 끝에 출현한다.

하이데거의 '후기 철학'은, 능력이 스스로를 군주처럼 유지하고 자신의 전적인 지배력을 확증하는 것이 불가능하다고 말한다. 이해의 빛 그리고 진리의 빛은 몰이해와 비-진리의 어둠 속에 잠긴다. 신비에 매달려 있는 능력은 자신이 무능력함을 고백한다. 이로 인해 실존자의 단일성은 깨어진 것처럼 보이며, 방황으로서의 운명은 이해를 통해 운명을 다스리고자 하는 존재를 다시 한번 조롱한다. 이러한 고백은 무엇으로 이뤄지는가? 드 발렌스가 『진리의 본질』의 서문에서 시도한 것처럼,[1] 방황은 이러저러하다고 알려지는 것이 아니라 체험되는 것이라고 말하는 것은, 아마 말장난일 것이다. 능력이라 파악되는 하이데거의 인간 존재는 실제로는 진리와 빛으로 머문다. 그래서 하이데거는 **현존재**의 유한함이 이미 함축하는 신비와의 관계를 묘사하기 위한 어떤 개념도 다루지 않는다. 능력이 동시에 무능력이라 해도, 이 무능력이 묘사되는 것은 능력과 관련해서다.

우리는 초월을 정초하는 존재의 개념을 의식과 능력의 바깥에서 찾아 왔다. 이 문제의 첨예함은 지금까지 자아와 양립 불가능한 것으로 보였던 초월 속에서 자아를 유지해야 할 필요성에 있다. 주체는 단지 앎의 주체, 능력의 주체인가? 주체는 다른 의미에서의 주체로 자신을 나타내지 못하는가? 우리에게는 이제껏 탐구해 온 관계, 즉 주체가 주체로 떠받치는 관계이며 이 모순적 요구들을 동시에 만족시키는 관계가, 에로틱한 관계 속에 기입되어 있는 것으로 보였다.

혹자는 여기에 새로운 존재론적 원리가 있는지 의심해 볼 수 있다. 사회적 관계는 의식의 관계로, 능력들의 관계로 완전히 해소되지 않을까? 집합적 재현인 사회적 관계는 실제로 자신의 형식적 구조가 아니라 그 내용을 통해서만 사유와 구분된다. 참여는 대상들의 논리가 지닌 근본적 관계들을 전제한다. 심지어 레비-브륄에서처럼 참여

---

1) 알퐁스 드 발렌스(Alphonse De Waelhens, 1911~1981)는 벨기에의 현상학자로 루뱅대학교 교수를 지냈으며 하이데거 저작들의 프랑스어 옮긴이로 이름이 높다. 발렌스는 하이데거의 『진리의 본질』(*Vom Wesen der Wahrheit*)을 번역·출간하였고(*De l'essence de la vérité*, Louvain: Nauwelaerts, 1948), 레비나스가 1959년에 이 책의 서평을 썼다. 일본어판 옮긴이 주 참조(エマニュエル・レヴィナス, 『全体性と無限』, 426面, 497面). ─ 옮긴이

는 심리학적 호기심거리로 취급된다. 참여는 에로틱한 관계의 절대적 근원성을 감춘다. 사람들은 경멸하듯 에로틱한 관계를 생물학적인 것에서 배제해 버린다.

흥미로운 일이다! 생물학적인 것의 철학 그 자체가 기계론을 넘어설 때, 그것은 궁극 목적론finalisme으로, 전체와 부분의 변증법으로 방향을 튼다. 생의 도약élan vital이 개체들의 분리를 거쳐 퍼진다는 점, 그것의 궤도가 불연속적이라는 점 —다시 말해, 성의 간극들과 종의 이원론을 그 분절에서 전제한다는 점 —은 심각하게 고려되지 않는다. 프로이트를 통해 성이 인간의 지평에 등장했을 때, 성은 쾌락 추구의 신분으로 격하되었다. 향락의 존재론적 의미 작용과 그것이 작동시키는 환원 불가능한 범주들은 의심조차 받지 못했다. 사람들은 기성旣成의 쾌락을 스스로 부여하고 그것으로부터 추론한다. 사람들이 깨닫지 못한 것은 에로틱한 것 —번식성으로 분석되는—이 실재를 유와 종, 부분과 전체, 행동과 정념, 진리와 오류의 관계들로 환원될 수 없는 관계들로 재단한다는 점이다. 성을 통해 주체는 절대적 타자인 것과의 관계로, 형식 논리로는 예측 불가능한 유형의 타자성과의 관계로, '나의 것'으로는 결코 바뀌지 않은 채 관계 속에서 타자로 머무는 것과의 관계로 들어간다. 그렇다고 해서 이 관계가 탈자적인 것은 아니다. 왜냐하면 향락의 파토스적인 것은 이중성으로 형성되기 때문이다.

앎도, 능력도 아니다. 향락 속에서 타인 —여성적인 것 —은 그의 신비로 물러난다. 타인과 맺는 관계는 그의 부재와 맺는 관계다. 타인은 인식의 평면에 부재하며, 알려지지 않는다. 하지만 그는 향락 속에 현전한다. 능력도 아니다. 주도권은 상처의 수동성 속에서 솟아오르는 사랑의 출발점에 자리하지 않는다. 우리에게 성은 앎이나 능력이 아니라, 우리 실존함의 복수성 자체다.

실제로 우리는 에로틱한 관계를 자아의 자기성 자체의, 주체의 주체성 자체의 특징을 이루는 것으로 분석해야 한다. 번식성은 존재론적 범주로 여겨져야 한다. 아버지됨인 상황 속에서, 자아가 자기로 복귀하는 사태 — 이것은 자기동일적 주체의 일원론적 개념을 명료하게 말해 주는 것인데 — 는 완전히 수정된다. 자식은 시(詩)나 어떤 대상처럼 단지 내 작품이나 제작물이 아니며, 내 소유물은 더욱 아니다. 능력의 범주나 앎의 범주는 나와 아이의 관계를 기술하지 못한다. 자아의 번식성은 원인도 지배도 아니다. 나는 내 아이를 소유하지 못한다. 나는 내 아이다. 아버지됨은 타인이면서 — "네가 네 심중에 이르기를, 누가 내게 저들을 낳아 주었는고 나는 메마르고 홀로이니"(「이사야서」, 49장) — 나이기도 한 낯선 이와 맺는 관계다. 아버지됨은 자기와 맺는 관계, 그렇지만 내가 아닌 자기와 맺는 관계다. 이 '나는 존재한다' 속에서 존재는 더 이상 엘레아학파의 단일성이 아니다. 실존함그 자체 속에 다수성과 초월이 있다. 이 초월에서 나는 스스로를 탈취하지 않는다. 자식은 내가 아니기 때문이다. 그렇지만 나는 나의 자식이다. 자아의 번식성, 그것은 자아의 초월 자체다. 이 개념의 생물학적 기원은 어떤 방식으로든 그 의미 작용의 역설을 중립화하지 않으며, 생물학적 경험을 넘어서는 구조를 그려 낸다.

F. 자식성과 형제애

자아는 아버지됨 속에서 자기 자신으로부터 해방된다. 그것을 위해, 하나의 자아로 존재하는 것을 멈추지 않는 채로. 왜냐하면 자아는 그의 아들이기 때문이다.

아버지됨의 상관물인 자식됨, 아버지-자식의 관계는 단절의 관계와 의존의 관계를 동시에 가리킨다.

단절, 아버지에 대한 부인, 시작, 즉 자식됨은 창조된 자유의 역설을 매 순간 성취하고 반복한다. 그러나 명백해 보이는 이 모순 속에서, 그리고 자식의 형태로, 존재는 무한하고도 비연속적으로, 운명 없이 역사적으로 **존재한다**. 과거는 매 순간 새로운 지점에서, 어떠한 연속성도—베르그송의 지속을 여전히 짓누르는 연속성 같은 것도—해치지 못할 그런 새로움에서 재포착된다. 연속성 속에서 존재는 과거의 모든 짐을 지고 있다(존재가 죽음에 개의치 않고 미래를 향한 자신의 기투 속에서 다시 시작해야 한다 할지라도 그렇다). 실제로 연속성 속에서 과거는 존재의 무한함을 제한하며, 이 제한은 존재의 늙음 속에서 자신을 나타낸다.

이 과거의 재포착은 의존으로서 생산될 수 있다. 이때의 자아는 아버지인 자아의 초월에 대한 메아리를 이룬다. 아버지는 그의 자식이며, 자식은 아직 아버지 속에서 **존속하는** 실존으로 실존하는 것이다. 자식은 '자립하지' 못한 채 **존재한다**. 그는 자신의 존재를 타자에게 맡기고, 그 결과로 자신의 존재를 즐긴다. 이러한 실존 양태는 자신을 보호해 주는 부모의 실존에 본질적으로 기대는 유년기로 생산된다. 이 의존을 설명하기 위해 여기에 어머니됨^maternité의 개념이 도입되어야 한다. 그러나 자신의 자기성으로 그 과거와 단절한 자식이 이렇게 과거에 의존하는 사태는, 연속성과 구분되는 개념을, 역사의 끈을 구체적으로는 가족과 민족 속에서 다시 묶는 방식을 규정해 준다. 연속성과 구분되는 이 다시 묶음의 근원성은 자기성을 이루는 반란 또는 영구 혁명 속에서 입증된다.

하지만 번식성을 통해 자식이 아버지와 맺는 관계는, 자식의 자아가 이미 실존하는 자아로서 성취하는 의존과 단절 속에서만 실행되는 것이 아니다. 자아는 자아라는 자신의 단일성을 아버지의 **에로스**에 빚지고 있다. 아버지는 단지 자식의 원인이 아니다. 아버지의 자식이 **라는** 것은 아버지의 자식인 가운데 나로 있음을, 그에게서 실체적으로 있음을, 그렇지만 거기서 자기동일적으로 자신을 유지하지는 못함을 의미한다. 번식성에 대한 우리의 모든 분석은 모순적인 두 운동을 보존하는 이 변증법적 정황을 확립하고자 했다. 자식은 아버지의 단일성을 다시 취하지만 아버지에 외적인 것으로 남는다. 자식은 하나뿐인^unique 자식이다. 수로만 그런 것이 아니다. 아버지의 각각의 자식은 하나뿐인 자식, 선택된 자식이다. 자식에 대한 아버지의 사랑은 한 타자의 단일성 자체와 맺는 유일하게 가능한 관계를 성취한다. 이런 의미에서 모든 사랑은 아버지의 사랑과 가까워져야 한다. 그러나 자식에 대한 아버지의 이 관계는 이미 구성된 자식의 자아에 운 좋게 **덧붙여지는** 것이 아니다. 아버지의 **에로스**는 오직 자식의 단일성을 서임한다. 즉 자식으로서의 그의 자아는 향유가 아니라 선택/선출^{élection} 속에서 시작한다. 그는 자기에게 하나뿐인데, 왜냐하면 그는 그의 아버지에게 하나뿐이기 때문이다. 바로 이것이 아이인 그가 '자립하여' 실존할 수 없는 이유다. 또 자식이 자신의 단일성을 아버지의 선택에 빚지고 있기 때문에, 그는 양육될 수 있고 명령받을 수 있으며 복종할 수 있는 것이다. 그래서 가족이라는 낯선 정황이 가능해진다. 창조가 피조물의 자유와 대립하는 것은, 창조가 인과성과 혼동될 때뿐이다. 초월의 ─ 결합 그리고 번식성의 ─ 관계인 창조는 오히려, 하나뿐인 존재의 자리와 선택된 그의 자기성을 조건 짓는다.

　　그러나 번식성 속에서 자신의 동일성 자체로부터 해방된 자아가 자신의 **하나뿐인** 아이를 통해 자신의 미래와 연결된다면, 그 자아는 이 미래에 대해 자신의 분리를 유지할 수 없을 것이다. 그래서 또한 하나뿐인 아이는 선택된 자로서 하나뿐인 동시에 하나뿐이지 않다. 아버지됨은 무수한 미래로서 생산되며, 낳아진 나는 세계에 하나뿐인 동시에 여러 형제들 중의 형제로 실존한다. 나는 나이고 선택되었다. 그러나 다른 선택된 자들, 동등한 자들 가운데서가 아니라면 나는 대체 어디서 선택될 수 있는가. 나로서의 자아는 그래서 윤리적으로 타자의 얼굴을 향하게 된다. 형제애는 나의 선출과 평등이 동시에 성취되는 얼굴과의 관계 자체다. 다시 말해, **타자**에 의해 내게 행사되는 지배력이다. 자아의 선출, 자아의 자기성 자체는 특권과 종속으로 드러난다. 왜냐하면 자아의 선출은 자아를 다른 선택된 자들 가운데 놓는 것이 아니라, 바로 그들의 면전에 놓아 그들에게 봉사하게 하기 때문이다. 게다가 누구도 자아를 대신하여 그 책임의 범위를 헤아릴 수 없기 때문이다.

만일 생물학이 우리에게 이 모든 관계들의 원형을 제공한다면, 그것은 확실히 생물학이 존재의 순전히 우발적인 질서——존재의 본질적 생산과 관계없는——를 재현하지는 않는다는 점을 입증하는 셈이다. 그러나 이 관계들은 자신의 생물학적 제한으로부터 스스로를 해방시킨다. 인간의 자아는 형제애 속에 자리한다. 모든 인간이 형제라는 점은 도덕적 정복과 같은 것으로 인간에게 덧붙여지지 않는다. 오히려 모든 인간이 형제라는 점이 인간의 자기성을 이룬다. 나로서의 나의 자리가 이미 형제애 속에서 **이룩되기** 때문에, 얼굴은 내게 얼굴로서 현시될 수 있다. 형제애 속에서 얼굴과 맺는 관계——여기서 타인은 각자가 모든 타자들과 연대하는 것으로 나타나는데——가 사회적 질서를 구성한다. 또 이 관계는 모든 대화가 제삼자를 지시하고 있다는 점을 보여 준다. 제삼자로 인해 **우리**는——또는 동류 집단은——대면의 맞섬을 포괄하고, 에로틱한 것이 사회적 삶에 이르게 한다. 가족의 구조 그 자체를 포괄하는 모든 의미화와 정숙함에 이르게 한다. 그러나 에로틱한 것 및 이것을 연결하는 가족은, 자아가 그 속에서 사라지는 것이 아니라 선함을 향해 약속받고 선함으로 불러내지는 이런 삶에, 승리의 무한한 시간을 보증한다. 이 무한한 시간이 없다면 선함은 주관성과 망상이 되고 말 것이다.

G. 시간의 무한

무한하게 존재한다는 것, 곧 무한화infinition는, 한계 없이 실존하는 것, 따라서 한 근원의 형태로, 한 시작의 형태로 실존하는 것을 의미한다. 다시 말해, 여전히 한 존재자로 실존하는 것을 의미한다. 그저 있음—실존하는 것들 없이 실존함—의 절대적 비결정성은 끊임없는 부정, 무한한 정도의 부정이고, 따라서 무한한 제한이다. 그저 있음의 무정부성을 거슬러 존재자가 생산되고, 도래할 수 있는 것의 주체가, 근원과 시작이, 능력이 생산된다. 자기라는 나름의 정체성을 지니는 근원 없이는 무한화가 가능하지 않을 것이다. 무한화는 존재에 말려들지 않는 존재자에 의해, 여전히 존재에 연결되어 있으면서도 존재에 대하여 자신의 거리를 유지할 수 있는 존재자에 의해 생산된다. 달리 말해, 무한화는 참으로 실존하는 존재자에 의해 생산된다. 존재에 대한 거리—이것에 의해서 존재자는 참으로 (또는 무한하게) 실존하게 되는데—는 시간으로서, 그리고 의식으로서, 또는 가능한 것에 대한 예기豫期로서 생산된다. 시간의 이 거리를 가로질러, 규정적인 것은 규정적이지 않다. 존재는 존재하면서도 아직 존재하지 않으며, 미결 상태로 머물고, 매 순간마다 시작 가능해진다. 의식의 또는 시간성의 구조는, 즉 거리와 진리의 구조는 전체화를 거부하는 존재의 기초적 몸짓에서 비롯한다. 이 거부는 포함할 수 없는 것과의 관계로서, 타자성을 맞아들임으로서, 구체적으로는 얼굴의 현시로서 생산된다. 얼굴은 전체화를 중단시킨다. 타자성을 맞아들임은 그러므로 의식과 시간을 조건 짓는다. 죽음이 다가와, 무한화가 스스로를 존재의 부정으로서 그리고 무로서 생산하게 해주는 **능력**이 위태로워지는 것은 아니다. 죽음이 능력을 위협하는 것은 거리를 제거함으로써다. **능력**에 의한 무한화는, 능력이 자신이 비롯한 주체로 복귀하는 가운데 제한된다. 능력은 규정적인 것을 만들어 내는 가운데 주체가 **늙어 가게 한다. 존재가 무한하게 생산되는 시간은 가능한 것 너머로 나아간다.** 번식성에 의해 이룩되는 존재에 대한 거리는 현실적인 것 속에서만 마련되는 것이 아니다. 그 거리는 자신의 가능한 것들을 선택하는 현재 자체에 대한 거리로 구성된다. 그러나 이 현재는 스스로 실현되며, 특정한 방식으로 나이를 먹고, 그래서 규정적 현실 속에 고정되며, 가능한 것들을 이미 희생시켜 버린 현재다. 기억은 잃어버린 시간을 찾아 꿈을 얻게 하지만, 상실된 기회들을 돌려주지는 않는다. 그러므로 참된 시간성, 규정적인 것이 규정적이지 않은 시간성은, 존재할 수 있었을 모든 것들을 다시 포착하지 못할, 그러나 미래의 한계 지어지지 않은 무한 앞에서 이렇게 상실된 기회들을 더 이상 아쉬워하지 않을 가능성을 전제한다. 여기서 관건은 가능한 것들에 대한 뭔지 모를 어떤 낭만성 속에서 만족해하는 일이 아니라, 운명으로 선회하는 실존의 짓누르는 듯한 책임을 모면하는 일이며, 무한하게 존재하기 위한 실존의 모험을 다시 시작하는 일이다. 차이는 이러한 개입임과 동시에 이러한 구출이다. 그리고 자아는 이런 의미에서의 시간, 곧 여러 막으로 된 드라마다. 다수성 없이는 그리고 비연속성 없이는, 그러니까 번식성 없이는, 자아는 모든 모험이 운명의 모험으로 되돌아오고 마는 주체로 머물게 될 것이다. 자신의 것과는 다른 운명을 감당할 수 있는 존재는 번식성의 존재다. 불가피한 죽음의 규정적 면을 넘어 자아가 타자로 스스로를 연장하는 아버지됨 속에서, 시간은 자신의 비연속성에 의해 늙음과 운명에 대하여 승리를 거둔다. 자기-자신이면서도 타자로 존재하는 방식인 아버지됨은, 시간을 가로질러 성립하는 어떤 것의 정체성을 극복하지 못할, 그런 식의 시간 속에서의 변형과는 아무런 공통점이 없다. 또 아버지됨은 윤회와도 아무런 공통점이 없다. 윤회에서 자아는 한갓 화신avatar만을 인식할 수 있을 뿐 다른 자아가 되지 못한다. 이 비연속성을 강조할 필요가 있다.

가장 가볍고 가장 정주적이지 않으며 가장 우아하고 미래를 향해 가장 도약적인 존재 속에서 내가 영속한다는 사태가 돌이킬 수 없는 것, 따라서 한계를 생산한다. 돌이킬 수 없는 것은 우리가 매 순간의 기억을 보존한다는 사실에 기인하는 것이 아니다. 거꾸로 기억이 과거의 이 부패 불가능성에, 내가 자기로 복귀함에 근거하는 것이다. 그러나 새로운 매 순간 일어나는 기억은 이미 과거에 새로운 의미를 주지 않는가? 이런 의미에서, 기억은 과거에 얽매이기보다는 이미 과거를 돌이켜 고치지 않는가? 사실, 이렇게 새로운 순간이 옛 순간으로 복귀함에 이어짐의 유익한 특성이 있는 것이다. 그러나 이 복귀는 현재의 순간을 '모든 과거의 무게'로 누른다. 비록 현재의 순간이 모든 미래를 잉태하고 있다 하더라도 말이다. 이 현재 순간의 늙음은 그것의 능력을 한계 짓고, 죽음의 임박함에 그 순간을 개방한다.

번식성의 비연속적 시간은 절대적 젊음과 재시작을 가능하게 만들어 준다. 재시작된 과거와의 관계를 과거를 향한 자유로운──이것은 기억의 자유와는 다른 자유의 자유로움인데──복귀 속에, 또 자유로운 해석과 자유로운 선택 속에, 완전히 용서된 것으로서의 실존 속에 재시작하도록 놓으면서 말이다. 순간의 이러한 재시작은, 즉 번식성의 시간이 죽지 않을 수 없는 존재이자 늙어 가는 존재의 변화에 대해 거두는 이 승리는, 시간의 작품 자체인 용서다.

그 직접적 의미에서 용서는 잘못을 범했다는 도덕적 현상과 관련된다. 용서의 역설은 소급과 관계가 있다. 그리고 통상적 시간의 관점에서 보면 그것은 사물들의 자연적 질서가 전도됨을, 시간의 가역성을 나타낸다. 이것은 여러 측면을 지닌다. 용서는 흘러간 순간을 지시한다. 용서는 흘러간 순간에 잘못을 범한 주체에게, 마치 그 순간이 흘러가지 않은 듯이, 마치 그 주체가 잘못을 범하지 않은 듯이 존재하도록 허락해 준다. 용서는 망각보다 훨씬 더 강한 의미에서 능동적으로──망각은 망각된 사건의 실재성에 관계하지 않는다──과거에 작용하며, 사건을 모종의 방식으로 되풀이하여 그것을 순화시킨다. 용서는 용서된 과거를 순화된 현재에 보존하는 데 반해, 망각은 과거와의 관계를 없애 버린다. 용서된 존재는 무고한 존재가 아니다. 그 차이는 무고함을 용서 위에 놓도록 해주지 않는다. 그 차이는 용서에서 행복의 한 잉여를, 화해의 낯선 행복을, **행복한 죄**felix cupla[1]를 식별하게 해준다. 이것은 우리를 더 이상 놀라게 하지 않는 일상적 경험에서 주어진다.

잘못을 용서하는 것의 역설은 용서를 시간 그 자체를 구성하는 것으로 보게 한다. 순간들은 서로 무관하게 연결되지 않고, 타인으로부터 나에게로 펼쳐진다. 미래는, 내 현재로 흘러들어 오는 또 내가 붙잡게 될 것으로 여겨지는 식별 불가능한 가능함들의 우글거림으로부터 내게로 오지 않는다. 미래는 절대적 간격을 넘어서 내게 온다. 절대적으로 다른 타인—비록 그가 내 자식일지라도—만이 그 간격의 다른 기슭을 표시할 수 있고, 거기서 그 과거와의 관계를 다시 시작할 수 있다. 하지만 바로 그렇게 함으로써 타인은 이 과거로부터 자신을 생동케 한 옛 욕망을 다시 끄집어 낼 수 있다. 각 얼굴의 타자성은 이 욕망을 성장시키고 그 깊이를 더욱 깊게 한다. 시간이 수학적 시간의 서로 무관한 순간들로 이어지는 것이 아니라면, 다른 한편으로 그것은 베르그송의 **연속된 지속**을 성취하는 것도 아니다. 베르그송의 시간관은 '설탕이 녹는' 것을 왜 기다려야 하는지를 설명해 준다. 시간은 제일 원인에 전적으로 포함되어 있는 단일한 존재의 이해할 수 없는 분산을, 분명해 보이지만 유령과 같은 원인과 결과의 계열로 더 이상 번역하지 않는다. 시간은 새로운 것을, 절대적으로 새로운 것을 존재에 보탠다. 그러나 상식적 논리로 볼 때 이전과 유사한 순간의 품 안에서 피어나는 봄[春]의 새로움은, 체험된 모든 봄의 무게를 이미 담고 있다. 시간의 심오한 작업은 이 과거와 관련하여, 그의 아버지와 단절하는 주체에게 주어진다. 시간은 규정적인 것의 비-규정적인 것이고,

---

1) 아우구스티누스가 원죄를 다루면서 사용한 표현으로, 구원을 가능하게 하는 죄를 가리킨다.—옮긴이

성취된 것을 언제나 다시 시작하는 타자성, 이 재시작의 '언제나'이다. 시간의 작업은 지속의 연속성이 가능하게 하는 규정적인 것의 정지 너머로 나아간다. 연속성의 단절과 단절을 건너는 연속이 있어야 한다. 시간의 본질적인 것은 드라마가 되는 데에, 뒤이은 막이 처음의 막을 풀어 가는 막의 다중성/다수성multiplicité이 되는 데에 있다. 존재는 더 이상 단번에, 돌이킬 수 없는 현재로 생산되지 않는다. 현실은 현실인 어떤 것이다. 그러나 그것은 다시 한 번 현실이 될 것이다. 다시 자유스럽게 취해지고 용서받은 다른 한 번이 될 것이다. 무한한 존재는 시간으로서 생산된다. 다시 말해, 아버지를 자식으로부터 분리시키는 죽음의 시간을 가로질러 여러 시간들 속에서 생산된다. 시간의 본질을 이루는 것은 하이데거가 생각하듯 존재의 유한함이 아니라 존재의 무한이다. 죽음의 선고는 존재의 종말로서가 아니라 알려지지 않은 것으로서 다가온다. 이 알려지지 않은 것은 능력을 중지시킨다. 존재를 운명의 제한으로부터 해방시키는 간격의 구성은 죽음을 부른다. 간격의 무—죽은 시간—는 무한의 생산이다. 부활은 시간의 주요한 사건을 구성한다. 그러므로 존재에는 연속성이 없다. 시간은 연속되지 않는다. 한 순간은 중단됨이 없이 다른 순간으로부터 탈자적 도취를 통해 나오지 않는다. 순간은 그 연속에서 죽음을 발견하며 부활한다. 죽음과 부활이 시간을 구성한다. 그러나 그러한 형식적 구조는 타인에 대한 나의 관계를 전제하며, 그 바탕에 번식성을 전제한다. 이 번식성은 시간을 구성하는 비연속적인 것을 가로지른다.

　　행복한 죄의 심리적 사태 —화해가 가져다주는 잉여는, 그 화해가 통합하는 단절 때문에, 시간의 모든 신비를 지시한다. 시간이라는 사태와 시간의 정당화는, 현재에 희생된 함께 가능한 것들compossibles 모두를 번식성을 거쳐 부활시키는 가운데 시간이 가능하게 만드는 재시작 속에 담겨 있다.

왜 너머가 이편과 분리되는 것일까? 왜 선을 향해 나아가기 위해 악이, 진화가, 드라마가, 분리가 필요한 것일까? 비연속적 시간에서의 재시작은 젊음을 가져오고, 그래서 시간의 무한화를 가져온다. 시간의 무한한 실존은 오늘의 선함이 부딪히는 실패의 뒤편에서 심판의 상황을, 진리의 조건을 확보해 준다. 번식성에 의하여 나는 진리가 말해지기 위해서 꼭 있어야 할 무한한 시간을 부여잡는다. 변호의 특수함particularisme이 유효한 선함으로 바뀌어 변호하는 자아가 그 특수성 속에서 유지되기 위해서는—그러면서도 여전히 주관적으로 행세하는 이 합치를 역사가 깨뜨리거나 부수지 않을 수 있기 위해서는—무한한 시간이 있어야 한다.

그러나 무한한 시간은 또한 번식성이 약속하는 진리를 다시 문제 삼는 것이기도 하다. 인간에게서 행복과 함께 지속되는 복된 영원을 꿈꾸는 것은 단순한 망상이 아니다. 진리는 무한한 시간과 동시에 진리가 봉인할 수 있을 시간을, 완성된 시간을 요구한다. 시간의 완성은 죽음이 아니라 메시아적 시간이다. 이 메시아적 시간에서 영속적인 것이 영원으로 바뀐다. 메시아적 승리는 순수한 승리다. 메시아적 승리는 악의 복수에 대비한다. 무한한 시간으로는 이 악의 복귀를 저지할 수 없다. 이러한 영원성이야말로 시간의 새로운 구조 또는 메시아적 의식의 극단적 각성이 아니겠는가? 그러나 이 문제는 이 책의 범위를 넘어선다.

결론

1. 유사한 것에서 동일자로

이 책의 모든 작업은 사회적 관계의 심리학—여기서는 근본범주들이 영원한 유희를 지속할 것인데—을 묘사하고자 한 것이 아니었다. 그런 심리학은 근본 범주들이 영원한 유희를 지속할 것인데, 그와 같은 유희는 형식 논리 속에 규정적 방식으로 반영되어 있다. 오히려 이 책에서 존재의 논리적 틀로 묘사한 것은, 사회적 관계이고 무한 관념이다. 그것은 그릇 안에 그릇의 용적을 넘어서는 내용이 현전하는 사태다. 개념의 특수화가 그 자신의 개체화로 귀착할 때 그 특수화는, 비록 그것이 질료에서 유래한다고 해도, 궁극의 종차를 덧붙이는 데서 생산되지 않는다. 비록 그것이 질료에서 유래한다고 해도 말이다. 그렇게 하여 최후의 종 내부에서 얻어진 개체성들은 식별 불가능한 것이 되고 말 것이다. 토데 티τόδε π의 이 개체성에 반해, 헤겔의 변증법은 이런 개체성을 개념으로 환원시킬 만큼 전능하다. 왜냐하면 여기와 지금을 손가락으로 가리키는 사태는 그 **상황**을 지시하는 것을 전제하며, 거기서 손가락의 이 운동은 바깥으로부터 스스로를 동일화/식별하기identifier 때문이다. 개체의 동일성은, 그 자신과 유사하게 되거나 그를 가리키는 손가락을 통해 **바깥으로부터** 자신을 식별하게 내버려 두는 데에 있지 않고, **동일자로**, 자기-자신으로 존재하고 내부에서 스스로를 식별하는 데에 있다. 유사한 것에서 동일자로 나아가는 논리적 이행이 실존한다. 시선에 **노출**되며 전체성으로 조직된 논리적 영역에서 출발하여, 이 논리적 영역으로부터 자아의 내면성으로 되돌아옴으로써, 말하자면 볼록면에서 오목면으로 되돌아옴으로써 독특성이 출현한다는 것은 논리적이다. 이 책에서 추구된 내면성에 대한 모든 분석은 이 되돌아옴의 조건들을 서술한다. 시선의 형식 논리로는 무한 관념으로서의 이런 관계들을 부조리함 없이 나타내 보일 수 없다. 그래서 형식 논리는 이 관계들을 (기적이나 환상 같은) 신학적이거나 심리학적인 용어로 해석하도록 부추긴다. 하지만 이 관계들은 이제 내면성의 논리, 일종의 미시-논리 속에 다시 자리 잡는다. 여기서 추구되는 것은 토데 티 너머의 논리다. 사회적 관계들은 우리에게 다만 최상의 경험적 질료를 제공하여 그것을 유와 종이라는 논리의 용어로 다루게 하지 않는다. 사회적 관계들은 관계의 원초적 전개다. 이 관계는 그 관계의 항들을 포함할 법한 시선에 더 이상 내맡겨지지 않으며, 오히려 대면 속에서 나로부터 타자로 [나아가는 방식으로] **성취된다**.

2. 존재는 외재성이다

존재는 외재성이다. 이 정식은 주관적인 것의 환상들을 폭로하는 데로만 귀착하지 않는다. 또 자의적 사유가 **빠져들어** 사라지는 모래밭과 대조적으로 객관적 형식들만이 존재라는 이름을 받을 만하다고 주장하는 데로 귀착하지도 않는다. 그런 식의 개념화는 결국 외재성을 파괴하고 말 것이다. 왜냐하면 주체성 그 자체가, 파노라마적 유희의 한 계기로 자신을 계시하는 가운데, 외재성 속으로 흡수되고 말 것이기 때문이다. 그럴 때 외재성은 더 이상 아무것도 의미화하지 못할 것이다. 외재성이 이 명명을 정당화해 준 내면성을 포섭해 버릴 것이기 때문이다.

그러나 우리가 객관성으로 용해되지 않는 주체, 또 외재성이 대립할 그런 주체를 긍정한다고 해서 외재성이 유지되지는 않는다. 이 경우 외재성은 작은 것에 대한 큰 것의 관계처럼 상대적 의미를 얻게 될 것이다. 그렇지만 절대적인 것 속에서 주체와 객체는 동일한 체계의 부분을 여전히 형성하여, 파노라마적으로 유희를 벌이고 자신을 드러낼 것이다. 외재성 ──또는 타자성이라 해도 좋은데 ──은 동일차로 바뀌고 말 것이다. 또 내재적인 것과 외재적인 것 사이의 관계 너머에는 측면으로부터 이 관계를 지각할 여지가 있게 될 것이다. 이런 측면의 시선은 내재적인 것과 외재적인 것의 유희를 포괄하고 지각(또는 관통)하거나, 이 관계가 상연되고 그것의 존재가 **진실로** 실현될 궁극적 무대를 제공하게 될 것이다.

존재는 외재성이다. 그 존재의 실행 자체는 외재성으로 성립한다. 또 어떠한 사유도 스스로를 이 외재성에 지배되도록 내맡기는 것보다 존재에 더 잘 복종할 수 없을 것이다. 외재성이 참된 것은 내면성과 외재성이 대립하는 가운데 외재성을 알아차리는 측면의 시선 속에서가 아니다. 외재성이 참된 것은 대면 속에서다. 대면은 더 이상 전적인 시각vision이 아니며 시각보다 더 멀리 나아간다. 대면은 외재성으로부터 근본적으로 분리되어 그 자체로 자신을 유지하는 하나의 점으로부터, 나인 하나의 점으로부터 수립된다. 그래서 분리된, 결국 자의적인 이 지점(하지만 이 지점의 자의성과 분리는, 나라는 긍정적인 방식으로 생산된다)에서 출발하지 않는 모든 다른 관계는, 진리의 — 필연적으로 주관적인 — 장을 상실하게 될 것이다. 인간의 참된 본질은 그의 얼굴 속에 자신을 현시한다. 여기서 그는 폭력과 무한히 다르다. 즉, 내 폭력과 유사한 폭력, 내 폭력에 대립하며 적대적인 폭력, 그리고 우리가 동일한 체계 안에 참여하는 역사적 세계 속에서 내 폭력과 함께 이미 취해진 그런 폭력과는 무한히 다르다. 그는 자신의 부름을 통해 나의 폭력을 중단시키고 마비시킨다. 이 부름은 폭력을 행하지 않고 높이로부터 온다. 존재의 진리는 존재의 **이미지**가 아니며, 존재의 본성에 대한 **관념**이 아니다. 존재의 진리는 시각을 **일그러뜨리는**déformer, 그러나 바로 그럼으로써 외재성으로 하여금 스스로 말하게 하는, 외재성에 전적으로 완전한 명령과 권위를, 즉 전적으로 완전한 우위를 허락하는, 그런 주관적 장 속에 놓인 존재다. 간주관적인 공간의 이 휘어짐은 거리를 상승 쪽으로 굴절시킨다. 이것은 존재를 왜곡하는 것이 아니다. 오히려 존재의 진리를 가능케 할 따름이다.

우리는 주관적 장을 통해 '작동된' 이 굴절을 '미리 참작해서' 그 굴절을 '수정'할 수 없다. 이 굴절은 존재의 외재성이 존재의 진리 속에서 실현되는 방식 자체를 구성한다. '전적인 반성'의 불가능성은 주체성의 결점에서 기인하지 않는다. 오히려 이 '공간의 휘어짐'—현상—의 바깥에 출현할 것이라 여겨지는 존재자들의 소위 '객관적' 본성은, 그 용어의 문자적 의미에서 우월한supérieur 진리인 형이상학적 진리의 상실을 가리킬 것이다. 간주관적 공간의 이 '휘어짐' 속에서 우월성으로서의 외재성은 실행된다(우리는 '거기서 외재성이 출현한다'고 말하지 않는다). 우리는 이 '휘어짐'과, 출현하는 대상들에 대해 취해진 '관점들'의 자의적 면을 구분해야 한다. 그러나 오류와 억견들의 원천이며 외재성에 맞선 폭력에서 비롯하는 이 자의적 면은 휘어짐이 치루는 대가다.

'공간의 휘어짐'은 인간들 사이의 관계를 표현한다. 타인이 나보다 더 높이 자리한다는 것은, 만일 내가 그에게 행하는 맞아들임이 어떤 본성을 '지각'하는 데서 성립한다면, 순전하고 단순한 오류를 의미할 것이다. 그러므로 사회학, 심리학, 생리학은 외재성에 대해 귀머거리다. 타인으로서의 인간은 바깥으로부터 우리에게 이른다. 분리된—또는 신성한—얼굴로. 타인의 외재성, 다시 말해 나에 대한 그의 부름이 타인의 진리다. 내 응답은 타인의 객관성의 '핵'에 우연한 것으로 덧붙여지는 것이 아니다. 나의 응답이 바로 (나에 대한 그의 '관점'이 폐기하지 못할) 그의 진리를 **생산한다**. 존재에 대한, 또 우리가 '간주관적 공간의 휘어짐'이라는 은유를 통해 시사하는 존재 관념에 대한 진리의 이 잉여는, 모든 진리의 신적 지향을 의미한다. 이 '공간의 휘어짐'은 아마 신의 현전 자체일 것이다.

대면은 궁극적이고 환원 불가능한 관계로, 어떤 개념도—그 개념을 사유하는 사유자가 곧바로 새로운 대화 상대자의 면전에 놓이지 않는다면—이 관계를 끌어안을 수 없을 것이다. 대면이 사회의 다원론을 가능케 한다.

3. 유한과 무한

존재의 본질인 외재성은, 다수적인 것을 전체화하는 논리에 대한 사회적 다수성의 저항을 의미한다. 전체화 논리의 견지에서 다수성은 일자나 무한의 실추이며, 다수의 존재들 각각이 다수적인 것에서 일자로, 유한에서 무한으로 되돌아오기 위해 극복해야만 할 존재 안에서의 감소다. 하지만 외재성과의 관계, 즉 우월성과의 관계인 형이상학이 가리키는 것은 그 반대다. 유한에게 유한과 무한 사이의 관계는 자신과 대면하는 것 속으로 흡수되는 데 있지 않고, 오히려 자신의 고유한 존재에 머물고 거기서 스스로를 유지하며 여기 이 세상에서 행동하는 데 있다. 선함의 준엄한 행복이 만일 우리를 신과 뒤섞는다면, 그 행복의 의미는 전도될 것이고 선함의 행복 자체도 왜곡될 것이다. 존재를 외재성으로 이해하는 것, 존재의 파노라마적인 실존함 및 그 실존함이 생산되는 전체성과 단절하는 것이, 유한의 의미를 이해하도록 해준다. 그렇다고 해서 유한의 제한이 무한 가운데서 무한의 이해 불가능한 실추를 요구하는 것은 아니다. 또 유한함이 무한에 대한 향수나 복귀를 갈망하는 병으로 이뤄지는 것도 아니다. 존재를 외재성으로 정립하는 것은 무한이 무한의 욕망임을 알아차리는 것이고, 또 그럼으로써 무한의 생산이 분리를 요청함을, 즉 자아 또는 근원의 절대적 자의성의 생산을 요청함을 이해하는 것이다.

분리가 취하는 제한과 유한함이라는 특징들은 단순히 '적은 것' — '무한히 많은 것'으로부터 출발해서, 그리고 무한의 퇴락 없는 충만함으로부터 출발해서 이해할 수 있는 — 을 받아들이는 것이 아니다. 그 특징들은 무한의 넘쳐흐름 자체를 확인해 준다. 구체적으로 말해, 그것들은 사회적 관계 속에서 생산되는 존재에 대한 모든 잉여의 넘쳐흐름을, 즉 모든 선의 넘쳐흐름을 확인해 준다. 이 선으로부터 유한의 부정적 면이 이해되어야 한다. 사회적 관계는 존재에 대한 선의 이 잉여, 일자에 대한 다수성의 이 잉여를 낳는다. 사회적 관계는 『향연』에 나오는 신화에서처럼 아리스토파네스가 말하는 온전한 전체 존재를 재구성하는 데서 성립하지 않는다. 사회적 관계는 전체 속에 다시 잠기거나 비시간적인 것으로 물러나는 데서 성립하지도 않으며, 역사에 의해 전체를 정복하는 데서 성립하지도 않는다. 분리가 여는 모험은 일자의 지복至福; béatitude이나 일자의 유명한 자유에 비해 절대적으로 새롭다. 그런 자유는 그 무엇과도 만나지 않으려고 타자를 부정하거나 흡수하는 데서 성립한다. 존재의 저편에, 또 일자의 지복 저편에 있는 선—바로 이것이 창조의 엄격한 개념을 알려 준다. 그것은 일자의 부정도 제한도 유출도 아닐 것이다. 외재성은 부정이 아니라 경이로움이다.

4. 창조

신학은 신과 피조물 사이의 관계 관념을 신중하지 못하게도 존재론적인 용어로 다룬다. 신학은 존재에 적합한, 전체성의 논리적 특권을 전제한다. 게다가 신학은 무한한 존재가 자신의 바깥에 있는 어떤 것과 인접해 있거나 그것을 용납한다는 점을, 자유로운 존재가 신의 무한 속에 뿌리를 담그고 있다는 점을 이해해야 하는 어려움과 맞닥뜨린다. 그런데 초월은 다름 아닌 이 전체성을 거부하며, 밖으로부터 자신을 포괄할 법한 시선에 스스로를 내맡기지 않는다. 사실 초월에 대한 모든 '이해'는 초월적인 것을 밖에 남겨 두고 그 초월적인 것의 면전에서 스스로 이해를 행한다. 전체성과 존재의 개념이 서로 겹쳐진다 할 때, 초월적인 것의 개념은 우리를 존재의 범주들 너머에 놓는다. 이렇게 하여 우리는 우리 나름의 방식으로, 존재 너머의 선이라는 플라톤의 관념과 다시 만난다. 초월적인 것, 그것은 포괄될 수 없는 것이다. 여기에 초월 개념을 다루는 데 있어 본질적인 명확함이 있다. 이것은 어떤 신학적 개념도 사용하지 않는 명확함이다. 존재론의 용어로 창조를 다루는 전통 신학을 곤란하게 하는 것, 즉 신이 창조를 위해 자신의 영원성을 벗어난다는 사태는, 초월에서 시작하는 철학에겐 최초의 진리로 부과된다. 영원과 시간 사이의 간격보다 전체성과 분리를 더 잘 구분해 줄 것은 아무것도 없다. 그러나 그렇게 하여, 타인은 내 주도권에 앞서는 그의 의미 작용에 의해 신과 닮는다. 이 의미 작용은 의미 부여Sinngebung라는 내 주도권에 앞서는 것이다.

존재론적 철학은 전체성의 관념 속에서 다수적인 것을 실제로 다시 결합—또는 포함—한다. 이 전체성 관념을, 종합에 저항하는 분리의 관념으로 대체하는 것이 중요하다. 창조를 통해 무로부터의 기원을 긍정하는 것, 그것은 영원성의 품 안에서 모든 사물들이 미리 공통성을 지니고 있다는 생각에 이의를 제기하는 것이다. 존재론에 의해 인도된 철학적 사유는 이 영원성으로부터, 공동의 모태에서 나오듯 존재들을 출현시킨다. 초월이 전제하는 분리의 절대적 간격을 가장 잘 진술할 수 있는 용어는 창조일 것이다. 창조 속에서 존재들 사이의 혈족 관계가 긍정되는 동시에 그들의 근본적 이질성이, 무에서 출발하는 그들의 상호적 외재성이 긍정된다. 우리는 피조물에 대해 말함으로써 전체성으로 다시 닫히지 않는 초월 속에 놓인 존재자들의 특징을 묘사할 수 있다. 대면 속에서 자아는 주체라는 특권적 자리를 갖지 않으며, 체계 속의 자신의 자리에 의해 한정된 사물의 자리를 갖지도 않는다. 대면의 자아는 변호고, 자기 자신을 위한 대화다. 하지만 그것은 타인 앞에서 정당화하는 대화다. 타인이 최초의 이해 가능자 le premier intelligible다. 왜냐하면 타인은 내 자유로부터 의미 부여나 의미를 기다리지 않고 내 자유를 정당화할 수 있기 때문이다. 창조의 국면 속에서, 자아는 자기 원인이 아니면서 대자적이다. 자아의 의지는 자신을 무한하고(다시 말해 자유롭고) 한계 지어진 것으로, 종속된 것으로서 확립한다. 자아의 의지는 타자의 이웃함으로부터 자신의 한계들을 취하지 않는다. 초월적인 이 타자는 자아의 의지를 한정하지 않는다. 자아들은 전체성을 형성하지 않는다. 이런 자아들이 그들의 원리 속에서 포착될 특권적 평면은 존재하지 않는다. 이것이 다수성에 본질적인 무정부성이다. 다수성이 실존하는 방식에 따르면, 다수성과 연결시키기 위해 사람들이 고집스레 찾고자 하는 전체에 공통적인 평면은 없다. 그래서 우리는 의지들의 자유로운 유희 속에서 어떤 의지가 유희의 끈을 잡고 있는지 결코 알 수 없을 것이다. 우리는 누가 누구와 노는지 알 수 없다. 그러나 얼굴이 자신을 현시하고 정의를 요구할 때, 하나의 원리가 이 모든 현기증과 이 모든 떨림을 꿰뚫는다.

5. 외재성과 언어

우리는 존재들이 전체화에 저항한다는 사실에서, 존재들이 구성하는 전체적이지 않은 다수성에서, 존재들이 동일자 안에서 화해할 수 없다는 사실에서 출발했다.

존재들 사이의 이 화해 불가능성, 이 근본적 이질성은 실제로, 스스로를 생산하는 하나의 방식을, 파노라마적 실존과도 그것의 탈은폐와도 같지 않은 하나의 존재론을 가리킨다. 상식적 의미에서, 그리고 철학에서도 플라톤에서 하이데거에 이르기까지, 이 파노라마적 실존과 그것의 탈은폐는 존재의 생산과 같은 것이었다. 왜냐하면 진리 또는 탈은폐는 동시에 존재의 작업 또는 존재의 본질적 덕(德)이기 때문이다. 이 존재는 **존재자의 존재**고, 또 결국 그 진리가 다스리게 될 모든 인간 행동의 **존재**다. 인간의 모든 태도가 '빛 속에 드러내는' 데서 성립한다는(현대의 기술 그 자체가, '백일하에 드러낸다'는 의미에서 사물들을 추출하거나 생산하는 한 방식일 뿐이라는) 하이데거의 테제는 파노라마적인 것의 이 우위에 기초를 둔다. 전체성의 파열은, 또 존재의 파노라마적 구조에 대한 고발은, 존재의 실존함 자체에 관련되는 것이지 체계에 거역하는 존재자들의 배열이나 배치에 관련되는 것이 아니다. 이와 상관적으로, 지향성이 가시적인 것과 **관념**을 겨누는 것임을 보여주려는 분석은, 존재의 궁극적 덕으로 여겨지는, 존재자의 존재로 여겨지는 파노라마적인 것의 이 지배를 표현한다. 관조 개념이 겪은 그 모든 유연함에도 불구하고, 정감, 실천, 실존 등에 대한 현대의 분석에서 사람들은 이 덕을 고수한다. 이 책에서 우리가 내세우는 주요 테제들 중의 하나는, 지향성에서 원초적 구조라는 노에시스-노에마 구조를 거부하는 데 있다(그렇다고 지향성을 논리적 관계나 인과성으로 해석한다는 뜻은 아니다).

존재의 외재성은 사실 다수성이 어떤 관계도 맺지 않으리라는 점을 의미하지는 않는다. 이 다수성을 잇는 관계는 단지 분리의 심연을 채우는 것이 아니다. 오히려 이 관계가 분리를 확증한다. 이 관계 속에서 우리는 대면에서만 생산되는 언어를 알게 되었다. 그리고 언어 속에서 가르침을 알게 되었다. 가르침은 진리가 생산되는 방식이다. 여기에 따를 때 진리는 내 작품이 아니며, 나는 진리를 내 내면성에서 도출할 수 없다. 진리의 이 같은 생산을 긍정함으로써 우리는 진리의 근원적 의미와 노에시스-노에마 구조를 바꾸며, 지향성의 의미를 바꾼다.

사실, 내게 말하며 내가 응답하거나 질문하는 존재는 내게 자신을 제시하지 않는다. 그 존재는, 내가 이 현현을 떠맡고 내 내면성의 척도에 그 현현을 놓으며 그것을 나-자신으로부터 온 것으로 받아들일 수 있는, 그런 방식으로 자신을 **주지** 않는다. 그런데 시각은 대화 속에서는 전적으로 불가능한 이 같은 방식을 작동시킨다. 시각은 사실 본질적으로 외재성을 내면성에 합치시키는 것이다. 거기서 외재성은 관조하는 영혼 속으로 흡수되며, **적합한 관념**으로서 선험적으로 자신을 드러내고, **의미 부여**의 결과가 되고 만다. 그러나 대화의 외재성은 내면성으로 바뀔 수 없다. 대화 상대자는 어떤 방식으로건 내밀성 안에 자리할 수 없다. 대화 상대자는 언제나 바깥에 있다. 분리된 존재들 사이의 관계는 그들을 전체화하지 않는다. 그 관계는 그 누구도 포괄하거나 주제화할 수 없는 '관계 없는 관계'다. 더 정확히 말해, 그 관계를 사유하고 전체화하는 자는 이 '반성'에 의해 존재 안에 새로운 분열을 표시하게 될 것이다. 왜냐하면 그는 다시 이 전체적인 것을 누군가에게 말할 것이기 때문이다. 분리된 존재의 '토막들' 사이의 관계는 대면이며, 환원 불가능하고 궁극적인 관계다. 대화 상대자는, 마치 코기토의 확실성이 확실성에 대한 모든 부정 배후에서 출현하는 것처럼, 사유가 막 파악한 자의 배후에서 다시 출현한다. 우리가 여기서 펼치고자 했던 대면에 대한 묘사는 타자에게, 내 대화와 내 지혜 뒤에서 다시 나타나는 독자에게 말해진다. 철학은 결코 지혜가 아니다. 왜냐하면 철학이 끌어안고자 한 대화 상대자는 이미 철학을 빠져나갔기 때문이다. 철학은 본질적으로 제의적^{祭儀的} 의미에서 타인을 불러낸다. 우리가 '전체'에 대한 말을 건네는 타인을, 스승이나 제자를 불러낸다. 그렇기에 정확히 말해 대화의 대면은 주체를 대상과 관련시키지 않으며, 적합성을 본질로 하는 주제화에서 벗어난다. 어떤 개념도 외재성을 포착할 수 없기 때문이다.

주제화된 대상은 즉자로 남는다. 하지만 나에 의해 알려진다는 것이 주제화된 대상의 본질에 속한다. 또 내 앎에 대한 즉자의 잉여는 앎에 의해 점차 흡수된다. 대상과 관계하는 앎과 즉자나 대상의 견고성과 관계하는 앎 사이의 차이는, 헤겔에 따르면 역사 그 자체에 해당하는 사유의 발전 과정에서 감소한다. 객관성은 절대지로 흡수되고, 그 결과 사유자의 존재, 인간의 인간성은 즉자적 견고함이 지닌 영속성에 맞춰진다. 이 합치는 인간의 인간성과 대상의 외재성이 보존되며 또 흡수되는 전체성의 품 안에서 이뤄진다. 외재성의 초월은 미완의 사유만을 증언하는 것인가? 그리고 외재성의 초월은 전체성 속에서 극복될 것인가? 외재성은 내면성으로 전도되어야만 하는가? 외재성은 나쁜 것인가?

우리는 존재의 외재성에 다가갔다. 존재의 외재성은 존재가 분산 속에서나 자신의 실추 속에서 우연히 또는 잠정적으로 취하게 될 형식이 아니라, 존재의 실존함 자체다. 그것은 고갈될 수 없으며 무한한 외재성이다. 이러한 외재성은 타인에게서 열리며, 주제화를 멀리한다. 그러나 이 외재성이 주제화에서 벗어나는 이유는, 긍정적인 면에서 볼 때, 외재성이 스스로를 표현하는 존재 속에서 생산되기 때문이다. 조형적인 현현이나 탈은폐에서는 어떤 것이 어떤 것으로서 현현한다. 그래서 탈은폐된 것은 자신의 본래성을, 드러나지 않은 자신의 실존을 단념한다. 이와 반대로 표현 속에서는 현현과 현현된 것이 일치하며, 현현된 것은 자신의 고유한 현현에 참석한다. 그 결과 현현된 것은 우리가 잡아 둘 모든 이미지에 외재적인 것으로 남게 된다. 그것은 다음과 같은 의미에서 스스로를 현시한다. 즉 이것은 어떤 이가 자신을 떠올리게 하는 이름을 말함으로써 스스로를 소개하는 경우와 같다. 이때 그는 언제나 자신의 현전의 원천으로 남아 있다. 이런 현시는 '납니다, 나예요'라고 말하는 데서 성립한다. 이것 이외에는 사람들이 나를 알아차릴 다른 어떤 방도도 없다. 우리의 세계 속에서는 어떠한 지시체도 발견할 수 없는 외재적 존재의 이러한 현시를, 우리는 얼굴이라 명명했다. 그리고 우리는 말 속에서 자신을 현시하는 얼굴과 맺는 관계를 욕망으로, 선함과 정의로 서술했다.

말은 시각에서 벗어난다. 왜냐하면 말하는 자는 자기에 대해 이미지들만을 전달하는 것이 아니라, 인격적으로 자신의 말 속에 현전하며, 자신이 남겨 둘 모든 이미지에 절대적으로 외재적이기 때문이다. 언어 속에서 외재성이 행사되고 전개되며 분출된다. 말하는 자는 자신의 현현에 참석한다. 이때의 현현은, 마치 말에 의한 이 현전이 듣는 자의 **의미 부여**로 환원되기라도 하듯 듣는 자가 획득된 결과로서 또 대화의 관계 자체 밖에 잡아 두려고 하는 의미에 부합하지 않는다. 언어는 의미 작용에 의한 **의미 부여**의 끊임없는 지양이다. 그 크기가 자아의 척도를 넘어서는 이 현전은 내 시각으로 다시 흡수되지 않는다. 외재성의 넘쳐흐름은 여전히 외재성을 측정하는 시각에 부적합하다. 이 넘쳐흐름이 바로 높이의 차원을 구성한다. 또는 외재성의 신성神性을 이룬다. 신성은 거리를 유지한다. 플라톤이 『향연』에서 언급한 구분에 따르면, 대화는 신과의 대화이지 동등한 자들 간의 대화가 아니다. 형이상학은 신과 맺는 이 언어의 본질이다. 형이상학은 존재 위로 이끈다.

6. 표현과 이미지

모든 의미 작용의 원천인 타인의 현전이나 표현은, 이해 가능한 본질로 숙고되는 것이 아니라, 언어로 들리고 그래서 외재적으로 행해진다. 표현이나 얼굴은, 나로부터 비롯한 것인 양 언제나 내 사유에 내재하는 이미지들을 넘친다. 넘침의 이미지로 환원할 수 없는 이 넘침은 욕망과 선함의 정도mesure에 따라—또는 그 과도함démesure에 따라—자아와 타자의 도덕적 비대칭성으로서 생산된다. 이 외재성의 거리는 즉각 높이로 뻗어 나간다. 눈은 위치를 통해서만, 즉 위에서 아래까지의 배치로서 도덕성의 기초적 사태를 구성하는 위치를 통해서만 이 높이를 이해할 수 있다. 외재성의 현전인 얼굴은 결코 이미지나 직관이 되지 않기 때문이다. 모든 직관은 직관으로 환원될 수 없는 의미 작용에 의존한다. 그 의미 작용은 직관보다 더 멀리서 오며, 또 그 의미 작용만이 멀리서 온다. 의미 작용은 직관들로 환원할 수 없는 것으로, 욕망에 의해 헤아려진다. 이 욕망은 도덕성이고 선함이다. 그것은 자기에 대한 무한한 요구 또는 타자에 대한 욕망이다. 다시 말해 무한과 맺는 관계다.

얼굴의 현전 또는 표현은 다른 의미 있는 현현들 가운데 놓이지 않는다. 인간의 작품/제작물들은 모두 의미를 갖지만, 인간 존재는 즉시 그 작품에서 떠난다. 그래서 인간 존재는 그 작품들로부터 추측되고, 그 자신 또한 '~로서의' 연관 속에서 주어진다. 노동은 다른 인간들에게 의미를 지닐 수 있는 제작물들로 귀착한다. 그것은 타자들이 획득할 수 있는 것, 다시 말해 이미 돈에 반영되어 있는 상품이다. 반면에 언어 속에서 나는 나의 현현에 참석한다. 여기서 나는 대체 불가능하며 깨어 있다. 이렇듯 노동과 언어 사이의 심연은 깊다. 하지만 이 심연은 표현을 **떠나지** 않는 깨어 있는 현전의 에-너지에 의해 입을 벌리고 있다. 현전과 표현의 관계는 의지와 그 작품/제작물의 관계와 같지 않다. 의지는 자신의 제작물에서 물러나 그것을 그 운명에 내맡긴다. 그래서 의지는 자신이 의욕하지 않은 '많은 것'을 의욕한 스스로를 발견하게 된다. 이 제작물들의 부조리함이 그 제작물들을 만들었던 사유의 결함에서 유래하는 것이 아닌 까닭이다. 그 부조리는, 이 사유가 즉시 빠지고 마는 익명성에서, 이 본질적 익명성의 결과로 발생하는 노동자의 몰이해에서 유래한다. 장켈레비치가 노동은 표현이 아니라고 말한 것은 옳다.[1] 제작물을 획득하면서 나는 그것을 생산한 이웃을 신성하게 여기지 않는다. 인간이 진실로 독자적이며 포괄-불가능한 것은 오직 표현 속에서다. 표현에서 인간은 자신의 고유한 현현을 '구원할'porter secours 수 있다.

정치적 삶에서는, 상대방이 없는 채로, 인간성이 그 제작물들로부터 파악된다. 상호 교환될 수 있는 인간들의 인간성, 상호적 관계들의 인간성으로 말이다. 인간들을 서로 대체하는 것은 원초적 불경不敬으로, 이것이 착취 그 자체를 가능케 한다. 역사——국가들의 역사——속에서 인간 존재는 역사가 남긴 제작물들의 총체로 나타난다. 살아 있을 때라도 인간은 그의 고유한 유산인 셈이다. 정의는 표현을 다시 가능케 하는 데서 성립한다. 비-상호성 속의 인격적 개인은 표현 속에서 자신을 유일한 자로 현시한다. 정의는 말할 권리다. 종교의 전망이 열리는 곳은 아마 여기일 것이다. 종교는 정치적 삶에서 멀어진다. 철학이 반드시 정치적 삶으로 이끄는 것은 아니다.

7. 중립자의 철학에 대항하여

우리는 이렇게 중립자의 철학과, 즉 하이데거의 존재자의 존재 그리

---

1) Vladimir Jankélévitch, *L'Austérité et la vie morale*, Paris: Flammarion, 1956, p. 34[『준엄함과 도덕적 삶』].

고 헤겔의 비인격적 이성과 단절했다고 확신한다. 블랑쇼의 비판적 작업은 하이데거의 존재자의 존재가 갖는 비인격적 중립성을 부각시켰다. 헤겔의 비인격적 이성은 인격적 개인의 의식이 이성의 간계일 뿐이라는 점을 보여 준다. 중립자의 철학이 행하는 관념들의 운동은, 비록 그것의 근원이나 영향력은 다를지라도 철학의 종말을 선언한다는 점에서는 일치한다. 이는 그 운동들이 어떠한 얼굴도 명령하지 않는 복종을 찬양하기 때문이다. 소크라테스 이전 사람들에게나 드러났을 법한 중립자에 매혹된 욕망, 또는 욕구로 해석되고 그래서 결국 행위의 본질적 폭력으로 귀착하고 마는 욕망은, 철학을 내쫓고 오직 예술이나 정치에 만족한다. 중립자를 찬양하는 것은 나에 대해 우리를 앞세우고 상황 속에 놓인 존재들에 대해 상황을 앞세우는 것으로 나타날 수 있다. 이 책에서 향유의 분리를 강조한 것은, 이성이 주체를 삼켜 버리는 헤겔의 관념론과 마찬가지의 전체적 방식으로 철학자들이 조금씩 차이를 용해해 왔던 상황에서 차이를 해방시킬 필요에 따른 것이다. 물질주의는 감성의 원초적 기능을 발견하는 데 있지 않고, 중립자의 우위에 있다. 존재라는 중립자를 이 존재가 어떤 방식으로건 자신도 모르게 규정해 버릴 존재자의 위에 놓는 것, 존재자들이 모르는 사이에 본질적 사건들을 가져다 놓는 것, 이것은 물질주의를 공언하는 짓이다. 하이데거의 후기 철학은 이런 수치스러운 물질주의가 되고 만다. 하이데거의 후기 철학은 천상과 지상 사이의 인간 거주지에, 신의 기대에 그리고 인간의 동아리에 존재의 계시를 놓고, 풍경이나 '정물'靜物을 인간적인 것의 근원으로 삼는다. 존재자의 존재는 어느 누구의 말도 아닌 로고스다. 반면에 모든 의미가 나타나는 원천인 얼굴에서 출발하는 것, 절대적인 벌거벗음 속의, 머리를 두고 쉴 곳을 찾지 못하는 비참함 속의 얼굴에서 출발하는 것, 이것은 존재가 인간 들 사이의 관계 속에서 작용한다는 것을, 욕구보다는 욕망이 행위들 을 명령한다는 것을 긍정하는 것이다. 이 욕망은 결여에서 비롯하지 않는 열망으로, 형이상학적인 것이고, 한 인격의 욕망이다.

8. 주체성

존재는 외재성이며, 외재성은 자신의 진리 속에서, 주관적 장 속에서, 분리된 존재에 대하여 생산된다. 분리는 자기에 준거하며 자기로 스 스로를 지탱하는 한 존재의 내면성으로서 긍정적으로 성취된다. 무신 론에 이르기까지! 이 자기 준거는 구체적으로 향유나 행복으로 구성 되거나 성취된다. 이것은 본질적 자기 충족이다. 이 자기 충족은 스스 로를 펼치는 가운데 ─앎 속에서─자신의 근원까지 손에 쥔다. 비판 (자신의 고유한 조건을 다시 잡는 것)은 이런 앎의 궁극적 본질을 발전 시킨다.

　　우리는 유한이 무한의 관념을 가지는 형이상학적 사유에 ─여기 서 근본적 분리가 생산되며, 또 그와 동시에 타자와 맺는 관계가 생산 되는데──~에 대한 의식에 해당하는 지향성이라는 용어를 남겨 두 었다. 지향성은 말에 대한 주의注意 또는 얼굴을 맞아들임이다. 그것은 환대이지 주제화가 아니다. 자기의식은 내가 타자에 대해 갖는 형이 상학적 의식의 변증법적 복제물이 아니다. 그리고 자기의식이 자기와 맺는 관계는 더 이상 자기를 재현하는 것이 아니다. 자기에 대한 모든 시각에 앞서 이 자기의식은 **스스로를** 유지하는 가운데 성취된다. 자기 의식은 신체로서 **자기 속에 뿌리내리고** 있으며, 자신의 내면성 속에서, 자신의 집에서 자신을 유지한다. 이렇게 자신이 분리되어 나오는 존재에 대한 부정으로 귀착되지 않으면서 분리를 긍정적으로 성취한다. 그러나 바로 그렇게 하여 자기의식은 그 존재를 맞아들일 수 있다. 주체는 주인이다.

주체의 실존은 분리로부터 자신의 윤곽선을 받아들인다. 동일성이 그 본질을 고갈시키는 어떤 존재의 내적 **동일화**, 동일차의 동일화, 개체화 등은 분리라고 불리는 어떤 관계의 항들을 찍어 내지 못한다. 분리는 개체화의 행위 자체다. 분리란 일반적으로, 존재 안에 놓이는 실체가 전체를 지시하거나 체계 속의 자기 자리를 통해 **스스로를** 정의함으로써가 아니라, 자기로부터 출발하여 거기에 놓이게 되는 가능성이다. 자기로부터 출발한다는 사태가 분리에 값한다. 그러나 자기로부터 출발한다는 사태와 분리 그 자체가 존재 안에서 생산될 수 있는 것은 오직 내면성의 차원을 엶으로써다.

9. 주체성의 유지 – 내적 삶의 현실과 국가의 현실 – 주체성의 의미

형이상학 또는 타자와의 관계는 봉사로서 그리고 환대로서 성취된다. 타인의 얼굴이 우리를 제삼자와 관계 맺게 함에 따라, 타인에 대한 나의 형이상학적 관계는 우리라는 형식으로 흘러들어 가고, 보편성의 원천인 국가, 제도 그리고 법을 열망하게 된다. 그러나 그 자신에 내맡겨진 정치는 자기 안에 전제정치를 가지고 있다. 정치는 자신을 야기한 자아와 타자를 왜곡시킨다. 왜냐하면 정치는 자아와 타자를 보편적 규범에 따라 심판하며, 그렇게 하여 궐석판결을 내리는 셈이기 때문이다. 나는 타인을 맞아들이는 가운데 내 자유가 종속되는 치고함 Très-Haut을 맞아들인다. 하지만 이 종속은 부재가 아니다. 즉 그것은 내가 도덕적 주도권을 가지고 행하는 모든 인격적 작업(이것이 없다면 심판의 진리는 생산될 수 없다) 속에서 실현되며, 단일성으로서의 그리고 얼굴(정치적인 것의 가시적인 것은 얼굴을 비가시적인 것으로 남겨둔다)로서의 타인에 대한 주의 속에서 실현된다. 그리고 이 주의는 나의 단일성 속에서만 생산될 수 있다. 주체성은 이렇게 진리의 작업 속에서 복권되지만, 자신에 해를 입히는 체계를 거부하는 에고이즘으로 복권되는 것은 아니다. 주체성이 행하는 이 자기중심적 저항에 대해서는—1인칭에 입각한 이 저항에 대해서는—헤겔이 말하는 현실의 보편주의가 아마 이유 있는 것일지 모른다. 그러나 어떻게 그토록 오만하게 보편적 원리들을, 즉 가시적 원리들을 타자의 얼굴에 맞세운다는 것인가! 이 비인격적 정의의 냉혹함 앞에서 뒤로 물러나지 않고 말이다. 또 그럴 경우, 어떻게 자아의 주체성을 선함의 가능한 하나뿐인 원천으로서 도입하지 않을 수 있는가?

따라서 형이상학은 우리를 단일성으로서의 자아의 성취로 이끈다. 국가의 작업은 이 자아의 성취와 관련하여 자리 잡아야 하며 형성되어야 한다.

국가에 맞서 유지되는 자아의 대체 불가능한 단일성은 번식성에 의해 성취된다. 우리가 인격적 개인이 국가의 보편성으로 환원될 수 없음을 주장하면서 환기한 것은 순전히 주관적인 사건들이 아니다.

그런 주관적 사건들은 이성적 현실이 비웃는 내면성의 모래들 속으로 사라져 버린다. 우리가 불러낸 것은 오히려 초월의 차원과 전망이었다. 초월의 차원과 전망은 정치의 차원과 전망 못지않게 실재적이고 그것보다 더 참되다. 왜냐하면 초월 속에서는 자기성의 변호가 사라지지 않기 때문이다. 분리에 의해 열리는 내면성은 은밀한 것과 표면 아래 것le souterrain의 말로 표현할 수 없는 것이 아니라, 번식성의 무한한 시간이다. 번식성은 현실적인 것을 미래의 입구로서 떠맡을 수 있게 해준다. 번식성은 표면 아래의 것—이른바 내적이고 순전히 주관적인 것인 삶이 도피하는 곳으로 보였던—이 존재로 나아가도록 한다.

그러므로 진리의 심판에 현전하는 주체성은 단순히 전체성과 객관적 전체화에 대항하는, 무능하고 은밀하며 예측 불가능하고 밖에서는 보이지 않는 그런 항의로 환원되지 않는다. 그렇다고 해서 주체성이 존재로 진입하는 일이 분리가 단절시켰던 전체성 속으로 통합되는 것으로서 행해지지도 않는다. 번식성과 그것이 여는 전망들은 분리의 존재론적 특성을 입증한다. 그러나 번식성은 깨진 전체성의 파편들을 주관적 역사 속에서 해소해 버리지 않는다. 번식성은 무한하고 비연속적인 시간을 연다. 번식성은 사실성이 전제하지만 넘어서지는 못하는 가능적인 것 너머에 주체를 위치시킴으로써, 주체를 그의 사실성으로부터 해방시킨다. 번식성은 주체가 다른 존재일 수 있게 함으로써, 넘을 수 없는 운명의 최후 흔적을 주체에게서 제거한다. 에로스 속에서 주체성의 근본적 요구들은 보존된다. 그러나 이 타자성 속에서 자기성은 관대해지고 자기중심적 무거움을 덜어 낸다.

10. 존재 너머

주제화는 외재성과 맺는 관계의 의미를 고갈시키지 못한다. 주제화 또는 객관화는 냉정한 관조로 기술될 뿐 아니라, 견고한 것/고체^{le} $_{solide}$와 맺는 관계로, 사물과 맺는 관계로 기술된다. 고체나 사물은 아리스토텔레스 이래로 존재를 유비하는 용어다. 견고한 것은 그것을 관조하는 시선의 무감함이 부과한 구조들로 환원되지 않는다. 견고한 것에는 오히려 —그것이 경과하는— 시간과 맺는 관계가 중요하다. 대상의 존재는 지속함이고, 빈 시간을 채움이다. 여기에는 종말인 죽음에 맞서는 아무런 위안도 없다. 만일 외재성이 주제로 현시되는 데서가 아니라 스스로를 욕망하게 하는 데서 성립하는 것이라면, 외재성을 욕망하는 분리된 존재의 실존은 이제 존재를 염려하는 데서 성립하지 않는다. 실존함은 전체성의 지속함과 다른 차원에서 의미를 갖는다. 그것은 존재 너머로 나아갈 수 있다. 스피노자의 전통과는 반대로, 이렇게 죽음을 지양하는 것은 사유의 보편성 속에서가 아니라 다원적 관계 속에서 생산된다. 타인을 위한 존재의 선함 속에서, 정의 속에서 생산된다. 존재로부터 출발하여 존재를 지양하는 것은, 즉 외재성과의 관계는 지속으로 헤아려지지 않는다. 지속 그 자체는 타인과의 관계 속에서 가시적인 것이 된다. 타인과의 관계 속에서 존재는 지양된다.

11. 서임된 자유

얼굴의 현전으로 시작하는 언어에 외재성이 현전하는 사태는, 그 형식적 의미가 발전하지 않은 채 남아 있게 될 확언으로 생산되지 않는다. 얼굴과 맺는 관계는 선함으로 생산된다. 존재의 외재성은 도덕성 그 자체다. 자의적인 것 안에서 일어나는 분리의 사건인 자유는 자아를 구성함과 동시에, 모든 전유 및 존재에서의 모든 전체화에 도덕적으로 저항하는 외재성과의 관계를 유지한다. 만일 자유가 이 관계의 바깥에 놓인다면, 모든 관계는 다수성 가운데서, 한 존재가 다른 존재를 **포착**하거나 이성에 공통으로 참여하는 작용만을 하게 될 것이다. 이런 이성 속에서는 어떤 존재도 타자의 얼굴을 응시하지 않으며, 오히려 모든 존재들이 서로를 부정한다. 그럴 경우에는 인식이나 폭력이 존재를 실현하는 사건들로서 다수성 가운데 나타나게 될 것이다. 공통의 인식은 통일로 나아간다. 그 통일은 존재들의 다수성 가운데 한 이성적 체계가 출현하는 것일 수 있다. 여기서 이 존재들은 대상들에 불과하게 되며, 또 이 대상들 속에서 존재들은 자신의 존재를 발견하게 될 것이다. 또는 그 통일은 모든 체계 바깥에서 폭력에 의해 존재들을 잔인하게 정복하는 것일 수 있다. 과학적 사유 속에서든, 과학의 대상 속에서든, 결국은 이성의 현현으로 이해된 역사 그리고 폭력이 스스로를 이성으로 계시하는 그런 역사 속에서든, 철학은 존재의 실현으로 나타난다. 다시 말해, 다수성을 억압함으로써 자신을 자유롭게 하는 것으로 나타난다. 인식은 포착에 의해, 포획에 의해, 또는 포착에 앞서 포착하는 시각에 의해 타자를 억압하는 것이 될 것이다. 그러나 우리의 작업 속에서 형이상학은 완전히 다른 의미를 갖는다. 형이 상학의 운동이 초월 그 자체로 이끈다면, 초월은 **존재하는 것**의 전유가 아니라 그것의 존경을 의미한다. 존재의 존경으로서의 진리, 여기에 형이상학적 진리의 의미가 있다.

자유의 우위를 내세우고 자유를 존재의 척도로 여기는 전통과 달리, 우리는 시각에 대해, 시각이 존재 안에서 차지하는 우위에 이의를 제기한다. 또 우리는 인간의 지배력이 로고스의 지위에 오를 수 있다는 주장에 이의를 제기한다. 그렇다고 해서 우리가 합리주의를 떠나는 것은 아니며, 자유의 이상을 떠나는 것도 아니다. 우리는 비합리주의자도 신비주의자도 아니다. 또는 능력과 로고스의 동일시를 의심하는 실용주의자도 아니다. 우리가 자유의 정당화를 추구한다고 해서 자유에 반대하는 것은 아니다. 이성과 자유는 앞선 존재 구조들에 기초를 둔 것으로 우리에게 나타난다. 형이상학적 운동이나 존경 또는 정의 —이것들은 진리와 동일한 것인데— 는 그 존재 구조들의 최초의 분절적 연관들을 그려 낸다. 중요한 것은 진리를 자유에 의존케 하는 개념화의 용어들을 뒤집는 일이다. 정당화가 진리에 있다고 해서, 모든 외재성에서 독립된 것으로 정립된 자유가 그 근거가 되어야 하는 것은 아니다. 만일 정당화된 자유가 합리적 질서에 의해 주체에 부과된 필연성들을 단순히 표현하는 것에 불과하다면, 그런 자유를 바탕으로 삼는 것은 확실히 그럴 법한 일일 것이다. 하지만 참된 외재성은 형이상학적이다. 참된 외재성은 분리된 존재를 짓누르지 않고 그에게 자유를 명령한다. 이 책은 형이상학적 외재성을 묘사하고자 했다. 형이상학적 외재성이라는 개념으로부터 도출되는 결론 중의 하나는, 정당화를 요구하는 것으로 자유를 정립하는 데 있다. 자유 위에 진리를 정초하는 것은 그 자신에 의해 정당화되는 자유를 전제하는 일일 것이다. 이런 자유에게 자신이 유한하다는 것을 발견하는 것보다 더 큰 스캔들은 없었으리라. 자신의 자유를 선택하지 않았다는 것, 이것이 실존의 최상의 부조리인 동시에 최상의 비극이다. 그것은 비합리적이다. 하이데거의 **내던져져 있음**Geworfenheit은 유한한 자유를, 따라서 비합리적인 것을 가리킨다. 사르트르에게 타인과의 만남은 나의 자유를 위협한다. 그것은 다른 자유의 시선 아래서 내 자유가 이지러짐과 같다. 진정 외재적으로 머무는 것과 존재가 양립 불가능하다는 점이 가장 강력하게 나타나는 곳은 아마, 바로 여기일 것이다. 그러나 자유의 정당화 문제가 우리에게 출현하는 것도 바로 여기에서다. 타인의 현전은 자유의 순진한 적법성을 문제 삼지 않는가? 자유는 자기에 대한 수치로 그 자신에게 나타나지 않는가? 그리고 그 자유는 찬탈로서의 자기에 귀착하지 않는가? 자유가 지닌 비합리적인 것은 자신의 한계들에서 유래하는 것이 아니라, 그 자의의 무한함에서 유래한다. 자유는 자신을 정당화해야 한다. 자기 자신으로 환원된 자유는 지배권 속에서가 아니라 자의 속에서 성취된다. 자유가 자신의 충만함 안에서 표현해야 하는 존재는 바로, 자유를 건너서 ─그리고 이것은 자신의 제한 때문이 아닌데─, 그 자신 안에 자신의 이유를 갖지 않는 것으로 나타난다. 자유는 자유에 의해 정당화되지 않는다. 존재의 이유를 주는 것 또는 진리 안에 존재하는 것, 그것은 이해하는 것도, ~를 움켜쥐는 것도 아니다. 그것은 오히려 알레르기 없이 타인을 만나는 것, 즉 정의 안에서 타인을 만나는 것이다.

타인에게 다가가는 것은 내 자유를, 살아 있는 자로서의 내 자발성을, 사물에 대한 내 지배력을, '나아가는 힘'의 이 자유를, 모든 것이 허용되는, 심지어 살해조차 허용되는 현재의 이 격렬함을 문제 삼는 것이다. '너는 살해하지 못할 것이다'라는 말은 그 속에서 타인이 생산되는 얼굴을 그려 내며, 내 자유를 심판에 맡긴다. 그래서 인식 활동인 진리에 대한 자유로운 집착은, 데카르트에 따르면 확실성 가운데서 명석한 관념에 집착하는 자유로운 의지는, 명석판명한 관념 그 자체의 반짝임과 합치하지 않는 이성을 추구한다. 자신의 명석함에 의해 주어지는 명석한 관념은, 자유의 엄격하게 개인적인 작업을 요청한다. 홀로인 이 자유는 자신을 문제 삼지 않는다. 그것은 기껏해야 어떤 궁지를 경험할 수 있을 뿐이다. 도덕 안에서만 자유는 스스로를 문제 삼는다. 이렇게 도덕은 진리의 작업을 주재한다.

확실성을 근본적으로 문제 삼는 것이 또 다른 확실성을 찾는 데로 귀착한다고 말할 수도 있을 것이다. 자유의 정당화는 자유에 의거할 것이라는 말이다. 확실히 그렇다. 정당화가 비-확실성에 이를 수 없는 한에서는 그럴 것이다. 그러나 실제로 자유의 도덕적 정당화는 확실하지도 불확실하지도 않다. 자유의 도덕적 정당화는 결과의 지위를 갖지 않는다. 그것은 오히려 운동과 삶으로서 성취된다. 자유의 도덕적 정당화는 무한한 요구를 자신의 자유에 부여하는 데서, 자신의 자유에 대해서는 근본적 불-관용을 베푸는 데서 성립한다. 자유는 확실성의 의식 속에서가 아니라 자기에 대한 무한한 요구 속에서, 모든 양심의 지양 속에서 정당화된다. 그러나 자기에 대한 이 무한한 요구는—이 요구가 자유를 문제 삼기 때문에—내가 홀로 있지 않은 상황 속에, 내가 심판받는 상황 속에 나를 두고 유지시킨다. 이것이 최초의 사회성이다. 인격적 관계는 나를 심판하는 정의의 엄격함 속에 있지, 나를 면책하는 사랑 속에 있지 않다. 이 심판은 사실 어떤 중립차로부터 오는 것이 아니다. 중립차 앞에서 나는 자발적으로 자유롭다. 자기에 대한 무한한 요구 속에서 대면의 이원성이 생산된다. 이렇듯 우리는 신을 증명하지 않는다. 증거에 앞선 상황, 형이상학 그 자체인 상황이 문제이기 때문이다. 윤리는 시각과 확실성 너머에서 외재성 자체의 구조를 드러낸다. 도덕은 철학의 한 분과가 아니라 제일 철학이다.

12. 선함으로서의 존재 – 자아 – 다원론 – 평화

우리는 형이상학을 욕망으로 정립했다. 우리는 욕망을 어떠한 도달점도, 어떠한 만족도 중단시키지 못하는 무한의 '척도'로 묘사했다(욕구에 대립하는 욕망). 세대의 비연속성 —즉 죽음과 번식성 —은 욕망으로 하여금 자신의 고유한 주체성의 감옥으로부터 벗어나게 하며, 자신의 동일성이 지닌 단조로움을 멈추게 한다. 형이상학을 욕망으로 정립하는 것은 존재의 생산—욕망을 낳는 욕망—을 선함으로 해석하는 것이고, 행복 너머의 것으로 해석하는 것이다. 존재의 생산을 타인을 위한 존재로 해석하는 것이다.

　　그러나 '타인을 위한 존재'는 보편적인 것에 빠져듦으로써 자아를 부정하는 것이 아니다. 보편적 법은 그 자체가 모든 외적 '촬영'을 거부하는 대면의 자리에 의거한다. 보편성이 대면의 자리에 의거한다고 말하는 것은(모든 철학적 전통에 대항하여), 존재가 파노라마로 생산된다는 생각에 이의를 제기하는 것이다. 존재가 공존으로 생산되며 대면은 그것의 한 양상에 불과하다는 생각에 반대하는 것이다. 이 책 전체는 그런 개념화와 대립한다. 대면은 공존의 한 양상이 아니며, 한 항이 다른 항을 가질 수 있는 (그 자체로 파노라마적인) 인식의 한 양상도 아니다. 오히려 대면은 존재의 원초적 생산으로서, 항들의 모든 가능한 배열은 여기로 거슬러 올라간다. 얼굴에서 피할 수 없는 제삼자의 계시는 얼굴을 거쳐서만 생산된다. 선함은 파노라마적으로 자신을 제시하는 집합성의 익명성 위에서 반짝이면서 집합성에 흡수되어 버리는 그런 것이 아니다. 선함은 얼굴에 계시되는 한 존재와 관계한다. 그렇다고 해서 선함이 시작 없는 영원을 갖는 것은 아니다. 선함은 하나의 원리, 하나의 근원을 갖는다. 선함은 한 자아로부터 나온다. 선함은 주체적이다. 선함은 선함을 나타내는 특수한 존재의 본성에 새겨진 원리들을 따르지 않으며(그럴 경우 선함은 여전히 보편성에서 비롯할 것이고 얼굴에 응답하지 않을 것이기 때문이다), 국가의 법률에 새겨진 원리들을 따르지도 않는다. 선함은 어떤 명확한—다시 말해 파노라마적인—사유도 앞서지 못하는 곳으로 나아가는 데서, 어딘지 알지 못한 채 나아가는 데서 성립한다. 원초적 무모함 속에서의 절대적 모험인 선함은 초월 자체다. 초월은 한 자아의 초월이다. 하나의 자아만이 얼굴의 명령에 응답할 수 있다.

그러므로 자아는 선함 속에서 보존된다. 여기서는 체계에 대한 자아의 저항이, 여전히 행복과 구원을 염려하는 키르케고르의 주체성이 갖는 자기중심적 울부짖음으로 나타나지 않는다. 존재를 욕망으로 정립하는 것, 그것은 고립된 주체성의 존재론과 역사 안에서 실현되는 비인격적 이성의 존재론을 동시에 물리치는 것이다.

존재를 욕망으로 또 선함으로 정립하는 것은, 먼저 하나의 자아를 고립시키고 그다음에 이 자아가 어떤 너머를 향하게 되는 것이 아니다. 그것은 내부로부터 스스로를 포착함—스스로를 나로 생산함—이, 이미 밖을 향해 있는 바로 그 몸짓에 의해 스스로를 포착하는 것임을 긍정하는 것이다. 이 몸짓은 밖으로-흘러나가 드러내기 위한, 자신이 포착한 것에 응답하기 위한 몸짓이다. 즉 표현하기 위한 몸짓이다. 존재를 욕망으로 또 선함으로 정립하는 것은 의식의 포획이 이미 언어임을, 언어의 본질은 선함임을, 또한 언어의 본질이 우정이고 환대임을 긍정하는 것이다. 타자는 헤겔이 바랐던 것처럼 동일자의 부정이 아니다. 존재론적으로 동일자와 타자로 분열하는 근본적 사태는 동일자가 타자와 맺는 비알레르기적 관계다.

초월 또는 선함은 다원론으로 생산된다. 존재의 다원론은 하나의 가능한 시선 앞에 펼쳐지는 성좌의 다수성으로 생산되지 않는다. 그럴 경우 이미 성좌는 전체화될 것이고 실체로 변해 버릴 것이기 때문이다. 다원론은 나로부터 타자로 나아가는 선함 속에서 성취된다. 그런 선함 속에서 타자가 절대적 타자로서 생산될 수 있다. 이 운동에 대한 이른바 측면에서의 관점은, 선함 자체 속에서 생산되는 진리를 능가하는 진리를 이 운동으로부터 포착할 어떤 권리도 갖지 못한다. 이 다원론적 사회로 들어가려면, 항상 말에 의해(말 속에서 선함이 생산된다) 밖에 남아 있어야 한다. 그러나 사람들은 밖으로 나가지 않고 단지 안에서 **스스로를 보려** 한다. 다원성의 통일, 그것은 평화이지 다원성을 구성하는 요소들의 정합성이 아니다. 그러니까 평화는, 한 편이 승리하고 다른 편이 패배하여 전투원이 없어진 탓에 전투를 멈추는 전투의 종말과 동일시될 수 없다. 다시 말해 평화는 묘지들이나 미래의 보편적 지배력과 동일시될 수 없다. 평화는 나의 평화여야 한다. 평화는 자아로부터 출발해 타자로 나아가는 관계 속에, 욕망과 선함 속에 있다. 여기서 자아는 자신을 유지하는 동시에 에고이즘 없이 실존한다. 평화는 도덕성과 현실의 수렴을 확신하는 자아, 즉 번식성을 거쳐 자신의 시간이 되는 무한한 시간을 확신하는 한 자아로부터 출발하여 받아들여진다. 진리가 말해지는 심판 앞에서 그러한 자아는 개인적 나로 남게 될 것이다. 그리고 이 심판은 나의 바깥에서 올 것이다. 그러나 이 심판은 개인들에게 간지奸智를 행하고 개인들의 부재 가운데 판결을 내리는 비인격적 이성으로부터 오지 않는다.

자아가 이렇게 자신의 번식성의 무한한 시간 속에 자신의 주체적 도덕성을 놓으면서 진리 앞에 자신을 정립하는 이 상황—에로티시즘의 순간과 아버지됨의 무한이 결합된 이 상황—은 가족의 경이로움 속에서 구체화된다. 가족은 단지 동물성을 합리적으로 정비한 결과로서 생겨나는 것이 아니다. 가족은 단순히 국가의 익명적 보편성을 향하는 하나의 단계를 가리키는 것도 아니다. 국가가 가족에게 어떤 틀을 남기는 경우에조차, 가족은 국가의 바깥에서 자신을 동일화한다. 인간적 시간의 원천인 가족은, 주체성이 말을 보존하면서 심판을 받게 해준다. 이것은 형이상학적으로 불가피한 구조다. 국가는 플라톤에서처럼 이 가족이라는 구조를 몰아내지 못한다. 또 헤겔에서처럼 제때에 사라지게 할 목적으로 가족의 구조를 실존케 하지도 못한다. 번식성의 생물학적 구조는 생물학적 사태로 국한되지 않는다. 번식성의 생물학적 사태 속에서 번식성의 선들은 일반적으로, 인간 대 인간의 관계로, 자기와 차아의 관계로 그려진다. 이것은 국가의 구성적 구조들과 유사하지 않다. 이 번식성의 선들은, 국가에 수단으로서 종속되지 않으며 더 이상 국가의 축소된 모델을 재현하지 않는 현실의 선들이다.

번식성의 무한한 시간 속에서 살아가는 주체의 반대 지점에, 국가가 자신의 남성적 미덕을 통해 생산하는 영웅적이고 고립된 존재가 자리한다. 그 존재는 순수한 용기로, 자신이 죽는 이유가 무엇이든, 죽음에 다가간다. 그는 유한한 시간을, 종말로서의 죽음이나 이행으로서의 죽음을 떠맡는다. 이런 죽음은 비연속성 없이는 한 존재의 연속을 가로막지 못한다. 영웅적 실존, 고립된 영혼은 자기 자신을 위해 영원한 삶을 추구하면서 나름의 구원을 행할 수 있는 것이다. 마치 영웅적 실존의 주체성은 연속된 시간 속에서 자기로 되돌아옴으로써 스스로를 배반할 수 없다는 듯이, 마치 이 연속된 시간 속에서는 정체성 그 자체가 하나의 강박으로 확립되지 않는다는 듯이, 마치 정말 엄청난 화신들 가운데 거주하는 정체성 속에서는 "불멸의 크기를 갖는 우울한 무관심의 열매인 권태"[2]가 승리하지 못한다는 듯이 말이다.

---

2) 보들레르의 『악의 꽃』 중 「우울과 이상」의 76장 '우울' 참조. ─옮긴이

독일어판 서문[1]

이 책이 지향하고 있으며 이 책에 영향을 준 것은 현상학적인 통찰이다. 이 책은 오랜 기간에 걸쳐 후설의 저작들을 연구하고 또 『존재와 시간』에 계속 관심을 기울인 결과다. 이 책은 부버나 가브리엘 마르셀을 등한시하지 않았다. 프란츠 로젠츠바이크도 서문에서부터 언급된다. 또 이 책은 현대 사상 가운데 앙리 베르그송의 혁신적 저작에 충실하였다. 베르그송은 무엇보다 현상학의 대가들이 중요한 입장들을 내세울 수 있게 해준 철학자다. 그는 지속의 개념을 통해 시간을 천문학에 대한 복종에서 해방시켰으며, 사유를 공간적인 것과 고정된 것에 대한 집착으로부터, 기술적 확장과 이론적 배타주의에 대한 집착으로부터 해방시켰다.

---

1) 이 서문은 독일어판인 *Totalität und Unendlichkeit. Versuch über die Exteriorität.* trans. von Wolfgang Nikolaus Krewani, Freiburg i.Br. & München: Karl Alber, 1987에 처음 실렸고, 프랑스어로는 1988년 봄 *Nouveau Commerce* 10호에 처음 실렸다. 이후 Emmanuel Levinas, *Entre nous: Essais sur le penser-à-l'aure*, Paris: Livre de Poche, 1991, pp.231~234에 재수록되었다. ──옮긴이

『전체성과 무한: 외재성에 대한 에세이』라는 제목의 이 책은 1961년에 출간되었는데, 여기서 열어 놓은 철학적 논의는 1974년의 『존재와 달리 또는 존재성을 넘어』와 1982년의 『관념에 오는 신에 대하여』로 이어졌다. 처음 저작의 몇몇 주제는 뒤의 두 저작에 다시 나타났다. 때로 새로워지거나 다른 형태를 취하기도 했고, 몇몇 의도는 더 분명해지기도 했다. 이 논의의 면모가 다 드러나는 데는 25년의 세월이 걸렸다. 그러나 이것은 하나의 전체를 이룬다. 거기에는 다양한 변화가 있지만, 그 변화는 우연적이지 않고 틀림없이 교훈적인 데가 있다. 몇 줄밖에 안 되는 서문에서 이 변화들을 제대로 다룰 수는 없을 것이다. 그렇지만 오해를 피하기 위해 두 가지 점만 말해 두자. 『존재와 달리 또는 존재성essence을 넘어』는 이미 존재론적인 언어를—또는 더 정확히 말해 존재성의éidétique 언어를—쓰지 않는다.[2] 반면에 『전체성과 무한』에서는 그런 언어를 그침 없이 사용한다. 이 책은 **존재의 자기 보존 경향**conatus essendi을 문제시하고 있는데, 그 분석이 심리학의 경험주의에 의존하지 않도록 하려다 보니 그렇게 되었다. 이런 분석이 존재적인 것l'essentiel에 대한 분석과 유사함에도 불구하고, 과연 얼마만큼이나 필요한 것인지는 분명 결정되어야 할 문제로 남아 있다. 또

---

2) 여기에 대해서는 『존재와 달리 또는 존재성을 넘어』의 「일러두기」 참조. "이 논의를, 그리고 이 논의에 붙여진 제목을 이해하는 데 필수적인 사항은, 여기서 'essence'라는 용어가 존재자(étant)와 다른 존재(être)를 표현한다는 점이다. 독일어로는 'Seiendes'와 구별되는 'Sein'을, 라틴어로는 스콜라학파의 'ens'와 구별되는 'esse'를 나타낸다. 언어의 역사로 보면 'antia'나 'entia'에서 유래한 'ance'라는 접미사가 행위를 나타내는 명사형을 만들어 주므로 'essance'라는 용어를 쓰는 것이 옳겠지만, 그렇게까지 하지는 않았다." —옮긴이

『전체성과 무한』에서는 연민이나 자비가 정의正義와 용어상으로 차이 없이 쓰인다. 한편으로는, 연민이나 자비가 나의 권리에 앞서 통용되는 타인의 권리의 원천이 된다. 다른 한편으로, 정의에서는 타인의 권리가—이것은 조사와 판단 이후에 획득된 것인데도—제삼자의 권리에 앞서 부과된다. 정의에 관한 일반적인 윤리적 관념이 두 상황에서 무차별하게 환기되고 있는 것이다.

이제 『전체성과 무한』에서 시작된 논의의 특징을 이루는 일반적 정신에 대하여 몇 가지만 지적해 보자.

이 책은 지식의 종합, **초월론적 자아**moi transcendantal에 의해 감싸진 존재의 전체성, 재현에서 포착된 현전, 개념, 그리고 존재의 언어적 형식이 지닌 의미론에 대한 질문 따위를 **의미 있는** 것le sensé의 궁극적인 층위로 인정하지 않는다. 그런 것들은 이성의 불가피한 서식지이다. 그것들은 세계의 조화를 확보하는 능력으로 귀착하는가? 그래서 궁극에 이른 이성, 즉 인간들 사이의 평화를 드러내는 능력에 도달하는가? 모든 사물을 **탈-은폐하는** 것으로는, 그 사물들을 긍정하고 확립하는 것으로는, 그 사물들이 진리 속에서 자신들의 **즉자적**이고 **대자적**인 자리에 이르게 하는 것으로는, 아마 이 평화에 도달하기 어려울 것이다. 진리 속에서 사물들은 원래대로, **그 자신에게서** 보증된 것으로 나타날 것이다. 또 진리 속에서 사물은 그 자신의 외재성 자체에서 이미 스스로를 드러낸다. 그러나 그럼으로써 사물은 사람들의 손이 미치는 곳으로 다가온다. 사물들은 포착되고 파악되어, 사람들 사이에서 경쟁을 일으키고 소유되며 교환되어, 이 사람 저 사람에게 유용해질 수 있다. 그러나 이 사람은 저 사람에게 어떻게 다가가는가? 평화와 이성의 문제는 『전체성과 무한』을 통해 다른 정황에서부터, 또 틀림없이 아주 오랜 정황에서부터 다뤄지기 시작한다.

탈은폐된 것의 **즉자**와 **대자** 너머에 인간의 벌거벗음이 있다. 세계의 —풍경들의, 사물들의, 제도들의— 외부보다 더 외재적인 벌거벗음, 세계에 대한 자신의 낯설음을 외치는 벌거벗음, 그의 고독을, 그의 존재에 숨겨진 죽음을 외치는 벌거벗음. 그 벌거벗음은 스스로를 드러내면서, 감춰진 자신의 비참이 지닌 부끄러움을 절규한다. 그것은 **영혼에서의 죽음**을 절규한다. 이 인간의 벌거벗음은 나를 호명한다. 그것은 나인 그대로의 나를 부른다. 그것은 아무런 보호도 방어도 없이 자신의 약함으로부터, 벌거벗음으로부터 내게 말을 건다. 그러나 그것은 또한 낯선 권위로부터 나를 부른다. 명령적이지만 아무런 무기도 갖지 않은 권위로부터, 신의 말과 인간의 얼굴에 나타난 말씀으로부터. 얼굴은 낱말들에 앞서 이미 언어다. 세계의 고유명사와 명칭과 영역들을 통해 부여되거나 뒷받침되는 내용을 벗겨 낸, 인간 얼굴의 원래 언어. 이미 요구이고, 이미 (바로 그런 것으로서) 비참인, 존재의 **즉자** 면에서 이미 거지인 원래의 언어. 그러나 이미 명령적인 언어. 죽을 수밖에 없는 자로부터, 이웃으로부터, 나의 고유한 죽음에도 불구하고 지난한 성스러움의 메시지에, 희생의 메시지에 답하게 하는 명령적인 원래 언어. 가치와 선의 근원이자, 인간에게 주어진 명령 가운데 자리 잡은 인간적 명령의 이념. 들을 수 없는 언어, 전대미문의 언어, 말해지지-않은 언어. 성서!

존재에 의해 내가 속하는 영역에 여전히 갇힌 **존재자**의 그 개별성 속에서 나를 건드리는 명령. 이 존재자는 그 영역이 펼쳐진 논리적 공통성 안에서는 아직 서로 교환 가능하지만, 이미 대체할 수 없는 자신의 유일성으로 일깨워져 있으며, 논리적으로는 식별 불가능한 모나드의 유일성에 이르도록, 선출된 유일성에 이르도록 명령을 받는다. 거부할 수 없는 책임 가운데서 말이다. 이 책임은 사랑이다. 모든 육욕의 밖에 있는, 그러나 사랑받는 자에 매인, 다시 말해 '세상에 유일한 자'에 매인 사랑이다.

유일성으로부터 유일성으로 ——이것이 초월이다. 모든 매개 밖에서(유적類的 공통성 속에서 길어 낼 수 있는 모든 동기 밖에서), 이전의 모든 혈연 밖에서 또 모든 **경험에 앞선**ᵃ ᵖʳⁱᵒʳⁱ 종합 밖에서, 낯선 자로부터 낯선 자에 이르는, 형제애 자체 속의 형제애보다 나은 사랑. 타자를-향한-초월의 무상성無償性. 이것은 언제나 존재-자체에 사로잡힌 존재, 존재에 머물려는 자신의 집착에 사로잡힌 존재를 중지시킨다. 존재-론에 대한 절대적 중지, 그러나 성스러움의, 근접성의, 사회성의, 평화의 타자를-위한-일자 속에 있는 중지. 명령하는, 그렇지만 우리 속의 모든 인간성을 명령하는 유토피아적 사회성. 그리스인들이 윤리를 간취해 내었던 그 사회성.

타자의 벌거벗음과 비참함 속에서의 명령, 이것은 타자에 대한 책임으로의 명령이다. 존재-론의 너머. 신의 말. 배후-세계들의 피안에 대한 어떤 사변으로부터도 나오지 않는, 지식을 초월하는 어떤 지식으로부터도 나오지 않는 신학. 얼굴의 현상학. 필연적으로 신에게로 거슬러 올라감. 실제의 종교들을 통해 아이들에게 또는 우리들 각각의 아이다움에 말을 건네는(아이들은 이미 성서의 독자이자 성서의 해석자다) 그 목소리를 인정하거나 또는 부인하도록 허락할 신에게로 거슬러 올라감.

『전체성과 무한』이 개입하는 탐구의 초점이 현상학을 문제 삼는데 있는 것은 분명 아니다. 그 자신의 과학에 의해 감싸진 대상의 현상학을, 자신의 포착에 스스로를 내맡긴 현전의 현상학을, 자신의 관념 속에 반영된 존재의 ─ 언제나 자신의 사유에 따르는 이 **사유된 것**의 ─ 현상학을, 후설의 훌륭한 저작에서 초월적 의식을 활동케 하는 지향성이 지닌 의식 작용─의식 대상noético-noématique의 엄격한 평행론이 보여 주는 상관관계와 상응성을 문제 삼는 데 있는 것은 아니다. 또한 이 의식의 모든 형식들에서(브렌타노Franz Brentano의 철학적 유언에 따르면, 사유들에서) 필수 불가결한 기초로 남아 있는, 또는 그 의식이 정의적情意的이건 가치론적이건 의지적이건 간에 모든 의식의 특권적 양태로 남아 있는, 이론적인 것을 문제 삼는 데 있는 것도 물론 아니다. 그러나 『전체성과 무한』의 논의가 결코 잊은 적이 없는 것은, 데카르트가 『제1철학에 관한 성찰』의 「제3성찰」에서 자신의 노에마에 상응하지 않는 하나의 노에시스와, 자신의 사유 대상cogitatum에 상응하지 않는 하나의 사유와 마주쳤다는 유념해야 할 사실이다. 직관의 **명증**에 머무는 대신 철학자에게 **눈부심**을 주는 한 관념. 진리에 의해 사유하는 것보다 더 많이 ─ 혹은 더 **잘** ─ 사유하는 사유. 자신이 사유한 무한에 대해 응답하며 또한 **경배하는** 사유. 『전체성과 무한』의 저자에게 이것은 커다란 경이였다. 이 놀라움은 스승인 후설(후설은 그자신이 데카르트의 제자라고 말했다!)의 가르침 가운데 노에시스-노에마의 평행론에 대한 강의를 들은 다음에 찾아왔다. 그래서 그는 스스로 물었다. '지혜-의-사랑'에서의 사랑, 그리스에서 비롯한 철학인 이 사랑에 정말 소중한 것이 대상을 에워싸는 지식의 확실성인지, 아니면 이 지식에 대한 반성에서 오는 한층 더 큰 확실성인지를. 또 철학자가 사랑하고 기다리는 이 지혜가 인식의 지혜를 넘어서는 사랑의 지혜인지 아니면 사랑을 대신하는 지혜인지를. 사랑에 대한 사랑으로서의 철학. 다른 인간의 얼굴이 가르치는 지혜! 이것은 플라톤의 『국가』 6권에서 존재성 너머의 선善으로, 또 이데아들 위의 자리로 언급되지 않았던가? 이 선과의 관계에 의해 존재 그 자체가 나타나고, 이 선으로부터 존재는 자신을 드러내는 빛과 자신이 지닌 존재론적 힘의 빛을 끌어오며, 이 선을 목적으로 하여 "모든 영혼은 자신이 행하는 바를 행한다"(『국가』, 505e).

1987년 1월 18일

파리에서

옮긴이의 말

 여기 번역한 『전체성과 무한』은 에마뉘엘 레비나스가 1961년에 내놓은 그의 대표작이다. 이미 고전의 반열에 들어섰다고 할 만큼 정평이 있는 책이고, 현재도 계속 논의되고 있는 흥미로운 주제들을 담고 있는 책이다. 많이 늦은 감이 있지만, 이제라도 번역본을 출간하게 되어 다행스럽다.

 레비나스 철학이 우리 사회에 처음 소개되었던 것은 1970년대 중반쯤이나, 레비나스 저작의 첫 번역이 나온 것은 그로부터 20년쯤 지나서였다. 그리고 다시 20여 년이 흘러서야 그의 주저가 우리말로 옮겨진 것이니, 상당히 시간이 걸린 셈이다. 내가 이 책을 처음 접한 것은 1990년대 후반이고, 2000년부터는 부산대 대학원에서 학생들과 함께 꽤 오랫동안 읽어 왔다. 그러면서도 막상 번역을 하겠다는 마음을 먹기는 쉽지 않았다. 김도형 선생님이 학위 논문을 준비하면서 초벌 번역을 해놓는 적극성을 보이지 않았다면, 이 일은 아마 더 늦어졌을 것이다. 그 원고를 바탕으로 다시 여러 선생님들과 읽어 나가면서 다듬는 과정을 거쳤다. 특히 프랑스에서 레비나스 철학을 공부하고 온 손영창 선생님이 가담하면서 번역 작업은 탄력을 받았다. 그러나 중간에 쉬어 간다는 마음으로 레비나스의 강의록인 『신, 죽음 그리고 시간』(그린비, 2013)을 먼저 출간한 뒤로도, 『전체성과 무한』의 마무리는 쉽지 않았다. 논문과 강의 등으로 역자들이 함께 시간을 내기가 어려웠고, 좀 더 나은 번역을 내놓아야 한다는 생각도 강했다. 그러나 무한정 미룰 수는 없는 일이라, 아직 아쉬운 점이 없지 않지만 이 정도에서 일단락 지어 보기로 했다.

이 번역에 직접 간접으로 힘을 보태 주신 분들은 다 열거하기 어려울 정도지만, 생각나는 대로 몇몇 분들에게라도 감사의 말씀을 드리고 싶다. 최현덕, 최성희 선생님은 번역 세미나에 참여하여 큰 도움을 주셨고, 박종식 선생님께서도 수년에 걸쳐 관심을 보여 주셨다. 또 최근까지 이 책의 번역을 검토하는 세미나에 꾸준히 참여한 최성경, 윤재웅 두 선생님에게는 정말 특별한 감사를 드린다. 특히, 영어 번역본과 꼼꼼히 대조해 준 윤재웅 선생님 덕택에 많은 부분을 바로잡고 개선할 수 있었다. 물론, 이런 도움들에도 불구하고 이 책이 담고 있을 실수나 잘못은 오롯이 옮긴이의 책임이다. 앞으로 지적받고 발견하는 대로 기회 있을 때마다 고쳐 나갈 것을 약속드린다. 지루한 시간을 참고 기다리며 세심하게 살펴 주신 그린비출판사 여러분께도 감사의 마음을 전한다.

옮긴이를 대표하여

문성원

찾아보기

저역자 소개

에마뉘엘 레비나스(Emmanuel Levinas, 1906~1995)

리투아니아에서 유태인 부모 아래 3형제 중 장남으로 태어났다. 1923년 프랑스로 유학해 스트라스부르 대학에서 수학했고, 1928~1929년 독일 프라이부르크 대학에서 후설과 하이데거로부터 현상학을 배운 뒤, 1930년 스트라스부르 대학에서 『후설 현상학에서의 직관 이론』으로 박사학위를 받았다. 1939년 프랑스 군인으로 2차 대전에 참전했다가 포로가 되어 종전과 함께 풀려났다. 1945년부터 파리의 유대인 학교(ENIO) 교장으로 오랫동안 일했다. 이 무렵의 저작으로는 『시간과 타자』(1947), 『존재에서 존재자로』(1947), 『후설과 하이데거와 함께 존재를 찾아서』(1949) 등이 있다. 1961년 첫번째 주저라 할 수 있는 『전체성과 무한』을 펴낸 이후 레비나스는 독자성을 지닌 철학자로 명성을 얻기 시작한다. 1974년에는 그의 두 번째 주저 격인 『존재와 달리 또는 존재성을 넘어』가 출판되었다. 그 밖의 중요한 저작들로는 『어려운 자유』(1963), 『관념에게 오는 신에 대해』(1982), 『주체 바깥』(1987), 『우리 사이』(1991) 등이 있다. 레비나스는 기존의 서양 철학을 자기중심적 지배를 확장하려 한 존재론이라고 비판하고 타자에 대한 책임을 우선시하는 윤리학을 제1철학으로 내세운다. 그는 1964년 푸아티에 대학에서 강의하기 시작하여 1967년 낭테르 대학 교수를 거쳐 1973년에서 1976년까지 소르본 대학 교수를 지냈다. 교수직을 은퇴한 후에도 강연과 집필 활동을 계속하다가 1995년 성탄절에 눈을 감는다.

김도형

부산대학교 철학과를 졸업하고 동대학원에서 철학박사 학위를 받았다. 부산대, 부경대 등에서 강의하고 있다. 주요 논문으로는 「레비나스와 정치적인 것(1): 레비나스에서 국가의 문제, 국가 안에서 국가를 넘어」, 「레비나스와 페미니즘 간의 대화」, 「레비나스, 시간 그리고 역사(1): 레비나스에서 시간의 문제」 등이 있다. 지은 책으로 『레비나스와 정치적인 것: 타자 윤리의 정치철학적 함의』, 옮긴 책으로는 레비나스의 『신, 죽음 그리고 시간』, 『전체성과 무한』, 『타자성과 초월』이 있다.